中国社会科学院登峰战略优势学科 "当代中东研究" 出版资助项目

中国非洲研究院文库·学术著作系列

中东什叶派
传统政治思想研究

THE STUDY ON
THE TRADITIONAL POLITICAL
THOUGHT OF SHI'ISM IN MIDDLE EAST

王 凤 著

社会科学文献出版社
SOCIAL SCIENCES ACADEMIC PRESS (CHINA)

充分发挥智库作用　助力中非友好合作

——"中国非洲研究院文库"总序

　　当今世界正面临百年未有之大变局。世界多极化、经济全球化、社会信息化、文化多样化深入发展，和平、发展、合作、共赢成为人类社会共同的诉求，构建人类命运共同体成为各国人民共同的愿望。与此同时，大国博弈加剧，地区冲突不断，恐怖主义难除，发展失衡严重，气候变化问题凸显，单边主义和贸易保护主义抬头，人类面临诸多共同挑战。中国是世界上最大的发展中国家，是人类和平与发展事业的建设者、贡献者和维护者。2017年10月中国共产党第十九次全国代表大会胜利召开，引领中国发展踏上新的伟大征程。在习近平新时代中国特色社会主义思想指引下，中国人民已经实现了第一个百年奋斗目标，正在意气风发向着全面建成社会主义现代化强国的第二个百年奋斗目标迈进，同时继续努力为人类作出新的更大贡献。

　　非洲是发展中国家最集中的大陆，是维护世界和平、促进全球发展的重要力量之一。近年来，非洲在自主可持续发展、联合自强道路上取得了可喜进展，从西方眼中"没有希望的大陆"变成了"充满希望的大陆"，成为"奔跑的雄狮"。非洲各国正在积极探索适合自身国情的发展道路，非洲人民正在为实现《2063年议程》与和平繁荣的"非洲梦"而努力奋斗。

　　中国与非洲传统友谊源远流长，中非历来是命运共同体。中国高度重视发展中非关系，2013年3月习近平担任国家主席后首次出访就选择了非洲；2018年7月习近平连任国家主席后首次出访仍然选择了非洲；6年间，习近平主席先后4次踏上非洲大陆，访问坦桑尼亚、南非、塞内加尔等8

国，向世界表明中国对中非传统友谊倍加珍惜，对非洲和中非关系高度重视。在2018年中非合作论坛北京峰会上，习近平主席指出："中非早已结成休戚与共的命运共同体。我们愿同非洲人民心往一处想、劲往一处使，共筑更加紧密的中非命运共同体，为推动构建人类命运共同体树立典范。"在2021年中非合作论坛第八届部长级会议上，习近平主席首次提出了"中非友好合作精神"，即"真诚友好、平等相待，互利共赢、共同发展，主持公道、捍卫正义，顺应时势、开放包容"。这是对中非友好合作丰富内涵的高度概括，是中非双方在争取民族独立和国家解放的历史进程中培育的宝贵财富，是中非双方在发展振兴和团结协作的伟大征程上形成的重要风范，体现了友好、平等、共赢、正义的鲜明特征，是新型国际关系的时代标杆。

随着中非合作蓬勃发展，国际社会对中非关系的关注度不断提高，出于对中国在非洲影响力不断上升的担忧，西方国家不时泛起一些肆意抹黑、诋毁中非关系的奇谈怪论，诸如"新殖民主义论""资源争夺论""中国债务陷阱论"等，给中非关系发展带来一定程度的干扰。在此背景下，学术界加强对非洲和中非关系的研究，及时推出相关研究成果，提升中非国际话语权，展示中非务实合作的丰硕成果，客观积极地反映中非关系良好发展，向世界发出中国声音，显得日益紧迫和重要。

以习近平新时代中国特色社会主义思想为指导，中国社会科学院努力建设马克思主义理论阵地，发挥为党和国家决策服务的思想库作用，努力为构建中国特色哲学社会科学学科体系、学术体系、话语体系作出新的更大贡献，不断增强我国哲学社会科学的国际影响力。中国社会科学院西亚非洲研究所是遵照毛泽东主席指示成立的区域性研究机构，长期致力于非洲问题和中非关系研究，基础研究和应用研究并重。

以西亚非洲研究所为主体于2019年4月成立的中国非洲研究院，是习近平主席在中非合作论坛北京峰会上宣布的加强中非人文交流行动的重要举措。自西亚非洲研究所尤其中国非洲研究院成立以来，出版和发表了大量论文、专著和研究报告，为国家决策部门提供了大量咨询报告，在国内外的影响力不断扩大。按照习近平主席致中国非洲研究院成立贺信精神，中国非洲研究院的宗旨是：汇聚中非学术智库资源，深化中非文明互鉴，加强治国理政和发展经验交流，为中非和中非同其他各方的合作集思广益、建言献策，为中非携手推进"一带一路"合作、共同建设面向未来的中非全面战略合作伙伴关系、构筑更加紧密的中非命运共同体提供智力支持和人才支撑。中国非洲研究院有四大功能：一是发挥交流平台作用，密切中非学术交往。办好"非洲讲坛""中国讲坛""大使讲坛"，创办"中非文明对话大会""非洲留学生论坛""中国非洲研究年会"，运行好"中非治国理政交流机制""中非可持续发展交流机制""中非共建'一带一路'交流机制"。二是发挥研究基地作用，聚焦共建"一带一路"。开展中非合作研究，对中非共同关注的重大问题和热点问题进行跟踪研究，定期发布研究课题及其成果。三是发挥人才高地作用，培养高端专业人才。开展学历学位教育，实施中非学者互访项目，扶持青年学者和培养高端专业人才。四是发挥传播窗口作用，讲好中非友好故事。办好中国非洲研究院微信公众号，办好中英文中国非洲研究院网站，创办多语种《中国非洲学刊》。

为贯彻落实习近平主席的贺信精神，更好汇聚中非学术智库资源，团结非洲学者，引领中国非洲研究队伍提高学术水平和创新能力，推动相关非洲学科融合发展，推出精品力作，同时重视加强学术道德建设，中国非洲研究院面向全国非洲研究学界，坚持立足中国，放眼世界，特设"中国非洲研究院文库"。"中国非洲研究院文库"坚持精品导向，由相关部门领导与专家学者组成的编辑委员会遴选非洲研究及中非关系研究的相关成果，并统一组织出版。文库下设五大系列丛书："学术著作"系列重在推动学科建设和学科发展，反映非洲发展问题、发展道路及中非合作等某一学科领域的系统性专题研究或国别研究成果；"学术译丛"系列主要把非洲学者以及其他方学者有关非洲问题研究的学术著作翻译成中文出版，特别注重全面反映非洲本土学者的学术水平、学术观点和对自身发展问题的见识；"智库报告"系列以中非关系为研究主线，中非各领域合作、国别双边关系及中国与其他国际角色在非洲的互动关系为支撑，客观、准确、翔实地反映中非合作的现状，为新时代中非关系顺利发展提供对策建议；"研究论丛"系列基于国际格局新变化、中国特色社会主义进入新时代，集结中国专家学者研究非洲政治、经济、安全、社会发展等方面的重大问题和非洲国际关系的创新性学术论文,具有基础性、系统性和标志性研究成果的特点;"年鉴"系列是连续出版的资料性文献,分中英文两种版本,设有"重要文献""热点聚焦""专题特稿""研究综述""新书选介""学刊简介""学术机构""学术动态""数据统计""年度大事"等栏目,系统汇集每年度非洲研究的新观点、新动态、新成果。

期待中国的非洲研究和非洲的中国研究在中国非洲研究院成立新的历史起点上,凝聚国内研究力量,联合非洲各国专家学者,开拓进取,勇于创新,不断推进我国的非洲研究和非洲的中国研究以及中非关系研究,从而更好地服务于中非共建"一带一路",助力新时代中非友好合作全面深入发展,推动构建更加紧密的中非命运共同体。

中国非洲研究院

目录
CONTENTS

绪　论

一　选题来源及理论和现实意义

本书主要探讨在近代西方文明对传统伊斯兰社会产生冲击前，中东地区伊斯兰教什叶派政治思想的基本内涵、演变和特征。其中，主要探讨该地区什叶派三个主要支派——十二伊玛目派、伊斯玛仪派和宰德派相关思想的形成、发展和演变，这三个支派是当前什叶派的主要组成部分，并且在中东地区以及其他伊斯兰世界中持续发挥着重要作用。十二伊玛目派，特别是分布在伊朗的十二伊玛目派，是当前什叶派的主流，因此伊朗十二伊玛目派的传统政治思想是本书探讨的重点。比如，伊玛目宗教政治领袖地位的确立和继承问题，宗教学者代理隐遁伊玛目职能思想，对世俗统治者的基本认知和立场。伊斯玛仪派及其众多的分支，比如塔伊比派、努赛里派等，是本书探讨的另一个重点。此外，宰德派也是本书考察的一个重要对象。

本书的理论意义在于从一个侧面丰富和深化宗教与政治关系的相关理论，特别是伊斯兰教与政治关系的相关理论。根据宗教学原理，什叶派传统政治思想属于宗教与政治关系的研究范畴。宗教可以在不同层面上，比如地方、国家和国际等层面对政治产生影响。而作为宗教载体的不同群体，比如民众、宗教学者和精英、掌权者等，对政治的影响不同，发挥作用的方式也不一样。与其他宗教相比，伊斯兰教与政治之间的关系至今仍然非常密切。自产生之时起，伊斯兰教自身就被赋予了强大的政治功能。穆罕默德及其继任者（或称代理人、继承人）就运用伊斯兰教这面旗帜统一了阿拉伯半岛，建立了政教合一的伊斯兰社团——乌玛，即伊斯兰国家雏形。迄今为止，伊斯兰教的政治功能在伊斯兰世界和国家中的作用仍然不可小觑。伊斯兰教之所以具有强大的政治功能，与其内在的信仰、教义、制度以及相关的伊斯兰学科（教义学、教法学等）都有非常密切的关系，同时还与伊斯兰教不同层面所蕴含的传统政治思想具有非常密切的关系。伊斯兰教逊尼派是这样，什叶派也是如此。

本书的现实意义在于探讨为什么伊斯兰教什叶派的这三个分支能够经得起历史长河的冲刷，在长期恶劣严酷的环境中能够生存和发展？并且在当今伊斯兰世界政治生活中仍能够占据一席之地？换言之，由于伊斯兰教具有兼容性，其中蕴含着政治、社会、文化、经济等方面的思想，那么上述问题必然与伊斯兰教这三个分支如何处理宗教与政治的关系相关。这三个分支是如何处理宗教和政治关系的，其共性何在，对当今伊斯兰世界及其政治有何现实影响？

本书的现实意义还在于从一个角度探讨当代伊朗伊斯兰革命意识形态——霍梅尼主义的传统思想根源。迄今为止，伊朗伊斯兰革命的冲击波和震撼力仍旧深刻地影响着伊朗、中东乃至世界。而作为这场革命指导思想的霍梅尼主义，尤其是霍梅尼关于建立教法学家统治的政治理论，被不少学者称为具有创新精神的革命性意识形态。由此，产生了一系列问题，比如，伊斯兰教什叶派传统上有关宗教领袖和政治领袖的思想内涵是什么？为什么什叶派在当今世界表现出更加突出的活力？其根源何在，是什叶派内在的规定性使然，还是社会历史条件决定的？什叶派十二伊玛目支派对政府和国家的传统立场和基本原则是什么，是政治超脱，还是政治行动主义，或是政治合作，抑或在不同时期，根据社会历史条件的不同而有不同的选择？

鉴于此，笔者认为很有必要对伊斯兰教什叶派传统政治思想进行系统而深入的分析，以廓清什叶派现代政治思想的渊源，同时对丰富伊斯兰教与政治关系、宗教与政治关系等相关理论有所裨益。

二　国内外研究状况

（一）宗教与政治关系的理论研究

1. 马克思主义宗教观的相关论著

就相关理论而言，本书涉及的理论无疑是属于宗教与政治关系，特别是伊斯兰教与政治关系的研究范畴。马克思主义有关宗教问题的论著及其宗教观，自然是本书的重要指导思想。马克思主义认识和理解宗教的科学方法，就是唯物史观。

在唯物史观的形成中，马克思的两部著作非常重要。一部是青年马克思于1843年撰写的《〈黑格尔法哲学批判〉导言》[①]，另一部是马克思和恩格斯于1845～1846年合写的《德意志意识形态》[②]。在《〈黑格尔法哲学批判〉导言》中，青年马克思在批判和扬弃当时流行的以黑格尔和费尔巴哈为代表的德国古典哲学的基础上，提出了一种新的哲学思维方式，即唯物史观。这种新提出的唯物史观，在同一时期由马克思撰写的《论犹太人问题》[③] 等著作中，也得到了更加具体、更加明确的表述。《德意志意识形态》是马克思主义唯物史观最终形成的重要标志，它第一次系统阐述了唯物史观的基本原理。此外，在马克思和恩格斯的其他著作当中，比如恩格斯于1876～1878年撰写的《反杜林论》[④]、于1880年撰写的《社会主义从空想到科学的发展》[⑤] 等，也对唯物史观做了较为详尽的阐述，并且运用唯物史观来认识和分析宗教、宗教的本质等一系列问题。

[①] 〔德〕马克思：《〈黑格尔法哲学批判〉导言》，载中共中央马克思恩格斯列宁斯大林著作编译局编译《马克思恩格斯选集》第一卷，人民出版社，1995。

[②] 〔德〕马克思、恩格斯：《德意志意识形态》，载中共中央马克思恩格斯列宁斯大林著作编译局编译《马克思恩格斯全集》第一卷，人民出版社，1956。

[③] 〔德〕马克思：《论犹太人问题》（1843），载中共中央马克思恩格斯列宁斯大林著作编译局编译《马克思恩格斯文集》第一卷，人民出版社，2009。

[④] 〔德〕恩格斯：《反杜林论》，载中共中央马克思恩格斯列宁斯大林著作编译局编译《马克思恩格斯选集》第三卷，人民出版社，1995。

[⑤] 〔德〕恩格斯：《社会主义从空想到科学的发展》，载中共中央马克思恩格斯列宁斯大林著作编译局编译《马克思恩格斯全集》（第二版）第二十五卷，人民出版社，2001。

马克思主义唯物史观的基本内涵，就是用社会存在来说明社会意识，用经济基础来阐释宗教、哲学、法律、政治等全部上层建筑。它至少包括三层含义。第一，宗教与现实的关系，乃社会存在决定社会意识的关系。宗教是现实社会曲折、复杂的反映，反过来又会作用于现实，产生复杂的影响。第二，以一定历史时期的物质经济生活条件，来说明一切历史事变和观念、一切政治和宗教。马克思主义在研究宗教的本质、起源和发展时，一般基于宗教存在的物质经济生活条件，并且结合具体历史时期和历史事实进行分析。第三，强调在一定历史条件和时空背景下来阐释宗教的存在、发展和形态，还强调用辩证的、发展的眼光来分析和解说宗教。①

除此之外，中国学界对马克思主义宗教观的认识和研究，从1949年新中国成立到21世纪初，曾经发生了三场较大规模的争论。争论双方引经据典，旁征博引，但未能在重大问题上达成共识。曾经有一个阶段，中国的宗教研究者对马克思主义宗教理论的研究，特别注重"经典论断"的解读和阐释。进入21世纪以来，中国宗教研究学界对于国内马克思主义宗教观的学术研究进行了反思，并形成了一些重要认识。学界认为，过分强调"经典论断"的重要性而忽视马克思主义宗教观中所蕴含的方法论意义，可能是在这方面不能达成共识的主要原因。因此，学界开始强调认识和应用马克思主义宗教观方法论的重要性，并且在这方面进行了一些开拓性研究，还认为，对于马克思主义宗教观，应弄懂其认识和解决宗教问题的基本精神和方法。同时，反对采取教条主义、本本主义、机械唯物主义以及形而上学的态度来研究马克思主义，而主张以发展、辩证和创新的态度，对马克思主义宗教观的精髓和科学方法加以真正理解和正确运用。② 学界认为："从整个哲学、社会科学和人文科学发展史来看，那些具有原创性和里程碑意义的理论学说，其恒久的价值主要不体现为'某个具体的论断或说法'——可供后人不分时间和地点地遵照执行，而在于建树了'一种科学的方法论或世界观'——值得后人与时俱进地以继承和发扬。在人

---

① 第一章将详细阐述马克思主义唯物史观。
② 卓新平：《"马克思主义宗教观研究论坛"欢迎致辞（代序）》，卓新平、唐晓峰主编《论马克思主义宗教观》，社会科学文献出版社，2009，第3页。

类思想史上具有划时代意义的马克思主义也不例外。"① 此外学界还提出，马克思主义认识和理解宗教的科学方法，就是唯物史观。② 其中的代表人物和代表作，有卓新平、唐晓峰及其主编的《论马克思主义宗教观》③，唐晓峰及其摘编的《马克思恩格斯列宁论宗教》④ 等。

2. 西方政教关系理论著述的借鉴意义

西方学术界关于宗教与政治关系的研究方法和思路，对研究伊斯兰教与政治的关系也具有重要的借鉴意义。这方面的代表作是由乔治·毛瑟主编的《现代世界的宗教与政治》⑤。作为本书的主编，乔治·毛瑟在这本书的概论部分，系统阐述了研究宗教和政治关系的方法、思路和模式。他指出，共时性和历时性研究，是研究宗教与政治关系的两种基本方法。

第一，就共时性研究而言，它从宗教和政治的一些基本概念入手，捋清双方在哪些层面可以发生相互关系，进而分析影响双方关系的主要因素。一方面，乔治·毛瑟从"政治"的基本概念入手，分析了宗教与政治的基本关系。首先，他从政治决策中的"群体"概念出发，指出可以从地方层面、地区层面、国家层面以及国际层面等不同层次来研究宗教与政治的关系。其中，宗教是作为集体认同、共同文化以及历史连续性的一部分而存在的，能够成为国家表达认同感和共同愿望的一种方式，因此国家层面构成宗教与政治关系至关重要的方面。其次，他从政治概念中的决策主体入手，指出可以重点研究国家机构、非国家机构或个人与宗教的关系。在国家机构与宗教的关系研究中，宗教与宪法的关系、宗教与司法机构的关系、宗教与立法机构的关系等可以成为研究的主要领域。在非国家机构与宗教的关系中，政党与宗教的关系显得更为复杂，其中包括领袖宗教倾向对政治的影响等。压力群体与宗教的关系也比较突出，比如军队干政、宗教组织与政治的复杂关系等。此外，民众的信仰、价值观和宗教情绪等

① 张志刚：《再论马克思主义宗教观的方法论意义》，卓新平、唐晓峰主编《论马克思主义宗教观》，社会科学文献出版社，2009，第18页。
② 卓新平：《马克思主义宗教观的方法论探究》；张志刚：《再论马克思主义宗教观的方法论意义》，卓新平、唐晓峰主编《论马克思主义宗教观》，社会科学文献出版社，2009。
③ 卓新平、唐晓峰主编《论马克思主义宗教观》，社会科学文献出版社，2009。
④ 唐晓峰摘编《马克思恩格斯列宁论宗教》，人民出版社，2010。
⑤ George Moyser ed., *Politics and Religion in the Modern World*, Routledge, 1991.

对政治的影响也不可忽视。

另一方面，乔治·毛瑟从分析宗教的本质和内涵出发，分析了宗教之所以能够以及怎样对政治产生影响的原因和方式。他首先指出，宗教具有的三个基本特性，即超验性、神圣性和至高无上性，是宗教能够对政治产生重大影响的主要因素。其次，他指出宗教感情或体验，也在一定程度上与政治保持关联。再次，宗教信仰还像政治一样具有群体性和集体性，因此能够与政治产生相互影响。最后，就教阶制度与政治的关系而言，他指出，凡是有教阶制度的宗教，由于其不同层次的教职人员具有角色差异，他们对权力的影响也会不同，他们与政治的关系就会非常复杂。

第二，就历时性研究而言，在传统社会和现代社会的不同阶段，宗教与政治的关系具有不同特点。在现代化到来之前，宗教与政治关系的重要特点是，宗教与政治合一，相互交织，密不可分，你中有我，我中有你。宗教信仰和活动深入政治事务的核心，支持并保证权力的运用和实施。同样，政治考量和活动也深入宗教领域。实际上，宗教与政治构成一个相互交织的信仰和实践体系。在这个体系当中，社会和政治生活的各个层面均渗透着宗教的影响。但是，在这种政教关系的基本模式当中，也存在一些变化形态，分别为"有机的（同一）模式""教会模式"，前者以伊斯兰文化和印度教文化为代表，后者以早期基督教文化和佛教文化为代表。

而在现代社会中，宗教与政治的关系发生了巨大变化，导致这一变化的关键因素是现代化和世俗化进程。世俗化进程是一个从多层面导致宗教与政治分离的历史进程，它所带来的政治与宗教关系的本质变化，至少包括国家机构层面的世俗化、宗教机构的世俗化、意识形态的世俗化等。这些变化可以用前后衔接的三个不同阶段的模式来说明，分别是"教派政治模式"（Confessional Polity）、"宗教中立政治模式"（Religion – Neutral Polity）及"反宗教的政治模式"（Anti – Religion Polity）。乔治·毛瑟指出，在将宗教从政治和社会领域中逐步分离出去的进程当中，世俗化进程自身也将宗教复兴的种子同时播撒其中，从而成为当今社会宗教复兴的一个因素。

此外，可与上述理论相互补充的一份重要参考资料是由卡雷莱尔·杜波莱尔撰写的《世俗化：一个多维度的概念》① 报告。这份报告发表在《当代社会学》杂志上，它阐述了世俗化理论的基本概念和内涵，并细致地分析了宗教在世俗化进程中多层面、多角度的发展变化。

3. 国内宗教学理论著述

国内宗教学理论著述主要有吕大吉所著的《宗教学通论新编》②、金泽撰写的《宗教人类学导论》③ 等，而《宗教学通论新编》是极其重要的一部著作。《宗教学通论新编》是吕大吉先生在其主编的《宗教学通论》（1989 年版）基础上，对原有内容、体系结构进行大量修改后重新编写的。《宗教学通论新编》出版于 1998 年，再版后又增加或修改一些内容，并分上下两册出版，以便于阅读。

这部著作给研究宗教学的学者提供了基本的理论学说，这种学说同样适用于研究伊斯兰教，此即"宗教四要素"学说。吕大吉先生提出，宗教的基本要素可以分为两类：一类是内在因素；另一类是外在因素。内在因素由两部分构成：一是宗教的观念和思想；二是宗教的感情或体验。外在因素也由两部分构成：一是宗教的行为或活动；二是宗教的组织或制度。一个完整而成形的宗教，便是这内外四种因素的综合。④ 吕大吉先生还认为，宗教观念和宗教体验是统一的宗教意识互相依存的两个方面。宗教意识必然形之于外，体现为宗教崇拜和信仰的行为，这一切又会逐渐规范化为宗教的组织和制度。构成宗教内外两类因素是同一事物的两个方面，概念上可以一分为二，实质上内外一体，相互伴生、相互制约。在此基础上，他进一步提出，所谓宗教"是关于人间、超自然力量的一种社会意识，以及因此对之表示信仰和崇拜的行为，是综合这种意识和行为并使之规范化、体制化的社会文化体系"⑤。

在这部著作中，吕大吉先生还从文化学的角度对宗教在一般社会文化

---

① Karel Dobbelaere, "A Multi – Dimensional Concept," *Current Sociology*, Vol. 29, No. 2, Summer 1981.
② 吕大吉：《宗教学通论新编》，中国社会科学出版社，1998。
③ 金泽：《宗教人类学导论》，宗教文化出版社，2001。
④ 吕大吉：《宗教学通论新编》，中国社会科学出版社，1998，第 76 页。
⑤ 吕大吉：《宗教学通论新编》，中国社会科学出版社，1998，第 79 页。

中的功能做了分析，并且对宗教与政治的特殊关系进行了深入阐述。吕大吉先生认为，宗教和政治都属于上层建筑，是"行为文化"的不同表现形式。所不同的是，包括政治在内的一切非宗教文化，都会被人们认为是人自己的创造物，在一定条件下，有可能重新恢复到它们的人的自身，并不是必然异化为异己力量。但是，宗教与人性异化却有必然的联系。在宗教与政治的一般关系上，吕先生认为尽管宗教不是政治、道德等行为文化的来源，却是它们得以产生和发展的"助缘"。宗教赋予道德和政治以神秘的色彩和神圣的意义，把必须遵守的社会规范积淀为良心认可的价值标准，把被动性的外在服从内化为精神上的信仰。吕先生特别指出，在阶级社会中，各个利益不同的阶级，比如统治阶级和被统治阶级，都会利用传统宗教作为维护自身利益的工具和手段，宗教因此被工具化了。但是，作为社会意识和上层建筑中的组成部分，宗教这个被社会各种力量利用的思想工具，却在被利用时被赋予了了不同的阶级内容和阶级属性，并按照各自的需要加以改装或重新塑造。而在非阶级性的政教关系中，宗教在维系社会共同体的非阶级性的政治方面，也具有两面性。一方面，当宗教成为国家、民族和群体的共同信仰时，对内可以形成并加强信仰者的认同感和凝聚力；另一方面，这种共同信仰同时强化了对持不同宗教信仰的国家、民族和群体的立异感和排斥力。宗教这种特有的排他性，深化和神化了不同信仰者之间原有的社会矛盾，使之具有神圣的性质，并越来越难以调和。这些分析和评价，可以为本书分析伊斯兰教与政治的关系理论提供有益的参考。

（二）国外研究现状

1. 有关伊斯兰教历史的研究著述

这些伊斯兰教通史、通论及伊朗通史方面的权威著作，既可以作为掌握和理解伊斯兰教以及什叶派得以发展的宏观历史背景的参考文献，还可以作为研究什叶派早期历史、什叶派教法学派的演变以及什叶派宗教学者体制的建立和发展等方面的重要文献。此外，这些书籍对研究什叶派宗教政治思想，包括先知继承人问题、马赫迪思想、伊玛目隐遁后伊斯兰社团领袖问题、伊斯兰社团与世俗统治者的关系问题等也具有参考价值。

在这方面，首屈一指的是四卷本的《剑桥伊斯兰教史》①。这是一部关于伊斯兰教起源、发展和传播的宏观通史巨著。前三卷主要从历史角度和空间维度系统阐述了伊斯兰教在阿拉伯半岛以及世界其他地区的传播和发展。第四卷从横向角度深入阐述了伊斯兰教的基本信仰、教义思想、教法学派、教派、伊斯兰教与社会文化关系、伊斯兰社会政治运动等方面内容。其中还辟出一章，分析和阐述了阿拉伯文学史、波斯文学史以及土耳其文学史（包括宗教政治思想）及其主要代表人物和作品。这部巨著的章节由当时研究伊斯兰教不同领域的著名学者分别撰写。因此在把握伊斯兰教发展的宏观历史背景上，这部巨著可以为本书研究什叶派的起源以及什叶派在伊朗的传播和发展提供基本的素材。

有关伊斯兰教通史的参考书，还有 I. M. 拉皮达斯撰写的《伊斯兰教社会史》②。这部专著分三大部分，系统、深入地剖析了伊斯兰教的起源、发展和传播的历史。其中，第一部分主要探讨了伊斯兰教在中东地区起源和发展的历史，时间跨度是公元 7 世纪至 10 世纪。第二部分深入阐述了伊斯兰教在世界其他地区的传播，时间是 10 世纪至 19 世纪。第三部分分析了广大伊斯兰世界及其文明在近现代西方文明冲击下的变迁。这本著作的一个显著特点，不是将伊斯兰教的发展和变迁作为孤立的内容来看待，而是将它放置到宏观的历史发展长河中，尤其是有关国家和地区的社会发展史当中去考察和分析。这种方法论和研究路径，同样对研究和理解什叶派及其宗教政治思想具有重要的参考价值。这本著作的另一个显著特点是在

---

① P. M. Holt, Ann K. S. Lambton and Bernard Lewis eds., *The Cambridge History of Islam*, *Volume 1A*, *The Central Islamic Lands from Pre - Islamic Times to the First World War*, Cambridge University Press, 1977; P. M. Holt, Ann K. S. Lambton and Bernard Lewis eds., *The Cambridge History of Islam*, *Volume 1B*, *The Central Islamic Lands since 1918*, Cambridge University Press, 1977; P. M. Holt, Ann K. S. Lambton and Bernard Lewis eds., *The Cambridge History of Islam*, *Volume 2A*, *The Indian Sub - Continent*, *South - East Asia*, *Africa and the Muslim West*, Cambridge University Press, 1977; P. M. Holt, Ann K. S. Lambton and Bernard Lewis eds., *The Cambridge History of Islam*, *Volume 2B*, *Islamic Society and Civilization*, Cambridge University Press, 1977. 2010 年出版了六卷本《新编剑桥伊斯兰教史》。Michael Cook edited in - general, *The New Cambridge History of Islam*, Volume 1 - 6, Cambridge University Press, 2010.

② Ira M. Lapidus, *A History of Islamic Societies*, Cambridge University Press, 1988.

考察伊斯兰教及其不同派别的历史沿革和发展变化时，运用了纵向分层的分析方法，不仅考察伊斯兰教及其支派在世界各地国家层面和政治层面的变迁，而且特别注重它（它们）在民间层面和社会层面以及都市和乡村层面的传播和变迁。这种分析方法，丰富了伊斯兰教传播和发展的历史和社会内容，也可能是这部著作之所以称为《伊斯兰教社会史》的重要原因。此外，这部著作梳理出一个比较清晰的什叶派的宏观历史发展脉络，尤其是在阿拔斯王朝统治中后期、帖木儿王朝统治时期以及萨法维王朝建立前。什叶派在伊朗和其他地区的传播和发展有比较丰富的论述内容，这些内容对本书研究什叶派在中世纪的发展和变化及其所体现出的宗教政治思想具有重要的参考价值。

2. 有关什叶派和十二伊玛目派历史的研究著述

20 世纪 70 年代伊朗伊斯兰革命前后，什叶派问题引起西方学者极大的关注。目前，西方有关什叶派的概论、历史以及各种专题性的研究成果层出不穷。首先，就什叶派概论和发展史而言，主要有穆詹·摩门的《什叶派伊斯兰教导论：十二伊玛目派的历史和教义》①。这是一本有关当前什叶派主流十二伊玛目派研究的概论性著作。它对十二伊玛目派的历史、教义、礼仪、教法学派、什叶派教职体系、大众层面的什叶派、什叶派与苏菲主义的关系等做了比较细致的论述。其中，对什叶派乌莱玛在社会和政治中的地位和作用以及什叶派宗教和政治思想的发展做了较为系统的梳理。值得一提的是，这本书在注释方面，对研究什叶派各个方面的参考文献，包括阿拉伯文、波斯文以及英文和法文文献都有细致的阐述。这对研究什叶派的学者来说，具有非常重要的参考价值。

此外，德怀特·M. 唐纳森在 1933 年出版的《什叶派宗教——波斯和伊拉克伊斯兰教史》②，也是一部系统论述什叶派发展简史、基本教义、什叶派圣城、什叶派圣训、什叶派支派以及什叶派宗教学者和教义学家思想的专著。这部著作的特点在于：（1）对十二位伊玛目的详细生平及其在什

---

① MooJan Momen, *An Introduction to Shi'i Islam—The History and Doctrines of Twelver Shi'ism*, Yale University Press, 1985.

② Dwight M. Donaldson, *The Shi'ite Religion: A History of Islam in Persia and Irak*, Luzac, 1933.

叶派历史、教义学和教法学中的地位分别予以评价；（2）系统介绍了什叶派历史上的重要圣城和宗教学术中心，比如介绍了纳贾夫、卡尔巴拉、麦地那、马什哈德等地的历史沿革及其在什叶派历史上的重要作用等；（3）阐述了中世纪包括萨法维王朝时期什叶派主要宗教学者和教义学家的生平、代表作以及主要思想；（4）重点分析和介绍了伊玛目教义的基本思想，包括什叶派有关伊玛目是先知继承人的一系列宗教政治思想，有关伊玛目隐遁思想，第十二伊玛目作为"马赫迪"复临人间并建立"千年王国"等宗教政治思想。

此外，研究什叶派早期发展史的一部重要专著是由 S. 胡赛因·M. 贾夫里撰写的《什叶派伊斯兰教的起源和早期发展》①。这部著作通过深入分析什叶派尤其是十二伊玛目派早期历史当中发生的一系列重大事件，探讨了什叶派形成并发展的社会政治因素，论述了什叶派教义和教法学派的形成以及当中涵盖的重大政治思想，同时对比分析了伊斯兰教逊尼派和什叶派在先知继承人问题（或伊斯兰社团及政治领袖）上的重大分歧及其成因。

不仅如此，有关什叶派政治思想的内容，还可以从什叶派学者自身对什叶派以及什叶派教义的理解中找到可供借鉴的内容。比如，伊朗当代什叶派重要思想家、哲学家阿拉曼·赛义德·穆罕默德·胡赛因·塔巴塔巴伊所著《什叶派》②。这部著述从穆斯林学者的角度，介绍了什叶派兴起、形成以及发展简史（截至 20 世纪），分析了什叶派各支派形成、发展的概况及其差异所在。更重要的是，这本书阐述了探讨什叶派宗教思想的三把钥匙，即宗教层面（包括对于《古兰经》和圣训的理解）、知识和理智以及直觉和神秘主义等。这本著述也系统阐述了什叶派的基本信仰、特别是伊玛目教义的思想内涵。阿拉曼·赛义德·穆罕默德·胡赛因·塔巴塔巴伊在什叶派的历史部分，分析了什叶派和逊尼派有关先知继承人的思想及其分歧。在阐述伊玛目教义方面，他分析了关于伊玛目是先知继承人等一

---

① S. Husain M. Jafri, *The Origins and Early Development of Shi'a Islam*, Longman House/Librairie du Liban, 1981.

② Allaman Sayyid Muhammad Husayn Tabatabai, translated by Sayyid Hudayn Nasr, *Shi'a*, Ansariyan Publication, 1981.

系列宗教政治思想，其中包括先知与伊玛目的区别与联系。这本著作还强调什叶派对《古兰经》和圣训隐秘知识的追求。

3. 有关伊朗历史、文学、社会的著述

除此之外，有关伊朗的一些著述也涉及什叶派特别是十二伊玛目派的历史、教义、政治思想，《剑桥伊朗史》[①] 是可以借鉴的通史性参考书。它是七卷本的巨著，目的是探讨和阐述伊朗的历史和文化以及伊朗对世界文明的贡献。它对伊朗文化的各个方面，比如哲学、宗教、政治、经济、科学、艺术等均有所研究和探讨。这部巨著尤其强调地理、生态等因素对伊朗独特的文明所产生的重要影响。它对希望研究和理解伊朗的专业人士以及非专业人士，均有重要的参考价值。这部巨著的前三卷主要阐述伊斯兰文明传播到伊朗之前伊朗独特的古代文明状况。从第四卷到第七卷，分别论述伊斯兰教传播到伊朗后，伊朗历经阿拉伯帝国、蒙古伊儿汗国、帖木儿帝国、萨法维王朝、恺加王朝、巴列维王朝统治时期政治、社会、文化等各方面的状况。其中第四卷论述了从 7 世纪中期到 11 世纪伊朗的历史发展、社会生活和文明等方面的状况。就宗教层面而言，这个阶段是伊斯兰教在伊朗初步传播的阶段，是伊朗逐步从信仰琐罗亚斯德教到皈依伊斯兰教的转化阶段。第四卷还用很多篇幅论述了伊斯兰教主要学科包括经注学、圣训学、教法学在伊朗的发展状况，并且阐述了伊斯兰教不同派别比如逊尼派、什叶派、苏菲派等在伊朗的传播发展。第五卷详细论述了伊朗在 11 ~ 13 世纪的发展历史，并用一定的篇幅阐述了伊斯兰教以及各派别在伊朗的进一步发展状况。第六卷和第七卷对本书研究的萨法维王朝和恺加王朝统治时期什叶派在伊朗的重大发展至关重要。这些内容还对研究什叶派教法学在中世纪的发展、什叶派宗教学者体制在近代的建立和发展以及它们对什叶派政治思想的影响和发展等提供了重要的参考价值。

西方最早了解的什叶派信息大致是在十字军东征时期获得的。此后，在萨法维王朝建立后，有相当数量的欧洲人开始到访伊朗（史称波斯），

---

① W. B. Fisher, Llya Gershevitch, Ehsan Yarshater (2 pts), J. A. Boyle, Peter Jackson and Laurence Lockhart, Peter Avery eds., *The Cambridge History of Iran*, Volume 1-7, Cambridge University Press, 1968–1991.

他们在著作中记载了有关什叶派的情况。19世纪末20世纪初,西方有关伊朗和什叶派的研究有了较大发展。其中涌现了一批知名学者,比如英国的爱德华·格兰威尔·布朗。他是当时英国剑桥大学精通波斯语和研究波斯文学史的著名学者,他耗时20~30年撰写并完成了四卷本的《波斯文学史》①。这部专著简述了伊朗自古代至现代的历史发展脉络,分析了不同历史时期伊朗著名诗人、文学家、历史学家以及什叶派教义及其代表人物的情况,更重要的是摘录并翻译了这些代表人物的部分代表作品。比如,前两卷主要介绍了13世纪之前伊朗的发展简史以及重要诗人、文学家和历史学家的代表作品。第三卷介绍了自蒙古伊儿汗国统治直到萨法维王朝兴起前(帖木儿王朝统治时期),伊朗主要文学家、史学家和宗教学家的作品和内容。第四卷介绍和摘录了自1500年至1924年(从萨法维王朝到恺加王朝末期)伊朗主要文学家以及什叶派思想家及其代表人物的部分作品。因此,这部专著尤其是后两卷为研究什叶派以及伊朗中世纪和近代宗教、政治思想提供了重要的参考。

4. 有关伊斯兰教与政治关系的著述

自20世纪70年代以来,西方还陆续出版了关于伊斯兰教与政治关系以及伊斯兰教政治思想的一些论著。

其中,英国一些政治学家和伊斯兰教研究学者撰写的有关伊斯兰教政治思想方面的著作,为研究什叶派政治思想提供了非常宝贵的理论、方法和文献。其中重要的代表人物及代表作,是英国政治学家和伊斯兰教研究专家安·兰伯顿撰写的《中世纪伊斯兰教国家和政府——伊斯兰教政治理论研究介绍:教法学家》②。这本著作主要探讨了自8世纪至17世纪伊斯兰社会关于政府和国家(伊斯兰社团)理论的发展和变化,分析了逊尼派有关哈里发理论的内涵和变化及其与伊斯兰教其他派别包括什叶派及其支派在这方面的联系与区别。

---

①　Edward G. Browne, *A History of Persian Literature*, Vol. 1 – 4, Cambridge University Press, 1920 – 1924.

②　ANN K. S. Lambton, *State and Government in Medieval Islam—An Introduction to the Study of Islamic Political Theory: The Jurists*, London Oriental Series, Vol. 36, Oxford University Press, 1981.

首先，安·兰伯顿在整体上对研究伊斯兰教政治思想的理论和方法做了非常系统的阐述，尤其是对比分析了在研究伊斯兰教政治思想与西方政治思想方法上的异同。比如，由于伊斯兰教法规范了伊斯兰社会的所有公共事务和私人事务，因此它提出伊斯兰教法是研究伊斯兰教政治理论的重要基础。再如，由于伊斯兰教法是真主意志的体现，真主是唯一的立法者，因此在伊斯兰教政治理论中，没有关于立法或立法权力的内容。还有，在研究伊斯兰教法的过程中，必须对构成伊斯兰教法的根源做出探讨。就逊尼派而言，《古兰经》、圣训、类比推理、公议构成教法的根源，因此研究逊尼派政治理论必须对这四个方面加以研究。在什叶派教法中，它的有些法源与逊尼派是一致的，比如《古兰经》、圣训。但是，在它的法源中，除经训外还注重理性主义，这就将什叶派政治思想与逊尼派区别开来。这些理论和方法对探讨什叶派政治思想无疑提供了非常宝贵的理论框架和基础。

其次，这部著作还分析了伊斯兰教关于国家和政府理论——哈里发理论的理想模式及其不断变迁的历程，并且阐述了其他政治理论比如国家的概念——乌玛（伊斯兰社团）、个人与国家关系、穆斯林与非穆斯林基本关系的特征等。安·兰伯顿指出，穆斯林关于伊斯兰国家的理论本质上是理想化的内容，政府的主要目标是捍卫和保护信仰而不是国家。伊斯兰教政治理论的核心是乌玛的概念，即伊斯兰社团。政治边界对伊斯兰社团来说是没有意义的，在他们心目中只有"伊斯兰地区"与"战争地区"的区分，这也构成了伊斯兰社团思考和处理外部关系的基本出发点。

最后，这部著作还分析了什叶派基本政治思想的脉络和特点。例如，作者在第十三章通过阐述什叶派十二伊玛目支派的伊玛目信仰和教义以及不同时期该派教义学家和教法学家的思想，细致、系统分析了其中蕴含的政治思想内涵和特点。比如，关于伊玛目是先知继承人的思想，先知与伊玛目宗教政治使命和功能的异同，什叶派心目中伊斯兰社团宗教领袖和政治领袖与逊尼派在这方面的异同等。此外，第十四章通过剖析早期什叶派和此后十二伊玛目派教义学家和教法学家代表人物的思想，指出什叶派虽然在理论上和理想上不承认当时世俗政府和统治者的合法性，但是其中一些人通过变通的方式比如"塔基亚"原则，实际上采取了与世俗统治者合作的立场。

除安·兰伯顿的著作外，还有一些著述对本书撰写也有一定帮助。其中，由安东尼·布莱克撰写的《伊斯兰教政治思想史》[①]，不仅论述了伊斯兰教关于国家和政府的政治思想发展史，也梳理了什叶派政治思想发展的脉络。比如，分析了伊斯兰教对先知穆罕默德使命的认知，伍麦叶王朝时期和阿拔斯王朝时期伊斯兰教关于世俗君主的思想，逊尼派关于哈里发的政治理论，什叶派关于伊玛目宗教和政治领袖地位的认知等。作者通过分析伊斯兰教关于政治、政府和统治者的一般认识，以及比较分析逊尼派与什叶派关于政治领袖思想的异同，可以帮助读者深入理解什叶派的政治思想。

此外，还有帕特里西亚·克朗撰写的《中世纪伊斯兰政治思想》[②]。这部著作不仅讨论了伊斯兰教的基本政治思想，也剖析了伊斯兰教不同教派包括什叶派政治思想的起源和发展，还详细阐述了伊斯兰教关于政府和国家的思想内涵。另外，由 W. 芒特戈玛里·瓦特撰写的《伊斯兰教政治思想》[③]，也梳理了伊斯兰教政治思想发展的基本脉络。

还有一些类似的著述也值得参阅。比如，W. 芒特戈玛里·瓦特撰写的另一本著作《伊斯兰思想的形成时期》[④]、哈米德·伊纳亚特撰写的《现代伊斯兰政治思想》[⑤]、舒哈·塔基–法鲁奇等人写的《二十世纪伊斯兰思想》[⑥] 以及丹尼尔·克罗恩撰写的《反思伊斯兰现代思想中的传统》[⑦] 等。

5. 有关什叶派政教关系的论著

伊朗萨法维王朝和恺加王朝统治时期，是什叶派在伊朗被确立为国教的重要阶段，同时还是什叶派教法学派以及宗教学者体制建立和发展的重

[①] Antony Black, *The History of Islamic Political Thought*, Edinburgh University Press, 2011.

[②] Patricia Crone, *Medieval Islamic Political Thought*, Edinburgh University Press, 2004.

[③] W. Montgomery Watt, *Islamic Political Thought*, Edinburgh University Press, 1998.

[④] W. Montgomery Watt, *The Formative Period of Islamic Thought*, Edinburgh University Press, 1973.

[⑤] Hamid 'Ināyat, *Modern Islamic Political Thought*, Macmian Pr. Ltd. , 1982.

[⑥] Suha Taji-Farouki and Basheer Nafi, *Islamic Thought in the Twentieth Century*, I. B. Tauris, 2004.

[⑦] Daniel Crone, *Rethinking Tradition in Modern Islamic Thought*, Cambridge University Press, 1996.

要时期。因此，研究这个时期什叶派在伊朗取得的长足进展，有利于探讨和把握什叶派政治思想发展的社会历史条件。就西方而言，在研究这两个时期什叶派历史以及宗教政治思想的发展方面，首屈一指的当数美国纽约州立大学教授赛义德·艾米尔·阿尔朱曼德的研究成果。其中，他的著作《真主的影子与隐遁伊玛目》①，可以说是探讨什叶派在中世纪和近代的发展以及该派宗教政治思想的权威性著作。它主要探讨了自 9 世纪伊玛目隐遁后至 1890 年，伊朗什叶派乌莱玛政治社会地位的确立与发展，尤其是阐述了伊朗不同历史时期政教关系的演变与特征。这部著作内容框架分三部分。第一部分阐述什叶派政治在伊朗起源的历史和文化背景，主要分析了自 8 世纪什叶派起源到 15 世纪的发展，其中论述了伊玛目教义尤其是伊玛目隐遁教义以及马赫迪思想形成和发展的社会历史条件及其政治意义，还分析了什叶派教法学派思想中重视理性价值的特点及其蕴含的政治意义，并阐述了什叶派形成初期对世俗统治者的态度和立场。此外，在这一部分，作者还分析了伊朗这个文明古国关于政治合法性和宗教问题的传统原则和价值取向。第二部分主要论述萨法维王朝统治时期什叶派被确定为国教后在伊朗的重大发展。其中主要分析了这个时期什叶派宗教学者政治和社会地位的不断提高，以及宗教学者体制（类似于西方教阶体制）形成和发展的社会历史和文化环境。在此基础上，作者提出了一个重要观点，即什叶派由此从一个宗教派别发展到什叶派伊斯兰教。此外，作者着重阐述了什叶派对于外部世界尤其是世俗统治者的思想取向，并且分析了这个时期什叶派教法学派的特点及其对政治的影响。该书还分析这个时期伊朗什叶派提出的一种政治思想，自伊玛目隐遁后，伊斯兰社团的宗教政治领袖由隐遁伊玛目转移到宗教学者身上，即宗教学者尤其是其上层精英是隐遁伊玛目代理人这个核心思想。第三部分主要论述了恺加王朝时期什叶派与世俗政府之间的关系，包括在什叶派宗教政治思想影响下，一些突出的宗教社会政治运动状况。

---

① Said Amir Arjomand, *The Shadow of Allah and the Hidden Imam*, The University of Chicago Press, 1984.

赛义德·阿米尔·阿尔朱曼德主编的《什叶派伊斯兰的权威和政治文化》①，也是一部论述伊斯兰教什叶派领袖思想和政治文化的重要参考文献。这是一部论文集，分别论述了伊玛目隐遁之前什叶派关于伊玛目领袖思想以及伊玛目与什叶派社团之间关系的思想，在什叶派宗教学者体制建立和发展阶段穆智台希德的社会政治功能问题，宗教领袖在宗教教育领域的主导地位及其与传统商人之间的相互关系问题，宗教学者体制以及高级宗教学者在其中的领袖地位等。此外，这部论文集还收录了一些翻译的与什叶派乌莱玛宗教领袖思想密切相关的重要文献。比如中世纪什叶派哲学家希里论述"伊智提哈德"的文献，近代什叶派著名宗教学者卡拉奇关于宗教政治领袖地位确立的原始教令，19 世纪一些著名宗教学者的生平事迹和思想要素以及什叶派高级宗教学者与世俗统治者之间重要的书信往来等。

除以上两部著述外，赛义德·阿米尔·阿尔朱曼德关于伊朗什叶派研究的其他著作和论文，比如由他主编的《宗教的政治纬度》② 论文集，对于本书也有一定的借鉴意义。在这本论文集中，阿尔朱曼德撰写的三篇论文，比如《宗教和正常秩序的多元化》 等，也是探讨伊朗恺加王朝时期伊斯兰教什叶派发展的情况。在这三篇论文中，他详细阐述了什叶派乌莱玛、教法学家能够在社会和政治中产生影响的基础。此外，他还论证了这个王朝主要统治者的宗教政策，并且分析了乌莱玛在主要社会政治运动中的作用和影响。这些内容对理解什叶派乌莱玛承担起隐遁伊玛目代理人的政治思想以及他们在近代与世俗统治者的关系等，提供了重要的参考文献。

在研究伊朗什叶派传统教育、圣城以及乌莱玛领袖权威方面，重要的参考书籍还有米切尔·M. J. 费希尔撰写的《伊朗：从宗教争端到革命》③。

---

① Said Amir Arjomand ed. , *Authority and Political Culture in Shi'ism*, State University of New York Press, 1988.

② Said Amir Arjomand ed. , *The Political Dimensions of Religion*, State University of New York Press, 1993.

③ Michael M. J. Fischer, *Iran: From Religious Dispute to Revolution*, Harvard University Press, 1980.

这部著作虽然阐述的是伊朗伊斯兰革命前伊斯兰教什叶派经学院的发展状况，但是它关于什叶派经学院兴起和发展的历史，经学院从教学宗旨到课目的安排，宗教学者精英以及"效仿源泉"的社会政治领袖作用和功能，对于笔者深入理解什叶派的教育状况以及宗教学者所能发挥的领袖作用具有重要的参考价值。此外，这本书还探讨了伊朗什叶派圣城库姆的兴起和发展的历史，着重分析了近代以来宗教学者体制化的状况及其对社会政治运动的重大影响。不仅如此，这本书还直接阐述了什叶派的社会和政治思想内涵。

此外，法国学者扬·里查德撰写的《什叶派伊斯兰教：政治、意识形态和教义》①，阐述了法国学者对什叶派伊斯兰教的理解及其与社会政治的关系。该书对什叶派的神秘主义教义及其与苏菲主义的关系、伊朗什叶派传统政治思想以及伊朗伊斯兰革命的意识形态等做了比较深入的分析。这本专著也可以作为理解和分析什叶派概论、教义及其政治思想的有益补充。

最近几十年，出版了一些有关什叶派政治思想的书。比如，由里亚卡特·N.塔齐姆撰写的《先知的继承人：什叶派伊斯兰教中的神授权力和宗教权威》②一书，探讨了十二位伊玛目尤其是前六位伊玛目生活时期，什叶派不同群体角逐先知继承人及获得其权威的问题。这些群体不仅包括伊玛目的圣门弟子，比如声望卓著的教法学家以及作为整体的伊斯兰教什叶派宗教学者，还包括伊玛目后裔等群体。这本书还对比分析了不同群体声称为先知或伊玛目继承人的宗教根源、依据等方面的内容。

另外，法国学者迈赫迪·默札法里在《伊斯兰教的权威：从穆罕默德到霍梅尼》③一书中分析了伊斯兰教关于权威的理论、实践以及在当代世界的不同政治权力模式。他还分析了伊斯兰教关于权威与权力、合法性权力与实际权力等概念的异同，探讨了逊尼派、什叶派以及哈瓦立吉派有关权力思想的模式及差别。不仅如此，由尼奇·R.凯迪主编的《伊朗宗教

---

① Yann Richard, *Shi'ite Islam: Polity, Ideology, and Creed*, Blackwell, 1995.

② Liyakatali N. Takim, *The Heirs of the Prophet: Charisma and Religious Authority in Shi'ite Islam*, State University of New York Press, 2006.

③ Mehdi Mozaffari, *Authority in Islam: From Muhammad to Khomein*, Routledge, 1987.

和政治：什叶派伊斯兰教从政治无为到革命》① 论文集，探讨了什叶派乌莱玛阶层与政治之间自古以来的关系。其中，有些论文分析了"效仿源泉"在什叶派社团中的权威地位等问题。

6. 有关伊斯玛仪派、宰德派及其政治思想的著述

代表作有英国伦敦伊斯玛仪教派研究所法尔哈德·达夫塔利撰写的巨著《伊斯玛仪教派：他们的历史和教义》②。这部巨著出版于 1990 年，再版于 2007 年。作者从 20 世纪 60 年代着手研究伊斯玛仪教派，历时 30 多年，深刻、系统、全面探讨了伊斯玛仪教派的历史发展和教义演变，内容涵盖从早期伊斯兰教的形成直到当代，横跨 12 个世纪之久。这是当代第一部全面、系统研究伊斯玛仪教派的巨著，其中依据了不计其数的伊斯玛仪派原始文献，并综合了现代欧美学者依据这些文献所做的重要成果。伊斯玛仪派这些原始文献是自 20 世纪 30 年代至约 90 年代陆续在也门、印度、中亚等地区被发现的，后来被逐步编辑并出版，其中包括不少法蒂玛王朝时期的经典论著。这种状况打破了以往根据敌视伊斯玛仪派的众多穆斯林学者、史学家或 11 ~ 13 世纪基督教学者的著述，甚至传言对伊斯玛仪派进行判断和研究的局面，从而确定了伊斯玛仪派研究去伪存真、辩诬明史、探究历史本来面目的发展方向。就研究内容而言，这部巨著探讨了伊斯玛仪教派及教义的发展，包括法蒂玛王朝建立前、法蒂玛王朝的黄金时期、法蒂玛王朝的内乱时期、伊斯玛仪教派在伊朗和叙利亚发展的兴盛时期、蒙古入侵时期等。这部巨著还深入研究了伊斯玛仪社团在当代发展的缘由，包括在伊朗、中亚、南亚等地区复兴的根源，以及伊斯玛仪教派的尼扎尔社团在当代的社会经济发展。这部巨著对研究伊斯兰教、伊斯玛仪教派及其政治思想都具有重要的参考价值。

此外，法尔哈德·达夫塔利的其他著述（或编著），比如《中世纪穆

---

① Nikki R. Keddie ed. , *Religion and Politics in Iran：Shi'ism from Quietism to Revolution*，Yale University Press, 1983.

② Farhad Daftary, *The Ismā'īlīs：Their History and Doctrines*，Second Edition, Cambridge University Press, 2007.

斯林社会当中的伊斯玛仪教派》①、《中世纪伊斯玛仪教派历史和思想》②、《伊斯玛仪教派》③ 和《阿萨辛传奇：伊斯玛仪教派神话》④ 等，也对研究伊斯玛仪派断代史、社会史尤其是中世纪发展进程及其政治思想都具有重要作用。

国外关于也门以及宰德派历史、政治、教义等方面的论著也不少。比如，罗伯特 W. 斯都克撰写的《也门：也门阿拉伯共和国的政治》⑤ 一书，对也门宰德派的历史与政治都进行了较为详细的论述，也对宰德派教义与政治思想进行了剖析。

(三) 国内研究状况

迄今为止，国内关于什叶派的研究已经有了重要进展。20 世纪 80 年代，国内曾出版过一本涉及什叶派概论的书，该书是由中国社会科学院世界宗教研究所伊斯兰教研究室编译的《伊斯兰教什叶派》⑥。这本书综合了当时欧美以及苏联有关什叶派方面的研究成果，概述了什叶派的早期历史、教义、礼仪、分支、代表学者、乌莱玛体制等内容，使一般读者以及专业人士能够对什叶派有一个概览性的了解。

由王宇洁撰写的《伊朗伊斯兰教史》⑦，集中论述了自萨法维王朝建立后伊斯兰教什叶派在伊朗确立和发展的历程，特别是作者对萨法维王朝时期、恺加王朝时期和巴列维王朝时期什叶派乌莱玛与世俗统治者之间的关系做了深入系统的分析和评判。此外，作者还对伊斯兰教什叶派教法学派的发展及其不同学派之间的异同做了论述，并且对其中体现出的什叶派政治思想也做了一些梳理和分析。不仅如此，作者还对霍梅尼有关教法学家统治的思想内涵以及历史地位做了论述。另外，由王宇洁撰写的《宗教与

---

① Farhad Daftary, *Ismā'īlīs in Medieval Muslim Societies*, I. B. Tauris, 2005.
② Farhad Daftary ed., *Medieval Ismā'īlī History and Thought*, Cambridge University Press, 1996.
③ Farhad Daftary, *The Ismā'īlīs*, Cambridge University Press, 2008.
④ Farhad Daftary, *The Assassin Legends: Myths of The Ismā'īlīs*, Blackwell Publishing Ltd., 1995.
⑤ Robert W. Stookey, *Yemen: The Politics of the Yemen Arab Republic*, Westview Press, 1978.
⑥ 中国社会科学院世界宗教研究所伊斯兰教研究室编译《伊斯兰教什叶派》，中国社会科学出版社，1983。
⑦ 王宇洁：《伊朗伊斯兰教史》，宁夏人民出版社，2006。

国家——当代伊斯兰教什叶派研究》① 对研究当代什叶派也有重要的参考价值。

由吴冰冰撰写的《什叶派现代伊斯兰主义的兴起》② 一书，对什叶派传统政治思想的逐步发展进行了系统梳理和研究。他指出，自伊玛目隐遁后，经过什叶派乌莱玛对宗教经典的长期评注和重新诠释，逐步在理论上确立了什叶派乌莱玛在现实中代行隐遁伊玛目职能的宗教政治领袖地位。截至 16 世纪，乌莱玛已逐渐演化为隐遁伊玛目的"一般代表"，恺加王朝时期什叶派乌莱玛终于有机会将其付诸实践。他还指出，在对待世俗统治的立场方面，在近代什叶派宗教学者已形成三种立场：政治超脱、政治合作和政治行动主义。其中政治超脱占主流地位，其他两类只是少部分宗教学者的选择。从这个基础出发，这本书还集中论述了 20 世纪五六十年代兴起的什叶派政治行动主义代表人物的政治思想和活动，比如伊朗的霍梅尼、伊拉克的穆罕默德·巴基尔·萨德尔以及黎巴嫩的穆萨·萨德尔。其中，这本书对霍梅尼政治思想的内涵、渊源、历史地位和巨大影响等做了详细论述。此外，李福泉撰写的《海湾阿拉伯什叶派政治发展研究》③ 为研究什叶派政教关系发展也提供了重要的参考文献。这部专著主要分析了四个海湾国家——伊拉克、沙特、巴林和科威特的什叶派政治发展，尤其研究了伊拉克什叶派的百年政治沉浮，并总结了阿拉伯地区什叶派政治发展的特点。

除此之外，由陈安全撰写的《伊朗伊斯兰革命及其世界影响》④ 也对本书撰写具有一定的借鉴意义。这本书以丰富而翔实的材料，深入分析了伊朗伊斯兰革命的前因后果，着重分析了作为这场革命指导思想——霍梅尼政治思想的基本内容、特征和本质。这本书还分析了霍梅尼政治思想与什叶派传统政治理论之间的继承和发展关系。他认为，霍梅尼关于建立教法学家统治的政治理论，首先是对什叶派传统政治思想的继承。其继承性在于，在什叶派传统政治思想当中，对伊玛目的宗教政治权威地位（领袖

① 王宇洁：《宗教与国家——当代伊斯兰教什叶派研究》，社会科学文献出版社，2012。
② 吴冰冰：《什叶派现代伊斯兰主义的兴起》，中国社会科学出版社，2004。
③ 李福泉：《海湾阿拉伯什叶派政治发展研究》，生活·读书·新知三联书店，2017。
④ 陈安全：《伊朗伊斯兰革命及其世界影响》，复旦大学出版社，2007。

地位）的认知来源建立在血缘继承和宗教知识传承两方面。但伊玛目隐遁后，由于血缘继承的缺失，什叶派宗教政治权威观念面临重大挑战。自10～19世纪，经过什叶派乌莱玛的不断努力，什叶派乌莱玛（主要指教法学家）终于在理论上成为代行伊玛目宗教权威的继承人，他们在政治和社会中的地位也不断提高。霍梅尼的政治思想明确阐述了教法学家代行伊玛目政治权威（领袖）的思想，即统治和管理国家的权力。

除对伊朗和十二伊玛目派研究外，中国塔吉克族学者、留英博士阿米尔·赛都拉首次将法尔哈德·达夫塔利的《伊斯兰伊斯玛仪教派简史》（*A Short History of the Ismāʿīlīs*，1998）翻译成中文①进行出版，全书共分五章，分别对伊斯玛仪派的早期历史、法蒂玛王朝时期伊斯玛仪派教义（包括内含的政治思想）及其发展演变都做了比较详细的勾勒和梳理，这部译著为国内研究伊斯玛仪派历史、教义和传统政治思想提供了有益的借鉴。

此外，李维建撰写的硕士论文——《也门伊斯兰教宰德派历史研究》②，对于宰德派教义和政治思想研究也有借鉴意义。

不仅如此，国内还陆续出版或翻译一些伊斯兰教宗教哲学（史）著作。其中，王家瑛撰写的《伊斯兰宗教哲学史》③为本书提供了一些比较丰富的思想和材料。作者在第二编"圣训"中，不仅阐述和评价了逊尼派圣训学家重要代表思想，也分析了什叶派圣训学家比如库拉尼、穆罕默德·伊本·巴布亚以及谢赫塔伊法（Shaykhuʾt – Tāʾifa，995～1067，又称为谢赫穆罕默德·图西，Shaykh Muhammad at – Tūsī）的主要宗教、政治、哲学和伦理思想。另外，作者在分析伊斯兰教法根源学当中，也论述了什叶派教法学派的方法论以及"独立判断"的作用。此外，作者还用大量的篇幅分析和阐述了中世纪和近代伊朗什叶派哲学学派或教法学派，比如伊斯法罕学派、德黑兰学派等主要代表人物的宗教思想、伦理思想、政治思想和哲学思想等。

在译著中比较重要的还有美国学者希提著的《阿拉伯通史》、埃及学

---

① 〔英〕法尔哈德·达夫塔利：《伊斯兰伊斯玛仪教派简史》，阿米尔·赛都拉译，宗教文化出版社，2016。

② 李维建：《也门伊斯兰教宰德派历史研究》，西北大学，硕士学位论文，2001。

③ 王家瑛：《伊斯兰宗教哲学史》，民族出版社，2003。

者艾哈迈德·爱敏著的《阿拉伯——伊斯兰文化史》、萨伊德·侯赛因·
纳速尔著的《伊斯兰教：世界宗教入门》等。《阿拉伯——伊斯兰文化史》
是一部八卷本的伊斯兰文化史，由埃及著名历史学家艾哈迈德·爱敏根据
大量原始文献并耗时 40 余年完成的。这部书叙述了"伊斯兰教产生前阿
拉伯地区的概况，详细记载和论述了伊斯兰教产生后阿拉伯伊斯兰国家的
政治、经济、社会、文化、学术活动，特别详细地论述了伊斯兰教各教派
的产生和发展，因此被阿拉伯学术界誉为'划时代的伊斯兰百科全书'"①。
在这部著作的最后一卷中，作者详细分析了伊斯兰教各教派产生和发展的
历程，其中分析了什叶派教义、支派及其与世俗政权的关系。此外，这部
著作还提出一个非常重要的思想，即阿拉伯 - 伊斯兰文化是由各民族穆斯
林共同创造和发展的文化结晶。作者认为它由三种文化源流汇合而成：一
是阿拉伯人固有的文化；二是伊斯兰教文化；三是波斯、印度、希腊、罗
马等外族文化。这种思想对分析伊斯兰教什叶派政治思想的发展变化也提
供了一个有意义的研究思路。那就是，需要探讨波斯古老文明尤其是政治
文化对伊斯兰教以及什叶派政治思想的影响。

　　另外，国内一些知名学者撰写的一系列伊斯兰教历史或概论性著作，
对分析什叶派政治思想奠定了坚实的基础。重要参考书有：由金宜久主编
的《伊斯兰教》《当代伊斯兰教》《伊斯兰教史》等，由吴云贵、周燮藩
撰写的《近现代伊斯兰教思潮与运动》等。在伊斯兰教法学方面，有吴云
贵撰写的《伊斯兰教法概略》以及《当代伊斯兰教法》，还有由周燮藩翻
译西方著名伊斯兰教教法学家约瑟夫·夏赫所著的《伊斯兰教法导论》。
马坚先生翻译的《古兰经》，更是研究伊斯兰教必不可少的参考书目。

　　除以上著述外，我国学术界有关伊朗史地方面的著作或译著，也为深
入分析和探讨伊朗传统文化及其传统政治思想对什叶派政治思想的影响提
供了必要参考。比如，在地理方面，有 20 世纪 60 年代由郑敏雅翻译苏联
学者彼得洛夫撰写的《伊朗自然地理概述》，有 20 世纪 70 年代由北京大
学地质地理系经济地理专业翻译英国学者 W. B. 费舍尔主编的《伊朗》。

---

① ［埃及］艾哈迈德·爱敏：《阿拉伯——伊斯兰文化史》，纳忠译，第一册"黎明时期"
　　"封二简介"，商务印书馆，1982。

在历史方面，有 20 世纪 50 年代由李希泌等人合译苏联学者米·谢·伊凡诺夫撰写的《伊朗史纲》，有 20 世纪 90 年代由叶奕良翻译伊朗学者阿宝斯·艾克巴尔·奥希梯扬尼撰写的《伊朗通史》，近些年还有我国学者张铁伟撰写的《列国志：伊朗》等。

综上所述，对于伊斯兰教什叶派传统政治思想的研究，国内外已有的研究成果提供了非常重要的参考价值，但也存在可以进一步拓展的空间。这种空间在于：无论是国外还是国内研究，尚没有对伊斯兰教什叶派政治思想包括传统政治思想进行独立、系统、全面、深入的研究。首先，不少成果即便从整体上已经研究了伊斯兰教政治思想包括传统政治思想，但大多以逊尼派为主，对什叶派的研究多居于从属地位。其次，对什叶派政治思想包括传统政治思想的发展和变化、继承和创新及演变的内在原因与逻辑缺乏系统的梳理和论证。再次，对于什叶派各支派，比如十二伊玛目派、伊斯玛仪派、宰德派等传统政治思想的共性与差异也缺乏深入的分析和评判。最后，在什叶派（传统）政治思想的拓展性研究方面，也有许多内容值得进一步深入研究。比如，什叶派传统政治思想与现代政治思想之间的关系，什叶派政治思想与逊尼派政治思想的比较分析等。诸如此类研究领域的开拓，可为学者提供大显身手的空间，但面临的困难与挑战也是显而易见的。比如，需要兼具对象国语言、宗教与哲学、史学等交叉学科背景。因此，本书从什叶派传统政治思想及其发展变化这个角度着手，同时借助国内外已有研究成果以及史学、宗教学、哲学等学科理论和方法，希望在这些新研究领域中尽一份绵薄之力。

三　研究架构和理论方法

（一）研究架构

本书共分绪论、正文与结语三大部分。绪论部分主要阐述本书选题来源及现实意义。同时，着重论述了国内外研究现状，并在此基础上阐明了本书的前沿意义。此外，绪论部分还对本书的研究理论和方法以及全书架构等进行扼要说明。

正文共分八章。第一章是总论，主要探讨研究宗教与政治之间的关系，特别是研究中东地区伊斯兰教什叶派传统政治思想的指导原则、理论和方法、范围和对象以及具体途径。

第二章至第四章主要探讨十二伊玛目派传统政治思想的形成、内涵、演变与特征，并且主要以伊朗的十二伊玛目派为例来分析。其中，第二章以早期十二伊玛目派（伊玛目派）为例，论述了什叶派基本教义及其蕴含的传统政治思想。比如，先知地位的继承问题、伊玛目领袖地位的确立原则、隐遁伊玛目思想的内涵及其成因等。

第三章主要分析了十二伊玛目派教义学和教法学与传统政治思想之间的关系。其中，重点论述了十二伊玛目派两个重要的教法学派，即阿赫巴尔学派和乌苏勒学派的教法学思想及其宗教政治意义，并分析了它们形成、发展的社会历史条件。此外，论述了谢赫学派教法学思想及其宗教政治影响。

第四章主要分析了传统社会中十二伊玛目派乌莱玛宗教领袖地位的特点及形成的基础，还深入分析了建立在这种地位之上的乌莱玛传统政治意识，其中包括乌莱玛是隐遁伊玛目"一般代表"的思想以及乌莱玛对与世俗统治者之间关系的三种选择。此外，本章还对十二伊玛目派传统政治思想的基本内涵和特点进行了总结。

第五章至第七章集中论述了伊斯玛仪派传统政治思想的主要内涵及其发展变化。其中，第五章系统论述了伊斯玛仪派教义及其传统政治思想的形成和发展，特别论述了其中的宗教历史周期论和宇宙论的形成和发展，以及它们对于法蒂玛王朝宗教合法性的重要作用。

第六章进一步论述了伊斯玛仪派传统政治思想的再发展。其中，从横向角度阐述了这些思想在伊斯玛仪派教法学层面和法蒂玛王朝领袖思想层面的体现，还分析了由此所决定的法蒂玛王朝宗教政治体制的特点。此外，本章还从纵向角度论述了法蒂玛王朝衰落时期塔伊比派对于伊斯玛仪派教义及其政治思想的继承和发展。

第七章简要分析了伊斯玛仪其他支派，如努赛里派、卡尔马特派、德鲁兹派、尼扎尔派等派的教义及其蕴含的传统政治思想。在这些支派当中，有些支派已经消亡，有些支派却顽强地生存了下来，并且融入了现代社会的发展。但因受文献来源等限制，本章论述比较单薄，篇幅较短，不及其他章节充分，希望各位专家和读者海涵。

在对十二伊玛目派和伊斯玛仪派传统政治思想论述之后，第八章进一步论证了宰德派教义与传统政治思想之间的关系。

最后，在结语部分，通过对以上三个不同支派的分析，总结和分析了中东地区伊斯兰教什叶派传统政治思想之间存在的共性和特征。

（二）研究理论和方法

本书的理论指导，主要依据马克思主义宗教观与当代宗教学的基本原理。马克思主义宗教观对宗教问题有着深刻的认识和判断，同时提供了研究宗教问题的一般方法论，即唯物史观。唯物史观不仅强调社会存在决定社会意识，而且强调要在一定时空背景下阐释宗教的存在、发展和形态，还强调用辩证的、发展的眼光来分析和研究宗教。

此外，在现代西方文明冲击伊斯兰教传统社会之前，伊斯兰教与政治的关系处于相互交织、密不可分的状态。因此，需要从构成宗教的四要素，即宗教信仰、宗教感情和体验、宗教实践、组织制度四个方面深入分析伊斯兰教什叶派传统政治思想及其发展演变。本书特别从第一个、第三个和第四个方面，分析了什叶派宗教政治领袖思想的发展和演变，主要体现为伊斯兰教教义（包括什叶派教义）及教义学、教法学和乌莱玛宗教体制三个层面。

什叶派传统政治思想还有一个形成、发展、创新的过程，这个过程与什叶派的发展史密切相关。因此，本书还运用史学方法，比较系统地探讨了什叶派三个不同支派传统政治思想的历史发展脉络。比如，对于十二伊玛目派，本书分别从伊玛目领袖思想的确立、伊玛目隐遁后现实领袖地位的缺失以及宗教学者逐步承担伊玛目宗教领袖地位三个前后相连的历史发展进程进行探讨。

第一章

研究伊斯兰教政治思想的方法、对象和途径

"伊斯兰教什叶派传统政治思想"本质上属于宗教与政治关系的研究范畴。如何研究宗教与政治之间的关系，如何界定两者关系所涉及的范围和对象，以及如何进一步研究伊斯兰教与政治之间的关系，包括如何找到探讨伊斯兰教政治思想的具体途径，是本章所要阐述的重点。

第一节　马克思主义宗教观提供最基本的方法论指南

在研究宗教与政治关系方面，一个重要的切入点，就是分别界定宗教和政治的定义。界定宗教的定义，可以为研究该问题寻找和发现研究思路及方法。界定政治的定义，有利于廓清宗教视野下所谓政治思想关注的范围、对象和重点。但是，以上两个定义的界定，都离不开马克思主义关于宗教问题的基本认识、一般原理和方法论，特别是马克思主义宗教观为认识和研究宗教、进而研究政教关系提供了最基本的方法论指南。

在马克思主义经典论著中，马克思、恩格斯、列宁对宗教中的一些问题，比如宗教的本质，宗教的定义，宗教产生、发展与消亡的根源及宗教的作用等都做过许多论述，而且很多论述是在批判或论证哲学问题、经济学问题或者其他专题时进行的。比如，在批判黑格尔法哲学、费尔巴哈哲

学思想时，在阐述历史唯物主义、犹太人问题等时，兼论到相关宗教问题。此外，在论述宗教问题以及其他诸如政治、意识等问题时，始终贯穿着马克思主义哲学思想这根红线，即历史唯物主义和辩证唯物主义的思想、方法和原理。历史唯物主义，即唯物史观，是马克思主义理论体系的根本基础之一。

所谓唯物史观，就是"以一定历史时期的物质经济生活条件，来说明一切历史事变和观念、一切政治、哲学和宗教"①。据此，马克思主义者在研究宗教的本质、起源和发展时，都是基于客观存在的物质经济生活条件，并且注意结合当时所处的具体历史时期、历史事实和时代氛围进行分析。他们常常把宗教置于整个社会的宏观经济发展和物质状况当中去分析，依据宗教借以产生、发展和变化的具体历史条件来说明。近现代以来很多西方学者在分析宗教问题时，也在不自觉地运用这样的分析方法。马克思主义强调唯物史观"不是在每个时代中寻找某种范畴，而是始终站在现实历史的基础上，不是从观念出发来解释实践，而是从物质实践出发来解释观念的东西"②。比如在研究宗教本质时，马克思主义者指出，"宗教本身既无本质也无王国"，既不应该在"人的本质"中，也不应"在上帝的宾词中去寻找这个本质"，"只有到宗教的每个发展阶段的现成物质世界中去寻找这个本质"。在谈到犹太教和犹太人问题时，马克思指出："我们不把世俗问题化为神学问题，我们要把神学问题化为世俗问题。"③ 这些论断表明，在研究宗教问题时，不是从观念到观念，也不是从观念到现实，而是要从现实出发来解释观念之反映。它强调不应抽象地凭空谈论宗教，而是需要从宗教存在和发展的现实物质基础、历史背景以及时代氛围入手，结合具体问题进行具体分析，还强调一切事物包括宗教都会因时间、

---

① 〔德〕恩格斯：《论住宅问题》，载《马克思恩格斯选集》第二卷（下），人民出版社，1972，第537页。

② 〔德〕马克思、恩格斯：《德意志意识形态》，载《马克思恩格斯全集》第一卷，人民出版社，1956，第43页。

③ 〔德〕马克思：《论犹太人问题》，载《马克思恩格斯文集》第一卷，人民出版社，2009，第27页。

地点和条件的变化而变化。① 此外，它也强调宗教问题不是静止的、孤立的，而是变化的、发展的，是与社会历史的发展变化密切相关的。② 这种唯物史观是认识和研究宗教问题最基本的方法论原则。

马克思主义的唯物史观，也经历了提出、发展与成形几个阶段。在此过程中，这种唯物史观还特别强调"社会存在决定社会意识"的方法论原则。所谓"社会存在决定社会意识"，是指宗教与现实的关系乃社会存在决定社会意识的关系，宗教是现实社会曲折、复杂的反映，反过来又会作用于现实社会，并对后者产生复杂的影响。马克思在《〈黑格尔法哲学批判〉导言》中指出，"反宗教的批判的根据是：人创造了宗教，而不是宗教创造了人"③。"人不是抽象的蛰居于世界之外的存在物。人就是人的世界，就是国家、社会。这个国家、这个社会产生了宗教，一种颠倒了的世界意识，因为它们就是颠倒的世界。"④ 据此，应当在根本弄清宗教所依存并反映的现实基础上来分析和认识宗教，进而分辨宗教与社会现实之间的相互影响、相互渗透、相互促进等方面的关系和作用。⑤

对于马克思主义唯物史观的概括，可以用恩格斯的几段经典言论来总结。第一段是他在《社会主义从空想到科学的发展》中阐述的。他指出："每一时代的经济结构形成现实基础，每一个历史时期的由法的设施和政治的实施以及宗教的、哲学的和其他的观念形式所构成的全部上层建筑，归根到底都应由这个基础来说明。黑格尔把历史观从形而上学中解放了出来，使它成为辩证的，可是他的历史观本质上是唯心主义的。现在，唯心主义从它的最后的避难所即历史观中被驱逐出去了，一种唯物主义的历史观被提出来了，用人们的存在说明他们的意识，而不是像以往那样用人们

① 卓新平：《马克思主义宗教观的方法论探究》，卓新平、唐晓峰主编《论马克思主义宗教观》，社会科学文献出版社，2009，第7页。
② 新平：《马克思主义宗教观的方法论探究》，卓新平、唐晓峰主编《论马克思主义宗教观》，社会科学文献出版社，2009，第7页。
③ 〔德〕马克思：《〈黑格尔法哲学批判〉导言》，载《马克思恩格斯选集》第一卷，人民出版社，1995，第1页。
④ 〔德〕马克思：《〈黑格尔法哲学批判〉导言》，载《马克思恩格斯选集》第一卷，人民出版社，1995，第1页。
⑤ 卓新平：《马克思主义宗教观的方法论探究》，卓新平、唐晓峰主编《论马克思主义宗教观》，社会科学文献出版社，2009，第8页。

的意识说明他们的存在这样一条道路已经找到了。"① 这段言论，一是指出了马克思主义对于科学社会主义的贡献，即提出了唯物史观；二是指出所谓唯物史观，就是用社会存在来说明社会意识，用经济基础来阐释宗教、哲学、法律、政治等全部上层建筑。

第二段言论发表在《卡尔·马克思》一文中。恩格斯指出："从这个观点来看，在充分认识了该阶段社会经济状况（而我们那些历史编纂学家当然完全没有这种认识）的条件下，一切历史现象都可以用最简单的方法来说明，同样每一历史时期的观念和思想也可以极其简单地由这一时期的经济的生活条件以及由这些条件决定的社会关系和政治关系来说明。"② 这段言论不仅指出经济条件决定了思想和观念，而且指出建立在经济基础之上的各种社会关系和政治关系，也能在一定程度上对社会意识产生重要影响，即便不是决定性的影响。

第三段言论是对唯物史观最经典的概括，是在《卡尔·马克思的葬仪》一文当中。恩格斯指出："正像达尔文发现有机界的发展规律一样，马克思发现了人类历史的发展规律，即历来为繁芜丛杂的意识形态所掩盖着的一个简单事实：人们首先必须吃、喝、住、穿，然后才能从事政治、科学、艺术、宗教等等；所以，直接的物质的生活资料的生产，从而一个民族或一个时代的一定的经济发展阶段，便构成基础，人们的国家设施、法的观点、艺术以至宗教观念，就是从这个基础上发展起来的，因而，也必须由这个基础来解释，而不是像过去那样做得相反。"③

综上所述，马克思主义宗教观就是"基于物质条件、位于时空处境、源于现实生活、置于社会存在"的这样一种唯物史观④，并将从方法论上指导本书对什叶派传统政治思想的研究。

---

① 〔德〕恩格斯：《社会主义从空想到科学的发展》，载《马克思恩格斯全集》（第二版）第二十五卷，人民出版社，2001，第371~372页。

② 〔德〕恩格斯：《卡尔·马克思》，载《马克思恩格斯全集》（第二版）第二十五卷，人民出版社，2001，第594页。

③ 〔德〕恩格斯：《卡尔·马克思的葬仪》，载《马克思恩格斯全集》（第二版）第二十五卷，人民出版社，2001，第136页。

④ 卓新平：《马克思主义宗教观的方法论探究》，卓新平、唐晓峰主编《论马克思主义宗教观》，社会科学文献出版社，2009，第9页。

第二节 研究宗教与政治关系的基本思路和方法

在马克思主义宗教观的指导下，我国学术界对于宗教学基本原理的研究已经达到了一定程度。其中，对宗教的概念、本质、特征以及宗教各个层面与政治的关系等，已经进行了相当深入的分析，从而为本书研究提供了基本思路和方法。

一 宗教的概念

我国学者对宗教概念进行了界定。吕大吉先生指出："宗教是关于超人间、超自然力量的一种社会意识，以及因此而对之表示信仰和崇拜的行为，是综合这种意识和行为并使之规范化、体制化的社会文化体系。"[①] 其中，宗教观念和思想、宗教的感情或体验构成宗教的内在因素。宗教的行为或活动以及宗教的组织和制度构成宗教的外在因素。他还认为，就结构层次而言，宗教四要素实际包括四个层次。处于基础层或核心层的，是宗教观念和思想。宗教观念和思想是关于超人间、超自然力量的信仰，即对于"神"的信仰。宗教感情或体验，虽然与宗教观念同属内在因素，但是应该作为伴生于后者的第二个层次。宗教信仰或宗教感情必然外在表现为宗教的崇拜行为和活动，因此宗教行为和活动属于宗教概念的第三个层次。宗教的组织和制度"是宗教观念信条化、宗教信徒组织化、宗教行为仪式化、宗教生活规范化和制度化的结果"[②]，处于宗教结构的最外层，对上述三个层次起着"凝聚固结"的作用。换言之，宗教是宗教本质与其表现的统一体，是宗教内外诸多因素的逻辑结合。它们内外一体，相互伴生，相互制约。

---

① 吕大吉：《宗教学通论新编》，中国社会科学出版社，1998，第79页。
② 吕大吉：《宗教学通论新编》，中国社会科学出版社，1998，第77页。

二 宗教本质、特性及其与政治的关系

既然宗教的核心和本质是对超人间、超自然力量的信仰和崇拜，那么宗教由此产生了三个基本特性，即超验性、神圣性和至高无上性。

超验性，强调宗教一般是与超自然的存在相关联，指在世俗世界人类接触到一种超越自身的、比人类力量更为强大的力量。宗教秩序因此被视为对信仰者及其社会秩序都具有合理的要求。这种超验性，就使宗教对就社会秩序能够做出集体决策的政治领域产生了重大影响。

关于神圣性，法国学者杜尔凯姆就神圣事物和俗世事物的区分做出了经典的分析。他认为："神圣事物就是禁令（禁忌）所保护、所孤立起来的事物。俗世事物就是禁忌所适用的事物，它必须与神圣事物保持一定的距离。宗教信仰就是代表着对神圣事物本质的表达，代表着对神圣事物彼此之间关系以及神圣事物与俗世事物之间关系的表达。"① 因此，神圣事物自然成为人们界定俗世世界和俗世生活的参照坐标。其结果是，出于对神圣事物强大力量的信仰和崇拜之情，人们就试图用与神圣世界的规则来规范和支配俗世世界。

至高无上性，指宗教通过使用一种更高的目的意识和意义意识，表明人类社会的核心价值，这种核心价值奠定了人生意义的基石。正如有的学者所指出的那样，宗教"使人与自身存在的最高状态相互关联起来"。作为至高无上的宗教，也同样有权力命令信仰者。它将人类社会存在的其他各个方面，均置于至高无上的目的和意义之下。政治领域因此再次与宗教相关联，并且被宗教所确证。

既然宗教的本质和特性是通过宗教信仰和教义表达出来的，因此本书将要从伊斯兰教基本信仰尤其是伊斯兰教什叶派独特的信仰和教义中，分析其中所蕴含和表达的政治思想。这个层面的政治思想因与信仰和教义相连，反映的是什叶派及其主流——十二伊玛目派政治思想当中最初的、最核心、最根本的那部分内涵。它是什叶派政治思想形成的基础和核心，必

---

① George Moyser ed. , *Politics and Religion in the Modern World*, Routledge, 1991, p. 9.

然制约以后什叶派组织或制度和什叶派宗教学者等与政治思想的关系。

三 宗教体验、实践及其与政治的关系

宗教信仰构成宗教的本质,反映宗教的基本特点。宗教还存在其他方面,比如宗教感情或体验、宗教行为或活动以及宗教组织和制度。在这些方面,宗教与政治在一定程度上也相互关联。就宗教体验或实践而言,比如各种宗教仪式增强了宗教的可视性,这种可视性能够与政治领域产生密切的关联。此外,宗教仪式常常需要使用一些特定场所或建筑物来举行,这些场所或建筑物因此成为神圣的场所,比如庙宇、清真寺、圣冢、教堂等。特别是信众,有时他们会将所信仰的宗教等同于宗教的物质形态。此外,一些具有政治或社会意义的冲突,也常常发生在这些神圣的场所。

在伊斯兰教中,有关伊斯兰教法和教法学的活动和发展既是最重要的宗教实践活动和智力活动,也是真主有关人类生活各个方面的全部规范总和,当然,真主是至高无上的权威来源。因此,伊斯兰教法和教法学不仅能够体现政治思想的基本内涵,还成为伊斯兰教与政治发生关联的第二个重要范围和领域,当然,既包括实践层面,也包括制度层面。这样,什叶派教法和教法学,包括其主流教法学派和非主流教法学派及其蕴含的政治思想,是本书考察的第二个重要领域。

四 宗教信仰的群体性、教阶制度与政治的关系

宗教信仰不仅具有个体性,而且它还像政治一样具有群体性和集体性,这是宗教与政治能够产生相互影响的又一个重要层面。宗教信仰的群体性,可以增强该群体的团结性和凝聚力,同时也可以在不同群体之间造成摩擦或冲突。群体之间的团结或冲突,有时围绕着享有共同的神圣象征物或是不同的神圣象征物展开。有时群体之间的团结或冲突还与文化、经济等因素相关。

有时对宗教信仰群体的分析,常常表现为对不同群体角色差异性的分析。比如,普通信众与那些或作为先知、或作为精神领袖的宗教领袖,他

们的角色和地位一定就存在差异。一些世界性宗教，比如天主教，就建立有严格而繁复的教阶制度。凡是有教阶制度的宗教，由于其不同层次的教职人员具有不同的角色差异，它们对权力的影响也会不同，它们与国家政治之间的关系就会非常复杂。

在伊斯兰教尤其是什叶派当中，宗教学者（乌莱玛）阶层表现出独特的群体性，并且随着自身社会和政治地位的提高，表现出日益重要的政治文化和政治意识。在他们当中，还形成了独特的、松散的宗教体制。因此，他们的宗教意识和政治意识，包括他们如何看待自身与世俗政府的关系，是本书考察的第三个重要领域。

第三节　界定宗教与政治关系的研究范围和对象

厘清宗教的概念及其与政治的联系，为研究政教关系提供了必要的研究思路和方法，同时还需要对宗教与政治关系的研究范围和对象进行梳理和分析。为解决这个问题，可以从对于"政治"概念的界定中找到一些答案。因为只有厘清"政治"的定义，才能抓住"政治"问题的本质及特征，忽略不同宗教或教派对政治问题关注的差异。

那么何谓"政治"？

可以先从词源看。不少西方语言中的"政治"一词，比如法语 politique、德语 politik、英语 politics 等，都由希腊语 πολις 演化而来。这个词起先出现在《荷马史诗》中，最初的含义指城堡或卫城。在古希腊，雅典人将修建在山顶的卫城称为"阿克罗波里"，简称为"波里"。英语将 πολις 转译为 politics，将其本意译为 city – state（城邦）。因此，"政治"一词，一开始"就是指城邦中的统治、管理、参与、斗争等各种公共生活的总和"[1]。

在中国古代，先秦诸子曾使用过"政治"。比如《尚书·周书·毕命》

---

[1] 中国大百科全书总编辑委员会《政治学》编辑委员会编《中国大百科全书（政治学）》，中国大百科全书出版社，1992，第482页。

有"道洽政治，泽润生民"，《周礼·地官·遂人》有"掌其政治禁令"。但是，更多的是将"政"与"治"分开使用。"政"一般表示国家的权力、制度、秩序和法令。① 比如，"大乱宋国之政"（《左传·襄公十七年》），"礼乐刑政，其极一也"（《礼记·乐记》）等。"治"一般表示管理、治理、教化人民。比如"天下兼相爱则治，交相恶则乱"（《墨子·兼爱上》），又如"修身、齐家、治国、平天下"等。在中文当中，将"政"与"治"两个词完全结合，始自中国近代。当英文的 politics 从日本传入中国时，人们在汉语中找不到与之相对应的词。孙中山认为应该使用"政治"来对译，他说："政就是众人之事，治就是管理，管理众人之事，就是政治。"② 这一说法，在当时非常具有影响力。

关于"政治"的定义，由于时代不同，历史观不一样，人们在解释政治概念时强调的内涵也不一样，因此对于"什么是政治"出现了各种不同的回答，国内外迄今没有形成统一的说法。

由于时代和国家不同，西方政治学的研究内容和范围也一直处于发展变化当中，对政治的界定也各有不同。西方政治学的开山之作，是古希腊亚里士多德撰写的《政治学》。在这本书中，亚里士多德使用的"政治"一词，就来源于希腊语πολις，词义是指古代希腊的城邦，即城市国家。《政治学》就是亚里士多德在研究了 158 个古希腊城市国家各种问题之后写出来的，所研究的中心问题就是国家，包括国家的性质、起源、目的、政体、活动、治理等。在这本书中，亚里士多德认为政治是实现正义、为民谋利益以达到最高"善业"的行为。从那时起 2000 多年来，国家一直是政治学研究的中心问题。只不过在中世纪，政治研究的主要内容侧重于教权与王权的关系。在近代，政治学注重对国家体制的静态研究，以便确立和维护资产阶级的统治。而当资产阶级统治确立之后，政治学便从制度的静态研究扩大到政治活动的研究，并且注重政治过程和政治行为的动态分析和研究。

---

① 中国大百科全书总编辑委员会《政治学》编辑委员会编《中国大百科全书（政治学）》，中国大百科全书出版社，1992，第 482 页。
② 孙中山：《孙中山选集》（下），人民出版社，1981，第 661 页。

就当代西方政治学对政治的界定而言，主要有以下几种①。（1）政治是国家的活动，是治理国家，是夺取或保存权力的行为。（2）政治是权力斗争，是人际关系的权力现象。美国政治学家拉斯维尔就是"政治乃权力说"的代表。他认为，"研究政治就是研究影响力和有影响的人物"，研究政治就是"研究权力的形成与分享"，"政治行为就是人们为权力而进行的活动"，政治就是"谁在何时如何得到什么"②。（3）政治是人们在安排公共事务中表达个人意志和利益的一种活动，政治的目标是制定政策，处理公共事务，或者认为政治是制定和执行政策的过程。比如《布莱克维尔政治学百科全书》就给出了两种类似的政治定义。一种认为，政治"是一群在观点和利益方面本来很不一致的人们做出集体决策的过程，这些决策一般被认为对这个群体具有决策力，并作为公共政策加以实施"③。另一种认为，"政治是在共同体中并为共同体的利益做出决策和将其付诸实施的活动"④。据此，还推导出政治具有三个特点。一是，政治首先是一种活动，从根本上来说就是某些行为产生的一种过程。二是，政治是做出决策并付诸实施的活动，与权威和合法性等一些概念密切相关。权力的作用也由此产生，并成为政治活动中的一个基本要素。不运用出自权力并且可以推行权威性法令的强制力量，就不可能有任何决策。权力泛指各种类型的压力手段，其中也包括各种制度和议事程序等。政治顺利的运作，需要有各种合法制度的保障。三是，政治发生于某个社会共同体之中，是为该共同体服务的一种活动。社会共同体不仅仅指国家，也包括地方当局、工会、工商界、教会、家庭以及国际社会等。⑤ 政治是一种社会的利益关系，是对社会价值的权威性分配，而"价值"乃"社会政策"的同义词。这种观点是美国政治学者戴维·伊斯顿（David Easton）在20世纪下半叶提出的，

---

① 中国大百科全书总编辑委员会《政治学》编辑委员会编《中国大百科全书（政治学）》，中国大百科全书出版社，1992，第482页。

② 《大美百科全书》第22卷，光复书局，1991，第263页；皮纯协：《略论政治学的对象和体系》，《什么是政治学?》，群众出版社，1985，第122页。

③ 邓正来主编《布莱克维尔政治学百科全书》，中国政法大学出版社，1992，第584页。

④ 邓正来主编《布莱克维尔政治学百科全书》，中国政法大学出版社，1992，第583页。

⑤ 邓正来主编《布莱克维尔政治学百科全书》，中国政法大学出版社，1992，第583~584页。

已被美国政治学者广泛接受。

20 世纪 80 年代，我国学术界也对政治的概念进行过讨论，主要看法有：（1）政治是各阶级为维护和发展本阶级利益，处理本阶级内部以及与其他阶级、民族、国家的关系所采取的直接的策略、手段和组织形式。（2）政治是一定阶级或集团为实现经济要求，而夺取政权和巩固政权的活动，以及实行的对内对外的全部政策和策略。（3）政治是由政府推行的涉及各个生活领域的、在各种社会活动中占主要地位的活动。（4）政治是阶级斗争的产物，是阶级社会的上层建筑，集中表现为统治阶级和被统治阶级之间的权力斗争、统治阶级内部的权力分配和使用。[①]

那么，如何给政治下科学而确切的定义呢？马克思主义政治学思想为研究政治现象以及为"政治"进行界定提供了理论指导。马克思主义产生于 19 世纪 40 年代，它的产生基于 19 世纪欧洲社会的变化和发展，也基于当时欧洲社会思想发展所取得的重大成果，特别是吸取了德国古典哲学、英国古典政治经济学以及空想社会主义的思想。唯物史观和剩余价值论的形成，使马克思主义政治学走向成熟。其中，《德意志意识形态》是马克思主义政治学走向成熟的重要标志，《共产党宣言》[②] 则奠定了马克思主义思想政治工作理论的基础，《资本论》[③] 深刻论述了国家、政治、法和政治观念等问题。马克思和恩格斯的其他重要论著，比如《1848 年至 1850 年的法兰西阶级斗争》[④]、《路易·波拿巴的雾月十八》[⑤]、《法兰西内战》[⑥] 和《家庭、私有制和国家的起源》[⑦] 等，也蕴含了丰富的政治学思想。此

---

① 中国大百科全书总编辑委员会《政治学》编辑委员会编《中国大百科全书（政治学）》，中国大百科全书出版社，1992，第 482 页。

② 〔德〕马克思、恩格斯：《共产党宣言》，载《马克思恩格斯选集》第一卷，人民出版社，1995。

③ 〔德〕马克思：《资本论》（节选），载《马克思恩格斯选集》第二卷，人民出版社，1995。

④ 〔德〕马克思：《1848 年至 1850 年的法兰西阶级斗争》，载《马克思恩格斯选集》第一卷，人民出版社，1995。

⑤ 〔德〕马克思：《路易·波拿巴的雾月十八》，载《马克思恩格斯选集》第一卷，人民出版社，1995。

⑥ 〔德〕马克思：《法兰西内战》，载《马克思恩格斯文集》第三卷，人民出版社，2009。

⑦ 〔德〕恩格斯：《家庭、私有制和国家的起源》，载《马克思恩格斯选集》第四卷，人民出版社，1995。

外，列宁继承、发展和丰富了马克思主义政治学。他的著作《帝国主义是资本主义发展的最高阶段》①和《国家与革命》②等，则创立了社会主义国家的系统理论。

　　概言之，马克思主义政治学思想极其丰富，从不同角度阐述了有关阶级矛盾和阶级斗争、国家的本质和特征、政治体制、无产阶级革命和无产阶级专政、无产阶级政党、帝国主义论、共产主义等一系列重要政治思想和理论。其中，围绕"政治"的范畴，马克思主义也提出了一些重要论断和思想，分别反映了政治的本质、属性、基本内容和特征等。③主要观点如下。（1）关于政治和政治关系的性质。马克思主义者认为，生产力决定着生产关系。一定社会的生产关系的总和所构成的经济结构，决定着该社会的政治关系、政治生活方式和政治观念。列宁的著名论断"政治是经济的最集中的表现"④，就在一定程度上反映了这种思想。恩格斯也指出："任何争取解放的阶级斗争，尽管它必然具有政治的形式（因为任何阶级斗争都是政治斗争），归根到底都是围绕经济解放进行的。因此，至少在这里，国家、政治制度是从属的东西，而市民社会，经济关系的领域是决定性的因素。"⑤（2）关于阶级以及阶级斗争与政治斗争的关系问题。马克思主义者认为，在阶级社会，社会的基本矛盾表现为阶级矛盾和阶级斗争。阶级的产生，是因为人类历史上出现了私有制。阶级斗争根源是阶级利益的根本对立。此外，关于政治与阶级斗争之间的关系，马克思、恩格斯强调指出，"一切社会的历史都是阶级斗争的斗争"⑥，"任何政治斗争都

---

① 〔苏〕列宁：《帝国主义是资本主义的最高阶段》，载《列宁选集》第二卷，人民出版社，1995。
② 〔苏〕列宁：《国家与革命》，载《列宁选集》第三卷，人民出版社，1995。
③ 中国大百科全书总编辑委员会《政治学》编辑委员会编《中国大百科全书（政治学）》，中国大百科全书出版社，1992，第5～6、226、482页。
④ 〔苏〕列宁：《论工会、目前局势及托洛茨基同志和布哈林同志的错误》，载《列宁选集》第四卷，人民出版社，1972，第416页。
⑤ 〔德〕恩格斯：《路德维希·费尔巴哈和德国古典哲学的终结》，载《马克思恩格斯选集》第一卷，人民出版社，1972，第247页。
⑥ 〔德〕马克思、恩格斯：《共产党宣言》，载《马克思恩格斯选集》第一卷，人民出版社，1972，第260页。

是阶级斗争"①，阶级斗争的核心问题是政治权力。列宁也指出："政治就是各阶级之间的斗争，政治就是无资产阶级为争取解放而与世界资产阶级进行斗争的关系。"②（3）关于国家的观点以及政治与国家的关系。马克思主义者认为，国家是一个历史范畴，是社会经济发展到一定阶段的产物，是阶级矛盾不可调和的产物。国家是阶级社会的政治上层建筑，它的基础是一定的社会经济结构。国家具有鲜明的阶级性，是经济上占统治地位的阶级的国家，是维护一个阶级统治另一个阶级的机器。历史上不同类型的国家，代表着不同阶级的利益，并为自己的经济基础服务。国家随着阶级的产生而产生，也必然随着阶级的消亡而消亡。国家消亡的经济基础是共产主义。在共产主义社会中，对人的统治将由对物的管理和对生产过程的领导所代替。关于政治与国家的关系问题，马克思主义者强调，政治学的中心问题是国家。比如列宁认为，政治中最本质的东西就是国家政权机构；政治就是参与国家事务，给国家定方向，确定国家的形式、任务和内容等。（4）关于社会革命的观点。马克思主义者认为，革命是生产力和生产关系矛盾的结果。资本主义社会生产力和生产关系的严重矛盾，只能通过革命的手段来解决，这种革命将由无产阶级来完成。无产阶级革命的根本目的，是彻底消灭私有制，实行无产阶级专政，最终实现共产主义。

　　尽管如此，在理解马克思主义上述的观点时，也不能过分简单化和绝对化，需要结合社会历史发展的实践以及时代的特征和需要来解释。比如马克思主义者指出，自阶级社会以来，政治的主要内容是国家，但是国家不能完全等同于政治；从人类历史的长河看，在国家产生之前和国家消亡之后，政治现象不仅实际存在，而且错综复杂。③ 此外，在阶级社会中，政治的主要方面和本质内容虽然是阶级之间的斗争，国家主要是或本质上是阶级压迫的工具，但是阶级斗争和压迫未必是政治和国家的全部内容，

---

① 〔德〕恩格斯：《路德维希·费尔巴哈和德国古典哲学的终结》，载《马克思恩格斯选集》第一卷，人民出版社，1972，第247页。

② 〔德〕列宁：《在全俄省、县国民教育厅政治教育委员会工作会议上的讲话》，载《列宁选集》第四卷，人民出版社，1995，第308页。

③ 王宏、王沪宁：《关于政治学的研究对象和体系问题》，载《什么是政治学?》，群众出版社，1985，第62页。

因此也不能把政治的概念仅仅局限于阶级斗争。从人类历史发展看，在任何一个国家中，国家除了主要作为阶级压迫的工具之外，始终存在着管理公共事务的职能。国家具有阶级压迫和管理公共事务的双重职能，只是在不同社会形态，两者地位不同而已。在阶级社会中，国家具有双重属性，而且阶级压迫职能居于主要方面，公共管理职能则属于次要方面。而到了共产主义社会，随着阶级的消亡，国家的镇压职能也逐渐消亡，但管理职能仍然保存下来，并成为唯一的职能。[1] 如果说之前中国政治学研究的重点是阶级、革命、夺取政权，那么此后不仅需要继续研究这些内容，还需要研究国家的公共事务管理职能，包括研究政治制度、决策过程、行政管理等方面。

《中国大百科全书》根据马克思主义有关政治学的基本原理，同时结合社会历史发展和时代的需要，并借鉴西方政治学有关思想，对政治做出了比较科学的界定。它认为，政治是指"上层领域中各种权力主体维护自身利益的特定行为以及由此结成的特定关系"[2]。政治主要具有以下四个特征。[3]（1）作为一种社会现象和上层建筑，政治出现在阶级对立和产生国家的时候，总是直接或间接地与国家相联系。（2）政治的权力主体主要有3类：①"国家权力体系的组成部分和从属于国家的权力主体"，比如行政、立法、司法等各种政府部门、执政党、政治家和各级政府官员、统治阶级、统治民族等；②"与国家权力主体相互制约的权力主体"，比如在野党、利益集团、社会团体、被统治阶级、被统治民族、无组织的个人或群体、国际组织等；③"在特定条件下同国家权力主体发生某种联系，被赋予一定政治意义的集团、组织、个体"，比如国际学术团体、经济和文化组织等。前两类是本质性的政治主体，第三类属于非本质性的政治主体。（3）政治现象同各种权力主体的利益密切相关。各种权力主体为获取和维护自身利益，必然发生各种矛盾和冲突，从而决定了政治斗争总是为

---

① 于浩成：《"政治"一解》，载《什么是政治学？》，群众出版社，1985，第82～84页。
② 中国大百科全书总编辑委员会《政治学》编辑委员会编《中国大百科全书（政治学）》，中国大百科全书出版社，1992，第481页。
③ 中国大百科全书总编辑委员会《政治学》编辑委员会编《中国大百科全书（政治学）》，中国大百科全书出版社，1992，第482～483页。

了某种经济的、文化的、社会的等各种利益而进行。此外，作为权力主体维护自身利益的方式，政治"主要表现为以国家权力为依托的各种支配行为和以对国家的制约性权力为依托的各种反支配的行为"。（4）作为权力主体之间的关系，政治"主要表现为上述特定行为的相互作用"，比如统治与被统治的关系，管理与参与的关系，权威与服从的关系等。

另外，还可以从政治与其他社会现象的关系中，把握政治的其他特点。关于政治与经济的相互关系，《中国大百科全书》认为，经济是政治赖以存在和发展的前提，政治则是经济的反映，是经济的集中表现。关于政治与法律的关系，《中国大百科全书》认为两者的共同点在于，它们都是阶级斗争的产物和工具，是统治阶级意志的体现，都属于上层建筑，都产生和决定于一定的经济基础。两者的区别在于："政治是根本，是法律产生的前提"；"法律总是由国家制定和认可的，法律的权威和效力是以国家权力为后盾的"；法律体现为国家的意志，通过法规来巩固国家权力并维持后者的正常进行。① 关于政治与道德的关系，《中国大百科全书》认为，在阶级社会中，道德受政治制约，为特定阶级的利益服务。"道德能造成一种有利于巩固国家权力的社会秩序和心理基础"，有助于政治和国家权力的正常运行。② 同时，道德的建立和发展也需要借助政治力量才能实现。

在对"政治"做出界定之后，我们将进一步来看政治的研究对象和范围，这关系到本书所谈的什叶派政治思想涵盖的对象和范围。关于这个问题，20 世纪 80 年代中国政治学界进行过激烈争论，较有代表性的观点有以下五种。（1）国家学说、政府的具体机构以及实行革命与专政的理论策略等。（2）以国家为主体的政治关系、政治形式、政治活动及其发展规律。（3）国家，包括国家的一般理论、国家的政治制度、国家的活动以及与国家有关的一切政治力量、政治活动、政治关系等。（4）以国家政治权力为中心的一切政治关系的总和。（5）不限于国家问题，举凡一切政治现

---

① 中国大百科全书总编辑委员会《政治学》编辑委员会编《中国大百科全书（政治学）》，中国大百科全书出版社，1992，第 484 页。

② 中国大百科全书总编辑委员会《政治学》编辑委员会编《中国大百科全书（政治学）》，中国大百科全书出版社，1992，第 484 页。

象，都是政治学的研究对象。① 而《中国大百科全书》也对此进行了剖析，认为可以把政治学研究范围和对象分为狭义和广义两种。"就狭义而言，国家的活动、形式和关系及其发展规律，是政治学的研究对象；就广义而言，在一定经济基础之上的社会公共权力的活动、形式和关系及其发展规律，是政治学的研究对象。"② 相比较而言，广义的研究对象时间上涵盖人类历史发展的各个阶段，空间上既包括国家的活动、形式与关系，也包括与社会公共权力相关联的各种权力现象和社会政治关系、行为与活动；狭义的研究对象时间上仅涉及阶级社会的政治现象，空间上仅涵盖国家的政治现象以及活动的一般规律。由于在阶级社会中社会公共权力主要表现为国家，因此政治学的研究对象是国家的活动、形式和关系及其发展规律。③

由此，本书认为，从狭义上看，我们所要研究宗教视野下政治学的特定研究对象，主要是指狭义上的政治学研究对象，即国家以及与国家相关的一切政治力量（权力主体）、政治活动（行为）和政治关系的总和。进而，宗教视野下所谓政治思想的研究领域，就是有关国家或与国家相关的一切权力主体、权力主体的行为以及它们之间相互关系的学说和思想。而从广义上看，由于政治学的研究对象主要围绕有关社会公共权力的理论和实践而展开，因此政治学的研究范围或领域也大致可以确定下来，主要包括政治理论、政治机构、政治过程和国际关系研究等诸方面。④ 那么，本书宗教视野下的政治思想研究领域，也可以借鉴这种划分，主要包括有关国家等社会公共权力的一般理论，或以国家等社会公共权力为主的活动和制度，以及与国家等社会公共权力相关的一切政治力量、政治活动和相互关系的思想。其中，包括领袖的选拔和确立、领袖的地位与职责，社会公

① 中国大百科全书总编辑委员会《政治学》编辑委员会编《中国大百科全书（政治学）》，中国大百科全书出版社，1992，第1页。
② 中国大百科全书总编辑委员会《政治学》编辑委员会编《中国大百科全书（政治学）》，中国大百科全书出版社，1992，第1页。
③ 中国大百科全书总编辑委员会《政治学》编辑委员会编《中国大百科全书（政治学）》，中国大百科全书出版社，1992，第1页。
④ 中国大百科全书总编辑委员会《政治学》编辑委员会编《中国大百科全书（政治学）》，中国大百科全书出版社，1992，第1页。

共权力内部统治与被统治、权威与服从、管理与参与等相关经济关系和社会关系，同时还包括对外关系等方面的思想和理论。

第四节　伊斯兰教基本信仰和制度是研究的首要途径

在确定了研究宗教与政治关系的指导思想、一般方法以及范围和对象后，还需要分析研究伊斯兰教与政治的关系包括把握伊斯兰教政治思想的具体途径。这里，需要从宗教与政治的一般关系，深入到伊斯兰教与政治的关系领域。还需要从伊斯兰教与政治的关系领域，进一步缩小到伊斯兰教主流派与非主流派包括什叶派与政治的关系领域当中。探讨伊斯兰教的基本信仰和制度、伊斯兰教（含什叶派）教义学和伊斯兰教（含什叶派）教法学（三个层面）与政治的关系，是把握伊斯兰教什叶派传统政治思想的三个具体途径。

厘清伊斯兰教基本信仰和制度是探讨伊斯兰教的政治思想包括什叶派传统政治思想的首要途径。伊斯兰教是一神论宗教。根据伊斯兰教教义学家的看法，伊斯兰教由三个部分组成，宗教信仰（"伊曼尼"，意为"正信"，指伊斯兰教的五项基本信条）、宗教义务（"仪巴达特"，指穆斯林应尽的五项宗教功课，或称基本宗教制度）以及善行（"伊赫桑"，指穆斯林应行善止恶）。[1] 宗教信仰属于理论方面，宗教义务和善行属于实践层面，两者相结合构成伊斯兰教的基本教理。

毫无疑问，伊斯兰教基本信仰和制度是研究伊斯兰教政治思想的起点和基础。因为，伊斯兰教首先是一种信仰体系，"旨在通过对独一真主的信仰来规范世人的行为举止，指导其精神生活和物质生活"[2]。在这样的信仰体系当中，不仅确定了信仰者个体与真主的关系为高于一切的基本关系，而且据此确定并规范了人与自然、人与社会以及人与人之间的关系。伊斯兰教基本信仰也称"基本原则"，一般包括"五信"，即信安拉（真

---

① 金宜久主编《伊斯兰教》，宗教文化出版社，1997，第84页。
② 吴云贵：《伊斯兰教义学》，中国社会科学出版社，2009，第1页。

主）、信天使、信经典、信使者和信末日。《古兰经》中有许多这样的内容："信道的人们啊！你们当确信真主和使者，以及他所降示给使者的经典，和他以前所降示的经典。谁不信真主、天神、经典、使者、末日，谁确已深入迷误了。"（4：136）[①] 一些学者认为，信前定也应包括在基本信仰当中，与前五项信仰共同构成六大信仰。其次，伊斯兰教宗教制度是伊斯兰教基本信仰的外在表现，与穆斯林的行为和宗教实践有关，并由后者所决定。伊斯兰教制度包括各种礼仪典制和戒律等，其基本制度可以概括为念、礼、斋、课、朝五项宗教功课（"五功"）。它适用于所有穆斯林，并具有一定的约束力。穆斯林的内心信仰必须和外在宗教礼仪制度密切结合，相辅相成，缺一不可。

其中，在伊斯兰教这些基本信仰当中，第一也是最核心的信条是信真主。伊斯兰教认为，真主是宇宙万物的创造者和主宰者，他独一无二，永恒存在，无始无终。他全知全能，全聪全明。对穆斯林而言，信仰独一的真主是绝对的天条。第二，信天使。伊斯兰教认为，在创造人类之前，真主就创造了天使。天使数目很多，他们受真主的差遣，各有分工，各司其职。他们遵照真主的意志，管理天园，向人类传达真主的旨意。第三，信经典。伊斯兰教认为，真主有许多经典颁降给众使者，其中最尊贵的是《古兰经》，其次是《讨拉特》《引支勒》等。所有经典全部都是真主的言辞，是真主通过天使降示给使者的。《古兰经》是真主降示给人类的最后一部"真理的经典"，是完美无缺的。穆斯林应当信奉《古兰经》，遵守《古兰经》的教诲。《古兰经》是伊斯兰教教义学、教法学的基本源泉。第四，信使者。使者是奉真主命令向人间传达信息者。真主在不同的历史时期，向不同的民族派遣过使者。他们受到真主的"启示"，负有向人间传播宗教神圣使命之职责。真主派遣过众多使者，而穆罕默德是"封印使者"，即真主向人类派遣的最后一位使者，以引导人类"皈依正道"，因此必须信仰穆罕默德是安拉的使者。第五，信末日，即信末日审判、死后复活等。伊斯兰教认为，整个宇宙以及一切生命，终有一天会全部毁灭，然后真主使一切生命复活。那时，一切复生生命都将接受真主最终的判决。行善者进天堂，作恶者入火狱。第

[①] 《古兰经》第4章第136节，马坚译，中国社会科学出版社，1996，第77页。

六，信前定。前定，即宿命、命定。伊斯兰教认为，世间一切事物及变化都是由真主预定和安排的。

对什叶派而言，他们对于伊斯兰教上述基本信仰都是认同的，但又有自己独特的信条。什叶派的基本信条是信真主、信正义、信使者、信伊玛目、信末日。[①] 第一，信真主最关键的就是信仰真主独一。第二，信正义。什叶派认为，正义是真主的属性之一，也是真主的美名之一。因此，信正义附属于对真主的信仰。第三，信先知（使者）。什叶派信仰真主向人间派遣的所有先知，并认为这些先知都是免罪的、洁净的。先知穆罕默德是众先知的领袖，是真主派遣给人类的最后一位先知。第四，信伊玛目。信伊玛目是什叶派最独特的信仰，也是什叶派区别于逊尼派的关键所在。与逊尼派不同的是，什叶派认为只有阿里及其后裔才有资格担任穆斯林社团的领袖。阿里是先知穆罕默德之后的合法继承人，是第一位伊玛目。每个时代都有伊玛目存在，伊玛目具有无罪性，免于一切罪错。什叶派还相信伊玛目的隐遁和复临。第五，信末日。在世界末日来临前，伊玛目会以马赫迪的身份重返人间，建立平等、正义的世界。

除此之外，什叶派也同样遵守伊斯兰教的上述五项基本制度，即念、礼、斋、课、朝。不过在实践层面，什叶派与逊尼派存在一些差别。除遵守这些基本功课之外，什叶派还拜谒位于纳杰夫的阿里陵墓和位于卡尔巴拉第三任伊玛目侯赛因的陵墓等宗教圣地，并把这些活动作为宗教副功。不仅如此，什叶派当中还盛行一些独特的宗教活动，其中最重要的是在伊斯兰教历每年 1 月 10 日举行的阿舒拉节。阿舒拉节主要用于纪念第三任伊玛目侯赛因在卡尔巴拉遇难这件事。什叶派中还存在"塔基亚"原则这样一种做法。"塔基亚"原意为"警惕"、"害怕"或"掩饰"，后指信徒遇到危险时，可以隐晦自己的宗教信仰而不受谴责。

然而，从历史上看，伊斯兰教以及什叶派上述基本信仰和制度都有一个缓慢发展、演变的过程，包括什叶派的伊玛目信仰从初期发展到逐步成形都经历了很长的时间。因此，本书的重点在于，从什叶派基本信仰特别

---

① 王宇洁：《宗教与国家——当代伊斯兰教什叶派研究》，社会科学文献出版社，2012，第 6 页。

是什叶派伊玛目信条的历史发展与演变，来探讨并把握其中所蕴含的传统政治思想的基本内涵、特点及其发展变化等。

第五节　伊斯兰教义学是研究的第二个重要途径

与伊斯兰信仰和制度相关的，是伊斯兰教的两个分支学科，即伊斯兰教义学和伊斯兰教法学。这两门学科分别从内心信仰和外部行为规范两个方面指导和约束着穆斯林的日常生活。它们的基本宗旨也是为了规范信仰者个人与真主之间的理想关系，以及个人与自然界、个人与社会、人与人之间的关系。后面这些关系，总是以人主关系为基础，并通过人主关系来体现和调整。因此，它们是研究伊斯兰传统政治思想的另外两个重要途径。

伊斯兰教义学与教法学都以规范信仰人主关系为宗旨，但是两者又有区别。简言之，伊斯兰教义学是教法学的理论基础，教法学是教义学的外部体现。[①] 教义学是论证宗教信仰的知识或学科，偏重研究内部的思想信仰。它以人主关系为基本框架，思考和探讨与内心信仰相关的广泛问题。特别是它"在捍卫伊斯兰教正统信仰的前提下，从宗教文化知识的角度，对历史上发生过争论的重大问题做出系统的解答，据以指导一般穆斯林的精神生活"[②]。教法学是研究伊斯兰教具体法规的学科，它强调外部的举止言行，它以主命和圣训为依据，对信仰者的全部行为予以明确规定。

一　伊斯兰教义学的基本内涵

伊斯兰教义学有诸多名称，又称"凯拉姆学"或"辩证学"。"凯拉姆"源自 Kalām 一词，原意为"语言""讲话"，后被引申为"辩论""辩证"，以后逐渐形成为一门宗教学科。有时，教义学也被称作信仰学，即

---

① 吴云贵：《伊斯兰教法概略》，中国社会科学出版社，1993，第 2 页。
② 吴云贵：《伊斯兰教义学》，中国社会科学出版社，2009，第 2 页。

关于伊斯兰教基本信仰（教义）的学科。它以讨论真主的独一本体与诸多属性的关系为主，故又称"认主独一学"，简称"认主学"等。

教义学有广义和狭义之分。广义的教义学是指伊斯兰哲学。狭义的教义学认为并非所有伊斯兰哲学流派都属于教义学范围，"只有用哲学思辨的观点来证实正统信仰的流派才属于教义学范围"①。伊斯兰教正统观点倾向于狭义的教义学，本文也以狭义的教义学作为论证伊斯兰教与政治关系的一个纬度。

不论怎样称呼，伊斯兰教义学都是指关于真主知识的学科。② 它"以经训的明文为依据，以思辨的方法论证伊斯兰教诸信条，被公认为伊斯兰教的信仰基础，居于伊斯兰教传统学科之首"③。教义学研究的意义，主要是通过批驳对立观点，解答疑难问题，捍卫和坚定伊斯兰教的基本信仰，免遭谬误者的误导。因此，可以说教义学奠定了伊斯兰教各学科的基本原则，可以衡量某种观点是否正确，也是穆斯林的信仰指南。④

伊斯兰教正统教义学产生于 7 世纪末 8 世纪初，是在批判以穆尔太齐赖派等"异端"思想的过程中逐步形成的，到 11 世纪最终取得官方教义学的地位。阿布·哈桑·艾什尔里（873/874 ~ 935）被认为是正统教义学的奠基人，艾什尔里学派开创了以古希腊哲学来论证正统信仰的先河。正统教义学的集大成者是安萨里，他通过对伊斯兰新柏拉图学派的批判、对苏菲神秘主义的肯定，拯救了艾什尔里教义学，也使苏菲主义获得合法性。12 世纪后，苏菲主义勃然兴起，成为伊斯兰正统信仰体系的一个重要补充。苏菲大师们开创性的认主学成为教义学的形态之一，其中既有神秘主义成分，也有理性思辨主义哲学成分。

逊尼派教义学被尊为伊斯兰正统教义学，其内部可分为艾什尔里学派、马图里迪学派以及塔哈维学派三大派别。它们的教义学思想大同小异，著名教义学家学者欧麦尔·奈赛斐（1068 ~ 1142）的《教典》（尔歌

---

① 吴云贵：《伊斯兰教义学》，中国社会科学出版社，2009，第 3 页。
② 金宜久主编《伊斯兰教》，宗教文化出版社，1997，第 251 页。
③ 金宜久主编《伊斯兰教》，宗教文化出版社，1997，第 251 页。
④ 〔伊拉克〕阿卜杜勒·麦立克·萨迪：《伊斯兰教义学大纲新解》，马文才、韩文清编译，宗教文化出版社，2010，第 3 页。

一德，Aqaid，意为"信仰"）都被它们尊为教义学代表作。这部《教典》经毛拉·买斯欧德·赛尔顿·丁·太弗塔萨尼（1312~1389）注解后，被称为《教义学大纲》（赛尔胡·尔歌一德），成为世界各伊斯兰教院校的通用教材。在中国伊斯兰经堂教育中，这部著作也被列为教材。中国近代学者刘智称之为《教典释难》，马复初译为《教典释难经解》，现代著名学者马坚译之为《教义学大纲》（也称《教典诠释》）。进入当代，不少中国学者也对此进行了阐释。比如刘世英阿訇编译的《伊斯兰教教义学十讲》，伊拉克阿卜杜勒·麦立克·萨迪博士著、马文才和韩文清编译的《伊斯兰教义学大纲新解》等。

伊斯兰教义学阐述的主要内容包括：认识论和宇宙论问题，真主的本体与属性问题，真主的前定与人类的意志自由，《古兰经》的性质，犯大罪者的地位问题，以及其他与伊斯兰教基本信仰相关的问题等。在教义学探讨的范围内，还包括探讨哈里发（继任者、领袖）等涉及政治的思想问题，主要阐述哈里发的任职条件、品性和职责等。在伊斯兰教世界，有关此问题的争论最为激烈，常常导致一系列流血事件，故被列入教义学的范围加以讨论。因此，这里有必要对伊斯兰教正统教义学的思想进行概述，以便为什叶派教义学思想与政治的独特关系研究打下基础。

二　伊斯兰教正统教义学基本思想和原则

那么，伊斯兰教正统教义学的基本思想和原则是什么呢？概言之，伊斯兰教正统教义学的基本主张有以下几个方面。

（1）坚持认主独一的宇宙观。坚信宇宙万物皆为真主所创造。世界是有始的，自然界的万事万物之间没有必然的联系，真主在每时每刻都在创造万物。规律不过是真主安排在自然界的"习惯"和"经常的情状"，真主可任意改变情况而创造奇迹。正统教义学奠基人——艾什尔里还阐述了以原子论为基础的宇宙观。

（2）在信仰领域中，主张用"无方式"信条认识真主，但在知识领域坚持理性主义，主张将理性主义注入信仰体系以加强信仰。正统教义学相信天启，同时也认为理性是必要的。不过，理性仅能作为人认识真主存在的工具，但不能使人获得知识。

（3）坚持以经训为基础的基本信仰。认为所谓信仰就是信真主、信天使、信使者、信天经等，而这种信仰只有以关于真主的知识为基础，并以圣训为依据，才能称为"正信"。

（4）坚信《古兰经》是真主的语言。反对穆尔太齐赖派提出的《古兰经》"受造"说，肯定《古兰经》是真主的语言，它不是后天创造的，而是与真主同在，具有无始永恒的属性。

（5）在真主本体和属性关系问题上，主张真主既有本体又有属性，两者既有区别又有联系。反对穆尔太齐赖派提出的真主只有本体而没有独立于本体的诸多属性等观点。肯定真主具有知识、能力创造意志、视觉、听觉、语言、行为等诸多属性，但本体与属性不能等同。强调"无方式"信条理解《古兰经》，即经书上怎么说就怎么信，即按字面意思去理解《古兰经》。

（6）强调遵从主命，反对自由意志。在坚信主命还是坚信人类有自由意志问题上，坚信对真主前定的信仰，如果不是因为主命，人世间的一切事物本不存在。事物的各种本性皆由主命所引起，人的一切行为皆由真主所创造、所前定，个人在真主面前无能为力，只能遵从主命。不过，人的行为能力固然是由真主所创造，所前定的，个人无法改变，但是人的各种行为本身是个人后天"获得"的，个人在主命许可的范围内仍有选择的自由。真主不能为个人的恶性受过，个人必须为自己的行为承担责任。综合观之，伊斯兰教正统教义学的特点是：以原子论为基础的宇宙论，以独一实在的真主为本原，以真主本体与属性相结合、一元化的本体论，以经训知识为主、理性知识为辅的认识论。①

除此之外，伊斯兰教正统教义学还提出了以下有关穆斯林社团（国家）领袖的原则和思想。

第一，首要原则是，认为在先知穆罕默德去世后，"最尊贵的人要数

---

① 吴云贵：《伊斯兰教义学》，中国社会科学出版社，1995，第 53 页；欧麦尔·奈赛斐：《伊斯兰教教义学十讲》，刘世英编译，宗教文化出版社，2010，第 27 ~ 54、55 ~ 69、71 ~ 90、93 ~ 105 页。

艾布·伯克尔，其次是欧麦尔，然后是奥斯曼，再后是阿里"①。认为衡量人类优秀与否的标准并不在于功绩和门第的高贵，"敬畏真主"才是衡量人类优秀与否的准则。因为真主说："众人啊！我确已从一男一女创造你们，我使你们成为许多民族和宗族，以便你们互相认识。在真主看来，你们中最尊贵者，是你们中最敬畏者。真主确是全知的，确是彻知的。"（49：13）② 此外，正统教义学还引证《古兰经》和圣训，一一证明上述每一个人的高贵品德以及为何尊贵于他人。

第二，关于先知继承人的次序与期限。正统教义学认为，既然四大哈里发，即艾布·伯克尔、欧麦尔、奥斯曼、阿里的品位，是按上述次序确定的，那么他们的继任资格也是按照上述次序决定的。比如指出，先知穆罕默德去世后，"最初继位的是艾布·伯克尔，然后是欧麦尔、奥斯曼、阿里"③。此外，还规定了继任哈里发的期限："哈里发的继任期是 30 年，30 年后是帝国和王国。"④

第三，关于谁是先知"最有资格的继任者"，正统教义学认为，先知"最有资格继任者，莫过于艾布·伯克尔"⑤。证据主要源自《古兰经》以及几则圣训当中先知对于艾布·伯克尔的高度评价。比如，真主在《古兰经》中赞扬艾布·伯克尔陪先知在山洞中一起避难。真主说："如果你们不相助他，那么，真主确已相助他了。当时，不信道的人们把他驱逐出境，只有一个人与他同行，当时，他俩在山洞里，他对他的同伴说：'不要忧愁，真主确是和我们在一起的。'"（9：40）⑥ 又如《穆斯林圣训实录》称，先知曾对妻子阿伊莎说："你把艾布·伯克尔和你的兄弟叫过来，我要写任命书，因为我怕以后会有人出来争位夺权，还会说：'我最有资

① 〔伊拉克〕阿卜杜勒·麦立克·萨迪：《伊斯兰教义学大纲新解》，马文才、韩文清编译，宗教文化出版社，2010，第 192 页。

② 《古兰经》第 49 章第 13 节，马坚译，中国社会科学出版社，1996，第 422 页。

③ 欧麦尔·奈赛斐：《伊斯兰教教义学十讲》，刘世英编译，宗教文化出版社，2010，第 87 页。

④ 欧麦尔·奈赛斐：《伊斯兰教教义学十讲》，刘世英编译，宗教文化出版社，2010，第 88 页。

⑤ 〔伊拉克〕阿卜杜勒·麦立克·萨迪：《伊斯兰教义学大纲新解》，马文才、韩文清编译，宗教文化出版社，2010，第 200 页。

⑥ 《古兰经》第 9 章第 40 节，马坚译，中国社会科学出版社，1996，第 151 页。

格当选.'除艾布·伯克尔外,真主和众信士决不答应争权者。"①

另外对于什叶派声称"阿里最有资格当选哈里发"的依据,正统教义学予以了驳斥。比如什叶派引证的一条重要依据是:632年,先知穆罕默德在辞别朝觐的路上,在盖迪尔·胡姆②这个地方召集众人,举起阿里的手说:"我是谁的主事者(mawlā,或译为资助者、主人、领导、朋友),阿里就是谁的主事者。真主啊,请您做阿里朋友的朋友,并做他敌人的敌人。请帮助那些帮助他的人,抛弃那些抛弃他的人。"③正统教义学反驳说:"即便这段圣训是正确的传述,但只是指出了阿里的崇高地位,并未明确指定阿里为继承人。因为"mawlā"一词不含首领之意。假设它含有首领之意,也并非指政治首领,而可以理解为受人喜爱、尊敬的首领。"

第四,关于领袖的职责。正统教义学认为,先知穆罕默德去世后,伊玛目(领袖)既是宗教领袖,又是政治领袖。其具体宗教职责包括:执行法律、实施刑罚、征收天课、举行聚礼和会礼、分配战利品等。其政治职责包括:讨伐盗匪、维护治安、调解纠纷、受理诉讼、婚配孤儿等。④

第五,关于领袖的任职条件。正统教义学提出,担任伊玛目必须具备四项基本条件:(1)领袖必须在世,即不可隐遁者,不能辜负大众所期待,否则就是逃避责任;(2)领袖人选只能从古莱什部落产生,不可由其他部族产生,也未必从哈希姆族和阿里的后裔中产生,这否定了从哈希姆族和阿里的后裔中产生领袖的可能性;(3)"免罪者"和"时代的最优秀者"并不是当选领袖的条件;(4)必须信仰伊斯兰教,必须是理智健全的成年男性,能实施法律,执行刑罚等。

由此可见,伊斯兰正统教义学不仅为研究伊斯兰政治思想提供了重要的原则和方法,特别是提供了重要的认识论基础,而且提供了非常丰富的

---

① 〔伊拉克〕阿卜杜勒·麦立克·萨迪:《伊斯兰教义学大纲新解》,马文才、韩文清编译,宗教文化出版社,2010,第200页。

② 盖迪尔·胡姆是一个地名,位于从麦加前往麦地那的路上。

③ S. Husain M. Jafri, *Origins and Early Development of Shi'a Islam*, Longman House, 1981, p. 19;转引自金宜久主编《伊斯兰教》,中国社会科学出版社,1990,第206页。

④ 〔伊拉克〕阿卜杜勒·麦立克·萨迪:《伊斯兰教义学大纲新解》,马文才、韩文清编译,宗教文化出版社,2010,第207页。

政治思想要素。同样，从什叶派认可的教义学入手，同时通过对比它与伊斯兰正统教义学的异同，也为研究什叶派传统政治思想提供了重要的认识论基础以及丰富的思想来源。

第六节　伊斯兰教法是研究的第三个重要途径

伊斯兰教法被称为神圣律法，是真主戒命的总和，其本质和渊源被历代宗教学家和教法学家解释为神意，伊斯兰教法的整个体系和结构皆为真主降示，全部立法皆为真主安排，是真主意志的体现。这样，伊斯兰教法就被视为真主戒命的总和，构成了伊斯兰政治学说的重要基础。

一　伊斯兰教法是研究伊斯兰政治思想的重要途径

从理论与实践结合的角度看，对穆斯林而言，一切关于国家、政府、主权等问题讨论的基础，起点都是伊斯兰教法，即沙里亚。既然沙里亚是真主意志的体现，那么它就是先在的和永恒的，先于穆斯林社团、国家和政府而存在。穆斯林社团之所以存在，就是为了见证真主。"穆斯林政府的功能本质上就是为了实施沙里亚。"[1] 因此，穆斯林关于国家的政治理论，从来不问"国家为什么存在"这种问题，国家的权力和职能是真主前定的，也是被真主所明示的。真主或者真主所降示的神圣的伊斯兰教法具有至高无上的权威。[2] 换言之，由于伊斯兰教法被视为真主意志的体现，那么其中有关国家、政府、主权的本质与起源等问题自然也被视为神意。

---

[1]　Sir Hamilton A. R. Gibb, "The Heritage of Islam in the Modern World (I)," *IJMES*, I, 1 January, 1970, p. 11, quoted from Ann K. S. Lambton, *State and Government in Medieval Islam——An Introduction to the Study of Islamic Political Theory: The Jurists*, Introduction (xv), Oxford University Press, 1981.

[2]　M. H. Kerr, *Islamic Reform: The Political and Legal Theories of Muhammad 'Abduh and Rashīd Ridā*, 1966, p. 4, quoted from Ann K. S. Lambton, *State and Government in Medieval Islam——An Introduction to the Study of Islamic Political Theory: The Jurists*, Introduction (xv), Oxford University Press, 1981.

这是伊斯兰教政治学说不同于现代西方"主权在民"理论的本质区别。

伊斯兰教信仰国家、政府的起源的神圣性，认为它们都是真主意志的体现，那么关于国家法律来源这样的问题，从来也不在伊斯兰政治思想中占据重要地位。对伊斯兰政治思想家而言，政治学与伦理学是密切交织的，伊斯兰政治思想家从来都是在宗教学的框架内来讨论政治学的。对伊斯兰教而言，政治学从来不是一门独立的学科，只能算是伊斯兰宗教学的一个分支。[1] 区分世俗与精神（宗教），对穆斯林而言没有任何意义。对他们而言，只有区分信徒与非信徒才具有意义。人类不能改变神圣的伊斯兰教法，只能认知或者不能认知它，只能遵守或者违背它。认知伊斯兰教法的前提条件是，承认它具有既定的来源，即教法根源。总之，伊斯兰教法至高无上的权威源自真主。

由于本质不同，伊斯兰教法与现代西方法律还在以下三个方面存在巨大差别。第一，既然真主是穆斯林社团（国家）、政府的最高权威来源，那么伊斯兰教法只能是真主意志的体现，真主因此是唯一的立法者，人类意志和思想皆被排除在立法权威之外。[2] 这样，在伊斯兰政治理论当中，不涉及任何立法问题或立法权威问题。伊斯兰教法先于社团（国家）而存在，这在任何时候、任何条件下都不能更改。穆斯林社团（国家）只能实施伊斯兰教法。违背或者忽视伊斯兰教法不仅仅是对社会秩序和规则的侵害，更是一种违背宗教义务的行为，应当受到宗教惩罚。而现代西方法律受"主权在民"思想影响，认为法律的权威来源也在于民，而不在于神。此外，强调法律是促进人类社会正义的手段，应当体现全体人民的利益，能够代表绝大多数民众利益的统治者才能成为立法者。[3]

第二，在立法领域中，伊斯兰教法也区别于现代西方法律。伊斯兰教法学家虽然认为法律的基本原则是自由，但因人类本性具有弱点且贪婪，全知全聪、仁慈的真主必然为人类自由设置限制。同时因人类具有灵魂

[1] Ann K. S. Lambton, *State and Government in Medieval Islam—An Introduction to the Study of Islamic Political Theory: The Jurists*, Oxford University Press, 1981, p. 1.

[2] Ann K. S. Lambton, *State and Government in Medieval Islam—An Introduction to the Study of Islamic Political Theory: The Jurists*, Oxford University Press, 1981, p. 1.

[3] 何勤华:《西方法学史》, 中国政法大学出版社, 1996, 第 15~19 页。

（精神）和肉体两重属性，真主为人类所设置的限制也体现在两个方面。一是，这些限制更多地参考了伊斯兰教义学原则和宗教实践，因此主要涉及人类对真主应尽的义务方面，即人神关系的领域。二是，这些限制也考虑了人与他人关系或社会关系等"世俗"立法领域。这些"世俗"立法范围极其广泛，但主体部分仅限于私人关系领域，包括婚姻、家庭、继承、商法、瓦克夫制度等。公共关系领域的立法较少，主要是一些宗教理想，其中包括穆斯林社团理想的政府模式、穆斯林社团与外部世界的关系等。公法和私法是现代民法系国家一般采用的分类方法。所谓公法主要调整的是国家或公共利益关系，其主体是国家。而私法主要调整私人利益之间的关系。

第三，与现代西方法律不同的是，伊斯兰教法对它所认识到的人类所有行为的性质，包括外在的和内心的，都予以判定。它认为，人类全部行为按性质可分为五类：（1）必须履行的、应尽的义务；（2）嘉许的行为；（3）无关紧要的行为；（4）受谴责的行为；（5）禁止的行为。这种对人类行为性质的判定，本质上是宗教律令，相应的惩罚也是宗教上的，仅有少数行为适用于世俗性惩罚。

因此，伊斯兰教法不是西方意义上的法律条例，它实际上是关于穆斯林应尽义务的论述。它在理论上规范了人们所有的生活和事务，无论是公共生活还是私人生活，无论是商业事务还是其他经济活动，从而也构成了伊斯兰政治理论的基础。

二 教法根源学提供了一种认知手段

既然伊斯兰教法是研究伊斯兰政治理论的基础，那么与之相关的伊斯兰教法学，因此也成为研究伊斯兰政治思想的根基之一。

伊斯兰教法学，即"费格赫"，是了解神圣主命的学问，是教法的体现，是了解神圣指令的过程，即是以人的理智来解释、推导、应用神圣启示的过程。穆斯林对教法学的经典定义是：关于由《古兰经》、先知的逊奈、学者们的一致意见或类比推理产生的权利和义务的知识。[1] 它形成于 8

---

① 金宜久主编《伊斯兰教》，宗教文化出版社，1997，第 123～124 页。

世纪阿拔斯王朝统治前期，实际上是人类精心构筑的教法体系，也是人类
对天启律令的理解所做的推理和拟制。

伊斯兰教法学对教法的基本原理与由此推定的律令之间做了明确区
分，即教法根源学和教法分枝学，这两部分都从不同角度为研究伊斯兰传
统政治学提供了途径和手段。其中，教法根源学是根基，是对教法的基本
原理、渊源以及应用方法的阐述；[1] 教法分枝学是关于伊斯兰教法具体规
定及其在司法实践中实际应用的学说体系，相当于实体法，附属于前一部
分。[2] 因此，教法根源学是必须关注的研究手段。这里，主要以伊斯兰教
逊尼派教法根源学来说明这个问题。该派教法根源学所规定的教法的四个
基本渊源，以及在以后章节中伊斯兰教什叶派教法学及其教法根源学所规
定的基本来源，也因此成为我们探讨伊斯兰教什叶派传统政治思想的认知
手段。

根据伊斯兰教逊尼派古典教法学的经典理论，《古兰经》、圣训、公议
和类比被认为是教法的四个基本渊源。其中，《古兰经》和圣训为基本法
源，它们是不谬的，永世长存的。类比只是掌握法律知识的一种技术手
段，人类尤其是教法学家有限的理性活动是借助这个方法而实现的。类比
的结果只有取得公议的核准才能产生法律效应，因此相比较而言，在伊斯
兰教古典法学理论当中起主导作用的是教法学家的公议。教法学只限于研
究这四个法律"原理"，因此又被称作"法理学"（斐格海）。

根据伊斯兰教法经典理论，《古兰经》是最重要的法律根源，它是真
主的言语和最后的启示，理论上涉及人类的全部生活，是回答所有问题的
最高答案。实际上，《古兰经》立法是以真主名义提出来的一系列宗教、
道德、法律规范等方面的复合体，其立法内容涵盖妇女问题、婚姻家庭关
系、继承问题、刑法以及宗教礼仪、民事关系、商业交易、法律程序，也
包括国家体制和国际关系等。但是，从现代西方法学视角看，《古兰经》
不是一部包罗万象的法典，它没有系统论述全部法律关系，它的门类很庞
杂，同时又很不系统，也很不完善，必然需要增补和扩展。不过，《古兰

---

① 金宜久主编《伊斯兰教》，宗教文化出版社，1997，第123页。
② 金宜久主编《伊斯兰教》，宗教文化出版社，1997，第123页。

经》立法影响相当广泛和深远，其突出影响是神圣立法及法自主命而出的思想。《古兰经》不仅是穆斯林持身律己的根本经典，而且是法律和秩序的象征，要求国家、社会和个人无条件服从。

圣训是教法的第二个重要来源。根据逊尼派古典法学理论，圣训是记录在六大圣训实录里的先知穆罕默德生前的言行，被认为是对《古兰经》的具体阐释。作为立法来源，圣训的地位仅次于《古兰经》。在 8～约 9 世纪，逊尼派圣训集编排完成。这六大圣训分别是由布哈里（810～870）、穆斯林（817～875）、阿布·达伍德（817～888）、提尔米基（？～883/893）、奈萨仪（？～915）和伊本·马哲（824～886）汇集。

根据逊尼派伊斯兰教法古典理论，公议是指各个时代有代表性的权威教法学家们的一致意见。[①] 据说，一则圣训奠定了公议作为教法一个来源的依据。这则圣训说："我的社团永远不会一致赞同一项谬误。"[②] 公议一旦达成，就不会被舍弃，将成为一个不谬的证据，成为一个具有权威性的教法来源。公议的权威性表现在，它不但保证着对《古兰经》经文解释的正确性，而且捍卫着圣训传述的可信赖性，同时对类比推理及其结果进行法律核准。在伊斯兰教法学形成的早期，对于公议的分类没有取得一致意见。它曾获得穆斯林社团的一致赞同。例如关于早期哈里发制度等基本政治思想，并非来自经训明文或者类比，而是源自早期穆斯林社团一致赞同的惯例。公议也被认为是先知穆罕默德的圣门弟子和再传弟子的一致意见。后来，它才逐步被确认为特定时代是权威教法学家们的一致意见，同时也抬高了教法学家的地位。10 世纪初，逊尼派教法学家在主要教法问题上达成了一致意见，大部分教法学著作因此体现了这些思想。实际上，这对以后任何学者依据经训做出新解释下了禁令，标志着"效仿"（塔格里德，绝对服从权威）原则取代了"伊智提哈德"（创制），伊斯兰教法学由此进入相对停滞和衍变阶段。

类比指在审理案件或解释法律时，如果在《古兰经》和圣训原文中或

---

① 吴云贵：《伊斯兰教法概略》，中国社会科学出版社，1993，第 71 页。
② Ann K. S. Lambton, *State and Government in Medieval Islam—An Introduction to the Study of Islamic Political Theory: The Jurists*, Oxford University Press, 1981, p. 10.

已有原判例中均无据可依时，允许以类似的惯例、原则和方法为依据，通过分析、比较和严谨推演等一系列方式，解决问题的一种法律技术方法。① 在8世纪伊斯兰教法学形成之初，有几个与类比判断相联系、意义相近、而没有明确区别的法学概念。一是"伊智提哈德"。广义而言，运用人的理智来推导或创制法律的过程，统称为"伊智提哈德"。在法律上被认为有资格运用推理、判断者，后来被称为"穆智台希德"。二是"判断"。"判断"是就某一法律的争执点的是非曲直发表见解，也被称作"意见"、"个人意见"或"公正的意见"（拉尔耶）。三是"优选"（伊斯提赫桑）。类比判断有时仅反映判断者个人的主观意愿，这种离开严格类比的变通方法，被称为"优选"。如果是出于社会公共利益的考虑，优选也被称为"公益"（伊斯提斯拉赫）。与上述法律技术概念和手段相比，类比判断是以经训或先例为前提，通过严格的分析、比较、推演取得严谨结论的过程，因此是一种法律推导的特殊方法和高级阶段，是对早期教法学家理性思辨活动的严格规范和限制。②

此后直到近代前，伊斯兰教法因其固有的上述特点保持连续性和稳定性，同时也因时代的发展尤其是阿拔斯王朝的四分五裂而日趋衰落以及教权与统治权的实际分离。不过，伊斯兰教法在那些时期通过各种形式的司法实践也处于缓慢发展阶段。在教权与统治权完全分离的领域，比如在惩罚、赋税、土地法等方面，教法学家们间接地认可了统治者颁布的各项法规。在契约、债务法、利息等方面，伊斯兰教法的原则和制度受到尊重，同时通过各种变通方式对理论进行了修改和补充，比如法律规避（采用符合教法规定文字的方式来规避违反教法风险的手段）、添附（以补充经典教法的方式，系统阐述新颖的规定）或者对司法习惯的宽容和取舍等③，以适应时代和社会发展的新需要。在这些司法实践中，穆夫提（教法说明官）就法律疑难问题发表正式见解——法特瓦的"教法答疑"制度，对教法的后期发展起到了很大作用。④ 理论上讲，穆夫提的法律解答纯系咨询

① 吴云贵：《伊斯兰教法概略》，中国社会科学出版社，1993，第63页。
② 吴云贵：《伊斯兰教法概略》，中国社会科学出版社，1993，第61页。
③ 金宜久主编《伊斯兰教》，宗教文化出版社，1997，第133页。
④ 金宜久主编《伊斯兰教》，宗教文化出版社，1997，第134页。

意见，对司法审判不具约束力。实际上，由于穆夫提声望极高，其意见在司法审判中备受重视，有时如同律令。特别是，当旧有的教法理论与新的社会现实发生矛盾时，穆夫提发表的法特瓦常常能够为实际需要提供解决办法。穆夫提的活动，因此构成了理论与实际生活之间的有机联系，悄然地推动了教法的继续完善。他们的法律答疑汇编，起到了补充和替代正规教法课本的作用，成为同样具有法律效力的权威著作。

三 教法分枝学直接提供重要的思想来源

除教法根源学外，教法分枝学也为研究伊斯兰教什叶派传统政治思想直接提供了重要思想来源。首先，教法分枝学是关于教法的具体规定及其在司法实践中实际应用的学说体系，附属于教法根源学。逊尼派伊斯兰教法的主要内容大致可以分为两类：第一类是关于宗教仪式和义务的规定；第二类是关于社会经济生活和法律关系的规定。在传统的教法学著作中，前五章通常是论述个人和社团对真主应尽的义务，即伊斯兰教规定的五项基本义务。其次，伊斯兰教法常以"私法"为主，主要包括婚姻家庭关系、继承法、刑法和瓦克夫法等，因此教法又被称作"私法"或"属人法"。[①] 最后，教法还涉及诸如契约与担保等商业经济关系以及诉讼程序法等。对公共关系领域，比如国家体制和战争等，特别是关于哈里发或伊玛目职务问题，教法较少过问，只是在各章中散见相关论述。不过，在伊斯兰教法著作问世之时，伊斯兰教法学家也发表了大量政治理论著作，阐述了有关国家体制的哈里法学说以及穆斯林社团的对外关系等政治思想。这些著作和学说成为本书论述伊斯兰教什叶派传统政治思想的重要资料来源。

根据伊斯兰教法以及教法学家的论述，伊斯兰教传统政治思想的一些要素和特点如下。（1）国家就是一个宗教社团。个人与国家或者个人与宗教社团的关系本质上是一体的，因此个人的概念，或者权力的概念在伊斯兰教政治思想中都不占突出地位。事实上伊斯兰教不认可个体的法律属

---

① 金宜久主编《伊斯兰教》，宗教文化出版社，1997，第6~7页。

性，法律也不会赋予个体，也不会保障个体权利。（2）国家或者政府对个人能够实施相当程度的强制作用。在伊斯兰教当中，个人与国家或政府之间的对立关系从未被认可，因此也没有必要协调或者取消这种对立关系。

换言之，国家和宗教是同一的，没有区别，彼此不分。在伊斯兰教当中，没有关于仅为国家所有的世俗目的信条。关于永恒目的的信条仅为宗教所有，而且仅仅是宗教享有的特权。政治与宗教之间也不存在平衡关系。当宗教或政治在各自领域发挥作用时，彼此相互对等。当它们在对方领域发挥作用时，彼此相互依赖，两者之间不存在紧张关系。国家是真主"赋予"的。但事实上，国家的世俗权力经常被篡夺，教权与君权实际上是分离的，尽管从来不存在意识形态上的政教分离。任何统治者，只要违背了伊斯兰教法，就挑战了政教合一的原则。由于缺乏有关世俗权力从教权当中分离出来的正式理论，从而对个人自由产生了重要影响。这常常有助于威权的产生，也常常对伊斯兰教当中有关内战和内乱的立场产生重大影响。

实际上，自伊斯兰教创立和向外发展以后，伊斯兰教政治思想也逐步发展起来，其中吸收和渗透了伊斯兰教创立前阿拉伯游牧部落的文化传统、古代希腊和罗马政治思想以及波斯萨珊王朝有关帝王和国家的思想。在伊斯兰教政治思想当中，可以明显地看到三类有关国家和政府的表述。第一类就是如上所述教法学家提出的一些政治思想；第二类是哲学家提出的理论；第三类是文学作品当中所蕴含的政治思想。这三类政治思想都提出国家至高无上的主权来自神授，同时假定了国家的存在及其职能就是为了保障伊斯兰教的生存，实施伊斯兰教法，通过打击异端捍卫正统学说的地位。[1] 这三类学说的区别点在于：教法学家提出的政治理论，是最具正统伊斯兰特性的思想。它所构建的政治学说的素材，主要源自《古兰经》、圣训、伊斯兰社团的早期政治实践，以及后世根据政治发展对《古兰经》、圣训等素材的重新解释等，其中重要的是有关国家基础构建的学说以及有

---

[1] Ann K. S. Lambton, *State and Government in Medieval Islam—An Introduction to the Study of Islamic Political Theory: The Jurists, Oxford University Press*, 1981, Introduction（Ⅹⅵ）.

关国家和政府的宗教理想（并非实践）学说。① 在这类政治学说当中，政治、道德、教法和教义学之间没有严格的划分，伊斯兰教逊尼派政治学说是这样，什叶派政治思想更是如此。

伊斯兰教哲学家构建的政治学说，主要受希腊哲学的影响。它将伊斯兰哲学家或君主等同于伊玛目。其政治学说基础是公正和知识，而不是正确的宗教。由于正统派穆斯林专注于维护和转述正统派立场，因此希腊或准希腊思想倾向通过什叶派、穆尔太齐赖派或者苏菲派对伊斯兰教政治思想产生影响。

第三类政治思想，强调君主权力的神圣性，并特别关注政治实践，而不是构建政府理论。它在一定程度上，将伊斯兰信条与波斯萨珊王朝君主传统思想相结合，其学说构建的基础是正义，而不是正确的宗教或者知识。

---

① Ann K. S. Lambton, *State and Government in Medieval Islam—An Introduction to the Study of Islamic Political Theory*: *The Jurists*, Oxford University Press, 1981, Introduction（ⅩⅦ）．

第二章

十二伊玛目派教义与传统政治思想

在伊斯兰教的历史发展中，逐渐形成了统一性与多样性的特征。统一性是指伊斯兰教信仰体系或思想文化的基本一致性，多样性是指在统一性和共性前提下宗教文化所显示的差异性或个性，教派就是差异性的重要体现之一。[①] 在伊斯兰教的派别中，具有重大影响的就是逊尼派、什叶派和苏菲派。"什叶"原意为"同党"或"追随者"，后用以专指阿里党人。阿里党人由一个政治派别发展为宗教派别后，便称为什叶派。一般认为，这个转变发生在 680 年阿里次子侯赛因殉难——卡尔巴拉惨案之后。后来什叶派内部因在伊玛目人选以及继承人问题上争论不休，又分为若干支派，比如十二伊玛目派、伊斯玛仪派、宰德派以及其他几个小支派。什叶派各支派均形成了各自独特而理想化的自我形象，均力争使自己的教义和伊玛目的权威合法化。十二伊玛目派教义与传统政治思想之间的关系和该派教义当中蕴含的传统政治思想，成为本书研究的重点之一。

[①] 对伊斯兰教统一性与多样性的认识，主要参阅吴云贵先生的有关见解。见王宇洁《伊朗伊斯兰教史》，宁夏人民出版社，2006，"序言"第 1~3 页。

61

第一节　什叶派及其支派的早期历史

　　伊斯兰教逊尼派和什叶派分裂的起因，源自穆斯林心目中的先知穆罕默德去世后因继承人问题引发的危机和争执。穆罕默德被称为"众先知的封印"，因此不可能有另一位先知能继承他的地位。然而，他建立的伊斯兰社团统一体"乌玛"，需要一位接班人领导和指引。结果对此后伊斯兰社团的领袖及其权力来源的认识差异，导致了统一的伊斯兰社团的分裂。后来被称为逊尼派的大多数穆斯林，认可了穆罕默德去世后不久建立的哈里发政权以及哈里发的传承顺序。他们认为哈里发就是伊斯兰世界的政教领袖，是真主使者、先知穆罕默德的继任者。他们认为，艾布·伯克尔（632～634年在位）、欧麦尔（634～644年在位）、奥斯曼（644～656年在位）以及阿里（约656～661年在位）是先知穆罕默德去世后四位先后相继的哈里发。前三位哈里发属于当时麦加古莱什部落中有权势的家族。他们是最早一批皈依伊斯兰教的穆斯林，是先知穆罕默德的亲信。而阿里与先知穆罕默德同祖，来自古莱什部落当中地位较低的哈希姆家族。除逊尼派之外，那些力图重建宗教新秩序的宗教反对派则发展成为什叶派和哈瓦立吉派。就什叶派而言，当时被称作"阿里党人"，他们认为先知穆罕默德家族及其后裔拥有伊斯兰世界的世袭领导地位。在先知穆罕默德去世后，阿里是最有资格的继承人，他本人及其后裔是伊斯兰社团的精神领袖，即伊玛目。什叶派强调，作为先知穆罕默德的继承人，阿里与先知具有血缘关系，同时得到先知的亲自任命，还担负着解释天启隐义的责任。

　　661年阿里遇刺身亡以及伍麦叶王朝建立后，伊斯兰社团再次因哈里发或伊玛目的继承问题发生分裂。多数成员像支持前四位哈里发一样，认可了伍麦叶王朝哈里发的合法性，而什叶派和哈瓦立吉派对此予以否认。什叶派强烈反对伍麦叶王朝的篡权行为，主张恢复先知穆罕默德家族中阿里后裔的领导地位。阿里去世后，阿里长子哈桑·穆吉塔巴（约624～669）被推举为第二任伊玛目。哈桑·穆吉塔巴去世后，阿里次子侯赛因（626～680）被推任为第三任伊玛目。哈瓦立吉派同时反对逊尼派和什叶派的观点，主张严格按照伊斯兰教平等原则选任领袖，任何穆斯林无论地位、贵贱和种族背景，只要具备领袖才能都有权当选。他们旨在建立"民主的伊斯兰"，废除以部落或血缘关系作为传承领袖权力的习俗。

680 年，伊玛目侯赛因武装反对伍麦叶王朝，惨遭杀害，即卡尔巴拉惨案。此后，统一的什叶派运动开始向激进化发展，并因此发生第一次重大分裂。此时，凯桑派和伊玛目派开始分道扬镳，后来宰德派也分裂出去，还有一些古拉提学者，即个体理论家活跃在什叶派群体当中或边缘地带。从这时起直到阿拔斯王朝建立初期，凯桑派占据了什叶派多数派的地位。该派从武装反对伍麦叶王朝的穆赫塔运动发展而来。它谴责阿里之前的哈里发，也认为伍麦叶王朝统治者是篡权者，主张阿里及其三个儿子哈桑·穆吉塔巴、侯赛因和穆罕默德为最初的伊玛目和先知继承人，力争通过积极反对伍麦叶王朝的统治以恢复阿里家族的领袖地位。

这个时期，凯桑派的许多教义思想均来自被称为"夸张者"的古拉提学者，这些古拉提学者被后来的什叶派学者谴责为"夸大宗教问题者"。古拉提学者谴责阿里之前的三位哈里发，并赋予伊玛目以超人的属性，甚至神的属性。他们主张人类宗教历史具有周期性，认为每一位先知的到来，都预示着一个新周期的开始。他们强调承认每一个时代合法的伊玛目，是每一位真信士最重要的宗教义务。对古拉提学者而言，发展沙里亚是次要的，他们因而被称作"反律法主义者"。

伊玛目派是这个时期从什叶派分化出来的另一个主要支派，它就是十二伊玛目派、伊斯玛仪派的前身。当时宰德派也在这个行列，尚没有分化出去。伊玛目派不同于激进的凯桑派，在政治上采取了静观其变的立场。该派伊玛目以库法为中心进行传教活动，自称是阿里之子侯赛因唯一幸存的儿子阿里·本·侯赛因（658~712）的后裔。阿里·本·侯赛因被尊称为"虔诚者的装饰"，即阿里·宰因·阿比丁，是伊玛目派认可的第四任伊玛目。阿里·宰因·阿比丁的儿子、第五任伊玛目穆罕默德·巴基尔（675~732）像其父亲一样也不涉足政治，专心于宗教学术事务。他提出的一些早期教义思想，比如伊玛目应当担任信徒精神导师以及"塔基亚"原则等，逐渐演变为伊玛目派的主要教义，奠定了伊玛目派在什叶派当中合法而独特的地位。

穆罕默德·巴基尔去世后，伊玛目派再次因领袖继承问题而分裂。该派大部分信徒认可其长子阿布·阿卜杜拉（702~765），即加法尔·萨迪克为新任伊玛目。阿布·阿卜杜拉的宗教封号为"萨迪克"，意即"值得信赖的人"，他成为伊玛目派的第六任伊玛目。与此同时，另有一些信徒在加法尔·萨迪克的叔父、穆罕默德·巴基尔的同父异母兄弟宰德·本·阿里（？~740）领导下在库法武装反抗当局。他们认可阿里、哈桑·穆吉塔巴、侯赛因、阿里·宰因·阿比丁以及宰德·本·阿里为前后相继的五位伊玛目，因此被称为"五伊玛目派"。后来为吸引更多非穆斯林的支持，他们提出了较为温和的、妥协的教义，承认阿里以及先知之后的前三任哈里发的合法地位。不过，他们不接受马赫迪等末世论思想以及"塔基亚"原则等。9世纪后期，该派分别在也门和波斯北部建立了两个宰德派国家。

加法尔·萨迪克担任伊玛目时期，伊玛目派实力显著增长，逐步发展成一个具有影响力的宗教派别。与此同时，在这个历史时期，经过几十年的努力，阿拔斯人在750年建立了阿拔斯王朝，此后一直统治到1258年，阿拔斯王朝的哈里发一直是伊斯兰世界实际上的统治者。阿拔斯王朝的建立，使什叶派试图恢复阿里后裔哈里发地位的希望破灭。更重要的是，阿拔斯人获得哈里发地位后，转而开始迫害曾经帮助他们推翻伍麦叶王朝政权的什叶派以及其他支持者。一部分什叶派派别因此联合起来，武装反对阿拔斯人的统治。当武装反抗不断遭到镇压后，许许多多的什叶派穆斯林开始追随持温和宗教政治立场的伊玛目派第六任伊玛目加法尔·萨迪克。

像其父亲一样，加法尔·萨迪克一直保持着伊玛目派不涉足政治的传统，并赢得了宗教学者的美誉。同时，经过他以及其他宗教学者的共同努力，伊玛目派独特而系统的宗教教义和教法理论得以奠定。加法尔·萨迪克系统化阐述了伊玛目教义的基本学说，其核心内容被以后的十二伊玛目派和伊斯玛仪派所保留和沿用。这种教义使得伊玛目派得以通过温和策略巩固它在什叶派的宗教地位，因为伊玛目不需要通过反抗统治者来推广其宗教主张。同时，哈里发制度和伊玛目制度在教义层面上被彻底分离，伊玛目即便不是在位的哈里发，也一样是伊斯兰世界的精神领袖。在确定伊玛目派基本教义后，加法尔·萨迪克于765年去世。他是最后一任同时被十二伊玛目派和伊斯玛仪派认可的伊玛目。

　　加法尔·萨迪克去世后，领袖继承问题再次出现，导致伊玛目派的又一次历史性分裂。加法尔·萨迪克起初曾指定次子伊斯玛仪·本·加法尔为继承人。伊斯玛仪·本·加法尔与其亲兄弟阿卜杜拉·阿夫塔尔是加法尔·萨迪克的第一位妻子法蒂玛所生，法蒂玛是伊玛目阿里之子哈桑·穆吉塔巴的孙女。伊斯玛仪·本·加法尔出生于伊斯兰教历 2 世纪初，比其同父异母兄弟穆萨·卡兹姆（生于 745 年，死于 799 年）年长 25 岁左右。可是大多数史料证实，加法尔·萨迪克去世时，伊斯玛仪·本·加法尔未曾露面，抑或已经卒于其父之前，最晚的记载也称他逝世于 762 年或 763 年。他的几个兄弟同时宣称自己是接班人，结果导致伊玛目派分化为六个小宗派。

　　其中，大多数人认可阿卜杜拉·阿夫塔尔为新任伊玛目，他们被称作阿夫塔尔派。两个多月后，阿卜杜拉·阿夫塔尔也与世长辞。此时，大部分追随者改随其同父异母兄弟穆萨·本·加法尔、以后被称为"卡兹姆"为新任伊玛目。不过，仍有少部分一直认可阿卜杜拉·阿夫塔尔为新任伊玛目，他们在库法地区构成了伊玛目派的另一个分支，一直延续到 10 世纪。穆萨·卡兹姆在被伊玛目派大部分信众认可的新任伊玛目后，即被以后的十二伊玛目派认可为第七任伊玛目后，一直超脱于政治事务，甚至采取比其祖父穆罕默德·巴基尔以及父亲加法尔·萨迪克更加无为的立场，专注于宗教教义和宗教事务的发展。即便如此，穆萨·卡兹姆也没有幸免于阿拔斯王朝的迫害，在被阿拔斯王朝监禁几次后，他于 799 年死于狱中，很有可能是被毒死的。以后，穆萨·卡兹姆的信众又认可其长子阿里·本·穆萨·里达为伊玛目，此即第八任伊玛目。阿里·本·穆萨·里达于818 年去世后，大部分信众又认可了里达的四位直系后裔为另外四任前后相继的伊玛目，即穆罕默德·塔奇（？ ～835）、阿里·纳奇（？ ～868）、哈桑·阿斯卡里（？ ～874）和穆罕默德·马赫迪（？ ～869）。这批伊玛目派信众最后演变为十二伊玛目派，构成了以后什叶派的主流。他们认可从阿里·本·阿布·塔利布直到穆罕默德·马赫迪的十二位伊玛目，认为第十二任伊玛目穆罕默德·马赫迪是"时代之主"，是隐遁的伊玛目。迄今为止，他们自始至终地期待着穆罕默德·马赫迪将来再现，重返人间，建立正义世界。

与此同时，在第六任伊玛目加法尔·萨迪克去世后，一小部分信众不愿接受他去世的事实，期待着他以救世主马赫迪的身份再现。另有少部分信众认可穆萨·卡兹姆的亲弟弟穆罕默德·本·加法尔，即迪巴吉为伊玛目。穆罕默德·本·加法尔在815～816年率众武装反对阿拔斯王朝，失败后不久就于818年去世。

此外，还有两个分派在第六任伊玛目加法尔·萨迪克去世后从伊玛目派中分离出去。他们支持伊斯玛仪·本·加法尔或其子穆罕默德为伊玛目，其合法性依据就是加法尔·萨迪克生前曾指定伊斯玛仪·本·加法尔为继承人这个历史事实。这两个小派别就构成了早期的伊斯玛仪派，即"七伊玛目派"。伊斯玛仪派以后演变成为除十二伊玛目支派之外另一个什叶派重要分派。关于伊斯玛仪派传统宗教政治思想及其演变，本书将另辟章节进行论述。

除凯桑派外，什叶派诸多支派初步形成的一个重要阶段是在阿拔斯王朝建立的第一个世纪，相当于750～850年。在这个时期，初步形成了迄今为止仍具有重要影响力的三个支派，即宰德派、伊斯玛仪派和十二伊玛目派。什叶派其他支派形成较晚。比如，伊斯玛仪派的诸多支派，包括卡尔马特派形成于10世纪初，努赛里派（阿拉维派）形成于10世纪中期，德鲁兹派形成于大约11世纪初，尼扎尔派和穆斯塔尔派形成于11世纪末。凯桑派及其支派组成什叶派的极端派，它们是什叶派最早的派别，形成于大约7世纪下半叶。8世纪中叶，该派迅速瓦解，9世纪时已荡然无存。凯桑派信徒或被后来兴起的十二伊玛目派所吸收，或归于伊斯兰教的主流。截至11世纪初，什叶派各派别取得最后确定的形式，并形成完整的教义学理论和体系。

第二节　伊玛目派初期教义及其政治思想[①]

伊玛目派是什叶派早期历史发展中的一个主要支派，相对于凯桑派、古拉提学者等，主要作为七伊玛目派和十二伊玛目派的前身而存在。在这个时期，宰德派虽然也属于伊玛目派行列，但在第六任伊玛目加法尔·萨迪克之前，该派已经从伊玛目派当中分化出去。此外，经过该派几代伊玛目的不懈努力，特别是第六任伊玛目加法尔·萨迪克的努力，截至阿拔斯王朝统治初期，伊玛目派初期教义基础已经得以确定，教派和信众基础也具有初步规模。同时，因伊斯兰教具有政教合一、密切交织的特点，伊玛目派初期政治思想也隐含在这些教义当中。因此，本节将主要论述伊玛目派初期基本教义以及其中蕴含的政治思想，包括先知继承人（伊玛目）思想以及伊玛目关于现实政治的基本原则等，同时还将深入探讨这些教义和政治思想形成的社会历史条件。此外，伊玛目派初期教义与定型于 10 世纪左右的完整教义也有所不同。因此，伊玛目隐遁、马赫迪复临、伊玛目免罪性等其他重要思想，将在本章其他节中陆续论述。

一　伊玛目派初期教义的内涵和特点

伊玛目派初期教义形成于伊斯兰教创立之初至阿拔斯王朝统治初期这个阶段，以第六任伊玛目加法尔·萨迪克的教义思想为代表。那么，伊玛目派基本思想要素及特点又是什么呢？从以下五个层面进行分析。

（一）伊玛目的概念

"伊玛目"一词原意为"站列在前者"或"堪当表率的人"，通常指

[①] 本书引用的伊斯兰教经典——《古兰经》，系由马坚先生翻译的版本，同时也参阅伊朗出版的阿拉伯文与英文译本。《古兰经》，马坚译，中国社会科学出版社，1996；*The Holy Quran*，*Arabic and English Version*，World Organisation for Islamic Sevices，Tehran。

穆斯林在清真寺做礼拜时的领拜人，也指宗教领袖。穆罕默德去世后，用以指伊斯兰社团的领袖，成为"哈里发"的同义词。① 此时，"伊玛目"与"哈里发"经常混同使用。但逊尼派关于"伊玛目"的认识与什叶派有所不同。逊尼派认为"伊玛目"或"哈里发"是先知穆罕默德的代理人，督率人们遵循真主的命令；他虽然是司法、行政和军事领袖，然而没有立法权，他只能解释经训，或在没有经训明文的时候进行独立判断。他没有接受天启，也不是精神领袖，只是伊斯兰教法的执行者。他是普通人，没有任何特异之处，人们根据他的能力或品德推选他为哈里发或从前人手中接任哈里发。他可能是暴虐的，也可能是公正的，也可能是忤逆之人。② 而在什叶派伊玛目教义形成初期，一些什叶派支派认为，伊玛目是指社会运动中在伊斯兰社团中发挥政治和宗教领导作用的人；另一些支派包括伊玛目派则认为，伊玛目主要是指在宗教思想和精神领域发挥领导作用的人。③

（二）伊玛目的使命和职能

什叶派认为任何一个时代必须有伊玛目。伊玛目是真主任命的或前定的先知穆罕默德的继承人。他是人类不谬的神圣指导，他像先知穆罕默德一样，肩负着传播宗教的使命，并且要把人们指引到两世吉庆的大道上。但是，伊玛目与先知又有所不同。先知能够领受和传达真主的启示，伊玛目则不传达启示。④

伊玛目与哈里发的职能有所不同。622年穆罕默德迁居麦地那后不久，即建立了伊斯兰社团，该社团又称"乌玛"，具备了政教合一的国家雏形。在乌玛中，穆罕默德作为真主的使者，兼有宗教领袖和政治领袖的地位。穆罕默德去世后，伊斯兰教主流派——逊尼派逐步构建了哈里发学说和哈

---

① 金宜久主编《伊斯兰教》，宗教文化出版社，1997，第205页。
② 〔埃及〕艾哈迈德·爱敏：《阿拉伯伊斯兰文化史》第四册《近午时期》（三），朱凯译，纳忠审校，商务印书馆，1997，第204页。
③ Allaman Sayyid Muhammad Husayn Tabatabai, Translated by Sayyid Hudayn Nasr, *Shi'a*, Ansariyan Publication, 1981, p. 173.
④ 王宇洁：《伊朗伊斯兰教史》，宁夏人民出版社，2006，"序言"第20页。

里发制度。"哈里发"一词，在《古兰经》中指真主在世间的代理人。穆罕默德的第一位继任者——艾布·伯克尔被称为"哈里发"，意为"真主使者的代理人"（或继承人）。欧麦尔即位后，被称为"真主的使者的哈里发的哈里发"。后对这一称谓简化，称为"哈里发"。在伍麦叶王朝和阿拔斯王朝，就哈里发的职能来看，主要是作为一种世俗职务而存在，指世俗君主所享有的权力和地位，担负着保卫国家安全和民众权益的责任。同时，哈里发也肩负着弘扬伊斯兰教等使命，并具有一定的宗教特权。[①]

在伊玛目派形成初期，大多数什叶派认为，作为先知的继承人，伊玛目兼有伊斯兰社团的宗教权威、精神权威和政治权威之职能。特别是许多支派，在反对伍麦叶王朝的宗教政治斗争中，享有一个共同的指导原则，那就是在分别要求享有伊玛目或哈里发合法权力的同时，坚持要求伊玛目和哈里发职能不能分离的主张。他们认为从剥夺者和暴政者手中恢复哈里发的地位，是他们的合法权利和宗教义务。行使哈里发管理国家的权力是伊玛目的职能。为建立正义和平等的社会，伊玛目有必要成为哈里发。[②]

但是，自什叶派形成之日起，其内部就出现了分化，他们在伊玛目资格、职能等方面产生了严重分歧。当时，作为十二伊玛目派和伊斯玛仪派前身的伊玛目派，特别是其第六任伊玛目加法尔·萨迪克不同意什叶派大多数人的上述主张。他认为伊玛目主要是作为伊斯兰社团的宗教领袖和精神指导而不是世俗领袖而存在的。他提出可以将伊玛目和哈里发分为两个不同的、独立的机体，直到真主使伊玛目获胜时，再使两者合二为一。他还提出伊玛目的权力高于任何权力，包括政治权力。[③]

（三）伊玛目的资格

在这个问题和一些相关原则上，什叶派内部保持一致。但是，对于一

---

① 金宜久主编《伊斯兰教史》，中国社会科学出版社，1990，第313页；吴云贵：《伊斯兰教法概略》，中国社会科学出版社，1993，第196页。

② S. Husain M. Jafri, *Origins and Early Development of Shi'a Islam*, Longman House, 1981, p. 281.

③ S. Husain M. Jafri, *Origins and Early Development of Shi'a Islam*, Longman House, 1981, pp. 281 – 282.

些具体思想，什叶派内部存在严重分歧，并因此导致分裂，产生了各种不同的派别。

首先，什叶派一致认为先知继承人来自神圣而尊贵的先知家族。他们认为穆罕默德是亚伯拉罕所创建的真正宗教的恢复者，在他身上家族的神圣性和世袭性达到了顶点。《古兰经》说："真主确已拣选阿丹、努哈、易卜拉欣的后裔，和仪姆兰的后裔，而使他们超越世人。"（3：33）"那些后裔，是一贯的血统。"（3：34）[①] 什叶派认为，先知穆罕默德属于易卜拉欣的后裔。[②] 因此，当他去世后，其继承人也应当出自同样的家族，并被赋予同样的高贵品质。什叶派认为《古兰经》反复称颂真主特别喜爱先知家族以及阿里的后裔，原因在于他们在捍卫和维护伊斯兰教事业中所做出的正确行为。

但是，伊玛目派在其教义形成初期，逐步对"先知家族"进行了严格的限定。第六任伊玛目加法尔·萨迪克引用一则先知圣训强调先知家族及其后裔应严格限制在先知、阿里、先知女儿法蒂玛与阿里的后裔哈桑·穆吉塔巴、侯赛因以及侯赛因后裔的范围。这则圣训说："在乌姆·萨利姆的家里，穆罕默德让阿里、法蒂玛、哈桑、侯赛因进入他的斗篷之下，并且说：'每一位先知都有他的家族和职责；哦，真主，这些是我的家族成员，是我的职责。'听到这儿，乌姆·萨利姆问道：'难道我不是来自你的家族？'先知回答道：'不，你不是。只有这些在我的斗篷之下的人，才是我家族的成员。'"[③] 此外，在伊玛目资格上，侯赛因唯一幸存的儿子阿里就提出，自己是侯赛因唯一幸存的儿子，来自先知家族，是合法的伊玛目，即第四任伊玛目。

其次，强调阿里是先知穆罕默德生前"指定"的合法继承人，是第一任伊玛目。其证据来自先知的另一则圣训。这则圣训说：632年，先知穆罕默德在辞别朝觐的路上，在盖迪尔·胡姆这个地方召集众人，举起阿里

---

① 《古兰经》第3章第33、34节，马坚译，中国社会科学出版社，1996，第41页。

② S. Husain M. Jafri, *Origins and Early Development of Shi'a Islam*, Longman House, 1981, p. 14; 《古兰经》第3章第33、第34节，马坚译，中国社会科学出版社，1996，第41页。

③ S. Husain M. Jafri, *Origins and Early Development of Shi'a Islam*, Longman House, 1981, p. 295.

的手说："我是谁的主事者，阿里就是谁的主事者。真主啊，请您做阿里朋友的朋友，并做他敌人的敌人。请帮助那些帮助他的人，抛弃那些抛弃他的人。"① 逊尼派和什叶派在这则圣训上有些分歧，但均不否认这个事件的发生，也不怀疑这则圣训的真实性。他们的分歧在于，对于"mawlā"有不同的解释。什叶派认为，"mawlā"意味着领导人、主人、恩主，据此认为先知明确指定阿里是他的继承人。逊尼派认为，"mawlā"意味着朋友、最亲近的人和最信赖的人，这则圣训只是先知告诫信众要非常敬爱阿里。鉴于阿拉伯语汇释义的丰富性，这两种解释应该都是有效的。尽管如此，穆罕默德用超乎寻常的方式发布的这则圣训，确实为什叶派认为阿里是先知的继承人提供了重要依据。

"阿里是先知指定的合法继承人"这个思想是什叶派的一致看法，而这个思想的基础，正是由伊玛目派的第六任伊玛目加法尔·萨迪克精心构建并奠定的。这个思想的实际含义是指，伊玛目的资格是真主前定的，是真主通过先知穆罕默德在生前当众"指定"的。加法尔·萨迪克由此还指出，信仰和认可伊玛目是每一位穆斯林绝对应尽的义务。伊玛目是真主在大地上的证据，伊玛目的言语是真主的言语，伊玛目的命令就是真主的命令。服从伊玛目等于服从真主，违背伊玛目等于违背真主。伊玛目的所有决定，都是真主前定的，伊玛目拥有绝对的权威。②

再次，认为每一位伊玛目都是由前一任伊玛目指定的，此即指定原则（"纳斯"），即前一任伊玛目在即将去世之前，在真主的指导下，通过明确的指定原则将伊玛目资格转移给下一位伊玛目。比如，第四任伊玛目的长子穆罕默德·伊本·阿里（也被尊称为穆罕默德·伊本·阿里·巴基尔），就诉诸指定原则来确立自己的合法地位。他声称，第四任伊玛目当着他和其他兄弟的面指定他为继承人，并且交给他一个宝盒，其中包含一份秘密的宗教羊皮文卷和一把先知的武器，因此他就是第五任伊玛目。一些圣训学家据此认为，现任伊玛目通过前一位伊玛目遗赠给他的"文本"，具有

---

① S. Husain M. Jafri, *Origins and Early Development of Shi'a Islam*, Longman House, 1981, p. 19；转引自金宜久主编《伊斯兰教》，中国社会科学出版社，1997，第206页。

② S. Husain M. Jafri, *Origins and Early Development of Shi'a Islam*, Longman House, 1981, p. 294.

了某些特殊的品质和资格。

最后，认为伊玛目从先知那里继承了关于启示的特殊宗教知识，即"知识"（'Ilm）原则。比如，第五任伊玛目穆罕默德·巴基尔就提出，伊玛目是掌握特殊宗教知识的人，并发展了知识原则。伊玛目派据此认为，这些知识是由真主传递给先知穆罕默德的，再由先知穆罕默德传递给阿里，然后由阿里传递给下一位伊玛目。这些宗教知识只能在前一位伊玛目临去世之前，传递给下一位伊玛目，伊玛目因此成为精通宗教学问和宗教知识的绝无仅有的权威来源。这些特殊的宗教知识包含真主启示——《古兰经》的表义知识和隐义知识两类。

（四）"塔基亚"原则

面对伍麦叶王朝和阿拔斯王朝统治者的残酷迫害，什叶派创造出"塔基亚"原则来获得生存并促进自身发展。"塔基亚"是动词词根，意为"警惕"。有关"塔基亚"的思想来自《古兰经》一节经文："信道的人，不可舍同教而以外教为盟友；谁犯此禁令，谁不得真主的保佑，除非你们对他们有所畏惧而假意应酬。"（3:28）① 正是第六任伊玛目加法尔·萨迪克给予"塔基亚"原则以最后确定的形式。他指出，"塔基亚"的真正含义不是撒谎或欺骗，而是保护真正的宗教，保护自己的追随者在可能面临杀害、被捕或侮辱等险恶环境下，通过隐藏自己的信仰免受敌人的迫害。一般什叶派信众的理解是，为了防备敌人，保护自己的荣誉和生命财产，可以把内心真实思想隐藏起来，把非真实的东西表现出来，这是保守秘密的谨慎做法。② 以后，这在什叶派内部形成一种秘密制度，并促进了以后什叶派秘密发展和秘密活动的开展。

（五）对待现实政治的基本立场

从实践上看，从伊玛目派第一任伊玛目阿里起，到第六任伊玛目加法

---

① 《古兰经》第3章第28节，马坚译，中国社会科学出版社，1996，第41页。
② 〔埃及〕艾哈迈德·爱敏：《阿拉伯伊斯兰文化史》第四册《近午时期》（三），朱凯译，纳忠审校，商务印书馆，1997，第223页。

尔·萨迪克为止，尽管他们所处环境不同，对于政治事务的参与性也不尽相同，但大多数伊玛目有一个共同点，那就是在相对不利的条件下，尽量远离政治，避免政治冒险，而专注并致力于宗教事业的发展。比如，穆罕默德去世前后，阿里及其支持者就一直主张应从神圣的先知家族中选择继承人，特别应由阿里来继承先知事业，担当起哈里发的职责。但是，当艾布·伯克尔和欧麦尔分别担任第一任和第二任哈里发后，阿里还是有保留地①对他们表示接受，或者在高压之下，向第三任哈里发奥斯曼宣誓效忠。不过，阿里的接受和认可态度是被动、消极的。与穆罕默德在世时相比，此时阿里再没有公开积极参与政治活动。他一直隐居在家，过着非常宁静的生活。他也没有像一些人所期待的那样，为他应得到的权力去战斗到最后一刻。第二任伊玛目哈桑·穆吉塔巴也是如此。阿里去世后，他被拥立为哈里发，他本人也坚持拥有这种权力。但是，在与势力强大的穆阿维叶议和之后，哈桑·穆吉塔巴最终逊位，迁居麦地那，过着平静生活，不涉足政治事务。他还劝阻什叶派打消反抗穆阿维叶的活动，同时也不支持穆阿威叶的其他任何镇压活动。再如，第四任、第五任和第六任伊玛目在政治上也都采取一种"沉默"或"静默"政策，不卷入当时反对伍麦叶王朝的宗教政治运动，而是潜心宗教研究。第四任伊玛目因此成为当时杰出的圣训学家，受到宗教学界精英的高度尊敬。第五任伊玛目给信众留下最深刻的印象是，在宗教事务方面具有广博的知识，被认为是当时最博学的人，而且在生前已被其追随者认定为伊玛目。第六任伊玛目加法尔·萨迪克则精心构建或奠定了伊玛目派的教义学基础。不仅如此，他还直接表达了反对武装反抗不义统治者的思想。他说："不能期待伊玛目起来反抗现存的非法政府，没有伊玛目的授权，起来反抗是非法的。"② 大概只有第三任伊玛目侯赛因除外，他在非常不利的条件下起事，反对伍麦叶王朝，最后惨遭杀害。但是，侯赛因是在用这种英勇牺牲式的、悲剧式的宗教革命或政治反抗的方式，唤醒穆斯林为建立理想、正义的社会而勇于献身的宗

---

① 艾布·伯克尔当选为哈里发最初六个月内，阿里没有表示认可。

② Said Amir Arjomand, *The Shadow of God and the Hidden Imam*, *Religion*, *Political Order*, *and Societal Change in Shi ' ite Iran from the Beginning to 1890*, The University of Chicago Press, 1984, p. 58.

教激情和责任。

概言之，这个时期伊玛目派及其初期教义和政治思想的内涵、特点已非常鲜明。第一，在伊玛目派形成初期，它主要是作为什叶派的少数派别而存在的。此后它还在继续分化，分化的主要原因仍然来自不同支派在伊玛目继承人问题上的分歧。第二，在先知穆罕默德继承人问题，即伊斯兰社团领袖（伊玛目）资格问题上，伊玛目派突出强调伊玛目必须由真主通过先知穆罕默德任命或前定的原则，同时强调世袭原则的尊贵性和神圣性，即来自先知家族以及阿里后裔的重要意义。第三，严格界定先知家族以及阿里后裔的范围，是指来自先知、阿里、法蒂玛与阿里的后裔哈桑·穆吉塔巴、侯赛因以及侯赛因后裔这个基本范围。第四，在先知继承人问题上，还格外重视来自伊玛目们的指定原则和知识原则。在知识原则中，也强调表义知识以及隐义知识对于伊玛目资格的重要性。第五，去政治化态势日益突出。在伊玛目派形成初期，该派认为伊玛目是伊斯兰社团的政治宗教领袖，但是越来越突出强调伊玛目的宗教领袖和精神领袖职能。即除第三任伊玛目侯赛因外，在前六任伊玛目当中，特别是后三任伊玛目都在竭力消解伊玛目的政治领袖职能。他们不怎么涉足政治事务，专心致力于宗教事务的发展，并因此奠定了伊玛目派的教义基础。他们还主张通过"塔基亚"原则保护生命和财产安全，拒绝通过武力或暴力方式反抗伍麦叶王朝和阿拔斯王朝。

二　伊玛目派初期教义形成的主要原因

伊玛目派初期教义及政治思想是如何形成的？这可以从以下四个主要层面进行分析。

（一）南方阿拉伯人为伊斯兰教什叶派的形成提供一定的社会历史条件

可以说，从当时特定的社会历史条件看，伊斯兰社团中南方阿拉伯人及其传统文化为伊斯兰教什叶派的形成提供了一定的社会条件；北方阿拉伯人及其宗教感情和社会意识则为伊斯兰教主流派别——逊尼派的形成创造了特定的社会基础。

在伊斯兰教形成初期，穆罕默德创建了政教合一的伊斯兰社团，并在伊斯兰教旗帜之下将阿拉伯半岛各部落团结在一起，但当时伊斯兰社团是一个多元的部落社会，不同部落、不同地区的人受地理、经济和传统文化各种因素的影响，具有不同的生活方式、社会政治意识和宗教情感。穆罕默德去世前后，伊斯兰社团主要存在两个群体。一个群体由阿拉伯半岛北部和中部阿拉伯人组成，他们的故乡是半岛北部和中部的希贾兹和纳季德，其中来自麦加、穆罕默德所属的古莱什部落是最重要的部落；另一个群体原籍为南方阿拉伯人，他们的故乡是阿拉伯半岛西南部也门、哈达拉毛及沿海一带。在这个群体中，最重要的两支是迁徙并定居在麦地那（旧称叶斯里卜）的奥斯部落和哈兹拉吉部落①，他们在穆罕默德传播伊斯兰教最关键和最困难的时刻，邀请穆罕默德前往麦地那，给予他保护，在当地建立了国家雏形，因此被称之为"辅士"（安萨尔）。前一个群体，构成以后逊尼派的信众基础；在后一个群体当中，就包含后来的什叶派成员。

阿拉伯半岛南北地理、生产方式、社会文化存在诸多差异。北部和中部，除中部纳季德高地及其山岳外，主要是沙漠和草原。这里气候炎热干燥，雨水稀少，只有在少数绿洲地带，才有一些肥沃的土地，适宜定居和农耕。因此，北方阿拉伯人——贝都因人，包括希贾兹人和纳季德人，大多是游牧和半游牧部落，氏族组织是贝都因人社会的基础。南方阿拉伯人的故乡，在阿拉伯半岛西南部。这里得天独厚，每年都有适量的雨水，土地肥沃，距海很近，扼守交通咽喉，当地人多半以定居农业或航海为生。这里曾经发展和经历了比较古老的古国文明，相继诞生了赛伯伊王国和米奈王国、第一个和第二个希木叶尔王国。从考古发现的铭文看，"第一个希木叶尔时代的国王，显然是一个封建主"。当时的社会组织，是"一种古代部族体系、层层阶级封建的贵族政治和君主政治的奇异的混合物"②。

受上述条件影响，南北阿拉伯人在宗教情感、部落领导选择以及对伊斯兰教的理解方面均存在一定差异。南方阿拉伯人具有明显而浓重的宗教

---

① 〔美〕希提：《阿拉伯通史》，马坚译，商务印书馆，1995，第34页。
② 〔美〕希提：《阿拉伯通史》，马坚译，商务印书馆，1995，第64~65页。

意识，存在普遍对真主的感激之情和服从之意。北方阿拉伯人宗教情感相对淡薄，他们常常为争夺牲畜、牧场和水源发生敌对行为，个人英雄主义和宗派主义非常盛行。他们一般不将成功必然地归功于神圣力量，尽管他们也认可这种力量的存在。此外，北方阿拉伯人一般根据资历和领导能力来选择。有时，也考虑高贵地位或家族声望，但这种因素通常不太重要。在北方阿拉伯人当中，还存在朴素的民主主义；南方阿拉伯人则受传统文化的影响，更加注重神圣的世袭原则。另外，大多数北方阿拉伯人在最初接受伊斯兰教时，一般将伊斯兰教理解为基于宗教基础上的社会政治运动，而奥斯人和哈兹拉吉人倾向将伊斯兰教理解为与社会政治运动相伴随的宗教运动。

当这些差异反映到如何确立先知继承人这个原则问题上时，南北阿拉伯人随之产生重大分歧。但无论是哪一个群体，均将先知继承人问题理解为如何确立伊斯兰社团政治宗教领袖的原则性问题，只不过不同群体强调的方面不同。北方阿拉伯人认为，确立伊斯兰社团的政治领袖因素强于宗教领袖因素。他们强调先知继承人所承担的政治领袖地位，轻视与其相关的宗教原则。他们坚持应在伊斯兰社团范围内选择先知的继承人，以此来维护伊斯兰社团的团结，坚持将哈里发的人选与先知家族脱离开。因此，他们乐意接受艾布·伯克尔、欧麦尔、奥斯曼为前三任哈里发的说法。

南方阿拉伯人则表达了如前所述强调先知继承人源自尊贵的、神圣的、世袭的家族性思想和政治思想。艾布·伯克尔和欧麦尔所在的家族没有尊贵的宗教地位，因此不被他们所接受。

（二）化解来自什叶派内部对于先知继承人合法权力的挑战

伊玛目派尤其是在第四任伊玛目和第五任伊玛目时期提出上述政治思想，并突出强调在先知继承人问题上的指定原则、知识原则以及先知家族的特定内涵，主要是为回应并化解当时来自什叶派内部对先知继承人地位和权力的追求和挑战。

什叶派内部在该问题上对伊玛目派构成了怎样的挑战呢？在卡尔巴拉惨案后，什叶派由政治派别发展为宗教派别。与此同时，其内部也出现分裂。当时，什叶派主要可以分为阿里派和阿拔斯派。阿里派指来自先知穆罕默德家族中阿里与法蒂玛后裔的追随者。先知穆罕默德来自古莱什部落中的哈希姆家族，他的叔父阿里的父亲养育了他，阿里是先知的堂弟和女婿。这一派还可进一步划分为作为极端派或马赫迪派的鼻祖凯桑派、宰德派前身以及作为十二伊玛目派和伊斯玛仪派前身的伊玛目派。阿拔斯派指来自先知穆罕默德另一位叔父阿拔斯后裔的追随者。

"马赫迪派"奉阿里第三子穆罕默德·伊本·哈乃菲叶为侯赛因之后的伊玛目和马赫迪。在反对伍麦叶王朝的宗教政治运动，特别是在打着为"侯赛因复仇"的旗号中，许多穆斯林接受了"马赫迪思想"。他们认为，马赫迪是由真主指导来领导他们的领袖，并以此作为反抗伍麦叶王朝的宗教政治旗号。第一个使用"马赫迪"术语的是阿里的第三个儿子——穆罕默德·伊本·哈乃菲叶，他的妈妈出生于哈乃菲叶家族。当时，由于侯赛因唯一幸存的儿子——阿里·伊本·侯赛因拒绝卷入政治，阿里派圣城库法当中就有穆斯林倾向从阿里任何一个后裔当中寻求宗教和道德支持，穆罕默德·伊本·哈乃菲叶因此成为他们选中的马赫迪。其实，这场运动的实际宣传者和领导者是穆赫塔尔·本·俄拜德·塔基菲。穆赫塔尔·本·俄拜德·塔基菲去世后，该运动分裂，但穆罕默德·伊本·哈乃菲叶仍被视为马赫迪。穆罕默德·伊本·哈乃菲叶去世后，这场运动的极端派由凯桑领导，他们宣称穆罕默德·伊本·哈乃菲叶隐遁起来并将"复临"。但是，大多数人支持穆罕默德·伊本·哈乃菲叶的长子阿布·哈希姆·阿卜杜拉为伊玛目。

宰德派主张阿里和法蒂玛的任何一个直系后裔均有权出任伊玛目，并应通过武装斗争夺取伊玛目之位。在阿里和法蒂玛的后裔中，第一个起来公开反抗伍麦叶王朝暴政的是第四任伊玛目次子宰德·本·阿里，该派尊称其父为第四任伊玛目，宰德·本·阿里为第五任伊玛目，故又称"五伊玛目派"。在教义和政治思想上，该派主张阿里和法蒂玛的任何一个直系后裔均有权出任伊玛目；想使伊玛目得到认可，必须通过暴力和积极斗争；拒绝政治无为原则，反对隐遁伊玛目思想，反对神化宗教领袖。该派还认为，可以没有伊玛目，也可以有数个伊玛目并存。不过，为得到哈里发之位，该派认为必须得到主流穆斯林的支持，必须接受伊斯兰教主流的圣训原则。因此，他们认可除阿里之外的前两位哈里发的合法性。该派在这点上最接近逊尼派，因此被认为是什叶派中的温和派。740 年 12 月，宰德派在库法领导反对伍麦叶王朝的运动，不过以失败告终，宰德·本·阿里在运动中阵亡。宰德·本·阿里的儿子叶海亚继续其父亲事业，三年后遭受同样的命运。

在阿拔斯王朝建立之前，阿拔斯派认可阿里叔父阿拔斯的曾孙穆罕默德·伊本·阿里是合法的伊玛目，以阿拔斯王朝建立时间为界限，可以将阿拔斯派划为前后两个不同性质的派别。在此之前，可以将它归为什叶派。原因在于，来自哈希姆家族的阿拔斯人，起初并没有以阿里叔父阿拔斯后裔的身份和阿里后裔追随者的身份登上历史舞台，而且在反对伍麦叶王朝统治的斗争中，也同样像其他什叶派那样以"还权于先知家族"为宗教政治旗号。当时，他们认可的伊玛目是阿里叔父阿拔斯的曾孙，即阿拔斯孙子阿里·伊本·阿卜杜拉的儿子穆罕默德·伊本·阿里。阿拔斯是阿里的另一位叔父，也来自哈希姆家族，但他皈依伊斯兰教较晚，声望不高，没有政治野心。他的孙子阿里·伊本·阿卜杜拉是阿拔斯家族中第一个具有政治野心的人。阿里·伊本·阿卜杜拉促使第四任哈里发阿里的第三个儿子穆罕默德·伊本·哈乃菲叶的孙子阿布·哈希姆在给呼罗珊什叶派的遗嘱中，指明阿里·伊本·阿卜杜拉的儿子穆罕默德·伊本·阿里为伊玛目，并且得到该派大多数人的认可，穆罕默德·伊本·阿里因此成为受到承认的第一个阿拔斯派伊玛目。另外，在反对伍麦叶王朝的斗争中，阿拔斯人也像其他什叶派那样，坚持伊玛目和哈里发不能相互分离的原则，认为伊玛目能够单独行使哈里发的权力和职能。不过，阿拔斯人同时也是阿里派的有力竞争者，阿拔斯人认为，只有他们自己才是合法的伊玛目 - 哈里发。他们反对阿里与法蒂玛的后裔对于伊玛目 - 哈里发地位和权力的要求。

在先知继承人这个问题的重大原则上，什叶派内部仍保持一致，即承认伊玛目来自先知家族，承认阿里及其后裔是先知的继承人，承认阿里、阿里和法蒂玛的长子哈桑·穆吉塔巴、其次子侯赛因分别是第一任伊玛目、第二任伊玛目和第三任伊玛目。但是，自卡尔巴拉惨案后至第五任伊玛目在世时，什叶派内部不同派别对先知继承人的合法权力都提出了要求。简言之，马赫迪派认可阿里与来自哈乃菲叶家族的妻子所生的儿子穆罕默德·伊本·哈乃菲叶为"马赫迪"或伊玛目；宰德派主张阿里和法蒂玛的任何一个直系后裔均有权出任伊玛目，而且主张通过暴力和积极斗争夺取伊玛目的权力，同时主张接受伊斯兰教主流逊尼派的圣训原则；阿拔斯派则主张阿里叔父阿拔斯的曾孙穆罕默德·伊本·阿里为伊玛目等。

　　由于厌弃政治手段或其他暴力反抗形式，因此伊玛目派第四任、第五任伊玛目主要通过潜心宗教学术尤其是通过提出该派独特的教义、教理的方式来反对伍麦叶王朝的统治者，并捍卫本支派对先知继承人——伊玛目合法权力的要求，以便在艰难处境中求得生存和发展。通过对上述伊玛目派教义、教理的阐释，伊玛目派排斥了非阿里与法蒂玛的后裔派别对伊玛目合法权力的要求，包括上述的马赫迪派、阿拔斯派，也排斥了非第四任伊玛目长子的后裔对于这个权力的要求。自此以后，阿里·本·侯赛因成为第四任伊玛目，穆罕默德·伊本·阿里为第五任伊玛目，这些也成为伊玛目派的基本教义之一。

（三）应对来自阿拔斯王朝合法地位的挑战

　　在第六任伊玛目加法尔·萨迪克时期，伊玛目派最后确立在伊玛目资格问题上的指定原则，同时进一步将伊玛目教义系统化和规范化，除为继续肃清上述什叶派内部极端主义派别或行动主义派别思想的影响和化解什叶派在反对伍麦叶王朝斗争中接连失败的现实外，更重要的是为了拯救什叶派免于被逊尼派和被阿拔斯王朝的意识形态所同化。

　　在伊玛目派形成初期，逊尼派与什叶派在社会政治问题上存在重大分歧，此外，双方在教义、教法学体系等方面的分歧也日渐扩大。因此，在卡尔巴拉惨案之后，对于什叶派包括伊玛目派来说，如何保持什叶派的独立认同，不被逊尼派同化，并捍卫什叶派对先知继承人合法权力的追求是其长期面临的一个重要挑战。此外，自阿拔斯人成功夺取哈里发之位后，他们开始从宗教、意识形态等方面建立和巩固其地位的合法性。其一，自750年阿拔斯王朝建立后，他们开始诉诸阿拉伯人的一个习惯法来解决合法性问题，并提出一个人的父亲死后，其叔父可以承担其父亲的职责。因此作为先知穆罕默德叔父的阿拔斯人，比作为先知堂弟和女婿的阿里及其后裔更具有权力作为先知的继承人。① 其二，重新对"先知家族"做了界定。"还权于先知家族"是什叶派反对伍麦叶王朝统治的宗教政治旗号。在伍麦叶王朝被推翻前，什叶派一般将"先知家族"理解为先知穆罕默德的女儿法蒂玛与阿里的后裔，阿拔斯人也不例外。不过，在夺取哈里发之位后，阿拔斯王朝统治者开始认为，所谓"先知家族"，是指阿里叔父阿拔斯所在的那支哈希姆家族。这种界定，与此前他们对于伊玛目－哈里发合法权力的要求有天壤之别。其三，以后为获得主流穆斯林对阿拔斯哈里发地位的支持，同时与任何革命性什叶派的派别相脱离，阿拔斯王朝进一步依靠伊斯兰教圣训学家奠定其神权政体的宗教法律基础。其结果是，阿拔斯哈里发最终被称为"真主的代理人"或"真主在大地上的影子"，服从哈里发是穆斯林的一项绝对义务。其四，对于自己的前同盟者——阿里派，阿拔斯王朝则采取了软硬兼施的政策。一方面，对倡导通过积极行动夺取伊玛目－哈里发权力的阿里派实行坚决打击；另一方面，对于相对温和的什叶派包括伊玛目派相妥协。结果，许多什叶派信众逐渐认识到已无法通过暴力夺取伊玛目－哈里发的权力。他们开始脱离什叶派，逐渐服从了阿拔斯王朝的统治。

这些挑战迫切需要伊玛目派重新界定自身对于伊玛目合法权力的最高要求，以保持和维护本派别的独立属性，第六任伊玛目加法尔·萨迪克通过系统阐述伊玛目的属性、资格、职能等一系列教义的方式来完成这个任务。首先，他强调前述伊玛目资格的指定原则，进而确定了什叶派包括伊玛目派伊玛目合法权力的最高来源，借此驳斥了阿拔斯权力基础的合法性。其次，如前所述，加法尔·萨迪克明确指出"先知家族"的特定性和神圣性，从而再次拒绝了什叶派其他支派或阿拔斯人对"先知家族"合法权力的要求。再次，加法尔·萨迪克重申并系统化了第四任、第五任伊玛目关于伊玛目资格中的指定原则和知识原则，借此肃清了什叶派其他支派的影响。从此，针对其他什叶派在反对伍麦叶王朝中接连失败的命运，加法尔·萨迪克主要诉诸重新诠释伊玛目职能的方式来化解这种危机。如前所述，在这些什叶派当中有一个共同原则，那就是坚持要求伊玛目和哈里

---

① 金宜久主编《伊斯兰教史》，中国社会科学出版社，1990，第150页。

发职能不能分离。加法尔·萨迪克明确反对这种主张，并提出在不利条件下，应将世俗政治权力从伊玛目的领袖权力中分离出去。最后，在加法尔·萨迪克看来，伊玛目职位是由前一位伊玛目（即父亲）传递给下一位伊玛目（即儿子）的，但不必是长子。这种思想也是加法尔·萨迪克自身所处环境的一种选择，加法尔·萨迪克将伊玛目职位越过长子和次子传给了三子。

（四）　不放弃先知合法继承人权力要求，被动接受现实政治秩序

伊玛目派始终没有放弃自身是先知合法继承人、是伊斯兰社团合法领袖的权力要求，但是严酷的现实迫使他们采取了不卷入政治事务的立场，这是他们从宗教方面追求伊玛目合法权力的现实结果和逻辑延伸。伊玛目派的领袖如第二任、第四任、第五任、第六任伊玛目如此，第三任伊玛目侯赛因更是如此。问题在于阿里，他当时认可了前三位哈里发的合法权力。那么，是否意味着他放弃了对于先知继承人合法权力的追求呢？事实表明，在他内心深处，始终认为只有自己才有资格胜任哈里发的职责[1]，这可以从当时伊斯兰社团推举第三任哈里发时阿里的表现看出来。欧麦尔在临终前，曾指定组成一个六人圣门弟子团协商会议，由该会议协商推举一位担任哈里发。这六人既是选择哈里发继承人的成员，也是哈里发继承人的候选人。但是，所有涉及推选的重大事宜都是欧麦尔事先确定的。在这六人当中，阿里的声望最高，奥斯曼的地位最弱，但最后两个人选就集中在他们身上。这里不讨论众所周知的结果，而是关注阿里对于欧麦尔事先设定的原则做出的回答。这两个原则是：（1）如果当选哈里发，他应当根据《古兰经》和先知的"逊奈"进行统治；（2）他必须遵从前两位哈里发的先例。对此，奥斯曼完全接受，阿里则不同。对于第一个问题，阿里表示接受；而对后者，他予以拒绝。他的回答是："在任何时候，如果在《古兰经》或先知的圣训中找不到确定的法律依据，他仅将根据个人判

---

[1]　S. Husain M. Jafri, *Origins and Early Development of Shi'a Islam*, Longman House, 1981, p. 73.

断来处理。"① 这种观点经过第六任伊玛目加法尔·萨迪克的确立和发展，成为什叶派教法学当中里程碑式的思想，即什叶派教法学家据此拒绝接受前三任哈里发的决定和先例。

综上所述，伊玛目派之所以采取上述政治思想，除受南方阿拉伯人宗教情感浓厚、注重家族地位和世袭原则等传统政治文化影响外，主要是因为他们始终没有放弃对于先知继承人合法权力的追求，这个合法权力包括先知穆罕默德之后伊斯兰社团的政治领袖和宗教领袖地位。但是，在谋求政治权力方面，他们接连遭受失败。面对这样的残酷现实，他们转而通过宗教方式来实现自己的合法权力。与此同时，他们还必须否定什叶派内部其他派别对这种权力的要求，更重要的是必须借此否定逊尼派及其建立的伍麦叶王朝和阿拔斯王朝的合法性。

第三节　伊玛目隐遁思想及其政治观

十二伊玛目派的最终形成大约是在 10 世纪前后。此前，约在 8 世纪下半叶以及 9 世纪，出现了被称作"拉斐德派"的派别，"拉斐德"（Rafida）含有"拒绝"的意思。约公元 900 年，有些什叶派开始自称伊玛目派，伊玛目派的名称开始出现。他们认为自己属于拉斐德派，同时认为以前被称为拉斐德派的人物和派别就是伊玛目派。② 拉斐德派拒绝承认艾布·伯克尔、欧麦尔和先知大多数门弟子行为的合法性，拒绝逊尼派赖以建立的有关他们传述的圣训的合法性，主张先知穆罕默德确实指定阿里继承其位，而大多数门弟子背离了先知的教诲。③ 公元 900 年或稍后，诺伯赫特（Nawbakhtī）家族登上历史舞台，在什叶派历史上具有重要作用。在其成员中，重要的有阿布·萨赫勒·伊斯玛仪·伊本·阿里·诺伯赫特（？~923），写有《什叶派》一书；哈桑·伊本·穆萨·诺伯赫特（？~922），

---

① S. Husain M. Jafri, *Origins and Early Development of Shiʿa Islam*, Longman House, 1981, p. 75.

② 金宜久主编《伊斯兰教史》，中国社会科学出版社，1990，第 182 页。

③ 金宜久主编《伊斯兰教史》，中国社会科学出版社，1990，第 182 页。

著有《什叶派诸宗派之书》；阿布·卡西姆·侯赛因·伊本·鲁赫·诺伯赫特则是十二伊玛目派伊玛目小隐遁时期的第三位代理。此时，十二伊玛目派具有理性主义思想的教义学家对什叶派早期的教义及教义学思想进行了重新审核，将其中一些极端思想剔除出去，仅保留了隐遁观、再世观和免罪性等思想①，标志着该派已不同于宰德派或伊斯玛仪派，而作为什叶派的一个独立支派最终成形了。与此同时，各种非暴力、温和的小宗派开始接受哈桑·伊本·穆萨·诺伯赫特的《什叶派诸宗派之书》关于伊玛目教义的纲领性主张，从而为十二伊玛目派的最终形成奠定了政治和教义学的理论基础。因此，10世纪左右是十二伊玛目派教义得到进一步发展的阶段，主要体现在伊玛目隐遁思想、马赫迪思想以及先知和伊玛目免罪性思想的发展、完善和成形方面。而本节将主要论述伊玛目隐遁思想及其蕴含的政治观，包括它们的基本内涵、形成条件和由此产生的宗教政治后果。

一 伊玛目隐遁思想基本内涵

在十二伊玛目派取得最终形态后，该派开始认为第十二任伊玛目阿布卡希姆·穆罕默德·伊本·哈桑（Abu'l – Qasim Muhammad ibn Hasan，生于868年）是第十一任伊玛目哈桑·伊本·阿里（844/845/846～872/874）之子，他是马赫迪，是时代之主，是被期待的伊玛目，是真主的证明，是复兴者（"卡伊姆"）。他没有去世，而是在他父亲去世时，奉真主之命从世人眼中隐遁起来。他的生命将奇迹般地一直延长到有一天再奉真主之命重新显现那一天。在他小隐遁期间（872/874/878～941），他通过四位"巴布"（代理人）与追随者保持联系，这个时期大约有70年。其中，第一位代理人是奥斯曼·伊本·赛义德。奥斯曼·伊本·赛义德去世时，他的儿子阿布·加法尔接替他成为隐遁伊玛目的第二位代理人。此后，阿布·加法尔指定阿布·卡西姆·侯赛因·伊本·鲁赫·诺伯赫特为

---

① 有关十二伊玛目派教义学思想及其特点，在下一章专门论述。对伊玛目派教义的审核，只是这种教义学思想发展的一个成果。另一个成果，体现在对十二伊玛目派教法学思想的影响，这也在下一章论述。

第三位代理人。随后，第三位代理人又指定阿布·哈桑·阿里·伊本·穆罕默德·萨马里为第四位代理人。在941年以后，隐遁伊玛目不再有代理人，不再与追随者保持直接的联系。在大隐遁时期，人们期待伊玛目在世界末日前重返大地。大隐遁时期一直延续至今，在此期间隐遁伊玛目仍旧掌控着人类事务。在普通信徒看来，隐遁伊玛目虽然从人们眼中消失了，但不时有人能够在醒来时、睡梦里和幻境中看到他。普通信徒还相信，他们在伊玛目们的圣冢上写的信，也能够到达隐遁伊玛目处，隐遁伊玛目则会给予个人的关注。信众们还猜测，隐遁伊玛目居住在遥远的贾卜尔萨（Jabulsa）和贾卜尔加（Jabulqa）两座城市中。

十二伊玛目派还认为隐遁伊玛目一直处于隐遁当中，但在末日审判前不久，他将奉真主之命作为马赫迪率领追随者一同返回。届时，伊玛目-马赫迪将率领正义之师，与邪恶的势力在世界末日来临前的战场上进行决战，并一举击败后者。此后，伊玛目-马赫迪将统治人类几年。在他统治之后，第三任伊玛目侯赛因以及其他伊玛目、先知们和圣徒们都将返回人间。

二 隐遁思想的形成原因

伊玛目隐遁思想的最后形成大约是在912年（伊斯兰教历300年）。[①]在此之前，什叶派书籍中从未提到这种教义。稍后一段时间，什叶派书籍中一般都列出了十二位伊玛目的姓名，而且伊玛目隐遁也作为事实在书中予以陈述。同时还应看到，伊玛目隐遁的思想也不是十二伊玛目派独创的。在早期什叶派支派当中，已经流行了"伊玛目隐遁"思想，这种思想此后得到了伊斯玛仪派的极力发展和广泛接受。因此，十二伊玛目派至少借用了伊斯玛仪等派的隐遁思想，但是又有所发展。为什么它要采用这种思想呢，其目的和意义是什么呢？

---

① Moojan Momen, *An Introduction to Shi'i Islam: The History and Doctrines of Twelver Shi'ism*, Yale University Press, 1985, p. 75.

（一）　继续去政治化，借此调和政治现实与伊玛目教义之间的矛盾

在什叶派形成初期，伊玛目派的伊玛目们，除阿里、哈桑·穆吉塔巴、侯赛因外，大多身处敌对的环境，或处于对其生命的威胁当中。同时，他们或者在政治上一直采取超脱的立场，或者不能在政治上真正发挥领袖作用，或者因受到伍麦叶王朝或阿拔斯王朝的残酷迫害在政治上难有作为，而这种现实状况与伊玛目派的基本教义是不符合的。因为，伊玛目教义认为伊玛目是人类永恒的指导，是人类至高无上的现实政治领袖、宗教领袖和精神领袖。为化解这种矛盾，同时鼓舞伊玛目派信徒的信心，伊玛目派遂采用了隐遁教义，以便消解伊玛目的现实政治领袖功能，从而让教义、思想与现实妥协起来。这种妥协的有效性在于伊玛目隐遁并因此与信众脱离联系，并不与"大地将一直存在伊玛目"这种断言相冲突，因为就像被乌云遮蔽一样，太阳仍旧能够给大地带来光和热。

（二）　深刻地反映了什叶派对现实社会的失望与幻灭

这是什叶派对受压迫、受迫害的政治社会现实失望到极点的反映，是对隐遁伊玛目应当复临、事实上没有复临的长期期待的幻灭的一种结果，进而促使十二伊玛目派对伊玛目隐遁思想做了进一步发展，即提出了伊玛目大隐遁思想。这可以从伊玛目隐遁时期四位代理人所处的大环境来分析。

如前所述，伊玛目小隐遁之后，前后有四位代理人成为隐遁伊玛目与信徒之间的中介。第一位代理人是奥斯曼·伊本·赛义德，他是第十任和第十一任伊玛目的私人秘书和财政管家。之后，在身边什叶派高层人物的督促下，他通过书面遗嘱指定了自己褟褓中的儿子为继承人，但此后他宣称信众将无法看到自己的继承人直到后者长大成人为止。什叶派圣训显示，第十一任伊玛目曾对信徒说："你们必须听命于接受奥斯曼·伊本·赛义德，因为他是你们伊玛目的代表。"第十一任伊玛目还说："奥斯曼·伊本·赛义德是我的代理人，他的儿子阿布·加法尔也是我儿子穆罕默德的代理人。"第二位代理人是阿布·加法尔，他说："第十二任伊玛目在每年一度的麦加朝觐期间都是在场的。他在朝觐的人群当中，只是信众看不

到他。"据说，阿布·加法尔具有超人的直觉，他去世于917年，代理时间长达50年。在此期间，阿布·加法尔周围大约有十个人与他一起肩负着什叶派社团公认的领袖职责。这十个人帮助他管理什叶派的事务，其中一位是他最信赖的助手，即阿布·卡西姆·伊本·鲁赫·诺伯赫特。最后，阿布·加法尔指定阿布·卡西姆·伊本·鲁赫·诺伯赫特作为自己的继承人。阿布·卡西姆·伊本·鲁赫·诺伯赫特非常博学，既受到什叶派的尊重，也得到逊尼派的敬仰，他于938年或948年去世。第四位代理人是阿布·哈桑·阿里·伊本·穆罕默德·萨马里，他就任时距第十一任伊玛目去世已经70年。

在四位代理人生活的70年当中，什叶派所期待的隐遁伊玛目并没有复临，那些与伊玛目一起生活过的什叶派圣门弟子，大多已经去世，通过履行"塔基亚"，一小部分什叶派幸存者艰难地生存了下来。但是，由于政治和社会动荡，什叶派几乎所有信徒的信念都减退了。此时，在什叶派信徒看来，大地上充满了压迫和不公正。弱小的什叶派不仅四分五裂，而且不断受到阿拔斯王朝的蹂躏。同时，阿拔斯王朝自身也不断遭受邻近部落的劫掠和骚扰，而且在与西方拜占庭帝国的长期战争中，穆斯林军队也遭受到沉重的打击。比如，870年，阿拔斯王朝的统治者哈里发穆赫塔迪在遭受其突厥禁卫军将领的长期折磨后去世。穆塔米德继位后，阿拔斯王朝一连串灭顶的灾难随之而来。首先是赞吉人侵入巴士拉，他们在那里一天之内杀害了三万人，并且横扫了伊拉克。他们所到之处，带来了死亡和破坏。他们的领袖是阿里·哈比斯，自称受真主派遣，要杀死所有拒绝服从他和他的使命的人。与此同时，城市居民遭受到饥馑和地震。在穆塔米德随后几年的统治中直到892年，阿拔斯王朝又陷入内战当中，并陷入与拜占庭人的令人绝望的、不确定的战争当中。在阿拔斯王朝哈里发穆塔米德随后的统治中，暂时成功地恢复了阿拔斯家族的统治权。不过，随后几年卡尔马特派（什叶派伊斯玛仪派支派）的势力兴起了，他们在929年屠杀了麦加和麦地那的朝觐者，并且劫走了克尔白的玄石。不仅如此，什叶派伊斯玛仪派建立的法蒂玛王朝，也不断在政治、宗教和领土上进行扩张。

这就是伊玛目小隐遁时期四位代理人生活时期的时代背景，这四位代理人一直生活在一个动荡不安、危机四伏的时代。第四位代理人可能感觉到自最后一位即第十二任伊玛目隐遁之后，许多年过去了，世界上充满了压迫、流血和不公正，他因此可能彻底绝望，感觉到自身地位的渺小和无能为力。无论如何，在他去世时，当大家还在敦促他指定自己的继任者时，他给出了这样的回答："事情现在应该由真主来决定。"因此，他拒绝指定任何人作为他的继任者。这样，自第四位代理人去世，即941年起，隐遁伊玛目在大地上再没有任何可见的代理人，小隐遁时期结束了。此后，在什叶派历史上，开始了迄今为止长达1000多年的大隐遁时期。

（三）化解法蒂玛王朝构成的多重压力

十二伊玛目派提出大隐遁思想，是为了继续化解来自什叶派内部纷争的压力，尤其是为了应对当时伊斯玛仪派所建立的法蒂玛王朝对十二伊玛目派在政治上和信仰上所构成的压力。

10世纪前后，十二伊玛目派主要还面临一个宗教和政治问题，即在十二伊玛目派之外，出现了多如牛毛的什叶派小宗派。每一个小宗派的出现、发展或合法性地位的确立，都可以以其中某一个人自称或被迫声称自己是伊玛目或者隐遁伊玛目的代理人来确立。这种宗教和政治纷争，一直困扰着十二伊玛目派，特别是在10世纪时，出现了更大的压力和分歧的来源，那就是伊斯玛仪派及其在埃及和北非建立的法蒂玛王朝在宗教思想、政治立场等方面对十二伊玛目派构成了更大的压力和挑战。之前，什叶派在各种各样来自阿里家族或声称是来自阿里家族的伊玛目的领导下，发动了无数次的反对伍麦叶王朝或阿拔斯王朝的行动，许多次行动都以失败而告终。但是此时，在这些反抗活动当中，什叶派伊斯玛仪派成功地在埃及建立了法蒂玛王朝。同时，伊斯玛仪派通过大量的传教和政治活动，并借助阿拔斯王朝衰落、各地地方小王朝纷纷独立或半独立之时，先是从北非西部地区，以后向东发展到埃及等地区，夺取了这些地区的统治权和领土管辖权。此外，该王朝统治者一直自称伊玛目，并通过发展伊斯玛仪派宗教教义来为自己的统治奠定合法的宗教地位。简言之，伊斯玛仪派认为不仅存在真正的伊玛目，还存在仅仅作为真正伊玛目保卫者和委托人的伊玛目。前者即永恒的伊玛目，后者的职能在于掩护前者从而使前者得到保护。[1] 此外，法蒂玛王朝的对外政治思想是对非法蒂玛王朝的政权进行圣战、反抗，并取而代之。根据法蒂玛王朝的理论，伊玛目肩负着普世的宗教使命，伊玛目的政治目标是统一伊斯兰世界，在世界上建立一个"全球"国家，这种教义使反抗和对抗既存的其他政权成为穆斯林的宗教义务。

伊斯玛仪派和法蒂玛王朝的政治和领土扩张趋势以及该派的上述教义和政治思想，从两个方面对十二伊玛目派构成了挑战。其一，政治挑战。法蒂玛王朝出于政治、宗教等多方面的需要，让其宗教人士（以前的传道师）成功地接替了伊玛目领导的部分职能。从这点上看，法蒂玛人是政治行动主义者，并且部分实现了充当什叶派乃至整个伊斯兰世界精神领袖、宗教领袖和政治领袖的梦想。这对衰落中的阿拔斯王朝是一个沉重的打击，同时对帝国东部取代阿拔斯人统治的布维希人以及受其支持的十二伊玛目派来说，都是不小的政治挑战。当时，布维希人虽然实际上取代了阿拔斯人的统治，但在宗教上和政治上保留了阿拔斯王朝的宗教合法地位以及象征性的统治地位，且通过扶植什叶派包括十二伊玛目派的势力，在政治上、宗教上与法蒂玛人相抗衡。对于布维希人的世俗统治，同时由于布维希人支持十二伊玛目派的立场，十二伊玛目派采取了政治合作的策略。他们所采取的方式是在宗教上让隐遁的伊玛目担负着精神领袖职能，让宗教人士尤其是宗教学者担负着社团的实际管理职能，同时在政治上默认布维希人的政治领导职能。因此，法蒂玛人所自称的伊玛目的政治领导，自然对十二伊玛目派以及布维希人来说，都是严重的政治合法性危机。其实，在当时的什叶派内部，对于十二伊玛目派的这种政治、宗教和精神选择，以及布维希人对阿拔斯人的宽容立场，也存在极少数反对势力，比如 10 世纪建立的"精诚兄弟社"。当时，一部分什叶派的宗教知识分子对布维希人保留阿拔斯王朝的傀儡哈

---

[1]　Ann K. S. Lambton, *State and Government in Medieval Islam—An Introduction to the Study of Islamic Political Theory: The Jurists*, London Oriental Series, Vol. 36, Oxford University Press, 1981, p. 288.

里发不满，他们在巴士拉建立了这种政治、宗教和哲学的小团体，目的是反对布维希人的政治制度，决心彻底颠覆阿拔斯王朝。

其二，宗教和精神挑战。法蒂玛王朝的统治者自称是活着的伊玛目，该王朝的传道师渗透在整个阿拔斯王朝的统治领域。任何一个活着的伊玛目都是传播宗教使命的中心，而在十二伊玛目派的基本教义中有一个信仰，那就是相信活着的伊玛目（即便已经隐遁）对人类永恒指导的必要性。因此，同时出现了两个活着的伊玛目，对十二伊玛目派信众来说是真伪难辨，难以适从。法蒂玛人信仰的伊玛目，自然对十二伊玛目派信仰的现世和精神权威——伊玛目来说，构成了宗教和精神上的对手。

面对政治和宗教的双重挑战，十二伊玛目派最终选择伊玛目大隐遁的思想，来应对这种危机，化解这种矛盾。他们一方面积极利用这千载难逢的历史时机，发展自己的教义、教法、圣训促进自身派别的发展；另一方面，仍坚持以前的伊玛目教义尤其是伊玛目是伊斯兰世界领袖的教义，同时迫于政治和现实环境的压力，比如阿拔斯王朝的存在和布维希人"挟天子以令诸侯"，十二伊玛目派选择让伊玛目无限期地隐遁了。这实际上彻底弱化了伊玛目的政治领袖功能，将伊玛目的复临再一次推到遥远无期的未来，从而也是对自身政治理想一种暂时的但又是长久的放弃。他们因此才宣称伊玛目隐遁了，不会再有任何代理出现，直到世界末日来临时才会复临，到那时在大地上建立正义的王国。不过，他还活在世上，永恒地存在着，永远指导着人类。[①] 这种选择，保留但还不违背十二伊玛目教义中伊玛目永恒存在这一基本思想。此外，还在思想上排除了其他任何自称是伊玛目或者声称是隐遁伊玛目代理人（或势力）的宗教政治合法性。这不仅否定了那些什叶派小宗派的宗教合法地位，更重要的是否定了与之对立的法蒂玛王朝的宗教政治合法地位，从而巩固了自身的宗教正统地位。当然，这是一种消极回应的方式，可在宗教上却是行之有效的办法。

---

① Moojan Momen, *An Introduction to Shi'I Islam: The History and Doctrines of Twelver Shi'ism*, Yale University Press, 1985, p. 75.

三 伊玛目隐遁的宗教政治后果

第十二任伊玛目隐遁，在什叶派理论上留下了一个巨大的鸿沟。伊玛目既是伊斯兰社团的精神领袖，又是社团的政治领袖。伊玛目可以解释伊斯兰神圣律法，理论上还负责律法的实施。在小隐遁时期，伊玛目还有四位代理人，这四位代理人也是伊玛目的代言人，借此伊玛目可以与外界保持联系。但是在大隐遁时期，伊玛目再也无法与社团进行交流。同时，伊玛目也没有给社团留下任何关于在他隐遁期间如何管理和组织社团的明确指示。因此，伊玛目隐遁后的一个社会政治后果就是伊玛目作为社团领袖的社会和政治地位丧失，同时他作为社团领袖所承担的一些功能从理论上也就缺失了。不仅如此，什叶派社团也丧失了社会组织，没有了财政体系。面对这种现实困境尤其是社团实际政治社会领袖的缺失，使什叶派乌莱玛（宗教学者）不得不对伊玛目教义重新进行解释。这样，伊玛目隐遁后的一种政治后果，就是在客观上为以后其他社会政治力量的崛起，比如包括什叶派教法学家在内的宗教学者的整体发展以及他们成为隐遁伊玛目的代理人，都提供了先决条件。

另一个后果就是在随后几个世纪，随着支持什叶派尤其是支持十二伊玛目派国家的兴起，伊玛目隐遁后的理论后果与政治现实之间产生了紧张关系，并随之导致在各种各样自称为隐遁伊玛目代理人的社会政治阶层之间尤其是在宗教学者（宗教）与世俗统治者（政治）之间制造了持续的政治和社会矛盾。十二伊玛目派认为第十二任伊玛目尽管隐遁了，但他仍然活着，是时代的主人，是伊斯兰社团的政治领袖和宗教精神领袖，因此从理论上讲，没有人能够具有取代隐遁伊玛目社团领袖地位的合法性。但是，十二伊玛目派面临的政治现实是，在伊玛目隐遁后的几个世纪中，兴起的支持什叶派尤其是支持十二伊玛目派的国家或者将十二伊玛目派立为国教的统治者僭称自己享有隐遁伊玛目的部分职能。比如，法蒂玛王朝奠基者自称是第七任伊玛目的后裔，他以及其他继任者是隐遁伊玛目的代表，甚至是神，具有免罪性。统治者因此不仅享有伊斯兰宗教领袖的职能，而且享有伊斯兰社团政治领袖的职能。而近代伊朗恺加王朝的统治者声称自己代理隐遁伊玛目的政治领袖职能，但是只承担政治领袖的职能，宗教领袖的职能则由十二伊玛目派乌莱玛来承担。因此，这在政府与宗教之间持续产生了紧张关系。除内部学者的质疑外，没有其他社会阶层敢严肃地质疑乌莱玛声称自身承担着隐遁伊玛目某些职能的思想，但是乌莱玛却经常怀疑和反对世俗统治者所声称的政治权力，他们的理由是世俗统治者僭越了隐遁伊玛目的权力。当世俗统治者非常强大，行事也比较公正时，许多乌莱玛能够与世俗统治者进行合作，并且能够为世俗政府提供宗教上的合法依据。与此同时，其他一些乌莱玛即使想反对，也常常保持沉默，或者更多的是对政治事务保持淡漠立场。但是，当世俗统治者地位非常弱小，或者实行暴政统治时，乌莱玛就会重新崛起，声称自身是隐遁伊玛目的代表并且公开反对和挑战世俗统治者的权力。这是什叶派历史发展的一种模式，特别是在伊朗萨法维王朝兴起后更是如此。

第四节　马赫迪思想及其政治观

与伊玛目隐遁思想密切相关的是马赫迪思想，因此本节将探讨马赫迪思想及其蕴含的政治观，包括研究该思想的基本内涵、产生根源以及由此产生的宗教政治后果。

一　逊尼派马赫迪思想

"马赫迪"一词意味着他绝对是受真主指导的，因此被认为有资格指导他人的，是"得正道者（的）"。"马赫迪"一词是动词"胡达"（意为指引正路）的被动名词。人们说：真主指引他走正道，即向他介绍、指引、阐明正道的意思，而此人就是得正道者。这个字眼在《古兰经》里不是 al - mahdi，即被指导者，而是它的主动语态 al - hadi，动词，是"指导（者）、引导（者）"的意思。比如，"真主引导谁，谁就是遵循正道的"

(17：97)。① 又比如，"你的主足为引导者和援助者"（25：31）。② 在所有地方，这个字眼在语言和宗教上的意思是指，"真主指引正路，从而遵循正路的人"。但是，这些字眼本身并不能足以证实对于马赫迪来临的期待。

对于马赫迪的信仰，无论在什叶派信徒当中，还是伍麦叶人当中，或者是在阿拔斯人中间，都有普遍的信仰，只不过各有特色罢了。在伍麦叶王朝时期，当"期待的马赫迪"思想在什叶派信徒中广为流传之时，受这种思想的影响，在某些伍麦叶家族中也出现了一位"马赫迪"，但不称作"马赫迪"，而称为"苏福扬"。这种称呼在伍麦叶王朝传播很广，"期待中的苏福扬"即"期待中的马赫迪"。

与此对应，阿拔斯人也编撰了一段关于马赫迪的圣训，这段圣训转述自伊本·欧麦尔，内容是："一天，真主的使者正和一群迁士和辅士在一起。阿里·本·艾卜·塔列布在其左，阿拔斯在其右。阿拔斯正和辅士们相互对骂。先知抓住阿拔斯和阿里的手，说：'将由此人的脊柱生出一个男孩，使大地充满公道和正义。遇到这种情况，你等应扶持此道的完美的人，他来自太阳升起的地方，是执掌'马赫迪'旗帜的人'。"③ 这段圣训比较隐晦。如果阿里派获胜，圣训对他们有利；如果阿拔斯人取胜，圣训对他们也有利。结果是阿拔斯人取胜了，他们就以这段圣训为由，成为东方升起的旗帜的主人。

总之，对逊尼派来说，"马赫迪"代表"一位在未来具有末世论意味的人物"，先知给予他良好的信息，认为他将在世界末日时降临。逊尼派普遍接受马赫迪来临思想。有些学者指出："随着时间流逝，在伊斯兰社会的穆斯林当中，普遍接受这样一种思想，即在世界末日的时候，必定需要有一位来自先知穆罕默德家族的人显现，他将帮助真主使正义取得胜利，而且穆斯林将追随他，他将统治伊斯兰世界，他就是马赫迪。"④

---

① 《古兰经》第 17 章第 97 节，马坚译，中国社会科学出版社，1996，第 233 页。
② 《古兰经》第 25 章第 31 节，马坚译，中国社会科学出版社，1996，第 292 页。
③ 〔埃及〕艾哈迈德·爱敏：《阿拉伯伊斯兰文化史》第四册《近午时期》（三），朱凯译，纳忠审校，商务印书馆，1997，第 217 页。
④ Dwight M. Donaldson, D. D., *The Shi'ite Religion*: *A History of Islam in Persia and Irak*, Luzac & Company, 1933, p. 229.

二　什叶派马赫迪思想的起源

在反抗伍麦叶王朝统治的宗教政治运动中，特别是在为"侯赛因复仇"的怒火中，在许多穆斯林当中出现了"马赫迪思想"。他们认为马赫迪是由真主指导并来领导他们的领袖，并以此作为反抗伍麦叶王朝的宗教政治旗号。第一个使用"马赫迪"术语的是阿里的第三个儿子——穆罕默德·伊本·哈乃菲叶，他的妈妈来自哈乃菲叶家族。当时，由于侯赛因唯一幸存的儿子——阿里·本·侯赛因拒绝卷入政治，在阿里派圣城库法当中就有穆斯林倾向从阿里任何一个后裔中寻求宗教和道德支持，穆罕默德·伊本·哈乃菲叶遂成为他们选中的马赫迪。其实，这场运动的实际宣传者和领导者是穆赫塔尔·本·俄拜德·塔基菲。穆赫塔尔·本·俄拜德·塔基菲去世后，该运动分裂，但是穆罕默德·伊本·哈乃菲叶仍被视为马赫迪。穆罕默德·伊本·哈乃菲叶去世后，埋在拉德瓦山。这场运动的另一个支派——由凯桑领导的极端派，遂宣称穆罕默德·伊本·哈乃菲叶隐遁起来，并将从拉德瓦山"复临"或返回。因此，穆罕默德·伊本·哈乃菲叶成为被期待的"马赫迪"。但是，大多数人支持穆罕默德·伊本·哈乃菲叶的长子阿布·哈希姆·阿卜杜拉为伊玛目。

穆斯林对伍麦叶王朝未能建立平等、正义的伊斯兰社会的沮丧和失望，很有可能与支持马赫迪思想产生的圣训具有一定的关系。这种思想就是一个受真主指引的人必将在末日来临时降临。早在阿里死于非命、第三任伊玛目侯赛因被杀之后以及在伊斯兰社团陷入随后长期残酷的内战之后，"马赫迪"一词就被用于指阿里与来自哈乃菲叶家族的妻子所生的儿子穆罕默德·伊本·哈乃菲叶。

三　构筑什叶派马赫迪思想的圣训

从历史上来讲，"马赫迪"一词的运用，应该早于伊斯兰教正统圣训编撰前大约 200 年。这样，虔诚的穆斯林才有足够的时间将他们的希望提炼、升华进末世论的信仰当中。与此同时，由于《古兰经》事实上没有保证实现这样的希望，虔诚的穆斯林就觉得更有必要将他们的这些希望通过合适、具有说服力的圣训来加以证实。什叶派精心构筑的千年希望的圣训主要有以下内容。

1. 先知穆罕默德说："直到来自与我同一部落、与我同一名字的人成为阿拉伯人的主人时，世界末日才会来到。"

2. "当你看到从呼罗珊方向出现的一面面黑色的旗帜时，就应加入他们，因为受真主指引的伊玛目就与那些旗帜在一起，他就是马赫迪。"

3. "马赫迪是我的后裔，他有开朗的面容，还有高挺的鼻梁。他将给大地带来平等和正义，即便人间曾经充满了暴政和压迫。马赫迪将统治人间达七年之久。"

4. "人们当中将存在争吵和争端，然后将有一位来自麦地那的人走来，他将从麦地那走到麦加，麦加的人们将拥护他为伊玛目。然后，叙利亚的统治者（对伍麦叶王朝的不满）将派一支军队攻打马赫迪，但是叙利亚的军队将在位于麦地那和麦加之间的巴达（Bada）附近遭遇地震而覆灭。当人们看到这些时，阿布达尔（Abdal）人将从叙利亚赶来，还有一大群阿布达尔人将从伊拉克赶来。随后，马赫迪的一个敌人将来自古莱什部落，这个人的叔叔们来自卡勒布（Kalb）部落，这个人将派一支军队对付马赫迪。马赫迪将效仿先知的榜样统治七年，然后去世。"

5. "当马赫迪来临时，将会下倾盆大雨，这时天园和人间的所有居民将会对马赫迪感到满意，人们的生命将会快乐地度过，甚至希望去世的人能够复活。"①

但是，有些宗教学者质疑这些关于马赫迪圣训的有效性和真实性。他们认为，这些圣训没有被编撰进《布哈里圣训集》或《穆斯林圣训集》中，同时还质疑提尔米基和阿布·达乌德编撰的圣训集所依赖的阿希姆人的权威性。因为按照同时代人的说法，所有的阿希姆人的记忆力都非常差。因此，由于《古兰经》在这方面阐述的不确定性，以及有关圣训的不值得信赖性，逊尼派教义学家没有将有关马赫迪将要来临的信

---

① Dwight M. Donaldson, D. D., *The Shi'ite Religion: A History of Islam in Persia and Irak*, Luzac & Company, 1933, p. 227.

仰纳入自己的信条当中。

四　什叶派马赫迪思想的内涵

对于什叶派教义学家而言，期待马赫迪降临是一种普遍的基本信仰。他们认为《古兰经》所表达的关于"神圣指导"的这个字眼，指的就是"伊玛目"。他们还强调《古兰经》中下面一节经文的重要意义。这一节经文说："我所创造的（一种）人，……他们本着真理而引导他人，因真理而主持公平。"（7：181）[1] 什叶派教义学家库拉尼及其他教义学家根据第五任伊玛目和第六任伊玛目的圣训认为，这里的"人"，指的就是来自穆罕默德家族的伊玛目。还有一则密切相关的圣训说道："人们将分裂为73个派别，其中72个派别将进火狱，只有1个派别将进天园。这个派别就是真主在（这节）经文中所指的人。"[2]《古兰经》中的许多章节直接谈到末日审判。对于经文中所指的那个站立着负责审判的人，比如"那么，那个监视每一个灵魂的人，是谁呢？"[3] 什叶派认为这个人指的就是"马赫迪"。

在什叶派信徒的心目中以及在什叶派教义学家所阐释的信条当中，他们都将马赫迪的降临等同于隐遁伊玛目的复临。第十二任伊玛目阿布希姆·穆罕默德·伊本·哈桑在他父亲第十一任伊玛目哈桑·伊本·阿里（又被称为哈桑·阿斯卡里）去世前4～5年出生，什叶派精心将对他的期待编织成对马赫迪期待的信仰。根据什叶派圣训，还在第十二任伊玛目生活的200年前，先知穆罕默德就宣布："他的名字将是我的名字，他的姓也将是我的姓，他的称号将是'马赫迪（即被引导者）'、'真主的证据'、'被期待者'和'时代之主'。"[4] 这些称号以后经常在圣训中被反复地归属于第十二任伊玛目。在第十一任伊玛目临去世之前，他指定自己的儿子

---

[1]　《古兰经》第7章第181节，马坚译，中国社会科学出版社，1996，第136页。

[2]　Dwight M. Donaldson, D. D., *The Shi'ite Religion: A History of Islam in Persia and Irak*, Luzac & Company, 1933, p.229.

[3]　*The Holy Quran*, Charpter 13, Verse 33, Arabic and English Version, World Organisation for Islamic Sreices, Tehran, p.378.

[4]　Dwight M. Donaldson, D. D., *The Shi'ite Religion: A History of Islam in Persia and Irak*, Luzac & Company, 1933, p.230.

阿布希姆·穆罕默德·伊本·哈桑为第十二任伊玛目。他对阿布希姆·穆罕默德·伊本·哈桑说："哦，我亲爱的孩子，你是时代之主，你是马赫迪，你是真主在大地上的证据，我的孩子，我的代理人，作为我的后代，我的好儿子，使者的孩子，最后一位伊玛目，纯洁的，善良的。真主的使者已经把你的事情通知人们。他已经告诉人们你的名和姓。这是父辈们传至于我的誓言。"① 第十一任伊玛目哈桑·伊本·阿里去世于872年，或873年，或874年。有些什叶派信徒认为他是被阿拔斯王朝统治者穆塔米德毒死的。就在此时，第十二任伊玛目消失了或者"隐遁了"。这种第十二任伊玛目仍旧活着的看法，只是在他父亲临去世前不久消失了，可以被另一则圣训所证实。这则圣训说："在举行第十一任伊玛目的葬礼时，第十二任伊玛目再次显现了，以便在分配财产时捍卫自己的权力。"

另外一些什叶派信徒认为，第十二任伊玛目是在自己位于撒马拉的家里消失的。根据各种不同的证据，第十二任伊玛目消失时，他的年龄不十分明确。还有一则圣训没有提到第十二任伊玛目是如何消失的，但说："说第十二伊玛目没有出生，是错误的，说他出生了但在他父亲生前就已去世也是错误的，因此有必要相信，他出生过，而且仍旧活着，但只是处于隐遁之中，而且根据真主的意愿，他将在世界末日时再现。"② 因此根据这些具有权威性的圣训，这种信仰就是当代什叶派的普遍信念，即第十二任伊玛目在撒马拉消失了。但是在伊斯兰历的第七个世纪或第八个世纪，他将复临人间。也有人说，他在希拉消失了，他将在世界末日时来临，使大地充满正义。

五 什叶派马赫迪思想产生的根源和后果

最先神化阿里并宣扬伊玛目"转世"或"复临"这种思想的是犹太人阿布杜拉·赛白衣。在阿里被暗杀之后，他说："他不相信阿里死了，阿

---

① Dwight M. Donaldson, D. D., *The Shi'ite Religion: A History of Islam in Persia and Irak*, Luzac & Company, 1933, p. 230.

② Dwight M. Donaldson, D. D., *The Shi'ite Religion: A History of Islam in Persia and Irak*, Luzac & Company, 1933, p. 233.

里不会死，除非大地充满了公道，如同充满了暴虐一样。这种转世思想是从犹太教里撷取的。"① 犹太教里谈到一位先知以利亚升天了，将来还要带着宗教与法律转世回来，早期的基督教也有这种思想。这种思想被什叶派引用，他们说他们有隐遁的领袖，将来必复临，使世间充满公道，由此推动了马赫迪思想的传播。

马赫迪思想为什么能够在什叶派当中产生和传播？其实这个问题，与伊玛目隐遁思想为什么会产生是一样的。什叶派要在现实世界建立一个王国，结果失败了，不得已才创造出一种预言。这种预言认为伍麦叶人最终会失败，政权会回到什叶派手中。为使这种预言和计划成功，必须有一位众望所归的领袖，作为人们信服的哈里发，同时必须给他带上宗教色彩，成为无罪无过的伊玛目。也就是说，什叶派之所以颂扬阿里的德行，宣传伊玛目隐遁和马赫迪再临的思想，目的之一是防止绝望情绪在本派信众中蔓延，防止本派的瓦解，同时增强什叶派信众的信心。

此外，这种方式易于使百姓接受上述思想。因为普通信徒不能理解抽象概念的回归，只能理解具体人的回归。"期待的马赫迪"，则为他们描写了未来的希望。同时，什叶派宗教上层精心编撰了一些圣训，加上周密的考证，并通过各种渠道扩大宣传，以便使普通信徒相信。因此，什叶派是马赫迪思想的创始者之一，什叶派的绝望情绪是产生马赫迪思想的心理因素。伍麦叶家族中的"苏福扬"思想，也产生自该家族中苏福扬人的绝望情绪。但是，阿拔斯人的马赫迪思想，则是家族内部斗争的结果。②

什叶派宣传马赫迪思想，其影响既有积极的一面，也有消极的成分。积极作用在于，什叶派尤其是十二伊玛目派运用这种思想增强信徒的信心，客观上为以后的发展壮大提供了一种思想和社会基础。不过，其消极性也显而易见，那就是在历史上成为各种宗教政治势力不断掀起反抗统治者的一种思想工具。每个时代都可以有若干传道师，自称"期待的伊玛目"（马赫迪），人们因此团结在他的周围，并以此为武器来反抗统治者。

---

① 〔埃及〕艾哈迈德·爱敏：《阿拉伯伊斯兰文化史》第一册《黎明时期》，朱凯译，纳忠审校，商务印书馆，1982，第282页。

② 〔埃及〕艾哈迈德·爱敏：《阿拉伯伊斯兰文化史》第四册《近午时期》（三），朱凯译，纳忠审校，商务印书馆，1997，第219页。

因此可以说，马赫迪思想也是中东地区产生连绵不断的动乱的一个原因。

第五节　免罪性思想及其政治观

10 世纪下半叶，十二伊玛目派的免罪性教义得以完善和定型。起初，在阿拔斯王朝任职的诺伯赫特家族提出了伊玛目免罪教义，其中也蕴含了重要的政治思想。但是，这个时期一些十二伊玛目派圣训学家否定该家族对这一主张的教义学论证，比如巴布亚和库姆的圣训学家。他们认为先知和伊玛目可能在某些细节问题上犯有错误。谢赫穆菲德（Shaykh al-Mufīd，948/950～1022）对库姆的学者提出指责，而以后的什叶派完全追随谢赫穆菲德的主张。

一　免罪性思想的基本内涵

根据什叶派的教义，先知和伊玛目具有免罪性。萨法维王朝的十二伊玛目派宗教学者穆罕默德·巴基尔·麦吉利斯（Muhammad Bāqīr Wajlisī）是这样阐述这种思想的，他认为："先知和伊玛目免于任何罪恶，不论是大罪还是小罪。任何类型的罪恶都不能归于他们，任何夸大的错误或悔恨，任何解释的错误都不能归于他们。即便是在他们被指定为先知（或伊玛目）之前，即便是在他们的儿童时期，他们中的任何人都不会有罪恶，……所有的人都同意信仰先知（和伊玛目）的免罪性，这是什叶派最基本的信仰之一。"[1] 这里的先知及其数目，根据英国学者布朗的理解，在穆罕默德之前是不确定的，有 140 名至 12.4 万名不等。此外，麦吉利斯还单独阐述了什叶派关于伊玛目免罪性的教义和信仰。他认为伊玛目从出生到去世，免于各种罪恶或错误，不论这些罪恶或错误是大还是小，不论这些罪恶或错误是有意犯下的，还是无意而为之。什叶派除伊斯玛仪派之

---

[1]　Dwight M. Donaldson, D. D. , *The Shi'ite Religion: A History of Islam in Persia and Irak*, Luzac & Company, 1933, p. 321.

外，都认可伊玛目的免罪性没有限制。

十二伊玛目派还借助经训来论证伊玛目的免罪性。麦吉利斯认为《古兰经》赋予伊玛目免罪性之重要意义。此外，该派其他教义学家还找出许多圣训来论证。一则圣训来自第六任伊玛目加法尔·萨迪克。据圣训内容，加法尔·萨迪克在世的时候，有一位年轻的什叶派学者问他，如何知道伊玛目是不谬的这个问题。加法尔·萨迪克说："所有的错误（或罪恶）具有四种类型，而不是五种，它们是贪婪、嫉妒、愤怒和欲望，伊玛目不可能具有其中任何一种错误。伊玛目没有理由贪婪，因为整个世界都在他的保证之下，他是伊斯兰世界财富的保卫者。伊玛目不可能嫉妒，因为嫉妒是一个人对于高于其上的一个人所产生的某种情感，而没有任何比伊玛目地位更高的人。同样，伊玛目也不可能因为世俗的理由表现出愤怒，因为在他服务于真主时，在他服从真主的召唤去惩罚其他人时，那些反对他的人将不会在阻止遵守真主戒令时获得成功，因为仁慈将不允许成为信仰前进的障碍。同样，伊玛目也不可能去追求俗世的欲望和享乐，因为他的选择和爱是为了世界。就像现世是我们热爱的对象那样，伊玛目热爱来世。你曾看到过一个人为得到一张丑恶的脸而放弃一张美丽的面孔吗？或者，你看到过一个人为得到一些苦涩的食物而放弃美味的食物吗？或者为得到粗糙的衣服而放弃柔软的衣服吗？或者为仅仅得到暂时的好处而放弃永久的褒奖吗？"[1]

另一则圣训来自第四任伊玛目阿里·本·侯赛因。当有人问阿里·本·侯赛因不谬性的含义时，阿里·本·侯赛因回答："不谬性是一种能够使一个人牢牢地掌握真主赋予的'生命之线'——《古兰经》的品质。这样，直到末日审判那一天之前，伊玛目和《古兰经》都永不会相互分离。伊玛目将指导人们通向《古兰经》所指引的道路，而《古兰经》将指引人们通向伊玛目。因为，这是真主圣训的含义，'这部《古兰经》必引导于至正之道'[《古兰经》（17∶9）]，事实上真主的指导是最正直的。《古兰经》将引导人们走向所有人中最正直的人走上的道路，走向所有道

---

[1] Dwight M. Donaldson, D. D., *The Shi'ite Religion: A History of Islam in Persia and Irak*, Luzac & Company, 1933, p. 323.

路中最笔直的一条大道，这是一条服从真正伊玛目的道路。"①

另外，十二伊玛目派还论证了伊玛目免罪性的必要性。简要地讲，其必要性在于：第一，认为树立伊玛目领袖地位的原因是伊斯兰教信众可能犯错误。如果伊玛目也犯错误，那么人类一定需要另一个引导者，而此人和伊玛目一样，事情便将如此循环不已。第二，伊玛目是伊斯兰教法的保护人，他必须享有真主的庇护，才能受到被保护者的信任，否则伊斯兰教法就需要另一个保护人。

二　免罪性思想的产生和根源

关于不谬性教义，在穆罕默德在世前后，即伊斯兰教产生初期似乎没有提出过。② 一般认为这种教义的起源和发展，是在穆罕默德去世直到第十二任伊玛目进入隐遁这个时期。国内有些学者指出，第六任伊玛目加法尔·萨迪克已基本确立了"伊玛目不谬性"的基本理论，但是直到 10 世纪前，什叶派一些学者仍然对伊玛目具有不谬性存在怀疑。10 世纪下半叶，这条教义才最终成为十二伊玛目派信仰当中的一个重要信条，不再存在任何争议③，这是在库拉尼将它纳入什叶派圣训当中后不久。在布维希王朝鼎盛时期（10～11 世纪），关于先知和伊玛目具有不谬性的思想，才完全植根于什叶派信众当中。④

关于这个信条是何时被逊尼派信众广泛接受的问题，最迟在阿拔斯时代享誉盛名的宗教学者安萨里（1111 年卒）的著述中，还能发现对这一信条的质疑。他认为任何人不能免于肉体的错误，先知也同样，因为经训当中提到了先知们犯过的错和先知们的悔恨。但是在安萨里生活的一个世纪之后，在逊尼派最有影响的宗教学者法赫尔·丁·拉齐（1210 年卒）的著

① Dwight M. Donaldson, D. D., *The Shi'ite Religion: A History of Islam in Persia and Irak*, Luzac & Company, 1933, pp. 323－324.
② 〔埃及〕艾哈迈德·爱敏：《阿拉伯伊斯兰文化史》第四册《近午时期》（三），朱凯译，纳忠审校，商务印书馆，1997，第 205 页。
③ 王宇洁：《伊朗伊斯兰教史》，宁夏人民出版社，2006，第 21 页。
④ Dwight M. Donaldson, D. D., *The Shi'ite Religion: A History of Islam in Persia and Irak*, Luzac & Company, 1933, p. 335.

述当中，法赫尔·丁·拉齐成为先知具有不谬性教义的最热情的宣传者。在他的著作《先知们的不谬性》当中，他对每一位先知的不谬性都做了详细解释，并且逐个批驳了别人的相反意见。正因为法赫尔·丁·拉齐的著述和努力，先知具有不谬性这条教义最终被纳入了逊尼派教义学家的"公议"范畴。根据法赫尔·丁·拉齐的理论，穆尔太齐赖派的大多数思想是不允许认为先知会有意犯"大"错的，但是先知们会有意犯微小的错，只要这些错误不会造成什么后果，或令人讨厌。在逊尼派近代最著名的教义学家法拉迪（他生活于法赫尔·丁·拉齐之后的大约600年）所能接受的信条当中，也能看到这样的思想。他说："使者们能够免于做被禁止的或真主不喜欢的事。"

　　伊斯兰教中先知及其继承人伊玛目具有不谬性的教义可能源自犹太教伪经书中一些独特思想。不过，《古兰经》并不支持先知具有免罪性或不谬性这种思想。[①] 相反，《古兰经》经文中多次提到亚当、摩西、大卫等先知犯过的错，或承认自己有错。比如《古兰经》说道："阿丹违背了他们的主，因而迷误了。"（20：121）关于穆萨，《古兰经》写道："穆萨就把那敌人一拳打死。他说：'这是由于恶魔的诱惑，恶魔确是迷人的明敌。'"（28：15）关于先知，真主说："他曾发现你徘徊歧途，而把你引入正路。"（93：7）真主对他说："真主是更应当为你所畏惧的，你却畏惧众人。"（33：37）真主又对他说："真主已原谅你了！……你为什么就准许他们不出征呢？"（9：43）《古兰经》承认先知有过过失，以得到真主的赦宥。"以便真主赦宥你以往的和将来的过失。"（48：2）真主在《古兰经》里肯定真主的使者只是一名凡人。"我只是一个曾奉使命的凡人。"（17：93）[②] 在正统穆斯林的信仰当中，至少在伊斯兰教历的第三个世纪前，不谬性的教义思想还没有出现。最早关于这条教义思想出现的记录是在一封简短的信当中。这封信是哈希姆族的阿卜杜拉·伊本·伊斯梅尔写给阿卜

---

① Dwight M. Donaldson, D. D., *The Shi'ite Religion: A History of Islam in Persia and Irak*, Luzac & Company, 1933, p. 331.

② 《古兰经》，马坚译，中国社会科学出版社，1996。第20章第121节，第258页；第28章第15节，第314页；第93章第7节，第501页；第33章第37节，第343页；第9章第43节，第152页；第48章第2节，第417页；第17章第93节，第233页。

杜·马希·伊本·伊沙克·肯迪的，这封信写于阿拔斯王朝麦蒙统治时期，即813~833年。

无论如何，伊斯兰教中先知具有不谬性的教义之起源并获得足够的影响，更有可能归于什叶派教义自身的发展。为确立和捍卫伊玛目应当具有的"先知继承人"权力，同时为反对逊尼派的哈里发对这种权力的要求，什叶派尤其是十二伊玛目派逐步发展了伊玛目以及先知同样具有不谬性这种教义思想，这样什叶派伊玛目才能担负起人类指导者的职责，这样的伊玛目就成为真主要求人们必须服从的。同时，在什叶派提出的有关这种信仰的证据当中，可以看到穆尔太齐赖派理性主义特点的影响。什叶派在阐明这条教义时，将重点放在了真主反复对亚伯拉罕所说的启示上。什叶派质问道，如果亚伯拉罕会犯罪，那么真主怎么会要求人们去服从亚伯拉罕呢？萨法维王朝统治时期的什叶派宗教学者麦吉利斯也问道："任何一个有理性的头脑怎么能接受这样的信仰，即人类的领袖（伊玛目）或指引者自身怎么会是火狱中的人呢，因为，根据经文'至于悖逆者，他们的归宿，只是火狱'（32：20）①，因此真主已指明犯错的人将入火狱。"由于伊玛目的儿子本身一直经其父亲任命才能成为伊玛目，这样的任命本身就具有神圣的允许。但是，从神圣的任命这一点所推导出的所有重要结论，就是伊玛目的不谬性，因为不论是哪一位先知或伊玛目，如果他们是违法的，真主怎么会让人类服从他们呢？从这一点继续推论，先知穆罕默德以及其他所有先知都是不谬的。

关于什叶派伊玛目免罪教义起源的原因，伊斯兰著名学者艾哈迈德·爱敏还提出一个观点，他认为这种思想产生自什叶派与对手关于优选的争论。② 什叶派以阿里为优，逊尼派以艾布·伯克尔和欧麦尔为优，双方开始了对伊玛目和哈里发的赞颂。随着时间推移，优选的调门越来越高。不过逊尼派哈里发没有染上免罪的色彩，什叶派伊玛目却带上了免罪的光环。之所以会导致这样的结果，爱敏认为其中一个主要原因在于，逊尼派

---

① 《古兰经》第32章第20节，马坚译，中国社会科学出版社，1996，第337页。
② 〔埃及〕艾哈迈德·爱敏：《阿拉伯伊斯兰文化史》第四册《近午时期》（三），朱凯译，纳忠审校，商务印书馆，1997，第208页。

哈里发掌握世俗政权，执行政策难免出错，同时其行为和生活暴露在公众面前，人们不可能宣称他们不会犯错误。什叶派伊玛目除阿里外基本没有上台统治，其生活和工作也没有暴露在众人面前。此外，由于人们总是同情弱者、反对强者和压迫者，易于使伊玛目免罪的观点得到广泛传播。早期的伊玛目派并不知道免罪的思想。在伍麦叶王朝后期，这种思想广泛传播，成为鼓动人们反抗伍麦叶王朝统治的旗号。

三　免罪性思想的宗教政治影响

免罪性思想的宗教政治影响，一般是在什叶派当政之后。什叶派认为伊玛目是人间最伟大的导师，第一位伊玛目承袭了先知穆罕默德的一切学问。他不是凡人，具有神性。他是受真主保护的，不会犯任何错误，他是精神领袖。这种思想一旦延伸到政治领域，常使人产生这样的惯性思想，即伊玛目政权是受真主庇佑的，不犯错误的，是具有免罪性的宗教政权。这会给予伊玛目政权以无限的权力，并使什叶派信徒绝对顺从伊玛目政权，无论后者暴虐与否。这种思想还使什叶派信徒安于伊玛目政权统治的现状，既不愿反抗暴虐的统治，也不愿担当推动社会和国家发展的历史使命。

免罪性的影响不仅限于什叶派，因为该教义已渗透伊斯兰教其他教派当中。比如，逊尼派就受什叶派影响，把类似的功绩归于先知。有些逊尼派信徒还主张先知在履行先知使命前后，都没有犯过大罪和小罪。然而无论如何，这与《古兰经》经文内容是不一致的。

第三章

十二伊玛目派教义学、教法学与传统政治思想

除伊斯兰教基本教义和信仰外，伊斯兰教义学和教法学是研究伊斯兰教与政治关系的另外两条重要途径。因此，在上一章对什叶派特别是十二伊玛目派基本教义和信仰进行探讨的基础上，本章将重点分析什叶派尤其是十二伊玛目派认可的教义学、教法学与传统政治思想之间的关系，包括蕴含在其教义学和教法学当中的社会政治思想。

第一节　十二伊玛目派教义学思想及其社会政治意义

伊斯兰教义学和教法学都以规范人神关系为宗旨，但教义学是教法学的理论基础，教法学是教义学的外部体现。因此，本节将主要对十二伊玛目派教义学与传统政治思想之间的关系，包括该派教义学蕴含的宗教政治思想、特点和社会政治影响等问题进行深入分析。

一　十二伊玛目派教义学的起源与发展

伊斯兰教什叶派尤其是十二伊玛目派教义学思想基础的确立和发展，早于伊斯兰教逊尼派。其最初确立应是在 10 世纪中叶，11 世纪中叶之前

得到定型。这种教义学思想，以穆尔太齐赖派理性观为基础，对什叶派尤其是十二伊玛目派早期教义以及教法学的发展都产生了重大影响。

最初，极端主义思想在什叶派教义学当中占据主导地位，这主要表现在以下四个方面。第一，主张和信仰有关真主的"拟人说"或"肉身说"；第二，信仰真主确实改变了在有关问题上业已宣布的诫命，比如在有关第七任伊玛目的继承人问题上的改变；第三，伊斯兰教逊尼派普遍接受的奥斯曼版《古兰经》当中具有修改的内容，比如剔除了有关证明阿里继承权的内容；第四，信仰真主将有关他的一些职能，比如造物主既能授权给诸如伊玛目这样的中间人作为代理等。其中，有关什叶派早期真主"拟人说"或"肉身说"的教义学思想需详细论述。

"拟人派"和"肉身派"是 8 世纪末 9 世纪初出现的象征主义派别，这种派别出现和发展的前提是，在当时的穆斯林中普遍存在着对真主的形象化理解。"拟人派"，又称卡拉米叶派，以阿卜·阿卜杜拉·穆罕默德·本·卡拉姆（？~约 877）为主要代表。该教义学派出现于大约 9 世纪，在早期什叶派中存在过。该派主张真主是实体，有意志、有能力等，但不能支配一切。[1] 这种拟人观的根据是《古兰经》的有关经文。比如，"在那日，许多面目是光华的，是仰视着他们的主的"（75：22~23）[2]。"你们的主确是真主，他在六日内创造了天地，然后，升上宝座，他使黑夜追求白昼，而遮蔽它；他把日月和星宿造成顺从他的命令的。真的，创造和命令只归他主持。多福哉真主——全世界的主！"（7：54）[3] "至仁主已升上宝座了。"（20：5）[4] "肉身派"，又称卡尔拉姆派，奠基人是穆罕默德·伊本·卡尔拉姆（？~868），它出现于 9 世纪。该教义学派认为，人们崇拜的对象有躯体，会以人的肉身形式出现。[5] 这些派别对神灵形象的解释，与一般穆斯林对真主朴素的信仰不同，具有极端主义倾向，因此被后者所厌恶。

---

[1]　金宜久主编《伊斯兰教》，宗教文化出版社，1997，第 169~170 页。
[2]　《古兰经》第 75 章第 22、23 节，马坚译，中国社会科学出版社，1996，第 481 页。
[3]　《古兰经》第 7 章第 54 节，马坚译，中国社会科学出版社，1996，第 123 页。
[4]　《古兰经》第 20 章第 5 节，马坚译，中国社会科学出版社，1996，第 251 页。
[5]　金宜久主编《伊斯兰教史》，中国社会科学出版社，1990，第 170 页。

此后，在什叶派教义学家的批判和推动下，自9世纪下半叶起，什叶派教义学尤其是十二伊玛目派教义学开始逐步向理性主义发展和转化，最终在10~11世纪确定了以穆尔太齐赖派理性观为思想基础的新型教义学理论。这种变化和发展主要经历了两个阶段。第一个阶段是在9世纪下半叶，地点主要在当时的什叶派学术中心库姆。在穆尔太齐赖派教义学思想影响下，什叶派开始拒绝上述那些具有极端主义特点的思想，极端主义思想当时在什叶派尤其是十二伊玛目支派当中占据主流地位，而信仰穆尔太齐赖派教义学思想的信徒数量仍居于少数。不过此前，即在加法尔·萨迪克时期，一名被称作祝拉拉（阿布·哈桑·伊本·阿因）的重要教义学家，已接受了穆尔太齐赖派的理性主义观点。8世纪起，在库姆成长起来的一批什叶派宗教学者，就对上述极端主张提出了异议。大约869年，被称作"库姆长老"的阿赫默德·伊本·穆罕默德·伊本·尔萨·艾什尔里，还将一些持极端主张的什叶派成员逐出库姆。以穆尔太齐赖派教义学思想为基础的新型思想主要是由诺伯赫特家族成员提出并发展的。接着，圣训学家巴布亚对极端主义教义学思想进行了初步否定。不过在早期著作中，巴布亚一直反对教义学，而教义学是穆尔太齐赖派的思想工具。这时，巴布亚的著作表现出明显的宿命论观点。他否认人有意志自由，相信真主前定说。但是到晚年，巴布亚接受了意志自由论，因此开始激烈反对真主拟人化等观点。可以说，除早期有关真主前定的思想外，巴布亚在晚年几乎接受了以穆尔太齐赖派为基础的所有教义学思想。只是在方法论上，巴布亚与后世的什叶派教义学家和教法学家不一致。巴布亚是以圣训作为教义学的基础，而后者是以理性作为教义学基础。

第二个阶段是在巴布亚去世之后。在这个阶段，什叶派最终以穆尔太齐赖派思想作为教义学领域的基础，地点主要是在什叶派学术中心巴格达，以什叶派当时最负盛名的三位教义学家和教法学家思想发展历程为代表。这三位分别是谢赫穆菲德、沙里夫·穆尔塔德（ash-Sharīf al-Murtadā,? ~1044）以及谢赫塔伊法。谢赫穆菲德，原名伊本·穆阿里姆（Ibn al-Mu'allim），他将十二伊玛目派教义学向理性主义更加推进了一步。他拒绝巴布亚以圣训作为教义学基础的方法论，认为教义学应当以理性和启示作为基础。在他的著作中，他总是首先试图以理性来论述，然后运用圣训和《古兰经》来补充说明。他的观点更接近于穆尔太齐赖派中巴格达支派的思想倾向。沙里夫·穆尔塔德，即阿拉姆伊尔·胡达（'Al-amu'l-Hudā），他的教义学思想接近于穆尔太齐赖派中巴士拉支派的激进主义观点。当谢赫穆菲德运用理性捍卫和论证教义时，理性则是沙里夫·穆尔塔德教义学思想的起点。比如，当谢赫穆菲德将探讨真主的属性严格限制在圣训和《古兰经》涵盖的领域之时，沙里夫·穆尔塔德则允许以理性为源泉来探索真主的属性等问题。沙里夫·穆尔塔德所构筑的教义学思想，在这个世纪之后一直成为十二伊玛目派教义学思想的基础。谢赫塔伊法在教义学思想上，基本遵循沙里夫·穆尔塔德的教义学思想，他最大的贡献主要体现在十二伊玛目派教法学领域。

最初，十二伊玛目派教义学思想基础的转变没有得到十二伊玛目派的普遍承认，极端教义的支持者与反对者之间的分歧一度扩大。但是，这种分歧未能持久下去，后来大多数信徒陆续接受了这种变化。[①]

二　十二伊玛目派教义学思想变化的原因

那么，十二伊玛目派教义学思想是如何产生上述变化的呢？这种转变的产生，最重要的因素是什叶派政治和社会地位的历史性变化和改善。这个重大的转变时期始自布维希王朝，但是更有赖于以后的萨法维王朝和恺加王朝的宗教扶植和依靠政策。关于这一点，笔者将在下一章进行论述，这里从略。什叶派尤其是十二伊玛目派政治和社会地位的历史性变化，对那些已经取得社会地位和影响力的什叶派重要人物来说，原先具有极端主义特点的教义学思想，比如真主肉身说等，是难以接受的。如果不加以改变的话，这些思想会使这些重要人物以及十二伊玛目派信众在伊斯兰教主流群体中变得比较尴尬。这可能是促使十二伊玛目派上层人物和宗教学者下决心对什叶派教义学思想进行改造，以便更好地向伊斯兰主流社会靠拢的动力之一。更重要的是，这种社会地位的历史性变化，使这些重要人物和宗教学者能够在社会中首次敢于不借助"塔基亚"原则公开自己的身

---

① 金宜久主编《伊斯兰教史》，中国社会科学出版社，1990，第223页。

份，并敢于在社会中公开讨论伊玛目教义及其思想。这种社会地位的历史性变化，还促使十二伊玛目派在将本派教义和思想公之于众并在接受信众的严格审视之前，对本派教义和思想率先进行审慎考虑和分析，以剔除其中一些穆斯林主流群体难以接受甚至非常反感的内容。

此外，从什叶派发展初期到 10～11 世纪，在十二伊玛目派主流派别及其教义、思想之外，其内部不断分化出来众多的小宗派。历史上除阿里、哈桑·穆吉塔巴和侯赛因外，每当一位伊玛目去世，什叶派内部总会分化。有的否认他去世，主张该伊玛目是最终的隐遁伊玛目或马赫迪并将会复临，同时反对新的伊玛目继位。有的主张其子或其亲属为新的伊玛目。按照十二伊玛目派的传系，在第五任伊玛目时期，曾出现过 5 个小宗派，各以其领导者命名。第六任伊玛目时期，分化出 4 个小宗派。第七任伊玛目派后有 3 个小宗派。第十一任伊玛目去世时，十二伊玛目派内部的争夺和分化更加严重，有 14 个乃至更多的小分支。这种分化和复杂的局面，对尚处于发展当中的十二伊玛目派来说，是非常不利的。面对教义和思想公开的压力，十二伊玛目派也不得不根除或改造这些地方化和小宗派的教义学思想和实践。

正是诸如此类的压力和需要，使十二伊玛目派教义学思想发生了上述显著变化。

三 十二伊玛目派教义学思想内涵、特点和意义

十二伊玛目派最终在肯定伊玛目教义的前提下，将穆尔太齐赖派理性思想作为自身教义学的基础。那么，它的思想内涵是什么呢？下面就以穆尔太齐赖派的教义学思想来阐述。

第一，主张真主绝对独一，反对真主拟人说，反对真主有诸多属性说。国内外学者一般肯定了十二伊玛目派在教义学方面对穆尔太齐赖派教义学思想的继承，特别是在真主独一问题上。他们认为十二伊玛目派采纳穆尔太齐赖派教义学思想的一个结果就是在真主的存在和本质之外，不存在任何独立的真主的名称、属性、实体，否则被认为是多神论。如果说真主通过自身的知识知晓"在真主的本质中"存在什么，也是不正确的。正

确的陈述只能是真主通过他的知识知晓"真主的本质"是什么。①

第二，否认《古兰经》作为真主语言与真主同为永恒的观点，认为《古兰经》是受造的。十二伊玛目派支持这种立场，认为逊尼派的《古兰经》非造说，即《古兰经》是真主永恒的语言等于主张两个永恒实体的存在，是多神论。该派一些教义学家还扩展了"信主独一"思想，认为这种思想还可以是心智的统一或个人在社会中的统一等。② 由于该派对真主统一的绝对抽象的主张，从而贬低天启的作用，伤害了普通穆斯林的宗教感情，被认为是"不信者"。

另外，在《古兰经》版本问题上，什叶派包括十二伊玛目派像逊尼派一样最终接受了奥斯曼版的《古兰经》为定本。早期什叶派并没有接受这种标准版本，主张经文曾被删改过，诺伯赫特家族也持这种观点。什叶派圣训最早的汇集者库拉尼似乎也赞同这种观点。巴布亚则肯定《古兰经》的完整性，没有经过删改。谢赫穆菲德则犹豫不决，直到在他晚年才肯定《古兰经》的完整性，只是在次序上需要重新编排。在谢赫穆菲德生活时期，尽管什叶派内部已经对《古兰经》中没有增加什么内容达成一致意见，但是在《古兰经》当中似乎还有经文被阿里的敌人有意忽略了，这在什叶派当中仍然存在一些争论。布维希王朝宗教学者的主张对什叶派后来的大多数学者产生了影响，使他们接受奥斯曼版的《古兰经》为定本，认为这个版本经文没有被增加或删减。

第三，真主是超时空的，人在现世和来世不可能看见真主，真主没有任何物质形态。该派认为《古兰经》中似乎暗示信徒能目视真主的经文，应从形而上的观点进行理解，不应该从字面上去理解。

第四，真主是公正的，真主在世界末日对人的审判也必然是公正的。该派是反宿命论的，认为真主在造化万物之后，赐予人以理性，人有意志自由。真主不前定人的行为，人应对其行为负责。十二伊玛目派采用这种观点，主要强调人应对自己的行为负责，真主随之将根据正义原则判断这

---

① Moojan Momen, *An Introduction to Shi'i Islam*: *The History and Doctrines of Twelver Shi'ism*, Yale University Press, 1985, p.176.

② Moojan Momen, *An Introduction to Shi'i Islam*: *The History and Doctrines of Twelver Shi'ism*, Yale University Press, 1985, p.176.

些行为正确与否。①

第五，犯大罪者除忏悔之外，不会得到真主的宽恕；犯大罪者居于信徒与非信徒的中间地位。穆尔太齐赖派后来形成了巴格达支派和巴士拉支派。

尽管如此，十二伊玛目派教义学思想与穆尔太齐赖派上述思想又有所区别，主要体现在两个方面。其一，十二伊玛目派教义学思想以前述一整套系统的伊玛目教义为前提，而穆尔太齐赖派却与之不同，因此两者思想的本质不同。比如，十二伊玛目派相信伊玛目是永恒存在的，相信只有通过伊玛目的永恒存在才能保证伊斯兰教的一切利益。但是，穆尔太齐赖派相信，在某个时期，不存在伊玛目。其二，十二伊玛目派拒绝"瓦伊德"（waʿīd）以及相关的思想，即上述穆尔太齐赖派思想要素的第五点。②"瓦伊德"，是指要对犯大罪者进行无条件的、永久的惩罚。穆尔太齐赖派则认为犯大罪者居于信徒与非信徒的中间地位。十二伊玛目派拒绝这种思想，这在现实上是伊玛目教义的自然延伸和逻辑结果。十二伊玛目派信徒难以想象，一个信仰十二位伊玛目的真正信徒，不论犯何罪，将受到永恒的惩罚。

综上所述，十二伊玛目派的教义学思想是以伊玛目教义为前提的，其思想内涵可以简单地归纳为：主张真主绝对独一或统一，反对真主拟人说以及真主诸多属性说；接受奥斯曼版本的《古兰经》，但主张《古兰经》受造说，否认《古兰经》与真主同为永恒的观点；主张应对《古兰经》当中暗示有关真主具有肉身的章节理解为一种比喻的、形而上的解释，为重新对《古兰经》相关章节和用词进行解释，其意义甚至不亚于用稍后的《古兰经》内容废止前面的内容；主张真主不前定人的意志，人是有理性的，人有意志自由，人应对自身的行为负责；拒绝犯大罪者居于信徒与非信徒的中间地位的思想；信仰只有真主能够行使像造物这样的职能等。

此外，通过与逊尼派教义学思想的比较，笔者来进一步分析什叶派主

---

① Moojan Momen, *An Introduction to Shiʿi Islam: The History and Doctrines of Twelver Shiʿism*, Yale University Press, 1985, p. 178.

② Moojan Momen, *An Introduction to Shiʿi Islam: The History and Doctrines of Twelver Shiʿism*, Yale University Press, 1985, pp. 77 – 78.

要是十二伊玛目派教义学思想的特点。自什叶派教义学思想确立后，为与什叶派伊玛目教义以及伊斯玛仪派的隐秘教义相抗衡，同时为对抗什叶派在 10 世纪的蓬勃发展以及法蒂玛人咄咄逼人的领土扩张势头，伊斯兰教逊尼派教义学思想也因此发展起来，最终在 10 世纪末 11 世纪初确定了以艾什尔里派教义学作为官方信条。逊尼派教义学思想的奠基人是阿布·哈桑·艾什尔里。艾什尔里原是穆尔太齐赖派著名代表祝巴仪的弟子，后从穆尔太齐赖派中分化出来并确立了自己的学说。

逊尼派教义学思想的基本内涵是：第一，真主是独一的，其存在以自身为原因，无须其他原因；真主具有能力、意志、言语、知觉、视觉等属性，并不破坏真主独一。显然，这种思想否认了穆尔太齐赖派反对真主具有任何属性的观点。第二，对于《古兰经》当中涉及真主有方向、实体等经文问题，逊尼派认为应接受这类经文为天启，反对拟人化或肉身化解释。此外，对于易生歧义的经文，只应信仰，不应怀疑。这些思想与穆尔太齐赖派也不一样，后者认为应予以比喻的、形而上的解释，或者等同于用稍后的经文取代之前的经文。第三，逊尼派认为《古兰经》是真主永恒的语言，是非受造的，而穆尔太齐赖派则认为，《古兰经》是受造的。第四，逊尼派认为，真主的前定是绝对的，人的自由是相对的，但归根结底是由真主所决定的。换言之，它主张宿命论，但又认为个人应对自身行为负责，而穆尔太齐赖派认为人有意志自由，真主不前定人的行为，人应当为自己的行为负责。第五，逊尼派相信天启，同时认为理性是必要的，但仅能作为认识真主存在的工具，而穆尔太齐赖派在认识论上，主张天启是认识真主的基础，但同时强调理性是知识的主要来源，并以理性作为阐释教义和信仰的准则。

从上述比较中可以看出，在诸多涉及真主（及其属性）与人（及其理性、意志自由等）关系问题上，十二伊玛目派教义学和逊尼派教义学表现出不同的特点。十二伊玛目派教义学在真主与人关系上，突出强调人的理性思辨以及意志自由的作用。比如，在认识论上，它认为天启和理性同为知识的主要来源，但理性与天启相比居于更加重要的地位，因此摆脱了将天启作为知识唯一源泉的传统思想。又如，在真主前定与人的意志自由关系上，强调真主前定的相对性，认为真主只创造和认定"正义"的善行，人有意志自由等。① 而逊尼派教义学在坚持真主及其属性神圣地位的同时，表现出调和神人关系的特征。比如在认识论上，正统教义学坚持经训的神圣地位，同时调和天启与理性，并以理性来论证经训。② 再如，在真主前定与人的意志自由关系上，坚持在真主绝对前定的前提下，承认人有理性和相对的意志自由。逊尼派的这种思想，比早年的圣训派前进了一步。圣训派拒绝讨论神圣事物尤其是以思辨方式讨论《古兰经》有关问题，主张人们盲从盲信，不应质疑。他们墨守"天启"，不利于逊尼派的发展。

十二伊玛目派教义学思想的变化和特点具有重要的历史影响。伊斯兰教义学探讨的本质问题，实际上是指真主（神与人的关系问题）、真主前定与人的意志自由等问题是神人关系问题的外部表现。十二伊玛目派主张天启与理性同为知识的来源，而且后者更为重要，这比逊尼派在该问题上向前迈了一大步。这实质上是肯定了"人"这个因素，与真主"神"这个因素，在宗教思想、智力活动以及宗教实践等各个方面并重的思想尤其是肯定了"人"这个因素在伊斯兰教各学科包括教法学发展等方面的重要作用。毫无疑问，这是什叶派思想发展中的一个重大变化和转折时期，必将对什叶派思想和社会实践都产生重大影响，这还是以后十二伊玛目派重视宗教学者在精神、社会和政治中重要作用的思想基础。

第二节　十二伊玛目派主要教法学派思想及其社会政治意义

通过对十二伊玛目派教义学与传统政治思想之间的关系进行分析，十二伊玛目派教义学在神人关系问题上肯定了"人"这个因素与真主"神"这个因素在宗教思想、智力活动以及宗教实践上并重的思想，从而也肯定了"人"这个因素在该派教法学方面的重要地位和作用。那么，这种思想特点在该派教法学上又是如何体现的呢？因此，本节将着重探讨伊斯兰教什叶派教法学尤其是十二伊玛目派主要教法学派的发展变化及其与传统政

---

① 吴云贵：《伊斯兰教义学》，中国社会科学出版社，2009，第16页。
② 吴云贵：《伊斯兰教义学》，中国社会科学出版社，2009，第53页。

治思想之间的关系。这主要从以下三个方面进行论述：一是十二伊玛目派教法学及其理性主义的发展；二是十二伊玛目派主要教法学派思想的比较；三是乌苏勒学派取胜的社会政治意义。

一　十二伊玛目派教法学及其理性主义的发展

伊斯兰教义学与伊斯兰教法学都规范和调整信仰者与真主的关系。教义学偏重思想信仰，是教法学的理论基础；而教法学是教义学的外在体现，强调举止言行，具有一定的实践意义。[1]

伊斯兰教法与教法学也不同。伊斯兰教法即"沙里亚"，原意为"通向水泉之路"，是真主意志的体现，相当于法的渊源。它是逐步发展起来的，包括宗教礼仪、伦理道德、法律法规、政治思想和社会经济规范等一整套穆斯林必须遵守的行为规范。而教法学，阿拉伯语译为"斐格海"（fiqh），意为探寻和研究主命的宗教学科，其成果就是伊斯兰教法学体系。该体系包括教法原理和教法本体两个方面。教法原理，又称教法根源学，阿拉伯语译为"乌苏勒"（根源之意），是对教法的基本原理、渊源及其应用方法的阐述。教法本体，阿拉伯语译为"福鲁阿"（枝叶之意），即教法分枝学，指具体的教法规定以及司法实践的学科体系，从属于教法原理，即主要是指伊斯兰教法本身。[2] 本节内容所讨论的主要涉及伊斯兰教什叶派教法学当中的前一部分内容，即什叶派教法原理思想的发展、内涵、特点及其与政治思想的相互关系，教法本体不在讨论范围之内。

（一）十二伊玛目派教法学的发展概述

在 8 世纪左右，伊玛目派已作为一支独立的什叶派支派发展起来，其中乌莱玛在推动教义发展方面发挥了巨大作用。伊玛目隐遁前，根据什叶派教义，关于教法学和教义学的争论应该由伊玛目来裁决，因此当时发展

---

[1]　吴云贵：《伊斯兰教法概略》，中国社会科学出版社，1993，第 2 页。

[2]　吴云贵：《真主的法度——伊斯兰教法》，中国社会科学出版社，2009，"前言"第 2～3 页。

独立教法体系的需要并不迫切，教义学和教法学没有形成独立的学科。10～11世纪，什叶派系统教义的最终确立以及教义学的发展，为伊玛目派、十二伊玛目派的教法和教法学的发展确立了准则。在十二伊玛目派教法发展的早期历史上，乌莱玛比如库拉尼、巴布亚等人最主要的教法活动就是传述圣训和编撰自己的圣训集。但是，在教法信条的形成和实践方面，什叶派落后于逊尼派至少两个世纪。10世纪末以及11世纪，主要是在布维希王朝（934或945～1055）统治时期，什叶派尤其是十二伊玛目派圣训学家开始收集、整理和保存来自伊玛目的圣训，并在这个时期编辑完成了被公认为最权威的什叶派四大圣训集，为以圣训为基础的什叶派教法学派的建立奠定了基础。这四大圣训集是：第一部是穆罕默德·伊本·亚库卜·库拉尼（Muhammad al - Kulaynī, ？～939）编撰的《宗教学大全》（*The Sufficient in the Science of Religion*）。它包含16000多条圣训，包括"核准的"圣训5072条，"良好的"圣训114条，"具有权威性的"圣训1116条，"强有力的"圣训302条，以及"副本"圣训9485条。第二部是萨杜克或库米编撰的圣训集《教法自通》（*He who has no Jurist present*），它包含4496条圣训。萨杜克即穆罕默德·伊本·巴布亚（Muhammad ibn Bābūya, 918～991），又称小巴布亚。其父亲巴布亚是与伊玛目小隐遁时期第十二任伊玛目的第三位代理人阿布·卡西姆·侯赛因·伊本·鲁赫·诺伯赫特同时代的人。第三部和第四部是由谢赫穆罕默德·图西，即谢赫塔伊法编撰的圣训集《法令修正篇》（*The Rectification of Judgements*）和《圣训辨异》（*The Perspicacious*）。① 不过，早在10世纪上半叶，通过著名的教义学家和教法学家伊本·阿比·阿齐尔和伊本·祝乃德的努力，什叶派教法学已开始独立于圣训，并向系统的方向发展。不过直到14世纪，什叶派学者阿拉玛·希里才将组织和评估什叶派圣训的方法最后予以系统化。

就教法本体而言，什叶派教法学与逊尼派教法学存在一定的差异，但并不显著。更为重要的是，根据其独特的教义，十二伊玛目派形成了一个

---

① 金宜久主编《伊斯兰教》，宗教文化出版社，1997，第110页，第123页。

基本不同于逊尼派的法源理论，成为一个独立的教法学体系。[①] 不过，这种教法学原理的形成、发展和最后确定，也经历了长期的发展。在什叶派教法学发展的早期，教法学家认为，教法只有三个根源，即《古兰经》、圣训和伊玛目的教法判决。什叶派教法学包括其教法根源的基础，在于该派独特的伊玛目教义。根据伊玛目教义，伊玛目是由真主指定的，通过先知的后裔世袭，他无须得到公众拥戴，也不能被废黜。作为真主的证明和真主命令的确认者，同时作为教法的最高权威，伊玛目享有实际立法权。[②] 此外，根据"免罪性"以及"不谬性"原则，除宰德派外，什叶派其他各派包括十二伊玛目派等，都否认人类根据经训进行推理来解决新问题的方法。它们同时主张阐述和诠释教法是伊玛目的特权。所以当时，什叶派引以为豪的是，当逊尼派在不得不依赖易错的原则比如类比推理和"伊智提哈德"等方式推动教法学发展时，什叶派能够从伊玛目圣训中直接获取知识，在只认可来自真主特选的伊玛目诠释教法之神圣权威，在大多数情况下，什叶派不承认普通人的理论或推理论证。这导致在什叶派教法学发展的早期，公众的一致意见，即"公议"不具有任何地位。

但是，此后经过长期发展和完善，截至19世纪，十二伊玛目派确立了崭新、系统、以理性主义为显著特点的教法根源学理论，并最终将《古兰经》、伊玛目传述的圣训、"阿卡尔"（'Aql，即理性、理智、智力）和"公议"确定为教法的四大根源。十二伊玛目派对于这四大根源具有一些不同于逊尼派的独特理解。就《古兰经》而言，十二伊玛目派最终像逊尼派一样接受奥斯曼版的《古兰经》作为定本，但是却通过"加夫尔"（jafr）这个术语赋予《古兰经》有关精神上的、神秘主义的解释，这种解释自然不同于逊尼派那种正统的、词典编撰学意义上的注解。"加夫尔"，是指9世纪之时盛行于什叶派当中的有关天启（经典）的一些深奥的内容或字眼。从其最初的形式看，它指作为阿里继承人的伊玛目独享的有关天启的神秘主义的知识。后世的什叶派宗教学者，还用这个术语来指代有关

---

① 吴云贵：《伊斯兰教法概略》，中国社会科学出版社，1993，第79页。
② 金宜久主编《伊斯兰教》，宗教文化出版社，1997，第148页。

人的前生和来世所有命运的总体知识。[1] 就圣训而言，什叶派圣训与逊尼派圣训的基本内容差异并不是很大，主要区别在于圣训的传系。逊尼派接受的圣训，是经过审慎考订的，其传系的可信程度，一般要追溯七八代人，才能决定圣训文本的取舍。什叶派尤其是十二伊玛目派接受的圣训，只要能追溯至十二位伊玛目中的任何一位伊玛目，并以此为主线上溯至先知本人，至多只要追溯三四代人，就可以承认其真实可信。

就"公议"而言，十二伊玛目派认为，自身并不拒绝由整个什叶派社团达成的"公议"作为教法学根源，但是其中必须包含"具有免罪性和不谬性的"伊玛目的意见，才能视为有效。[2] 这样，在什叶派教法学的任何关键点上，每位穆智台希德（高级宗教学者）都可以通过独立判断表达不同的意见。在考虑这些不同意见后，什叶派社团最终能够达成"公议"，只要其中包含隐遁伊玛目的一句或另一句意见，这种"公议"一定就是真理。什叶派接受"公议"作为教法学根源，是有一个过程的。在其教法学发展中，有一个问题越来越困扰什叶派宗教学者尤其是教法学家，那就是在他们当中存在着"伊赫提拉夫"（ikhtilāf，"不同意见"之意）。在伊玛目隐遁后，什叶派宗教学者逐渐认为自己整体上是隐遁伊玛目的"一般代表"，是圣训的传述者。这样，他们如果对彼此的不同观点进行指责的话，就比较麻烦。这个问题最后是通过如下的论证得到解决的。如果真理仅仅在于论战双方的其中一方，那么就能够通过运用教法学原理的基本方法认识到它，隐遁伊玛目因此能显现自己并做出决定。如果隐遁伊玛目不能显现自己，说明真理一定存在于论战的双方。实际上，只要伊玛目仍旧处于隐遁状态，什叶派社团就能够确信，自己设定的规则一定不会出错。尽管如此，鉴于对伊玛目权威性的认定，十二伊玛目派拒绝像逊尼派那样将类比推理或个人意见作为教法学之根源。不仅如此，十二伊玛目派教法学与逊尼派教法学另一个巨大的不同之处是将理性作为教法学的根源。

---

[1] Ann K. S. Lambton, *State and Government in Medieval Islam—An Introduction to the Study of Islamic Political Theory: The Jurists*, London Oriental Series, Vol. 36, Oxford University Press, 1981, p. 227.

[2] Hamīd Ināyat, *Modern Islamic Political Thought: The Response of the Shi'i and Sunni Muslims to the Twentieth Century*, I. B. Tauris, 2004, p. 21.

（二）理性主义的发展

理性主义思想的发展及其最终在十二伊玛目派教法学当中地位的确立，经历了一个漫长的历史进程。它的发展大致分为以下四个阶段。

第一个阶段，理性主义的初步发展，时间是从 9 世纪中叶至 11 世纪。其实早在伊玛目隐遁前，根据经训运用逻辑分析和推理做出判断的方法（"阿卡尔"）已经出现。[1] 9 世纪中叶伊玛目隐遁后，如何处理伊玛目隐遁后面临的新问题，在什叶派内部出现了两种选择。其一，严格遵循先知和众伊玛目留下的圣训，即阿赫巴尔[2]，并以此为指导；其二，倚重人的理性。此时，前者占主导地位。10 世纪中期后，独立的什叶派教法学开始出现，理性主义也开始发展，伊本·祝乃德的教法学方法更加接近于以后发展起来的理性主义方法。除《古兰经》和圣训外，他承认"不确定的圣训"也是教法的有效源泉，同时还承认可以用理性来确证经训中所涉及的教法学准则。11 世纪前半期，通过谢赫穆菲德的努力和对圣训学派的批判，十二伊玛目派当中的圣训学派（此时已被称为"阿赫巴尔学派"）开始衰落。与此同时，什叶派另一位著名教义学家和教法学家谢赫塔伊法则将圣训学派的教法学思想与理性主义进行调和。他在保留"不确定的圣训"作为教法学源泉的地位的同时，也保留了理性分析的方法。这种调和的方法成为以后什叶派教法学的一个特征。[3]

第二个阶段，理性主义的进一步发展，时间大致是从 13 世纪到 16 世纪。特别是在 14 世纪蒙古人统治时期，什叶派最著名的教义学家和教法学家哈桑·伊本·优素福·伊本·阿里·伊卜努勒－穆塔哈尔·希里（Hasan ibn Yusuf ibn Ali ibnu'l－Mutahhar al－Hilli，1250～1325）极大地推动了什叶派教法学尤其是理性主义的发展。他在这方面最大的贡献是，不

---

① 王宇洁：《什叶派伊斯兰教两大教法学派之争》，《世界宗教研究》2004 年第 1 期，第 109 页。

② "阿赫巴尔"意为"传说""言论"，尤指传述或记录先知穆罕默德的言行，是什叶派对圣训的称谓。吴云贵：《真主的法度——伊斯兰教法》，中国社会科学出版社，2009，第 78～79 页。

③ 王宇洁：《什叶派伊斯兰教两大教法学派之争》，《世界宗教研究》2004 年第 1 期，第 109～111 页。

仅再次将理性原则组合到什叶派教法学框架之中，而且使理性原则在什叶派教法学原理当中占据了核心地位。这样以经训、"公议"为源泉，利用理性做出法律判断的过程，就被称为"伊智提哈德"。有资格进行"伊智提哈德"的宗教学者，就是穆智台希德。其意义在于，这在理论上为穆智台希德进行独立判断留下巨大的空间。不过，什叶派将该理论付诸实践还要等到 18 世纪末，因为当时普遍采用的是"伊赫提亚特"（ihtiyāt，谨慎态度），这严重束缚了什叶派教法学家在经训源泉之外进行独立判断的活动。正是通过 13～15 世纪这些学者的努力，什叶派教法学原理基础才得以奠定，理性主义思想也在 15 世纪一度达到高峰。①

第三个阶段，理性主义与传统的经训方法激烈交锋并以前者取得彻底胜利的时期，时间是自 16 世纪初到 18 世纪末。具体而言，这个时期是十二伊玛目派教法学历史上两大主要教法学派——阿赫巴尔学派和乌苏勒学派争锋的时期，最后以倡导理性主义原则的乌苏勒学派取胜而告终。萨法维王朝的卡拉齐（？～1534）和穆卡达斯·阿达比里（？～1585）是乌苏勒学派的早期代表人。前者的主要贡献在于，通过严格的推理，重建和强化了什叶派教法原则，并对教法学面临的诸如教法学家权力、伊玛目隐遁后星期五聚礼的合法性等问题进行了详细讨论。后者发展了独特的教法学方法，并以个人极端准确、严密的教法学分析为基础，做出了系统、独立的理性判断。不过，此后尤其是 16 世纪中期以后，阿赫巴尔学派逐步复兴，并一直在十二伊玛目派教法学当中占据优势地位。直到 18 世纪末，在著名教法学家、乌苏勒学派的奠基人——穆罕默德·巴齐尔·比赫巴哈尼（1706～1792）的巨大努力下，乌苏勒学派才摆脱了阿赫巴尔学派的影响。穆罕默德·巴齐尔·比赫巴哈尼的重大贡献体现在三个方面。一是他根据教法根源学原则，构建了一个坚固的、一体化的什叶派教法学体系。二是他宣布阿赫巴尔学派为"塔克菲尔"，意为"不信神者"，因此继另一最为著名的什叶派乌莱玛麦吉利斯之后，将十二伊玛目派正统教义进一步狭窄化。麦吉利斯只是将苏菲主义及其哲学排除在十二伊玛目派教义之外，这

---

① 王宇洁：《什叶派伊斯兰教两大教法学派之争》，《世界宗教研究》2004 年第 1 期，第 111 页。

两者对大多数什叶派乌莱玛来说只处于边缘化的关注领域。穆罕默德·巴齐尔·比赫巴哈尼则将"不信神者"这一威胁推进到教义学和教法学领域。这样，他将那些不赞同把理性原则和独立判断作为教法来源的人均排斥在外。三是，穆罕默德·巴齐尔·比赫巴哈尼始终坚持要求由乌莱玛自身来实施教法判断的权力，同时他经常依靠助手当场将他的教法判断付诸实施。此前，乌莱玛一直依赖世俗统治者实施其教法判断。在穆罕默德·巴齐尔·比赫巴哈尼的推动下，到19世纪初恺加王朝建立之初，阿赫巴尔学派已处于明显劣势，乌苏勒学派则取得决定性胜利，并将该学派主要理论最终付诸实践。① 对十二伊玛目派来说，这种结果为穆智台希德在恺加王朝时期权力的进一步加强和影响力的巨大上升铺平了道路，同样也为"效仿源泉"概念和体制的建立铺平了道路。穆罕默德·巴齐尔·比赫巴哈尼的成就奠定了迄今为止十二伊玛目派发展的基调和方向。

第四个阶段，对理性主义思想的最后修正和完善，这种工作主要是由19世纪中叶乌苏勒学派著名教法学家谢赫穆尔塔达·安萨里（？~1864）完成的。穆尔塔达·安萨里以理性为基础，重建了十二伊玛目教法学和方法论。他最大的贡献在于发展出一套在案件存有疑问时做出决断的原则。他自身及其后继者把教法决断分为四类，即"确信"、"合理推测"、"存疑"和"错误推测"。针对第三类教法判断，穆尔塔达·安萨里发展出四条"实践原则"。一是"允许最大限度的行动自由"；二是"自由选择可能更加合适的其他教法学家甚至是其他教法学派的意见"；三是"若无相反的证明，即可遵循既成事实的判决或是惯例"；四是"存疑时应审慎小心"。此外，穆尔塔达·安萨里还发展了其他理论，比如，"信徒均应选择一位博学、虔诚、在世的穆智台希德作为效仿榜样"，以便可以在教法事务上得到指导并服从其指导；"在众多的穆智台希德中，应有一位最高的效仿榜样作为教法的权威诠释者和指导者"等。②

---

① 王宇洁：《什叶派伊斯兰教两大教法学派之争》，《世界宗教研究》2004年第1期，第112页。

② 王宇洁：《什叶派伊斯兰教两大教法学派之争》，《世界宗教研究》2004年第1期，第114页；Moojan Momen, *An Introduction to Shiʿi Islam*: *The History and Doctrines of Twelver Shiʿism*, Yale University Press, 1985, pp. 186 - 187。

穆尔塔达·安萨里的理论开创了十二伊玛目派教法学原理的系统学说，这种学说直到今天还在发挥着作用，并对该派教法学产生了深远影响。此前，穆智台希德探讨的教法问题，一直限于依据伊玛目的指导完全能够或多半能够取得正确判断的案例，仅相当于上述"确信"或"合理推测"的教法案例。但是，穆尔塔达·安萨里的学说和他设定的新方法，将穆智台希德们探讨的教法问题，延伸到任何依据伊玛目指导都可能存在取得正确判断的范围，这实际上意味着穆智台希德能够就任何问题发布教法决断。尽管穆尔塔达·安萨里本人在教法问题上一直履行"审慎"原则，这严重限制了他在教法实践中的自由度，但是其他穆智台希德依据穆尔塔达·安萨里的学说，赋予自身自由进行任何教法推断的权力。

同时，尽管真主是任何教法问题的至高无上的源泉，但依据上述学说，真主创造了理性原则作为对教法问题进行推断的方法，因此教法学家认为伊斯兰教法的权威源自它与理性原则的一致性，即只有那些通过独立判断所做出的与理性原则相符合的教法决定，在教法上才具有效性。一旦穆智台希德就某个问题下了结论，就必须据此进行实践，即便其他穆智台希德得出了不同的结论。这样，十二伊玛目派教法学起初在理论上反对"效仿"原则，即不允许一位穆智台希德听从另一位无论健在还是去世的穆智台希德的教法意见。但是，在这种学说付诸实践后，情况发生了变化。18 ~ 19 世纪，穆智台希德们开始普遍遵从他们当中学识最渊博的教法学家的意见。在这种基础上，最终形成了"效仿源泉"概念。可以说，穆尔塔达·安萨里的上述学说对近代十二伊玛目派效仿理论和宗教学者体制的最后形成发挥了重大作用，至少奠定了理论和思想基础。[1] 此外，穆尔塔达·安萨里及其弟子的学说，最终使乌苏勒学派主导了十二伊玛目派教法学并延续至今。近现代史上十二伊玛目派著名的教法学家，包括当代伊朗伊斯兰共和国奠基人——阿亚图拉·鲁霍拉·穆萨维·霍梅尼都是该派的追随者。

---

[1] Moojan Momen, *An Introduction to Shi'i Islam: The History and Doctrines of Twelver Shi'ism*, Yale University Press, 1985, p. 187；王宇洁：《什叶派伊斯兰教两大教法学派之争》，《世界宗教研究》2004 年第 1 期，第 115 页。

二　十二伊玛目派主要教法学派思想的比较

那么，十二伊玛目派主要的两大教法学派，即阿赫巴尔学派和乌苏勒学派的思想内涵有何不同呢？

（一）阿赫巴尔学派的发展及思想内涵

阿赫巴尔学派实为十二伊玛目派早期教法学当中传统的圣训学派。圣训学派自 10 世纪中期被当时新兴的理性主义学派（乌苏勒学派）初步击败后，其支持者分散各地，一直没有积极开展活动。16 世纪中期后，特别是在萨法维王朝统治时期，由于乌苏勒学派教法学家在独立判断当中的自由度非常高，引起阿赫巴尔学派的反弹，导致该派逐步复兴。其复兴的标志是穆罕默德·阿敏·艾斯太拉巴迪（Muhammad Amīn Astarābādī,？~1623）的著作《文明的益处》于 1622 年的问世。这部著作的问世，还触发了此后长达一个世纪之久的阿赫巴尔学派和乌苏勒学派之争。阿赫巴尔学派的重要主张在《文明的益处》中都有详细的论述。这部著作系统论证和驳斥了乌苏勒学派以及理性主义原则的谬误、思想基础等。它首先阐明了理性对神圣教律解释的无效性，指出什叶派教法学的基础只能是伊玛目的圣训，并对教法学当中具体的理性主义分析方法进行了反驳。同时，它也驳斥了乌苏勒学派的教义学思想基础——穆尔太齐赖派的谬误。在穆罕默德·阿敏·艾斯太拉巴迪撰写了大量教法学著作之后，即在萨法维王朝统治中后期及其被推翻之后一段时间，阿赫巴尔学派的影响达到了顶峰。该学派在什叶派各学术中心都获得了优势，成为什叶派尤其是十二伊玛目派教法学中的主流思想。不过，在恺加王朝建立前夕，阿赫巴尔学派已被乌苏勒学派所击败。[①] 此后，阿赫巴尔学派的影响没有消失，但已非常有限。进入当代，该派仅在什叶派盛行的少部分地区存在，影响较大是在巴林的大部分地区。另外，自伊拉克南部哈玛尔湖的西端直到伊朗的胡拉姆

---

① Moojan Momen, *An Introduction to Shiʻi Islam: The History and Doctrines of Twelver Shiʻism*, Yale University Press, 1985, p. 222.

沙赫尔（Khurramshahr）地区，阿赫巴尔学派也有一定的活动。这个区域还有一两所小型的阿赫巴尔学派经学院，其核心活动地区是巴士拉。此外，印度也有少部分阿赫巴尔学派学者。因此，阿赫巴尔学派也一直对十二伊玛目派产生影响。

从本质上看，阿赫巴尔学派拒绝什叶派教法学以及独立判断赖以建立和发展的理性主义原则。一些阿赫巴尔学派的教法学家甚至走得更远，拒绝将穆尔太齐赖派以理性主义为特色的教义学思想作为教法学的思想基础。这在教法学实践上意味着，这些教法学家与逊尼派教法学原则更为接近，与逊尼派教义学思想的基础——艾什尔里派的立场更加接近。由于拒绝乌苏勒学派的理性主义思想，阿赫巴尔学派将关注点更加集中在获取知识的一些"非理性主义"渠道，比如"卡什夫"（kashf，"直觉"之意）以及神秘的、超自然的各种学科和途径。此外，该派还严格坚持圣训的外在、字面的含义，认为所有经伊玛目传述下来的圣训都是正确的。具体而言，其主要思想内涵包括以下三个方面。

第一，在教法渊源上，阿赫巴尔学派只接受《古兰经》和什叶派圣训作为教法判断的依据。有些教法学家甚至主张仅以圣训为依据，认为只能通过圣训才能理解《古兰经》的含义。该派仅将什叶派圣训分为"信实的"（sahih）和"不可靠的"（da'if）两类，认为什叶派"四圣书"都是信实的、可靠的。在针对某些特殊问题的圣训上，该派允许从非常宽泛的圣训领域予以借助，包括允许从传自逊尼派或是其他来源，甚至是来源自不明的圣训领域予以借助，条件是只要有证据证实该圣训是可靠的，因此表现出一切以圣训为重的特点。在启示与理性发生冲突时，该派认为经训总是优先于运用理性所得。①

第二，在教法学原则方面，阿赫巴尔学派否认理性的地位和功能，因此拒绝采纳"伊智提哈德"或"独立判断"原则，认为只能依据所掌握的确定的有关伊玛目圣训的知识来做出教法决定。该派认为，信众有义务通过伊玛

---

① 王宇洁：《什叶派伊斯兰教两大教法学派之争》，《世界宗教研究》2004 年第 1 期，第 115 ~ 116 页；Moojan Momen，*An Introduction to Shi'i Islam: The History and Doctrines of Twelver Shi'ism*，Yale University Press，1985，p. 223。

目获取知识，即便是通过中介的方式，比如传述圣训的方式，也要借助伊玛目获取知识。伊玛目的教法决定具有普遍适用性，而且只能根据相关的伊玛目传述的圣训发布法特瓦。该派只使用来自伊玛目的可靠的、信实的圣训，在无此类圣训作为依据的情况下，行事时必须谨慎。①

第三，在教法学家地位上，阿赫巴尔学派相信，所有人在伊玛目面前永远属于遵循者，即穆盖里德，穆盖里德只有义务遵从伊玛目的诫令，恪守已知的判决，无权随意改变。② 其他任何人，包括穆智台希德，都不可能成为被追随者、被求助者、被服从的对象，除非伊玛目要求这样做。该学派认为只有伊玛目通晓所有的教法律令；发布教法判断的唯一条件，是对伊玛目使用的术语及知识的掌握以及存在能够证实相关问题的伊玛目圣训。与乌苏勒学派禁止普通信徒遵循故去的"效仿源泉"的决定相反，阿赫巴尔学派允许普通信徒使用但不一定是服从和遵循教法学家包括故去的教法学家的教法决定。阿赫巴尔学派认为只能依据可靠的、含义明确的圣训发布法律决定，否则应当予以谴责。③ 可以看出，阿赫巴尔学派实际上也在一定程度上、间接认可了教法学家做出教法决定的权力，但条件是必须依据相关含义明确的圣训并通晓相关的伊玛目知识。

(二) 乌苏勒学派的思想内涵

乌苏勒学派是在与阿赫巴尔学派斗争中产生、发展的一个教法学派。"乌苏勒"一词，意为"根源""原理"，该派因重视伊斯兰教法的理性渊源而得名。④ 乌苏勒学派的教法思想也包括三个方面。

第一，关于教法根源学。该派承认《古兰经》、圣训、公议、理性为伊斯兰教法学的四大渊源。但是仅以经训的表义为立法、释法的依据，因为该派认为唯独表义可以借助理智进行灵活的解释，不过他们也承认《古

---

① Moojan Momen, *An Introduction to Shi'i Islam: The History and Doctrines of Twelver Shi'ism*, Yale University Press, 1985, pp. 223 – 224.

② 吴云贵：《真主的法度——伊斯兰教法》，中国社会科学出版社，2009，第78页。

③ Moojan Momen, *An Introduction to Shi'i Islam: The History and Doctrines of Twelver Shi'ism*, Yale University Press, 1985, pp. 224 – 225.

④ 吴云贵：《真主的法度——伊斯兰教法》，中国社会科学出版社，2009，第79页。

兰经》隐义说。乌苏勒学派把圣训分为四种，"信实的"、"良好的"（hasan）、"连续的"（mutawātir）和"不可靠的"。① 该学派认为什叶派"四圣书"中有许多不实的内容，应该去伪存真，只应当接受和遵循由可信赖的信徒传述的信实的圣训，在启示与理性发生冲突时，认为通过经训传述下来的教法决断不能违背理性。②

第二，关于教法学原则。乌苏勒学派认可通过"伊智提哈德"取得教法判断的原则，认为在无经训明文可依时，只能依据"伊智提哈德"取得的有效推测做出决定。该派认为伊玛目在世时，人们只能从伊玛目那里直接获取知识，但是伊玛目的教法决定可能受到特殊环境的影响，因此并不具有普遍适用性。该学派认为在伊玛目隐遁时期，非常有必要诉诸"伊智提哈德"，并且只能够根据"伊智提哈德"发布教法决定（法特瓦）。③ 该学派还认为可以通过"伊智提哈德"考订圣训，并以一则圣训来代替与之相悖的圣训。同时，还可以根据"伊智提哈德"，从意义不明确的、模糊的圣训中推论出可以实践的行为规范。在无明文禁止的情况下，可根据自由行动和所有准许的行为规范行事。④

第三，关于教法学家的地位问题。由于认可教法的理性渊源以及"伊智提哈德"原则，该派因此将世人分为两类：穆智台希德和穆盖里德。前者为精通法律知识、有资格就重大法律问题发表个人见解、进行"伊智提哈德"的教法学家。后者为遵循前者教导的一般信徒，即追随者。该学派认为穆智台希德掌握关于主命的全部知识，因为做出教法决定的条件是必须精通众多学科的知识，其中以教法学原理最为重要。该学派认为一般信徒有义务像服从伊玛目一样服从穆智台希德，还认为必须追随和效仿当代

---

① 王宇洁：《什叶派伊斯兰教两大教法学派之争》，《世界宗教研究》2004 年第 1 期，第 115 页。

② 吴云贵：《真主的法度——伊斯兰教法》，中国社会科学出版社，2009，第 80 页；Moojan Momen, *An Introduction to Shi'i Islam: The History and Doctrines of Twelver Shi'ism*, Yale University Press, 1985, p. 223。

③ 王宇洁：《什叶派伊斯兰教两大教法学派之争》，《世界宗教研究》2004 年第 1 期，第 115～116 页。

④ 吴云贵：《真主的法度——伊斯兰教法》，中国社会科学出版社，2009，第 81 页；Moojan Momen, *An Introduction to Shi'i Islam: The History and Doctrines of Twelver Shi'ism*, Yale University Press, 1985, pp. 223 - 224。

的"效仿源泉"，而不是故去的"效仿源泉"。此外，该学派认为运用"伊智提哈德"将会得到奖赏，即便通过"伊智提哈德"做出的教法决定是不准确的。[①]

从上述比较中可以看出，如果阿赫巴尔学派取胜的话，十二伊玛目派教法学家将会把什叶派教法学的领域限制在只有明确的圣训可以依据的范围之内，其他所有教法案例将不得不诉诸世俗法院。但是，乌苏勒学派通过运用"伊智提哈德"，实际上使该派教法学家能够就任何教法事务做出决断。此外，阿赫巴尔学派的立场还异常严格地限制了乌莱玛的权威和特权，在客观上否定了乌莱玛可以集体作为隐遁伊玛目"一般代表"的思想。这种立场，最后自然遭到乌莱玛的断然拒绝。[②]

三　乌苏勒学派取胜的社会政治意义

阿赫巴尔学派和乌苏勒学派斗争的结果具有深远影响。它们斗争的背后，像在教义学领域一样，也是神圣的天启与人类理性之间的矛盾，在伊斯兰教历史上，在逊尼派和什叶派内部，一直存在类似的争论。伊玛目隐遁后，什叶派社团内部延续了这种争论，只是关注的焦点随时代发展有所改变，主要成为如何对待以《古兰经》和圣训为神圣的天启与以教法学家的判断为代表的人类理性之间的不同诉求问题。该问题的本质内容是乌莱玛是否有权力继承隐遁伊玛目的宗教、政治和社会权威问题。换言之，在阿赫巴尔学派和乌苏勒学派有关教法问题的争论中，隐含着有关伊玛目隐遁后谁是伊斯兰社团领袖思想的争论。前者坚持什叶派形成早期的宗教政治思想，即认为在伊玛目隐遁后，伊玛目仍旧像此前一样是伊斯兰社团的领袖，其他任何人包括乌莱玛以及穆智台希德在内都必须遵循和服从伊玛目。乌苏勒学派不否认伊玛目合法的领袖地位，同时强调，伊玛目隐遁后，整个伊斯兰社团已经分为穆盖里德和穆智台希德，即遵循者和被遵循

---

①　Moojan Momen, *An Introduction to Shi'i Islam: The History and Doctrines of Twelver Shi'ism*, Yale University Press, 1985, pp. 224 – 225.

②　Moojan Momen, *An Introduction to Shi'i Islam: The History and Doctrines of Twelver Shi'ism*, Yale University Press, 1985, p. 225.

者，效仿者与被效仿者，前者必须像服从伊玛目一样服从后者。因此，在这种教法学思想当中所蕴含的政治意识就是，或者说其逻辑结论必然是穆智台希德尤其是健在的"效仿源泉"是伊斯兰社团的实际领袖。可以说，乌苏勒学派的胜利，在一定程度上奠定了穆智台希德尤其是"效仿源泉"是伊斯兰社团实际领袖的宗教理论基础。不过，阿赫巴尔学派并未消亡，它的教法学思想和其中蕴含的政治思想，始终与乌苏勒学派思想并行，并延续至今。

第三节　王朝的扶植政策与乌莱玛地位的提升

在什叶派尤其是十二伊玛目派教义学和教法学思想的发展中，蕴含着极其重要的理性主义特点。那么，这种理性主义特点又是如何形成的呢？

自 10 世纪以来，在统治者一系列的政策扶植下，什叶派社会政治地位尤其是什叶派乌莱玛包括十二伊玛目派教义学家和教法学家整体地位的不断提高，为什叶派以及十二伊玛目派教义学和教法学当中理性主义思想的发展提供了重要的现实条件。因此，本节将主要论述自布维希王朝开始至萨法维王朝以及恺加王朝时期王朝统治者的政治宗教扶植政策，以及对什叶派以及十二伊玛目派乌莱玛宗教社会地位的影响。

一　布维希王朝至蒙古伊儿汗国时期的扶植政策及影响

（一）布维希王朝的历史性扶植政策

布维希人来自波斯北部，原是一支被称作德莱木族的山区部落，在皈依伊斯兰教什叶派时，他们一直在阿拔斯王朝东部地区的军队服役。创建布维希王朝的是来自德莱木族首领阿布·舒扎尔的三个儿子。阿布·舒扎尔自称是萨珊王朝的后裔，他先在萨曼人手下任军职，以后势力扩张，攻克赖以、伊斯法罕、库齐斯坦和科尔曼等地，并于 934 年在设拉子建立政权。他的三个儿子分别是阿里、哈桑和阿赫默德，其中以阿赫默德最为出众，他们所创建的王朝以其父亲布维（Buwayh）或布伊（Buyeh）命名。945 年，阿赫默德入主巴格达，建立布维希王朝。入主巴格达后，三兄弟分别同时接受了阿拔斯王朝哈里发穆斯台克菲（944～946 年在位）授予的名誉封号。阿赫默德被封为穆仪兹·道莱，意为"国家的支持者"，阿里和哈桑被分别授予麦德·道莱和麦·道莱，阿赫默德同时还被赐予大元帅之职。阿赫默德坚持在周五的祈祷中，把自己的名字与哈里发的名字并列，接受公众的颂扬。他还以自己的名字铸造钱币。不过，他只是自称"埃米尔"（总督或省长）和"马立克"（国王），没有使用"苏丹"的头衔。这个时期正值法蒂玛人自称哈里发，并与信奉逊尼派的阿拔斯哈里发对峙之时。布维希人本可以铲除阿拔斯王朝形同虚设的哈里发职位，但是他们满足于执掌巴格达的实权，不愿改变阿拔斯哈里发的职位。他们保留了阿拔斯王朝的傀儡哈里发，没有做伊斯兰世界精神领袖的奢望。[①] 不过，他们实际上将阿拔斯王朝哈里发处于监控之下，可以任意废立哈里发，手段也非常残酷。布维希王朝在阿杜德·道莱（Adudal – Dawla，949～983 年在位）统治时期，统一了该家族以前所占领的所有领地，王朝权力达到顶点，控制着巴格达的军政大权。

布维希人在政治上保留了形同虚设的阿拔斯王朝的哈里发职位，但是自身掌握着军政和财政大权。布维希人不是阿里的后裔，也不属于极端的什叶派，与卡尔马特人和法蒂玛人在宗教和思想的联系上并不密切，也没有结成政治联盟。他们之所以这样做，可能是因为统治者意识到，当时什叶派信徒人数较少，一旦他们废黜了阿拔斯王朝的哈里发，其他地区的局势也可能发生类似的变化。而如果将哈里发置于他们的控制当中，既可以对其境内的逊尼派显示王朝的合法权威，同时还可以凭借阿拔斯王朝哈里发在逊尼派信徒中所享有的道义上的合法权威，来加强其同外部世界的外交关系。事实上，由于从阿拔斯王朝的哈里发手中取得了官方权威地位，布维希人行为上的表现似乎是真诚地相信他们具有阿拔斯王朝哈里发的合法地位，对布维希统治者来说，政治考虑优先于宗教。

与此同时，布维希人在宗教和政治政策上，还采取了支持什叶派的立

---

① 金宜久主编《伊斯兰教》，宗教文化出版社，1997，第 186 页。

场。布维希人从来没有让什叶派去迫害逊尼派，相反这两大派别的信徒均可以在军队中共处。布维希人试图建立一套阿拔斯人和什叶派共处的体制，这样什叶派就可从"塔基亚"（掩饰自己的宗教信仰）状态中走出来，同时还可以像阿拔斯人一样在官方体制中容身。可以说，什叶派因此得以实现了自阿拔斯王朝哈里发麦蒙时期以来的复兴梦想。什叶派因此相信他们获得了人数众多的追随者，同时并没有以疏远其他派别的信徒为代价。此外，富裕的什叶派阶层，也构成布维希王朝能够与当地群众保持良好社会关系所依赖的一支重要力量。布维希人还将什叶派组织成一支具有自治的、能够与阿拔斯人抗衡的力量，而以前什叶派仅仅会被阿拔斯人所同化并被阿拔斯人所支配。

（二）塞尔柱人的迫害政策

塞尔柱人来自中亚的乌古斯。956 年，他们在首领塞尔柱克的率领下进入阿拔斯帝国境内，皈依伊斯兰教逊尼派。塞尔柱克的两个孙子突格里勒和达乌德继续向中亚和西亚推进。1055 年 12 月，突格里勒（1037～1063 年在位）进军巴格达，布维希王朝军事将领白萨里希逃离该城，布维希王朝被推翻，塞尔柱王朝随之建立。1056 年，阿拔斯王朝哈里发嘎义姆（1031～1075 年在位）任命这位征服者为帝国的摄政王，授予他"东方和西方的国王"的称号以及"苏丹"的官衔。白萨里希逃离巴格达后投奔法蒂玛王朝。1058 年趁突格里勒远征之际，白萨里希率军占领巴格达，迫使阿拔斯王朝哈里发嘎义姆将阿拔斯人全部权力让给法蒂玛王朝的哈里发。不久，突格里勒返回巴格达，战胜白萨里希，重扶哈里发嘎义姆登位。1060 年，他处死白萨里希，布维希王朝从此寿终正寝。

塞尔柱王朝全盛时期是在突格里勒、艾勒布·艾尔斯兰（1063～1072年在位）、马立克沙（1072～1092 年在位）三位苏丹统治时期尤其是在艾尔斯兰在位时期，在尼查姆·穆尔克首相治理下，塞尔柱王朝强盛一时。在马立克沙统治时期，原来就是傀儡的阿拔斯王朝哈里发更加依附于塞尔柱人。塞尔柱人尊奉逊尼派哈乃斐教法学派，他们确定艾什尔里派教义学为官方信仰，为伊斯兰教逊尼派的信仰确立了最终形式。此外，塞尔柱人从一开始，就反对和迫害什叶派。1095 年，卡尔巴拉的侯赛因陵墓被毁，成为迫害什叶派的高峰。[1] 即便如此，在塞尔柱人势力难以到达的伊拉克和叙利亚边远地区，存在着几个什叶派小王朝。11世纪之时，有马兹亚德人（Mazyadids）的艾米尔王朝（？～1150）。1012年，布维希人曾承认其主权。1101年，该王朝将势力扩展到幼发拉底河岸的希拉，并以此为首都，希拉随之成为什叶派的学术中心。当塞尔柱王朝不断衰落之时，该王朝将势力一度从希拉扩展到南伊拉克和巴格达。[2] 此外，11世纪之时，在伊拉克地区还存在由另一个什叶派王朝——乌卡里兹王朝（Uqaylids，990～1096），它以摩苏尔为首都。1079年，乌卡勒人占领阿勒颇。1085年，塞尔柱人再次征服阿勒颇。另外，在11世纪，什叶派的巴努·阿马尔族人（banū ʿAmmār）管辖叙利亚南部的的黎波里，一直到1109年十字军征服该地。[3] 什叶派在伊拉克、叙利亚的分布和影响并不因地方政权的覆灭而消失。因此，在塞尔柱人统治时期，什叶派的学术中心除希拉外，还有阿勒颇、泰伯里斯坦（今伊朗马赞德兰省）、库姆以及呼罗珊等。

（三）蒙古人和伊儿汗国摇摆不定的宗教政策

13世纪初，蒙古人在首领成吉思汗的领导下开始向西扩张。他们首先入侵中亚，随后十年，征服了横跨欧洲和亚洲的大片地区。成吉思汗死后，原统治区域一分为四。一是长子兀赤及其儿子拔都统治的金帐汗国（包括西伯利亚西部和钦察草原）。二是次子察合台统治的河中地区以及今天的中国新疆地区。察合台的后裔以后又分为两支，其中一支占据西部河中地区，即以后的察合台汗国。三是继承父亲汗位的三子窝阔台及其后裔占据的帕米尔和天山地区。四是四子拖雷占据的蒙古草原本身。拖雷的儿子忽必烈后来成为元朝的创建者。三子窝阔台死后，1251年蒙哥被选为大汗。蒙哥委派他的弟弟旭烈兀（1217～1265）收复阿姆河以南的大部分地

---

① Moojan Momen, *An Introduction to Shiʿi Islam: The History and Doctrines of Twelver Shiʿism*, Yale University Press, 1985, p. 86.

② Moojan Momen, *An Introduction to Shiʿi Islam: The History and Doctrines of Twelver Shiʿism*, Yale University Press, 1985, p. 87.

③ Moojan Momen, *An Introduction to Shiʿi Islam: The History and Doctrines of Twelver Shiʿism*, Yale University Press, 1985, p. 87.

区，继续奉命西进。1256 年，击溃阿拔斯王朝哈里发在伊拉克的军队。1258 年元月，攻陷巴格达，阿拔斯王朝末代哈里发穆斯台绥姆（1242 ~ 1258）及其家族全部被杀，阿拔斯王朝随之终结。1260 年，蒙古大汗忽必烈（旭烈兀的叔叔）授予旭烈兀伊儿汗的称号，其领地包括波斯、伊拉克、高加索和安纳托利亚等地区，以波斯为中心。旭烈兀建立的这个地方政权，史称伊儿汗国，它臣属于蒙古大汗。

伊儿汗国宗教政策随统治者的个人喜好或政治需要而定。初期，实行兼容并蓄的宗教政策。但是到加赞汗（1295 ~ 1304 年在位）与拔都争夺王位时期，为争取波斯臣民的支持，曾是佛教徒的加赞汗皈依了伊斯兰教，其蒙古部下随之改变信仰，并随之取得讨伐拔都的胜利。加赞汗进入大不里士，推行伊斯兰化，实行伊斯兰教法，同时对其他宗教和教徒进行打击。[①] 他还修建清真寺、经学院和慈善机构。加赞汗统治时期是伊儿汗国最繁荣的时期。加赞汗的继任者奥勒贾图（Oljeitu, 1304 ~ 1316 年在位）皈依伊斯兰教后改名为胡达般达（khudābanda）。他的一名大臣萨杜德丁·萨维（Sa'du'd - Din Sāwī）是什叶派的同盟者，他将什叶派教义学家达朱德丁·穆罕默德·伊本·阿里·阿维（Tāju'd - Din Muhammad ibn 'Ali Awī）引荐给宫廷。正是这位教义学家以及这个时期什叶派著名学者阿拉玛·希里（'Allāma al - Hillī, 1248 ~ 1325）的共同努力，促使奥勒贾图在 1309 年皈依什叶派，什叶派在这个时期成为伊儿汗国的官方宗教。[②] 但奥勒贾图去世后，由于其子阿布·赛义德（？ ~ 1335）是一名坚定的逊尼派穆斯林，什叶派的上述优势很快失去。

1335 年以后，伊儿汗国内部因王位继承而分裂，趁此之际一些什叶派国家相继建立起来。在呼罗珊的萨布兹瓦尔，一个由哈桑·朱里（Hasan Jūrī）为首领的什叶派苏菲教团，帮助萨巴达里（Sarbadārids）人建立了一个什叶派小国家。这个国家从 1337 年一直存到 1386 年。为维护这个什叶派国家，萨巴达里人着重强调对隐遁伊玛目复临的期待。此外，这个什叶派苏菲教团

---

① Moojan Momen, *An Introduction to Shi'i Islam: The History and Doctrines of Twelver Shi'ism*, Yale University Press, 1985, p. 92.

② Moojan Momen, *An Introduction to Shi'i Islam: The History and Doctrines of Twelver Shi'ism*, Yale University Press, 1985, p. 87.

的另外一个分支，首领米尔·穆丁·马拉什（？～1379）于1359年在马赞德朗以阿穆尔为基地建立了另一个什叶派国家。他的儿子赛义德·卡马鲁丁（？～1417）统治时期，该教团于1391年被帖木儿打败并臣服帖木儿，但一直处于半独立状态，直到萨法维人的到来。这两个什叶派小国是在苏菲教团的基础上建立起来的，但皈依了什叶派，具有一定的军事国家特征。[①] 后来建立的萨法维王朝也出现了相似的特点。此外这个时期，在一些取代伊儿汗国的地方小王朝国家中，有的是什叶派国家，有的则同情什叶派。不过，尚无法确定它们是否是十二伊玛目派国家，或者是持极端观点的什叶派国家。尽管如此，这些国家在许多方面表现出类似的倾向，即在其什叶派思想中，混合着十二伊玛目派以及什叶派形成初期的极端主义思想倾向。

与此同时在叙利亚，最后一个什叶派国家——乌加里兹王朝，于1085年被塞尔柱人击溃。1128年，什叶派所在的阿勒颇被马杜德丁·赞齐攻陷，什叶派信徒随之遭到镇压。随后两个世纪里，叙利亚成为伊斯兰教各派势力与欧洲十字军持续冲突的地区。在这段时期，什叶派各支派特别是伊斯玛仪派以及努赛里派常常与欧洲十字军联合反对伊斯兰教逊尼派。该地区的什叶派在13世纪下半叶受到两次重击。第一次是蒙古人于1260年攻陷了阿勒颇，屠杀了数千名什叶派穆斯林。另一次重大打击，发生在13世纪末欧洲十字军被埃及马穆鲁克王朝赶出埃及之时。马穆鲁克王朝苏丹阿什拉弗对什叶派穆斯林尤其苛刻，他强迫德鲁兹派穆斯林以及努赛里派穆斯林皈依逊尼派。伊斯玛仪派控制的地区一个接一个被挤垮了，十二伊玛目派信众则于1305年被逐出吉斯拉万地区，被迫到黎巴嫩中部的贝卡谷地寻求立足之地。

（四）上述王朝宗教政策的影响

综上所述，自布维希王朝到萨法维王朝统治前，上述地方小王朝的世俗统治者对什叶派采取了不同程度的扶植或同情政策，这些政策总体上使什叶派处于发展当中。特别是布维希人的上述宗教扶植政策，使什叶派在历史上首次得到统治者系统性的支持。因此，在那个时代，大量的什叶派

---

① Moojan Momen, *An Introduction to Shiʿi Islam: The History and Doctrines of Twelver Shiʿism*, Yale University Press, 1985, p. 93.

宗教著述得以撰写并广泛流传，长期以来受压迫和迫害并因此一直通过"塔基亚"方式掩饰自己宗教信仰的什叶派，现在终于有机会并充分地利用这种机会来发展自己的教义和教法学了。同时得益于布维希人的支持，以及此后一些王朝比如蒙古人采取类似的支持什叶派发展的政策，十二伊玛目派的社会政治地位得到了历史性提升。许多十二伊玛目派信徒都在当时的宫廷和政府里任职，并获得了显赫的地位。比如，9世纪末10世纪初有诺伯赫特家族以及福拉特家族成员。有的人甚至成为宫廷大臣或担任其他高级职位。布维希王朝巴哈亚尔－道莱统治时期，他的大臣阿布·纳赛尔·萨布尔·伊本·阿尔达希尔（1025或1026年去世）就是一位赞助什叶派研究的著名人物。他在什叶派学术中心巴格达建立了一座重要的图书馆。纳斯尔（1178～1225）是塞尔柱王朝统治结束后阿拔斯王朝的哈里发，他的许多大臣都是十二伊玛目派信徒。他的什叶派大臣伊本·阿尔贾米在阿拔斯王朝最后一位哈里发穆斯台绥姆统治时期所发生的重大事件中，发挥了重大作用。在塞尔柱王朝统治时期，有三位统治者，比如马立克沙、桑贾尔（1097～1157年在位）以及他的继任者在位时期，塞尔柱人的政府官职对十二伊玛目派都是敞开的。马立克沙在位时至少有一位大臣属于什叶派。他的儿子穆罕默德也有一位什叶派大臣。在桑贾尔的六位宫廷大臣中，有两位是十二伊玛目派信徒。这两位大臣中有一位叫穆赫塔斯·穆尔克·卡西，他来自什叶派上层家族。在蒙古人尤其是伊儿汗国统治时期，什叶派信徒也取得了显赫的政治地位。可以说，什叶派整体境遇的改变及其政治和社会地位的提高，特别是许多人相继在世俗政府中担任官职，为什叶派宗教政治思想的创新和发展都提供了难得的历史机遇。

与此同时，在上述历史时期，什叶派的宗教学术、思想和知识也得以传承和发展。此时，相继出现了不少学术中心，涌现了一批批著名的乌莱玛和教法学家，他们在推动什叶派及其宗教学科发展中起到了积极的作用。比如，在布维希人统治时期，什叶派包括十二伊玛目派开始发展教义学、圣训学、教法学等学科。[1] 就是在这个时期，什叶派尤其是十二伊玛

---

① Moojan Momen, *An Introduction to Shiʻi Islam: The History and Doctrines of Twelver Shiʻism*, Yale University Press, 1985, pp. 77 - 79.

目派开始编撰自成体系的圣训,其中包括被十二伊玛目派认可为本派别第一位伟大的教义学家库拉尼所编撰的圣训,以及由其他三位圣训学家编撰的三部圣训。更为明显的是,自布维希王朝开始,具有什叶派形式的一些组织、活动、节日得以形成并一直延续至今,什叶派的经学院也得以创建。再如,在蒙古人统治时期,出现了什叶派著名的学者:哲学家和天文学家哈瓦贾·纳西鲁丁·图西(Khwāja Nasīru'd‐Dīn Tūsū,1201~1274)、达朱德丁以及著名的教法学家阿拉玛·希里等。阿拉玛·希里确立了"伊智提哈德"为什叶派教法学的重要方法,并引进了对圣训进行辨伪的方法。[①] 此外,在蒙古人尤其是伊儿汗国统治时期,什叶派思想发展出现了一个重要特点,即将哲学和苏菲神秘主义融入什叶派思想当中。其实,早在塞尔柱人登上历史舞台之前,神秘主义已开始在波斯和中亚流行。当时,苏菲信仰已成为伊斯兰教在波斯和中亚地区的主要表现形式。

二 萨法维王朝的国家扶植政策及影响

(一) 伊斯玛仪一世 (1501~1524 年在位) 的政策

1501 年,萨法维苏菲教团首领伊斯玛仪在大不里士称王,建立了萨法维王朝,并将十二伊玛目派伊斯兰教确立为国教,他因此在历史上被称为伊斯玛仪一世。此后十年,伊斯玛仪一世将新王朝的军事、行政和宗教领导权集于一身,陆续征服了其他一些地区。他还设立了萨德尔这个宗教职位,以便在被征服地区宣传伊斯兰教什叶派,并对各地的宣传工作进行协调。同时,伊斯玛仪一世倡导什叶派礼拜方式,在清真寺的呼图白中承认阿里的地位,公开谴责阿里的敌人。他还对什叶派当中的极端主义倾向、逊尼派、苏菲教团等采取迫害或摧毁政策。

在萨法维王朝建立之初,伊斯玛仪一世通过发展和宣传三种理论,来解决其面临的政权合法性问题。第一,古代波斯有关国王地位的概念和思想,这种思想称国王是"神(真主)在大地上的影子"。第二,依赖于伊

---

① Moojan Momen, *An Introduction to Shi'i Islam: The History and Doctrines of Twelver Shi'ism*, Yale University Press, 1985, p. 95.

斯玛仪一世是萨法维苏菲教团首领这个事实，作为首领，信徒要绝对地服从于他。第三，伊斯玛仪一世自称是第七任伊玛目的后裔，他和继任者是隐遁伊玛目的代表，因此均具有免罪性。[①] 但是，第三个理论实际上与十二伊玛目派最基本的信条相抵触。即便萨法维王朝声称是阿里的后裔这一点可以接受，但仅仅是伊玛目后裔并不必然享有精神或世俗权威。根据十二伊玛目派教义思想，在伊玛目资格问题上，不仅需要世袭，还需要指定和知识原则，这些条件缺一不可。此外，在大隐遁时期开启后，没有人能够再声称是隐遁伊玛目的特殊代表——"纳伊布·哈斯"（nāib al-khāss），直到隐遁伊玛目的复临。因此，萨法维王朝也不可能得到伊玛目的"指定"授权。他们再三强调自身是伊玛目后裔的这种理论，实际上只是为了掩盖他们与伊玛目后裔毫无关系的事实。或者，萨法维王朝的权力基础与其说是建立在十二伊玛目派的教义思想之上，不如说是建立在宰德派相关教义思想基础之上。宰德派认为只要是伊玛目的后裔，无论是谁都能够成为伊玛目。

尽管如此，当时十二伊玛目派乌莱玛没有表示抗议，主要原因有两方面。其一，伊朗的十二伊玛目派乌莱玛人数较少，势力很弱，各地也没有颇负盛名的乌莱玛。伊斯玛仪一世的红头军中也很少有人对十二伊玛目派有深入了解。当大不里士被征服以及十二伊玛目派被宣布为国教时，在伊斯玛仪一世军队中找不到一本有关十二伊玛目派的书籍，最后只是在大不里士卡迪的图书馆中发现了由阿拉玛·希里撰写的一本书，才以此来指导如何在萨法维王朝确立新国教。同时，在被萨法维王朝任命为萨德尔的学者当中，很少有人受到正规的十二伊玛目派教育。其二，外来的十二伊玛目派乌莱玛地位也非常脆弱。当时，能够向萨法维王朝的宗教合法性提出权威反对意见的只有那些定居在伊拉克、叙利亚和巴林的阿拉伯裔十二伊玛目派乌莱玛。这些人被迁移至伊朗，人数逐渐增加。不过作为迁移者，他们在生活和工作上都要仰仗国家，因此不愿成为新王朝的威胁，也不愿意做有损于这个正在推广伊斯兰教什叶派的新兴国家的事。因此，在萨法维王朝统治初期，乌莱玛

① Moojan Momen, *An Introduction to Shi'i Islam: The History and Doctrines of Twelver Shi'ism*, Yale University Press, 1985, p. 107.

与国家之间保持着一种不均衡的、微弱的联盟关系。国家支持乌莱玛并借助后者在民众当中推广伊斯兰教什叶派，乌莱玛则支持国家并且对统治者前后矛盾的宗教立场保持沉默。

（二）其他国王的宗教政策

在其他国王在位时期，统治者们继续沿用伊斯玛仪一世上述的宗教政策，即抑制苏菲教团势力、打击什叶派极端主义势力以及伊斯兰教逊尼派的发展，同时积极鼓励正统的十二伊玛目派的发展。塔什·玛斯普皇帝（Shāh Tash Māsp，1533～1576 年在位）就如此。在他统治时期，最著名的学者穆哈齐格·撒尼（Muhaqqiqath - Thānī，？～1533），即穆哈齐格·卡拉齐应邀到伊朗定居，并在伊朗传播正统的什叶派教义，公开攻击逊尼派。卡拉齐在几乎每个乡镇都任命了礼拜引导员，积极在民众当中传播什叶派教义。阿拔斯一世大帝（Shāh ' Abbās I，1588～1629 年在位）也一如既往执行上述宗教政策，特别是与著名的什叶派宗教学者联手，共同抑制苏菲主义的传播和发展，并取得明显效果。在他的打击下，伊朗境内的最后一支与萨法维王朝联系密切的苏菲教团在重压之下，被迫迁移至印度。此外，在思想领域中，苏菲派最终从什叶派中被分离出去，不再对什叶派主流产生重要影响。同时，宗教哲学的地位也因此在什叶派当中降低了，不再成为什叶派经学院的重要学习内容。

阿拔斯一世大帝还与十二伊玛目派乌莱玛共同推广和促进十二伊玛目派的发展，其中一个重要措施是在伊斯法罕建立了一整套十二伊玛目派的教育体系。1597 年，他迁都伊斯法罕，并在那里建造许多经学院，并鼓励其他地区的乌莱玛迁居伊朗。① 自塞尔柱王朝以来，逊尼派建立了宗教教育体系，但是什叶派只是围绕着某个著名的宗教学者求学。现在在国家的支持下，什叶派终于建立了自己的经学院，能够促进自身教育的发展。这些经学院是以后恺加王朝统治时期位于纳杰夫、库姆和马什哈德经学院的前身，它们现在成为什叶派社团最重要的学术机构。同时，什叶派学术中

---

① Moojan Momen, *An Introduction to Shi' i Islam: The History and Doctrines of Twelver Shi' ism*, Yale University Press, 1985, p. 111.

心也因此转到伊斯法罕，学生人数也由以前的数十名增至上千名，并聚集了著名的什叶派学者。不仅如此，阿拔斯一世大帝还重新修葺了位于库姆和马什哈德的什叶派圣冢，经常虔诚地拜谒这些地方。此外，他还设置了新的宗教职位，即伊斯兰长老，任命了公认的什叶派宗教学者担任这一职务，此前官方设立的萨德尔职位的重要性已大大降低。① 伊斯兰长老职位的设立，标志着什叶派尤其是十二伊玛目派宗教组织与国家机构的分离进程开始。不过，此时由于许多宗教学者都是从其他地区迁移过来的，自身安全感不强，加上国王的控制非常严密，因此没有表现出真正的独立倾向。萨法维王朝统治晚期特别是自苏莱曼沙（1666～1694 年在位）统治开始，王朝开始走下坡路。1722 年，首都伊斯法罕被入侵的阿富汗人占领，萨法维王朝的统治宣告结束。

（三） 萨法维王朝支持政策的影响

由于统治者的极力推动和促进，什叶派尤其是十二伊玛目派乌莱玛已经建立了比较坚实的权力基础，到萨法维王朝统治中晚期，由于王朝日趋衰败，乌莱玛的独立倾向进一步表现出来。其中一个重要表现，就是这时他们开始敢于对统治者表现出不满，认为萨法维王朝的统治者不是什叶派的政治领袖。与此同时，乌莱玛当中出现了一种宗教政治思想倾向，即认为乌莱玛是隐遁伊玛目的 "一般代表"，尽管这种认识仅代表了当时少部分乌莱玛的思想倾向②。另外一个重大表现，就是十二伊玛目派乌莱玛在国家事务中日益发挥举足轻重的作用。这种作用可以从麦吉利斯的活动中看出。1687 年，他担任了伊斯法罕伊斯兰长老一职，成为当时最有权力、最具影响力的宗教学者，其政策代表了以后十二伊玛目派的发展方向。比较而言，他在社会政治领域而不是学术领域发挥了更为重要的作用。其作用主要表现在以下三个方面。③ 第一，进一步抑制苏菲教团和哲学的发

---

① Moojan Momen, *An Introduction to Shi'i Islam: The History and Doctrines of Twelver Shi'ism*, Yale University Press, 1985, p. 112.

② 关于这种思想倾向，本书在本章其他节中详细论述。

③ Moojan Momen, *An Introduction to Shi'i Islam: The History and Doctrines of Twelver Shi'ism*, Yale University Press, 1985, pp. 115 – 116.

展。此前，伊斯兰教什叶派与苏菲主义密切交织，什叶派最负盛名的宗教学者也一直受到苏菲主义的巨大影响，甚至麦吉利斯的父亲也是苏菲教团成员，有些学者还认为伊斯法罕学派也是一种高级形态苏菲主义的表现。因此，麦吉利斯的举措，既包括打击在民众当中盛行的所谓低级形态的苏菲主义，同时也包括抑制当时各种流行的所谓高级形态的苏菲主义。麦吉利斯认为，苏菲主义所倡导的与真主合一的思想是一种异端邪说。第二，在民众当中宣传和推广正规的、教条式的所谓真正的伊斯兰教什叶派尤其是十二伊玛目派教义和思想，目的就是要将什叶派以及十二伊玛目派在民众当中扎下根。他一是鼓励民众履行特殊风格的什叶派礼仪，比如悼念第三伊玛目侯赛因的仪式，拜谒伊玛目圣冢和伊玛目后裔圣冢的仪式，特别是后者具有史无前例的重要性。二是强调什叶派的灵魂拯救信仰和思想，强调伊玛目作为中间人的概念，强调他作为可以替人向真主求情的求情人的思想。三是，麦吉利斯用波斯语撰写了大量有关什叶派教义、历史和仪式方面的书籍，为将什叶派以及十二伊玛目派传播到伊朗普通人当中发挥了重大作用。第三，继续抑制伊斯兰教逊尼派的发展。当时伊朗中西部大多数地区已经皈依伊斯兰教什叶派，但是东部和东南部的呼罗珊地区（阿富汗人部落聚集区）、西部的库尔德人居住区以及北部的高加索地区民众还属于逊尼派。不过，这种努力不仅没有成功，甚至在呼罗珊地区激起阿富汗人的反抗，最终导致萨法维王朝的覆灭。不过，此时，伊斯兰教什叶派尤其是十二伊玛目派已经在伊朗民众当中扎下了根，逊尼派阿富汗人的暂时统治也无法使伊朗重新皈依逊尼派。

三 恺加王朝的宗教政策及影响

尽管本书论述的重点是在近现代社会来临前中东地区尤其是伊朗及周边区域什叶派政治思想的发展，但因历史发展的连续性，此处也将简要分析一下恺加王朝的宗教政策及其对什叶派乌莱玛的影响。

(一) 宗教政策

自 1722 年阿富汗人推翻萨法维王朝至 18 世纪末恺加王朝建立时为止，伊朗陷入政治解体的无政府状态。在这个时期，出现了继麦吉利斯之后最重要的一位什叶派学者，即穆罕默德·巴齐尔·比赫巴哈尼。他使卡尔巴拉成为什叶派最重要的学术中心，并打破了阿赫巴尔学派一直在十二伊玛目学派里占据主导地位的局面。另外，阿迦·穆罕默德 (Āghā Muhmmad) 在伊朗建立了恺加王朝。一年以后，法特赫·阿里沙·卡扎尔 (Fath 'Ali Shāh Qajar, 1797 ~ 1834 年在位) 继位。出于宗教原因以及维护政权合法性的政治需要，法特赫·阿里沙·卡扎尔积极扶植什叶派以及十二伊玛目派的发展。他经常朝觐库姆和马什哈德这些什叶派圣地，投入大量资金修葺当地和伊拉克地区的伊玛目圣冢，赠给什叶派乌莱玛巨额资金建造新的清真寺和经学院，其中包括重建位于库姆的著名经学院。此外，法特赫·阿里沙·卡扎尔将德黑兰定为首都，并试图吸引著名的乌莱玛定居于此以提升德黑兰的声望。①

此外，在加强政治合法性方面，恺加王朝统治者没有像萨法维王朝统治者那样以伊玛目的后裔自居，而是求助于什叶派尤其是十二伊玛目乌莱玛构建其政权合法性的理论依据，正是这种需求，进一步促使十二伊玛目乌莱玛的地位在 19 世纪上升到更高的程度。乌莱玛也希望运用这种时机来巩固自己的地位并保证自己的独立性。像米尔扎·阿布伊勒－卡希姆·库米 (Mīrzā Abu'l－Qāsim Qummī, ? ~ 1816) 以及赛义德·加法尔·卡什夫 (Sayyid Ja' far Kashfī, ? ~ 1850) 这样的宗教学者，特别是后者提出了一整套完整的什叶派 (十二伊玛目派) 政治理论来论证恺加王朝的合法性地位，并提出伊玛目隐遁后，应由世俗统治者和乌莱玛分别代理隐遁伊玛目的政治领袖职能和宗教领袖职能。

赛义德·加法尔·卡什夫的这套理论为恺加王朝提供了强有力的合法性依据。同时，也使乌莱玛获得了恺加王朝对他们宗教领袖地位的认可。

---

① Moojan Momen, *An Introduction to Shi' i Islam: The History and Doctrines of Twelver Shi' ism*, Yale University Press, 1985, p. 130.

借助这套理论框架，那些希望与世俗政府和国家进行合作的什叶派乌莱玛，或者那些希望超脱于政治的乌莱玛，都能够如愿以偿找到他们进行政治实践的理论依据。

（二）乌莱玛开始干预国家政治

19 世纪上半叶，由于恺加王朝的上述宗教政策及其在政权合法性方面对乌莱玛的需求，十二伊玛目派乌莱玛社会政治地位得到进一步提升。如前所述，萨法维王朝自称其权威建立在三种思想基础之上，因此乌莱玛被纳入国家机器的范畴之内，进而受到国家的牢固控制。而恺加王朝统治者则不同，他们借助乌莱玛的政治理论，论证了自己政权的合法性。一方面，他们声称自身是"神（真主）在大地上的影子"，这种理论基础使他们得到了世俗政治领袖权力的合法性；另一方面，他们将"隐遁伊玛目的代表"这种宗教领袖的合法权力留给了乌莱玛。这样，自萨法维王朝以来，尽管一些杰出的宗教学者在地方政治层面已经开始发挥重要作用，有时甚至能够导致地方总督职务被解除，而且乌莱玛作为整体已经获得相当程度的独立性，甚至能够公然向统治者挑战，但是直到恺加王朝法特赫·阿里沙·卡扎尔统治时期，乌莱玛才开始进入国家政治层面。不过，那个时期大多数宗教学者仍旧游离于国家机器之外，而且定居在伊拉克等地，处于国家法律管辖领域之外。

乌莱玛干预国家政治的两个最显著的例子是他们在两次伊俄战争中发挥了作用。在第一次伊俄战争中（1804～1813），恺加王朝指挥这场战事的首相致信给定居在伊拉克和伊斯法罕的宗教学者，要求他们发布针对沙俄进行圣战的法特瓦。应这种请求，许多著名的宗教学者都做出了积极的回应，发布了法特瓦。第一次伊俄战争后，由于战败，伊朗许多地区被划归沙俄，致使这些地区的穆斯林遭受到不公正的待遇。他们的艰难处境被宗教学者知晓后，后者因此开始鼓动再次对沙俄进行圣战。法特赫·阿里沙·卡扎尔最初不愿意这么做，但是许多著名的宗教学者一再要求进行圣战，并声称将接管政府事务，自行发布对沙俄进行圣战。他们因此还发布了法特瓦，宣布圣战是一种宗教义务，谁反对圣战将被视为"不信神者"。屈从于这种压力，法特赫·阿里沙·卡扎尔默许了对沙俄进行圣战。尽管第二次伊俄战争对伊朗来说也是灾难性的，但是反映出乌莱玛已经开始作为一支新型的政治力量，有能力对国家政策的制定发挥至关重要的作用。这种作用，只是乌莱玛在此后一系列重大历史事件中发挥政治影响的序幕。

除此之外，19世纪上半叶，伴随着乌莱玛的社会政治地位进一步发展，最终形成了宗教学者体系以及"效仿源泉"体制。此时纳杰夫是什叶派首要的学术中心。这个时期最著名的学者谢赫穆罕默德·哈桑·纳杰夫在1850年去世前，已成为什叶派社团最具权威的"玛尔加塔格里德"（marja 'at-taqlīd，"效仿源泉"）。在他之后，一些杰出的穆智台希德被集体公认为"效仿源泉"。19世纪50年代中期，这批"效仿源泉"相继去世后，谢赫穆尔塔达·安萨里成为唯一的"效仿源泉"。什叶派社团唯一"效仿源泉"的出现及其将作为隐遁伊玛目代理人的事实，实际上他拥有很大的权力。因为，所有什叶派教徒都需将宗教课税，比如天课和五一税①交给他，唯一的"效仿源泉"因此聚敛了巨额财富。1864年穆尔塔达·安萨里去世后，1872年其学生米尔扎-伊·设拉子成为新任的唯一"效仿源泉"。设拉子于1895年去世，此后定居在纳杰夫的一些穆智台希德集体成为"效仿源泉"，担负着什叶派社团宗教领袖的职责。就是在这个时期，许多宗教学者变得非常富有，他们开始更加频繁、更加有力地干预国家政治。

什叶派以及十二伊玛目派乌莱玛地位的发展和提高，毫无疑问是得益于萨法维王朝以及恺加王朝宗教政策的直接推动。同时，什叶派尤其是十二伊玛目派教法学以及其他宗教学科和宗教政治思想的发展，反过来也推动了自身地位的提高。

第四节　谢赫学派及其传统政治思想

阿赫巴尔学派与乌苏勒学派是十二伊玛目派的两个主要教法学派，两者

---

① 五一税，是什叶派穆斯林基本义务之一。一般指什叶派穆斯林年净收入的五分之一，它必须支出在先知及其家庭、孤儿、急需者或旅行者身上，其中一半归伊玛目所有。

只是在什叶派教法学原理领域以及其他一些边缘领域存在区别。由谢赫阿赫麦德·伊本·宰努伊德 - 丁·阿赫赛伊（Shaykh Ahmad ibn Zaynu'd - Din al - Ahsā'ī，1741/1753 ~ 1826）创立的谢赫学派，虽然也属十二伊玛目派的教法学派，但是它在教义思想和宗教的基本原则方面，与前两者存在本质区别。

一　谢赫学派产生的背景

（一）谢赫学派产生的历史根源

如前所述，在第十二任伊玛目隐遁的下一个世纪，即 10 世纪，布维希王朝登上政治舞台，并且不遗余力地团结和加强什叶派社团的力量，比如重建圣冢、编撰什叶派圣训、积极扶植宗教学者和教义学家等，因此为什叶派社团带来整整一个世纪的光明前景。但是，即便在这种背景下，什叶派所期望的隐遁伊玛目没有复临。随后，又一个世纪过去了，布维希王朝已被推翻，可是伊玛目仍然处于大隐遁状态。随后第三个世纪过去了，这个世纪以什叶派社团受到压迫并因此不断反抗为特点，但是什叶派祈祷的隐遁伊玛目仍然没有复临。这个时期，十字军开始侵扰，北非也建立了法蒂玛王朝，但是伊玛目仍然延迟复临，即使伊斯兰社会遭受到巨大的灾难。比如，在小隐遁结束后的第四个世纪里，即第 13 世纪，蒙古人入侵波斯，残杀和迫害生灵，人们所期待的"时代的主人"也依然没有复临。而且，迟至 16 世纪初萨法维王朝兴起之时，能够与隐遁伊玛目进行沟通的，仅仅是萨法维王朝的国王们声称的他们与隐遁伊玛目在睡梦中的交流。

因此，到 18 世纪末兴起了异质的十二伊玛目派教法学派——谢赫学派。可以说，这是对隐遁伊玛目复临说的长期失望、绝望和痛苦所导致的结果。

（二）思想渊源——苏菲主义的影响

1. 苏菲主义与伊斯兰教什叶派的相似性

在当代，苏菲神秘主义在广大伊斯兰教逊尼派下层信徒当中具有相当大的影响力，但在什叶派信徒当中只是一个边缘化的现象，作为什叶派社团宗教领袖的主流乌莱玛，也较少有人与苏菲主义有密切的联系。不过历史上尤其是从 12～14 世纪，苏菲主义与什叶派教义存在复杂的联系。什叶派曾在 10 世纪和 11 世纪在伊斯兰世界中获取许多政治权力，可是 11 世纪中期塞尔柱王朝开始严厉迫害什叶派，导致苏菲主义逐步发展起来并填补什叶派运动沉寂下来后造成的政治宗教思想"真空"。此后，即从 12～14 世纪，苏菲主义和什叶派相互融合，相互影响，相互交织，产生了密切关系。

苏菲主义之所以与什叶派能够发生密切的关系，除上述政治原因外，从宗教的角度看，在于两者之间在许多领域存在着相似性，正是这种相似性促使苏菲主义及其教团倾向支持什叶派教义的某些思想。比如，在苏菲主义重要的思想当中存在一种"完人"观念。这种观念认为人世间一定存在着这样一个人，他是把真主的荣光传给人类的一个完美的渠道和途径。这个"完人"被称之为"固特卜"（Qutb），意为"宇宙的支柱或者轴心"。"完人"具有神圣性，受真主的保护。[1] 显然，这种"完人"观念与什叶派当中的"伊玛目"概念具有相似性。再如，什叶派圣训当中许多涉及伊玛目的内容，同样可以在苏菲主义有关"完人"的内容中发现类似的思想。比如，苏菲派宣称人世间任何时候只能有一位"完人"，谁在去世之前不知道当代"完人"的话，他去世时就是一个"蒙昧者"。只有那个知道同时代"完人"的人，才具有真正的信仰。[2] 在萨法维王朝建立前，"完人"思想在苏菲教团、萨法维教团中居支配地位。苏菲主义与伊斯兰教什叶派之间的相似性，还存在其他方面。比如，传授苏菲宗教功修道路的权威，从苏菲教团的导师［称为"固特卜"、"谢赫"、"穆尔西德"（阿拉伯语通称）、"辟尔"（波斯语通称）、"巴巴"（突厥语地区）］一代代相传至其弟子手中，这就是某个苏菲教团的导师的"道统"或宗谱传系。在大多数苏菲教团看来，其导师的道统通过各种各样的中介可以一直追溯至

---

① Moojan Momen, *An Introduction to Shi'i Islam: The History and Doctrines of Twelver Shi'ism*, Yale University Press, 1985, p. 209.

② Moojan Momen, *An Introduction to Shi'i Islam: The History and Doctrines of Twelver Shi'ism*, Yale University Press, 1985, p. 209.

阿里，进而从阿里追溯至先知穆罕默德，进而再从穆罕默德那里获得了可以深入到神秘真理当中的那种原动力。因此，许多苏菲教团常常以阿里为荣。这种倾向有助于伊朗民众在萨法维王朝统治时期接受什叶派思想。

除上述相似性之外，苏菲主义当中的"伊尔凡"（'irfān，意为"神秘主义知识"）思想，也被什叶派乌莱玛所接受。"伊尔凡"是波斯语，在阿拉伯语中称为"马尔里法"（al－Ma'rifah），是伊斯兰教思想中一个至关重要的层面，即有关形而上和神智论的思想。这种思想不是指像现代西方哲学所认知的哲学的一个分支，而是有关真主的至真的最高科学。[①] 有关神秘主义知识的著作，主要涉及探寻《古兰经》当中隐含的神秘主义内涵。它依据的是探寻精神内涵的这样一个过程，而不是对《古兰经》章节进行技术性注释这种手段。因此，它也是一种理性思辨活动，可以将它归之为苏菲主义当中的思辨神秘主义。借助这种形式，苏菲主义终于在什叶派宗教思想和经学院当中占据一席之地，不过是在相对边缘的领域。历史上，探寻神秘主义的哲学思想和运动，对什叶派思想产生巨大影响。这种哲学运动可以称之为"神智学"、"神圣的哲学"或"认主学"。这种哲学运动将伊斯兰教当中三种有关精神领域的知识来源调和在一起，并将这种努力达到了顶峰。第一种来源是涉及经训当中有关启示和传述思想的来源；第二种是对伊斯兰教进行理性分析所得出的结论；第三种来源是有关直觉、忘我的精神修炼等来源。这种哲学运动的根基可以追溯到伊斯兰教形成的早期历史当中，但是最后超越了什叶派自身。

基于苏菲主义与什叶派的上述相似性，以及什叶派对苏菲主义当中神秘主义思想的接受，在萨法维王朝阿拔斯一世大帝统治时期，产生了把苏菲主义的精神修炼思想和什叶派思想中的隐义方面调和在一起的伊斯兰教哲学思想和运动，其最杰出的成果是伊斯法罕学派的形成和发展。由于苏菲主义本身就是这场哲学运动和思想的最重要来源，因此该学派也可以称之为苏菲主义高级形态的思想之花。

2. 苏菲主义与什叶派的矛盾性

除上述相似性之外，苏菲主义与什叶派教义和思想当中也存在着矛盾

---

① 〔伊朗〕萨义德·侯赛因·纳速尔：《伊斯兰教：世界宗教入门》，王建平译，上海古籍出版社，2008，第156页。

和冲突。比如，"完人"这个概念对苏菲教团来说，有时就是指某个教团的首领或教主，实际上意味着人类的精神指导和真主荣耀的传递者。这个概念就与什叶派当中的伊玛目概念发生直接冲突。因为，什叶派认为伊玛目也承担这样的职责。再如，苏菲教团要求绝对服从"完人"、首领或者长老，而这与什叶派要求奉献于伊玛目的思想是矛盾的。对什叶派来说，十二伊玛目就是"完人"，任何时候人世间只能有一位"完人"。还有一些其他原因，导致什叶派乌莱玛对苏菲主义采取敌对立场。比如，在什叶派苏菲教团中，有关道统延续的链条当中不包括十二伊玛目派中的所有十二位伊玛目，他们只承认前八位伊玛目。再如，苏菲教团的信徒只将天课交给教团首领或长老，而不是乌莱玛。此外，这些什叶派苏菲教团还试图将他们的概念与什叶派主流观念相联系，苏菲教团的首领经常被信徒视为"隐遁伊玛目的代理"（Nā'ib – iImām）。但是，即使这种修正也不是什叶派主流学者所能接受的，因为他们认为乌莱玛整体上是隐遁伊玛目的一般代表。

正是这些矛盾和分歧，导致什叶派尤其是十二伊玛目派乌莱玛对苏菲主义采取了敌对的态度，并在18世纪对后者进行了猛烈攻击。其代表人物是萨法维王朝时期的两名什叶派乌莱玛，即麦吉利斯和穆罕默德·巴齐尔·比赫巴哈尼。在他们的打击和剥离之下，苏菲神秘主义从什叶派思想中被剔除出去，在什叶派思想的主流发展中不再具有重要影响。

（三）伊斯法罕学派

在一定程度上，谢赫学派也源自伊斯法罕学派，尽管两者之间存在相当大的差异性。伊斯法罕学派（"照明学派"）的起源，可以追溯到苏哈拉瓦迪（？～1191）。苏哈拉瓦迪相信有必要通过发展人类的理性和直觉两个方面来获取真正的智慧。理性的发展可以通过亚里士多德和伊本·西那的哲学获得，但直觉的发展却需要借助对心灵的净化才能够实现，心灵的净化则需要借助沉迷、神秘主义的思索来取得。伊斯法罕学派的奠基者是穆罕默德·巴基尔·艾斯太拉巴迪（Muhammad Baqir Astarābādī），又称为米尔·达麦德（？～1631）。该学派最杰出的学者是穆拉·萨德拉（Mulla Sadra,？～1640）。该学派学术中心在库姆，在萨法维王朝时期将什叶派主流学派当中许多杰出学者都吸引了进来。该学派的思想来源分别是：天启的思想，即《古兰经》尤其是其隐义思想以及伊玛目传述的圣训；什叶派教义学思想以及逊尼派正统教义学思想；苏哈拉瓦迪的哲学思想；以伊本·阿拉比为代表的伊斯兰教神智学和形而上的思想。

　　简言之，根据穆拉·萨德拉的著述，伊斯法罕学派突出的思想和观念是：（1）将"14个纯粹的灵魂"（指穆罕默德、法蒂玛以及十二位伊玛目）整合在一起，纳入伊本·西那的宇宙论当中。在这种宇宙论当中，这"14个纯粹的灵魂"取代了"积极的智力"成为物质存在的本体原因。（2）相信可以通过理性理解的世界与可感知的世界之间存在一个独立的影像世界。（3）用存在的根本性原则取代本质的根本性原则，来作为形而上的基础。（4）有关存在的本质运动的思想。这种思想宣称，任何存在的物质都是易于变化、易于深化和易于完美的。（5）独立存在的本质是灵魂，灵魂是永恒的，可以复生。①

　　此外，穆拉·萨德拉还提出"四个旅程"的思想。这种思想表现了该学派的形而上的体系，也展示了它与伊斯兰教其他思想流派的联系。这四个旅程是指：从生物到"真正的人"或者"真正的一"；从"真正的人"到"真正的人"；从"真正的人"到生物；从生物到生物。② 第一个旅程指人（旅行者）与物质世界和肉体相分离的一个过程。在该旅程当中，他揭开了隔在他与"神圣的美"之间的面纱，从而在"神圣"当中寂灭。第二个旅程指在这个过程当中旅行者开始沉思，认识和理解"真主的名字"和"真主的属性"，并由此达到圣徒状态，可以在真主的本质、行动和属性中完全寂灭。第三个旅程是指他在真主当中寂灭的结束和存在的开始。这是达到一个先知的状态，但不是能带来启示的先知的状态。在这个状态中，旅行者能在所有被造物世界中旅行，能够看到所有被造物世界的本质。第四个旅程是在生物当中发生的，旅行者已达到能带来律法的先知的状态。他能看到所有存在者的本质，能了解到所有存在者回归真主的方式，

---

① Moojan Momen, *An Introduction to Shi'i Islam: The History and Doctrines of Twelver Shi'ism*, Yale University Press, 1985, p. 219.

② Moojan Momen, *An Introduction to Shi'i Islam: The History and Doctrines of Twelver Shi'ism*, Yale University Press, 1985, p. 219.

能给予所有存在者以指导。"四个旅程"思想认为，人的灵魂借助精神升华可以达到存在的最高阶段，即与真主合一。穆拉·萨德拉还认为："这个精神升华的原理在于先天的、与生俱来的灵知。它是创造于人的心灵中的最高知识形式。它补充人存在的缺陷和不足，因而使人成为'完人'。"①

不仅如此，穆拉·萨德拉还强调经训、理性推论以及直觉与精神上的神光是人类获得智慧和知识的三条主要道路，这三者殊途同归。② 而如上所述思想，正是基于这三种认知方法得以构建的。

二 谢赫学派的宗教政治思想

谢赫学派的主要信条尤其是它不同于十二伊玛目派主要教法学派（乌苏勒学派和巴尔谢赫学派）独特的思想包括政治思想，主要有以下几个方面。③

（1）关于真主。认为真主和人类之间没有任何相似性，人类永远不可能了解真主的实质。人类任何有关真主的知识，仅仅是自己想象力的产物，最多只是对真主的反映，这种知识永远不会获得有关真主的实质。从真主流溢出真主的意愿，后者正是创造的第一根源。这种观点本质上是对苏菲主义存在统一性观念的否定，是对与真主合一思想的否定。

另外，谢赫学派在有关真主知识的观点上，与十二伊玛目派主要教法学派也不一致。谢赫学派认为存在两类有关真主的知识。一种是有关真主本质的基本知识，这种知识与真主实质不能分割。人类不能认知这种知识。伊玛目是人类获取这种知识的"门"（巴布），唯有通过伊玛目的中介，人类才能认识真主；另一种是有关被造物的知识，即实际存在的知识，当真主在造物活动中这种知识就产生了。④

---

① 金宜久主编《伊斯兰教史》，中国社会科学出版社，1990，第363页。
② 〔伊朗〕萨义德·侯赛因·纳速尔：《伊斯兰教：世界宗教入门》，王建平译，上海古籍出版社，2008，第88页。
③ Moojan Momen, *An Introduction to Shi'i Islam: The History and Doctrines of Twelver Shi'ism*, Yale University Press, 1985, pp. 226 - 228.
④ 周燮藩：《什叶派伊斯兰教在伊朗的历史演变》，《西北第二民族学院学报》（哲学社会科学版）2006年第3期，第46页。

（2）关于先知。谢赫学派认为先知介于真主和人类之间，真主和先知之间没有相似性，人类和先知之间亦没有。先知不仅是真主选择接受启示的人，更是独一无二的人。他的能力和属性超过任何人，甚至完人。借此，谢赫学派否定了苏菲主义有关人可以通过纯净自身达到先知品位的思想。

（3）关于伊玛目。谢赫学派认为源自真主意志的第一被造物是穆罕默德之光，从穆罕默德之光中产生诸伊玛目之光，从伊玛目之光中产生信士之光，以致宇宙万物等。因此，伊玛目是真主创造世界的工具，是真主创造世界的初因。伊玛目是人类得以获取真主知识的中介，同时也是真主恩泽得以福佑人类的中介。①

这种观念源自十二伊玛目派主要教法学派中谴责"塔夫韦德"（tafwīd）的思想。塔夫韦德，即将真主属性归因于人而非真主自身的思想。这种极端尊敬伊玛目思想的一个后果，是当谢赫学派信徒拜谒伊玛目圣冢时，采取了完全不同于十二伊玛目派主要教法学派追随者的方式。

（4）关于世界的本质。谢赫学派认为在物质世界和精神世界之间存在一个玄妙的中间世界，称之为"胡尔加尔亚"（Hūrqalyā），也可称为"原型世界"。它等同于正统伊斯兰教末世论当中的涤罪所。物质世界任何事物，在"胡尔加尔亚"中都有对应的原型事物。任何一个人都有两个身躯：一个由可见的临时元素组成，死后在坟墓中融解；另一个在临时元素化为尘末时继续存在，玄妙而不可见。② 这两个身躯分别存在于物质世界和原型世界。隐遁的第十二任伊玛目，据称他所居住的城市，都存在于原型世界中。

（5）末世论。末世论思想是上述"胡尔加尔亚"思想的产物，这种思想导致谢赫学派与十二伊玛目派主要教法学派产生冲突。谢赫学派致力于调和理性和宗教，试图就用"胡尔加尔亚"这种观念，解释伊斯兰教当中似乎与理性冲突的方面。该学派认为十二伊玛目隐遁，并不意味着他的肉

---

① C. E. Bosworth, E. Van Donzel, W. P. Heinrichs, G. Lecomte eds. , *The Encyclopaedia of Is-lam*, New Edition, Volume IX, SAN—SZE, Brill, p. 404.

② 周燮藩：《什叶派伊斯兰教在伊朗的历史演变》，《西北第二民族学院学报》（哲学社会科学版）2006 年第 3 期，第 46 页。

身隐藏在现实物质世界当中。尽管人们不再可能与他进行物质联系，但是他生活在"胡尔加尔亚"这个原型世界当中，伊玛目承担着推动信徒进入神秘主义的关键职能。该学派认为最后审判日的复生现象，并非肉体复活，而是处于原型世界当中的妙体接受审判。谁能进天园或者火狱，取决于他在原型世界的行为。

（6）有关登霄夜的思想。正统穆斯林相信在 621 年先知穆罕默德 52 岁那年的 7 月 27 日夜晚，他在天使的陪同下乘天马从麦加至耶路撒冷，又从那里登霄，遨游七重天，见过天园、火狱等情景，黎明时返回麦加。谢赫学派认为登霄之事发生在存在于原型世界当中的先知的妙体身上，而非他的肉身上。

（7）关于第四根支柱思想。十二伊玛目派五项基本信仰是"信真主独一"、"信先知"、"信末日"、"信伊玛目"和"信正义"（正义是真主的一个属性）。谢赫学派却将"信真主独一"和"信正义"合二为一，称为"信真主知识"。这是第一根支柱。同样，"信末日"也归在"信真主知识"这根支柱之下，不单独存在。这样，谢赫学派就将十二伊玛目派五项信仰原则简化为三条原则，即"信真主知识"、"信先知"和"信伊玛目"。在这三条信仰之外，谢赫学派增加第四条原则，即"第四根支柱"，称之为"鲁昆·拉比阿"（ar – Ruknar – Rābi '）。"鲁昆·拉比阿"指，信仰由一个完美的什叶物质世界的存在，这个完美的什叶能够担当隐遁伊玛目与物质世界之间的中介，这个概念源自苏菲主义思想当中"完人"的概念。隐遁伊玛目鼓励这种居间作用，鼓励这个完美的什叶代表隐遁伊玛目的意志。这个完美的什叶位居"努加巴"（nujabā）和"努卡巴"（nuqabā）阶层的顶端，"努加巴"和"努卡巴"是能够传授或传递伊玛目知识和权威的人。"鲁昆·拉比阿"这个名称本身，有时单独指这个"完美的什叶"，有时指"努加巴"和"努卡巴"阶层整体。在谢赫学派发展的初期，信徒就将谢赫·艾赫迈德及其继任者赛义德·卡希姆视为前后相继的"完美的什叶"、"第四根支柱"和通向隐遁伊玛目的大门。在后期，为使教义不再具有争议，此时"鲁昆·拉比阿"转而指作为整体存在的什叶派乌莱玛阶层，更加类似"纳伊布·阿姆"（Nāi'b al – 'Āmm，即"隐遁伊玛目的一般代表"）这个概念。

可以看出，谢赫学派与前述乌苏勒学派在教义学和教法学领域存在矛盾和冲突。比如，谢赫学派强调可以通过直觉从伊玛目那里直接获取知识。十二伊玛目派穆智台希德担心这种思想会损害自身的宗教政治地位，因为伊玛目的地位是建立在通过穆智台希德们的理性独立判断活动获取知识这种思想基础之上的。再如，在先知登霄、复生日等思想方面，十二伊玛目派乌莱玛与谢赫学派思想也不一致。十二伊玛目派认为这些事情发生或已经发生在物质躯体之上。此外，在有关"塔夫韦德"、真主知识等领域，两者思想也存在着矛盾。在教法学领域，谢赫学派对于宗教学者的独立判断的有效性予以否认。因此，他们的学说遭到十二伊玛目派穆智台希德的激烈反对和打击。

在政治思想方面尤其是"第四根支柱"所蕴含的政治思想，也与乌苏勒学派存在差异。其一，乌苏勒学派认为在伊玛目隐遁时期应由宗教学者代理其职能，宗教学者是隐遁伊玛目的"一般代表"。谢赫学派比乌苏勒学派走得更远。他们认为"第四根支柱"，无论是指个人，还是指作为整体存在的什叶派宗教阶层，能够在伊玛目隐遁时期接近指导人类的伊玛目。这是一种希望"第四根支柱"在伊玛目隐遁时期可以作为现实世界伊斯兰社团领袖的思想，只不过通过伊玛目与物质世界的中介这种方式委婉地表达出来，反映了普通民众更为深刻的宗教渴望。其二，双方还存在本质差别。乌苏勒学派是在坚持和尊重什叶派传统教义尤其是伊玛目教义的基础上，通过教法学思想的发展来论证和提出这种新思想的。它始终没有改变什叶派"信真主独一""信先知""信末日""信伊玛目""信正义"这个宗教核心。但是，谢赫学派却是在对什叶派教义，即宗教的核心层面进行修正的基础上，来提出其政治思想的。这种对教义的修正体现在对真主、先知、伊玛目三个层面的信仰之外，增加了一个新的信仰层面，即"第四根支柱"。这种修正是对教义的改造，意味着新的信仰的产生。教义和信仰是宗教的核心，一旦这个核心发生变化，也就意味着原来的宗教发生了变化，至少孕育着产生新的宗教的思想基础。

三 谢赫学派的宗教政治影响

谢赫学派代表了十二伊玛目派非主流教法学派的思想，它的存在和发展从组织和思想传承方面直接为以后巴布教派思想和运动以及间接地为巴哈伊教这种新兴宗教的兴起铺平了道路。从组织传承来看，巴布教派运动原是谢赫学派的一个分支。谢赫学派创始人谢赫·艾赫迈德生前已指定赛义德·卡希姆为继承人。1843年，赛义德·卡希姆去世时没有指定继承人。谢赫学派随之一分为四。其中一支在赛义德·阿里·穆罕默德·设拉子（1819~1850）领导下，从思想和组织上对谢赫学派进行了继承和发展，转变为巴布教派思想和运动。谢赫学派的其他三个分支，分别活动在卡尔巴拉地区、大不里士地区以及吉尔曼地区。1843年赛义德·卡希姆去世时，赛义德·阿里·穆罕默德·设拉子已与谢赫学派建立了密切联系。当时，他只是自称为"巴布"。

从思想传承上看，1844年，对许多什叶派尤其是十二伊玛目派信徒来说，是一个千年期待的时期。这一年，是十二伊玛目隐遁的1000周年，又是隐遁时期开始的1000周年，什叶派热切地期待着隐遁伊玛目将在这一年复临。不过，事实上隐遁伊玛目并没有复临。但是，在这种虔诚的、满含希望的、千年期待的宗教气氛中，赛义德·阿里·穆罕默德·设拉子在继承谢赫学派思想的基础上，对该学派思想做了进一步发展，从而为巴布教运动奠定了基础。在这一年，赛义德·阿里·穆罕默德·设拉子为自己提出了一个称号，并在谢赫学派信徒中获得更多支持。他声称自己是人类通向隐遁伊玛目的"巴布"，这种有关"门"的教义是什叶派尤其是谢赫学派一直提倡的，不过此时他的信徒还遵守着伊斯兰教法。他所引证的一则什叶派圣训说："我（先知）是知识之城，阿里是该城的门（巴布）。"[①]他宣布自己是"巴布"，是希望重新开启信徒与伊玛目的联系之门，他便是将"隐遁伊玛目"意愿传达给民众的"必由之门"。1848年，他进一步

---

① 周燮藩：《什叶派伊斯兰教在伊朗的历史演变》，《西北第二民族学院学报》（哲学社会科学版）2006年第3期，第48页。

自封为"复临的十二伊玛目",即马赫迪,将废黜伊斯兰教的天启,开创一个新的先知时代。与此同时,他认为,就像隐遁伊玛目生活在"胡尔加尔亚"一样,十二伊玛目的复临不是伊玛目自身肉体的复临,而是生活在"胡尔加尔亚"的十二伊玛目原始影像躯体的返回。因此,正是谢赫学派的学说奠定了巴布教派运动的思想基础,如果没有谢赫学派思想,巴布就不可能吸引众多的信徒。1850年,巴布被判处死刑。他生前撰写了大量的教义著作,其中最著名的是《默示录》,已成为巴布教派及后来的巴哈伊教承认的经典。巴布提出,人类社会是依次递进发展的,每个时代都有真主派遣的新先知,向人类传达启示,制定新制度和新律法以取代旧制度和旧律法。巴布宣布自己是真主派遣的新先知,《默示录》是高于一切旧经典的新启示。穆罕默德时代已经过去,《古兰经》应被《默示录》取代,现存一切制度和律法都应按照《默示录》加以修订。[①]

巴布教派思想和运动的发展同时又为巴哈伊教的产生创造了条件。巴布生前已经任命一人为继承人,同时预言另一位肩负传播使命的人将会降临。1866年,米尔扎·侯赛因·阿里(1817~1892)自封为"巴哈乌拉"(真主的荣耀),公开声称自己就是"巴布"预言当中肩负传播使命的人。随后,绝大多数巴布运动教徒转化为巴哈伊教徒。巴哈乌拉声称肩负着实现其他宗教千年期待的使命,因此将巴哈伊教的影响力大大地超出了伊朗的地域范围。巴哈乌拉去世后,他的儿子阿拔斯·埃芬迪(1844~1921)继任。阿拔斯·埃芬迪自称为"阿卜杜勒-巴哈"(真主之仆),掌握了对巴哈乌拉学说进行权威解释的权力。他之后,又任命外孙绍伊·埃芬迪(1957年去世)为巴哈伊信仰的监护者。1963年后,巴哈伊教由世界正义院管理。巴哈伊教早已从伊斯兰教中分离出来,迄今为止已成为一个独立的新兴宗教。它有自己的宗教经典、教义和教法。它认为巴布和巴哈乌拉都是真主赋予的独立的先知,其地位与穆罕默德等同,他们也从真主那里接受了一部新的启示。

---

① 周燮藩:《什叶派伊斯兰教在伊朗的历史演变》,《西北第二民族学院学报》(哲学社会科学版)2006年第3期,第48~49页。

第四章

十二伊玛目派乌莱玛的传统宗教政治思想

上一章着重论述了什叶派尤其是十二伊玛目派教义学和教法学与传统政治思想之间的关系，特别是该派教义学和教法学的发展及其重要的思想内涵和特点，同时着重分析了蕴含其间的理性主义特点发展的社会物质条件。在此基础上，本章将进一步从横向角度深入探讨在近现代社会之前，什叶派乌莱玛尤其是十二伊玛目派乌莱玛宗教政治地位的提升程度及其重要的标志——宗教学者体制的最终建立。此外，本章还将深入剖析基于这种物质条件基础上的，同时也基于该派理性主义教法学思想基础上的乌莱玛传统政治思想的发展变化及其重要的思想内涵。

第一节　十二伊玛目派乌莱玛的宗教社会领袖地位

自布维希王朝建立以来，在王朝统治者不同程度的支持下，十二伊玛目派乌莱玛的社会政治地位不断提升。在恺加王朝建立初期，最终形成了十二伊玛目派宗教学者体制，标志着乌莱玛已成为什叶派社团的实际宗教领袖和精神领袖。本节因此将进一步从该派宗教学者体制、乌莱玛相对独立的经济基础和支持乌莱玛的社会基础三个方面，来阐述乌莱玛所享有的这种实际领袖地位。

152

一　宗教学者体制

在恺加王朝建立初期，十二伊玛目派宗教学者体制已经建立。它的形成和特点与该派传统教育体系存在密切关系，其顶端之上高居着"效仿源泉"。[1]

十二伊玛目派传统教育体系尤其是经学院教育，既是培养普通乌莱玛的摇篮，又是培养高级乌莱玛的地方。它的学生在完成经学院高级学业并获得毕业证书后，就有资格成为能够就教法问题进行"伊智提哈德"的穆智台希德。

十二伊玛目派传统教育体系主要包括初级教育和经学院教育两个前后相继的层面。初级教育在伊朗当地被称为"马克塔布"（maktab，相当于小学），主要设置在乡镇，一般由普通乌莱玛管理。"马克塔布"主要负责识字等扫盲教育，传授和普及伊斯兰教宗教义务，有时也讲解一些著名诗歌。学生的主要任务是背诵《古兰经》，学习宗教课程，培养基本的宗教信仰和意识。这个层面的教育与宗教学者体制的关系不是非常密切，老师和管理者大多是完成经学院初级或中级课程的学生，因此这些小学老师和管理者属于普通乌莱玛的范围。在普通乌莱玛的行列中，还有乡镇清真寺的领拜人、什叶派圣地或宗教慈善机构的监护人、巡游传教者等。他们大多也是仅完成经学院初级学业和中级教育的学生，应邀并受穆智台希德指派后，在基层承担宗教和社会职能。

学生们从小学毕业后，可以到经学院进一步深造。经学院被称为"马德拉撒"（madrasas），大多位于大城镇，比如库姆、马什哈德、纳杰夫等地的宗教学术中心。经学院教育包括初级、中级、高级三个级别。初级级别被称为"穆格达玛特"（Muqaddamāt，意为"预备级"）。学生需要学习阿拉伯语，设置有阿拉伯语语法、逻辑、修辞等课程，此外还有文学、数学、天文学以及教法学入门等课程。老师一般由中高级别的经学院学生或

---

[1]　参阅 Moojan Momen, *An Introduction to Shi'i Islam: The History and Doctrines of Twelver Shi'ism*, Yale University Press, 1985, pp. 200 – 202。

者由主要的穆智台希德的助手担任。中级级别被称为"苏吐赫"（As-Sutūh，意为"外延级"），老师一般由刚刚完成经学院高级学业并获准享有"伊智提哈德"权力的准穆智台希德担任。授课方式以讲座为主，学生可以自由选课，主要课程包括伊斯兰教法学和教法学原理，其他科目有《古兰经》经注学、圣训比较研究、圣训传述者传记、教义学、哲学、神智学、历史学以及伦理学等。学生选课可以根据其某一方面的特殊兴趣，但要进入高级级别经学教育，取决于他们对教法学和教法学原理这两门重要课程的掌握程度。

高级级别称为"巴斯·哈利吉"（Bahth al-Khārij，意为"毕业级"）。经学院的学生通常需经过10年的学习才能达到这个级别，年龄一般在25～26岁。老师主要由穆智台希德担任，学生可以自由选课，主要课程有教法学和教法学原理。该级别教学没有固定的教材，学生需要的教材视其选择的讲座或所要撰写的论文而定。名望卓著的穆智台希德会吸引数百名学生。每位穆智台希德授课方式也不一样，但是一般都有教与学的互动，假定教法案例分析课最受学生欢迎。老师还鼓励学生进行辩论，因此学生完成该级别学业时一般都掌握了高超的辩论技巧。学生在经学院学习的最高成就是从公认的穆智台希德手中得到"伊加札"（ijāza，意为"许可或授权"），相当于毕业证书。通常在毕业前，学生需就教法学或教法学原理准备一篇学术论文，并提交给穆智台希德。如果后者认可，将向这位学生颁发伊加札，证明学生有能力、有资格进行"伊智提哈德"，并有资格成为穆智台希德。一般要到40～50岁，学生才能获得伊加札。

不过，仅获得伊加札并不是必然成为穆智台希德，成为穆智台希德并能够进行"伊智提哈德"的其他条件还有：成熟、男性、出身的合法性、虔信和正义等品质或属性。其中正义是指，该人的言行严格符合沙里亚。此外，在现实宗教生活中要成为穆智台希德，还必须获得公众的认可。否则，也不能成为穆智台希德。许多学生在获得伊加札之后没有成为穆智台希德，而只是被称作"穆智台希德·穆塔特"（mujtahid muhtat，意为"准穆智台希德"）。经学院的学生在获得伊加札并得到信徒的公认后可成为穆智台希德，从而进入高级乌莱玛的行列。

穆智台希德可以就教法问题自由进行判断和解释，若想获得更高声望，仍有赖于信徒对他虔信的程度和宗教学识的进一步认可。19 世纪初"效仿源泉"体制形成后，屈指可数的杰出的穆智台希德最终成为"效仿源泉"，而其他任何信徒成为追随或服从这位"效仿源泉"的"穆盖里德"（muqallid，"模仿者"之意）。19 世纪一些最杰出的穆智台希德还被称为"胡贾特·伊斯兰"（意为"伊斯兰教的证明"）。"阿亚图拉"（意为"真主的象征"）是 19 世纪新出现的称号，20 世纪该称号常被用来指代"效仿源泉"。因此，穆智台希德可以被视为高级教法学家的通称，而"胡贾特·伊斯兰""阿亚图拉"等地位高于一般的穆智台希德。"效仿源泉"地位最高，有时也与"阿亚图拉"同义。

不过，十二伊玛目派乌莱玛之间的等级关系比较松散。最基层的普通乌莱玛在宗教或社会领域会遵从地方上声望较高的穆智台希德，后者则会遵从什叶派圣城或宗教中心杰出的穆智台希德。地方乌莱玛与高级乌莱玛之间还存在相互依赖关系。高级乌莱玛依赖地方乌莱玛传播或扩大信徒对他宗教虔信和学识的认知程度，并依赖后者获取收入；地方乌莱玛也需要借助高级乌莱玛的声望扩大自己的影响力。

总之，宗教学者体制的建立，在现实中意味着居于其顶端的"效仿源泉"成为整个什叶派社团的实际宗教精神领袖，最终使什叶派乌莱玛承担伊斯兰社团领袖职责的思想在一定程度上变成了事实。

二　乌莱玛相对独立的经济基础

什叶派尤其是十二伊玛目派乌莱玛通过收取和管理宗教课税、管理宗教赠予以及其他一些宗教民事事务，获得了相当雄厚的资金来源，这成为他们能够独立或半独立于世俗政府的经济基础，同时也使宗教学者体制表现出相对自治的特点。

在传统社会条件下，什叶派以及十二伊玛目派乌莱玛主要有三种经济来源。第一种，也是最重要的一种，乌莱玛有权力收取和分配重要的宗教课税，主要包括天课和五一税。在伊斯兰教逊尼派社会中，五一税通常属于战利品，归先知穆罕默德所有，他去世后归哈里发所有。天课是国家税收的一部分，由国家收取和分配。但是，什叶派不承认世俗政府这些权力，因此在先知穆罕默德之后，伊玛目成为天课和五一税的合法收取者。十二任伊玛目隐遁后，十二伊玛目派最初认为五一税一半应归伊玛目所有，但在现实中难以实现。还有人因此认为，这部分五一税应隐藏于世，等待隐遁伊玛目的复临。至于天课，十二伊玛目派当时认为每个人均有权对它进行分配。以后随着十二伊玛目派乌莱玛地位的不断提高，他们以隐遁伊玛目的"一般代理人"自居，开始要求由自己来收取五一税和天课税，并在实践中逐步承担起这样的职责。随着宗教学者体制的建立和巩固，收取天课和五一税的权力逐步集中于一位"效仿源泉"或少数"效仿源泉"手中，他（他们）再根据情况，对这些宗教课税进行分配。

第二种，通过管理有关宗教赠予（waqf，瓦克夫）获得的资金来源。瓦克夫，指"将财产所有权与使用权永久性分离并专门用于宗教慈善目的的土地、财产"[①]。在穆斯林生活中，那些出于宗教慈善目的以赠予方式转让的土地和产业，就是瓦克夫。瓦克夫分为公益瓦克夫、私人瓦克夫以及济贫瓦克夫三种，均仅限于用益权的转让。公益瓦克夫用于宗教慈善事业和社会公益事业，其收益归像地方上的乌莱玛领袖这样的管理者所有。

第三种，乌莱玛通过颁发土地转让证、办理结婚手续等管理民事宗教事务收取的费用。

乌莱玛收入的分配问题，大致也有三种去向。一是用来管理经学院，支付学生的食宿费用。二是用于供养穷困的"赛义德"。三是用于各种各样的社会福利事业，比如济贫，开办诊所等。

三　支持乌莱玛的社会基础

在什叶派和十二伊玛目派社团中，还存在一些支持乌莱玛的社会阶层。他们的存在及其与乌莱玛的相互依赖关系，进一步增强了乌莱玛的社会政治地位。

比如在恺加王朝时期，存在着"鲁提斯"阶层（lūṭīs，意为"示威

---

① 吴云贵：《伊斯兰教法概略》，中国社会科学出版社，1993，第148页。

者")。他们经常伴随在具有声望的乌莱玛身边，一旦得到号召，就会走上街头，制造社会骚乱。当政府采取一些不利于"鲁提斯"的措施时，"鲁提斯"就会躲到乌莱玛那里寻求保护。依附于经学院的学生，他们也常常被乌莱玛用于同样的社会或政治目的。

还有"赛义德"阶层。在什叶派穆斯林当中，享有"赛义德"称号的人，一般是指先知穆罕默德及其女儿法蒂玛的后裔，他们的声望源自他们的高贵血统。尽管许多赛义德通过宗教研习能够成为乌莱玛，但是作为一个阶层，赛义德一般没有过高的宗教学识。不过，伊斯兰教法赋予他们享有五一税的特权，他们因此受到普通穆斯林的极大尊重。赛义德阶层与乌莱玛阶层常常通过联姻保持密切联系，在社会事务中也相互支持。

另外，还有一类群体常常给予乌莱玛支持，这就是来自城镇"巴扎"（集市）的商人、手工业者、财主等，他们构成伊斯兰传统城镇的核心群体。他们的宗教意识比较浓厚，一般具有保守主义倾向。与此同时，在什叶派一些地区，大多数乌莱玛的经济收入都源自他们，可是乌莱玛不能从后者手中强制收取宗教课税。因此，后者常常通过缴税或者交纳多少宗教课税，来表达他们支持或反对某一位阿亚图拉的行动，这在一定程度上限制了乌莱玛的独立性，并使乌莱玛在宗教和政治事务中呈现一种显著的保守倾向。

第二节　乌莱玛代行隐遁伊玛目领袖职能的社会政治思想

与此同时，伴随什叶派尤其是十二伊玛目派社会政治地位的提升，以及十二伊玛目派相对独立的宗教学者体制的形成，由乌莱玛代行隐遁伊玛目领袖职能的思想也自10世纪后逐步发展起来，并在萨法维王朝和恺加王朝时期演化成为乌莱玛是隐遁伊玛目"一般代表"的思想。显然，前述什叶派社会地位的逐步提高，是这种意识和思想产生和发展的物质基础，而由这种物质基础所决定的什叶派教义学和教法学思想发展变化，则为乌莱玛这种社会政治思想的演变提供了重要的理论支持。

一 乌莱玛代行隐遁伊玛目领袖职能的思想演变

乌莱玛代行隐遁伊玛目领袖职能的思想源自伊玛目隐遁后什叶派面临的现实困境。根据伊玛目教义，作为真主在人世间存在的证明，作为真主在人间的代理人，同时作为先知穆罕默德的继承人以及先知使命的继续，伊玛目既是宗教领袖，也是俗世事务（包括社会和政治权威）的最高权威，还是人们精神世界的导师。比如，在什叶派看来，伊玛目的具体职能主要包括领导圣战、分配战利品、领导星期五聚礼、实施司法裁决、实施刑法以及征收天课和五一税这六项。尽管如此，除宗教和精神权威外，在现实生活中十二位伊玛目中的大多数均没有成为伊斯兰社团真正的政治领袖。伊玛目隐遁后，有关其学说的去政治化发展，使早期具有政治性的什叶派逐步转变成为内向的、平和的宗教运动。这种趋势在 13 ~ 16 世纪得到进一步强化。结果，不仅伊玛目越来越具有宗教意味，有关伊玛目的概念也逐步从有关政治领域的考虑中被排除出去，变成一个纯教义的概念或宗教的概念。因此，截至 16 世纪，什叶派乌莱玛没有发展出真正的政治理论，他们一般将政治问题排除在所要考虑的问题之外。与此同时，面对伊玛目隐遁后宗教政治领袖权威的缺失，什叶派社团尤其是掌握主命全部知识的乌莱玛，不得不结合这种现实困境，对有关宗教或政治领袖权威的思想重新进行诠释，这种诠释主要通过对《古兰经》和圣训源源不断的评注来进行。经过多个世纪具有创见性的诠释，逐步构建了由什叶派尤其是十二伊玛目派乌莱玛代行隐遁伊玛目领袖职能的思想。

这种思想的构建进程，主要可以分为两个阶段。第一个阶段，是从 11 世纪到 13 世纪，经过两位著名的宗教学者创造性诠释，乌莱玛开始享有代理隐遁伊玛目的各种具体职能。比如，11 世纪初什叶派教法学家谢赫塔伊法首先设法将伊玛目的司法权威代理给什叶派教法学家。他还指出，乌莱玛是能够决定对天课进行分配最合适的代理人，因为只有他们最为知道应将天课分配给谁。另外他还提出，在伊玛目大隐遁后，应当赋予什叶派教法学家领导星期五聚礼的宗教职能。[①] 13 世纪时，穆哈齐格·希里将塔伊法的上述思想进一步发扬光大。他一方面增强了什叶派教法学家的司法作用，认为应是教法学家而不是世俗统治者代理伊玛目的刑罚权；另一方面，他还阐述到什叶派教法学家不仅能够代理伊玛目分配天课的权力，而且能够代理伊玛目对天课进行征收的权力。[②] 不过，出于章节结构考虑，有关乌莱玛代理隐遁伊玛目具体职能的各种思想，笔者将在随后的章节中阐述。

第二个阶段，自 16 世纪起，经过两位什叶派乌莱玛进一步诠释，将这种思想发展到乌莱玛是隐遁伊玛目的"一般代表"。比如，萨法维王朝早期学者穆哈齐格·卡拉齐，是伊斯兰世界首位提出将什叶派尤其是十二伊玛目派乌莱玛视为隐遁伊玛目"一般代表"（"纳伊布·阿姆"）的学者。[③]这种概念，区别于伊玛目小隐遁时期作为隐遁伊玛目的四位"特殊代表"（"纳伊布·哈斯"）。但是，卡拉齐认为这是有严格限制的，乌莱玛仅能在领导星期五聚礼时才能享有这种权力。同时代的另一位著名学者沙希德·撒尼进一步将"一般代表"这个概念，运用到代理隐遁伊玛目所有宗教领袖职能的领域。[④] 经过他的诠释，乌莱玛的教法权威就成为伊玛目权威的直接反映。这样，穆斯林有义务直接将天课交给作为伊玛目委托人的乌莱玛进行分配，如果谁自己分配天课将不会获得任何回报。此外，沙希德·撒尼还扩大了有资格享受天课的人群的范围，不仅包括乌莱玛群体，还包括经学院的学生。[⑤] 这样，乌莱玛就成为作为伊玛目委托人而接受天课及其收入，他们还能够将天课收入用于自身及其学生。不仅如此，沙希德·撒尼还赋予乌莱玛领导"防御性圣战"的权威。但在领导"进攻性圣战"

[①] Moojan Momen, *An Introduction to Shiʻi Islam*: *The History and Doctrines of Twelver Shiʻism*, Yale University Press, 1985, pp. 189 – 190.

[②] Moojan Momen, *An Introduction to Shiʻi Islam*: *The History and Doctrines of Twelver Shiʻism*, Yale University Press, 1985, p. 190.

[③] Moojan Momen, *An Introduction to Shiʻi Islam*: *The History and Doctrines of Twelver Shiʻism*, Yale University Press, 1985, p. 190.

[④] Moojan Momen, *An Introduction to Shiʻi Islam*: *The History and Doctrines of Twelver Shiʻism*, Yale University Press, 1985, p. 190.

[⑤] Moojan Momen, *An Introduction to Shiʻi Islam*: *The History and Doctrines of Twelver Shiʻism*, Yale University Press, 1985, p. 190.

方面，沙希德·撒尼仍旧将它归到隐遁伊玛目复临时将发挥作用的方面。

在恺加王朝时期，十二伊玛目派宗教学者进一步将这种学说系统化，赛义德·加法尔·卡什夫发挥了重要作用。赛义德·加法尔·卡什夫认为伊玛目既享有伊斯兰社团的宗教领袖地位，也享有政治领导地位。十二伊玛目隐遁后，他的这些职责相互分离，并被赋予两类不同的群体来承担。一个群体是什叶派（十二伊玛目派）乌莱玛，他们是隐遁伊玛目的"一般代表"（或代理），代理隐遁伊玛目的宗教领导职能；另一个群体是世俗统治者，他们代理隐遁伊玛目的政治领导职能。如果这两者能够相互合作，伊斯兰社团的事务就能顺利地运转。因为，只有在世俗统治者建立正常的国家和社会秩序之后，乌莱玛才能够实施沙里亚。同时，统治者也需要乌莱玛，因为没有后者的指导，统治者将走向歧途，导致无政府状态。[①]

因此，截至 16 世纪，乌莱玛已逐渐演化为隐遁伊玛目的"一般代表"，并且在理论上享有了隐遁伊玛目的各种宗教职能。同时，由于萨法维王朝对乌莱玛控制非常严密，乌莱玛尚没有时机和条件将这套理论付诸实践。到恺加王朝时期，当乌苏勒学派取得对阿赫巴尔学派的最后胜利时，乌莱玛终于有机会将其一一实现。

尽管乌莱玛已经将自身视为隐遁伊玛目的"一般代表"，但是他们始终不愿再向前跨一步，即声称乌莱玛代行隐遁伊玛目的政治领袖地位，即世俗统治的代理人。同时，上述思想在当时仅代表少数乌莱玛的思想，许多乌莱玛甚至在本质上否认乌莱玛应当承担这种职责。

二 乌莱玛代行隐遁伊玛目职能的经训依据

在什叶派圣训中，没有具有说服力的或非常清晰的有关"隐遁伊玛目的一般代表"的理论依据。大多数相关圣训，均被称为"弱的"或"无力的"（Da'īf）的圣训，即它们缺乏真实可靠的依据，无法信赖。仅有一则圣训被什叶派宗教学者认为是"可靠的"。这则圣训被称作源自欧麦尔·

---

① Moojan Momen, *An Introduction to Shi'i Islam: The History and Doctrines of Twelver Shi'ism*, Yale University Press, 1985, pp. 194 – 195.

伊本·罕扎拉（'Umar ibn Hanzala）。"我问加法尔·萨迪克（第六任伊玛目）有关债务和继承问题争论的意见。这则争议出于我同辈的两个人，他们曾将争议提交到世俗统治者及其法院裁决。他（加法尔·萨迪克）说：'不论这俩人谁对谁错，但是只要把问题提交给世俗统治者及其法院进行裁决，就找错了进行裁决的主。因此，不论他拿到了什么样的结果，即便他是正确的，得到的这个结果也是非法的。因为，那是一种真主命令不允许采取的一种行动。真主说：'当他们被命令不要找一个错误的主进行裁决时，他们却愿意这样做。'"还问："那么，他们应当怎样做？"他（加法尔·萨迪克）说："他们应当从那些传述我们（伊玛目）的圣训、鉴别哪些是我们（伊玛目）所允许的哪些是我们所禁止的通晓我们教法的人当中，去寻找一个人进行裁决……然后，让他们双方同意让找到的人进行裁决，因为我已经安排了一个这样的人作为你们的哈基姆（Hākim）。"①

但是，最后一句释义不清。因为哈基姆既能够翻译成"聪明的仲裁人"，也可译为"统治者"。从字面上看，这则圣训禁止将这样的争议提交给世俗法院，而应交予被争议双方均接受的一名什叶派乌莱玛进行裁决。不过，有些乌莱玛对此持有疑义，认为这仅表示伊玛目将权威委托给"隐遁伊玛目的一般代表"。但是，这则圣训经过以后有了伊斯兰共和国奠基人霍梅尼的诠释，意义得到逻辑延伸，他声称只有教法学家的统治才是伊玛目所允许的。

此外，还有一些圣训，由于传系问题，属于"弱的"、"无力的"或"不可靠的"一类圣训，比较传统的乌莱玛一般不采信。可是，这些圣训经常被霍梅尼引用，作为他提出关于"教法学家统治"的经训依据。因此，这里也罗列出来并进行解释，即便这样已超出论述的范围。这些圣训②分别是：

1. 当被问及"谁是你的'哈里发'（'继承人'之意)？"时，先知回答道："那些在我之后传述我的'哈底斯'（言语的圣训）和'逊奈'（行

---

① Moojan Momen, *An Introduction to Shi'i Islam : The History and Doctrines of Twelver Shi'ism*, Yale University Press, 1985, p. 197.

② Moojan Momen, *An Introduction to Shi'i Islam : The History and Doctrines of Twelver Shi'ism*, Yale University Press, 1985, pp. 197 – 199.

为的圣训），并在我之后用它们教导信徒的人。"

2. 第七任伊玛目穆萨·卡兹姆说："教法学家是信士，是捍卫伊斯兰教的城堡。"

3. 先知曾说："教法学家是先知们的委托人……只要他们不……追随苏丹……"

4. 第六任伊玛目加法尔·萨迪克曾说："当心政府！因为政府属于穆斯林当中知晓如何公正行使教法的伊玛目，属于先知，或者先知的委托人。"

5. 在小隐遁时期，有人曾通过隐遁伊玛目第二位代理人向隐遁伊玛目提出一个问题。隐遁伊玛目说："至于那些发生的事，将这些事委托给那些传述我们圣训的人，他们是我对于你们的证据，我是真主的证据。"

6. 第六任伊玛目加法尔·萨迪克说："乌莱玛是先知的继承人。先知没有为他的继承人留下一个第纳尔，而是留下知识作为遗产。谁获取了这些知识，就获取了丰富的遗产。"

对于第一则圣训，一般认为这位继承人只能是伊玛目，因为圣训经常将伊玛目认为是先知的继任者。此外，这则圣训在不同传系的圣训集中都能找到，可是最后一句——"并在我之后用它们教导信徒的人"一般不存在。霍梅尼却认为这则圣训的正确内容应包括最后一句。他之所以关注乌莱玛代理隐遁伊玛目领袖职能的思想，不仅是看重乌莱玛传述圣训这种被动的社会职能，更注重乌莱玛"在我之后用它们教导信徒"这种更为积极的社会职能。

对于第二则圣训，霍梅尼认为它赋予教法学家保卫伊斯兰教这种积极的社会职能。对于第三则圣训，霍梅尼认为教法学家因此享有了先知们的职能。对于第四则圣训，一般认为指政府属于伊玛目。但是霍梅尼认为它是指在伊玛目隐遁后，只有那些知晓伊斯兰教法并且公正的人，才享有行使政府的权力，教法学家就是最佳人选。对于第五则圣训，霍梅尼认为，它指出乌莱玛是当代社会问题和法律问题的"效仿源泉"。对于第六则圣训，霍梅尼认为它不仅指出乌莱玛是先知知识的继承人，而且乌莱玛继承了先知的职能。

除经训依据外，什叶派尤其是十二伊玛目派穆斯林当中还存在一种根深蒂固的意识，认为乌莱玛尤其是声望卓著的乌莱玛与隐遁伊玛目之间存在密切的关系，这也极大地增强了乌莱玛的声望和权威。他们常常认为："隐遁伊玛目隐身于什叶派穆斯林当中；隐遁伊玛目学识渊博；其中一位乌莱玛就是隐遁伊玛目等。"

三　乌莱玛代行隐遁伊玛目具体职能的思想

截至 13 世纪，在什叶派以及十二伊玛目派乌莱玛当中，已经产生了由乌莱玛代行隐遁伊玛目具体职能的思想。这些思想主要包括以下四个层面的含义。

（一）关于代理隐遁伊玛目司法权威的思想

11 世纪著名的教义学家和教法学家谢赫塔伊法主要论述了伊玛目在世时期和隐遁时期的不同思想。他认为伊玛目在世时，主要由伊玛目行使司法判决，不允许个人做出法律判决。他进一步指出在伊玛目隐遁时期，由于伊玛目本人无法做出司法裁决，他已经将做出裁决的权力赋予什叶派教法学家。这实际上是认为在伊玛目隐遁时期，应当由什叶派教法学家承担卡迪职责。他认为担任卡迪的条件是睿智、精通经训、通晓阿拉伯文、虔诚等，同时只要这个人不担心其生命、财产以及其他信徒不会因此遭到伤害。他还允许通过担任卡迪得到薪金和基本生活品。这种论述，是最早认为教法学家在教法判决上享有伊玛目代理权的言论之一。[①]

此外，谢赫塔伊法还详细论证了在何种情况下教法学家应当承担起这些职能，以及教法学家如何相信他自己实际上是在代表伊玛目。他认为如果教法学家代表暴君行使权力，应使他相信自己是在代表真正的伊玛目进行教法裁决和实施处罚，同时应根据伊斯兰教法承担起这些职能。当实施惩罚时，应让他相信这确实是一种最伟大的圣战。否则，不允许他在任何情况下行使这种权力，若此则视为有罪。但是，如果是被迫的话，不应当

---

① Moojan Momen, *An Introduction to Shi'i Islam*: *The History and Doctrines of Twelver Shi'ism*, Yale University Press, 1985, p. 189.

对他不敬，只需努力使他与非法的政府分离就行。①

（二）关于代理隐遁伊玛目管理宗教课税的思想

关于天课，教法学家一般将这个问题分为伊玛目隐遁前后两个阶段加以论述。谢赫塔伊法认为在伊玛目隐遁前，穆斯林应当把天课交给伊玛目或伊玛目指定的人。同时，天课必须在这八种人当中进行分配，即穷人、赤贫者、管理赈务者、心被团结者、奴隶（不能赎身者）、不能还债者、为主道工作者（承担圣战职责的人）和途中穷困者，天课没有必要平均分配。在伊玛目隐遁后，管理天课的职责应当交给可靠的十二伊玛目派教法学家，因为教法学家知道应出于何种目的去分配天课。② 不过，有三种人不能接受天课，他们是为主道工作者、管理赈务者以及心被团结者。此外，教法学家认为在斋月末进行施舍，也是穆斯林的一项宗教义务，这种施舍也应交付伊玛目进行分配。当伊玛目隐遁后，施舍必须交付教法学家进行分配，或者施舍者可以自己决定应当向谁施舍。

关于五一税，教法学家认为在伊玛目隐遁时期需要由教法学家进行特殊管理。他们还论证了在何种情况下应交五一税，这些情形分别包括：通过战争获得不动产或动产时，从贸易中获利，开垦土地，或者在支付完个人和家庭成员的日常开销后，矿产资源、窖藏金银、龙涎香以及来自海里的任何物品。如果进行土地买卖，也应交付。五一税如果被滥用，不影响穆斯林交付的义务。如果一个人的合法财富与非法财富难以分清，但是如果支付五一税的话，这些财富就是合法的。③ 教法学家认为五一税分为六部分。前三份分别属于真主、先知及其亲属，但是都应交付伊玛目作为个人开销或为其他目的使用。其他三份分别属于先知家族的孤儿、先知家族的穷人以及先知家族的旅行者。但是，这些人如果从天课中得到一份收入

---

① Ann K. S. Lambton, *State and Government in Medieval Islam—An Introduction to the Study of Islamic Political Theory*: *The Jurists*, Oxford University Press, 1981, p. 253.

② Ann K. S. Lambton, *State and Government in Medieval Islam—An Introduction to the Study of Islamic Political Theory*: *The Jurists*, Oxford University Press, 1981, p. 245.

③ Ann K. S. Lambton, *State and Government in Medieval Islam—An Introduction to the Study of Islamic Political Theory*: *The Jurists*, Oxford University Press, 1981, p. 246.

则无资格从五一税中得到一份收入。在伊玛目隐遁前，只有伊玛目有资格将五一税每年按需进行分配，分配后剩余的部分，属于伊玛目。如果五一税不够分配，伊玛目可从自己的物品中补足进行分配。

此外，对于通过战争方式得到的土地的相关管理，教法学家认为这些土地属于先知，在先知死后属于那些继承其地位能够对穆斯林事务进行监管的人。[1] 这些土地包括：已经去世的地主的土地、条件不好的土地；没有经过战斗就屈服的地主的土地、没有被战士夺取的土地；高山、海底、农场的土地以及无主地；前王室土地以及由前王室掌握的尚没有被剥夺的土地；充公的财产；在没有被分配前归属先知的战利品等。[2]

（三）关于领导星期五聚礼的思想

谢赫塔伊法认为在伊玛目隐遁前，星期五聚礼必须由公正的伊玛目或者伊玛目的特殊代表领导。在伊玛目隐遁后，允许派教法学家在星期五聚礼时召集信徒，朗读呼图白等，只要他们感觉这不会对他们构成伤害。[3] 参加星期五聚礼是信徒的一项宗教义务。在这种场合中，一项重要的议程是朗读呼图白。按照 13 世纪著名宗教学者穆哈齐格·希里的阐述，有两种呼图白需要朗读。这两类呼图白均以赞扬真主作为开场白，不过，第一类呼图白还要告诫信徒需虔诚，同时朗读《古兰经》章节。第二类还需祈祷真主赐福先知、他的家族以及伊玛目，同时祈祷真主宽宥十二伊玛目派信徒。但是由于主持星期五聚礼有时暗含造反的意味，因此无论是谢赫塔伊法还是穆哈齐格·希里在论述该问题时，均比较含糊其词。

（四）关于领导圣战的思想

领导圣战问题实际关乎圣战问题本身。圣战对任何一位穆斯林来说，

---

[1] Ann K. S. Lambton, *State and Government in Medieval Islam—An Introduction to the Study of Islamic Political Theory: The Jurists*, Oxford University Press, 1981, p. 247.

[2] Ann K. S. Lambton, *State and Government in Medieval Islam—An Introduction to the Study of Islamic Political Theory: The Jurists*, Oxford University Press, 1981, p. 247.

[3] Moojan Momen, *An Introduction to Shi'i Islam: The History and Doctrines of Twelver Shi'ism*, Yale University Press, 1985, p. 190.

都是一项绝对的宗教义务。在该问题上和在军事作战管理以及如何分配战利品方面，什叶派与逊尼派几乎没有区别。但是，由于面临的政治形势不同，导致什叶派的圣战理论与逊尼派有所差别。什叶派主要关注两个问题：其一，必须履行将"战争地区"转化为"伊斯兰地区"的宗教职责；其二，涉及什叶派包括十二伊玛目派与其他穆斯林的关系。但是，这里仅论述第一个问题，第二个问题由于涉及与世俗统治者的关系，将放在下一节论述。

随着伊玛目的隐遁，第一个问题对十二伊玛目派来说，实际上已不复存在。因为，十二伊玛目派关于进行圣战的必要条件是必须由公正的伊玛目或者由他任命对穆斯林进行监管的人来领导信徒进行圣战。如果这二者都不存在，无论是对敌人发动战争，还是在非公正的伊玛目召集下进行圣战，或者在没有伊玛目的召集下就进行圣战的话，都是错误的。任何人如果这样做，就是犯罪。[①] 尽管如此，什叶派教法学家认为如果进行防御性圣战的话是被允许的。比如谢赫塔伊法认为如果穆斯林遭到敌人威胁，或者担心伊斯兰地区有可能遭到危险，此时进行圣战或者反抗敌人就是一项宗教义务。他强调参加圣战必须是自卫或防御性的，而不是为了对不公正的伊玛目进行圣战，也不是为了与敌人进行圣战直到后者接受伊斯兰教。[②] 至于谁是防御性圣战的领导者，什叶派以及十二伊玛目派宗教学者，比如沙希德·撒尼指出，在伊玛目隐遁后，可以由什叶派乌莱玛领导。[③]

什叶派尤其是十二伊玛目派宗教学者还论证了圣战的其他一些问题，虽然不直接与圣战领导问题相关，但这里也有必要阐述一下。比如他们认为根据真主的指引在边界要塞服役，也是一种低程度的圣战。但是只有在伊玛目隐遁前，服役才是一种可贵的品质，应受到奖赏。服役期限一般是在 3 ~ 40 天。超出该期限，服役就转化为真正的圣战，他们获得的褒奖也

---

①　Ann K. S. Lambton, *State and Government in Medieval Islam—An Introduction to the Study of Islamic Political Theory: The Jurists*, Oxford University Press, 1981, p. 260.

②　Ann K. S. Lambton, *State and Government in Medieval Islam—An Introduction to the Study of Islamic Political Theory: The Jurists*, Oxford University Press, 1981, p. 260.

③　Moojan Momen, *An Introduction to Shi'i Islam: The History and Doctrines of Twelver Shi'ism*, Yale University Press, 1985, p. 190.

应如后者。不过在伊玛目隐遁时期，服役转化为圣战的可能性非常有限，服役的人并不能因此享有伊玛目隐遁前的那种品质。倘若有人非要在伊玛目隐遁时期赴边界服役，他就有义务履行这种职责，但是不能对敌发动主动攻击，只能将敌人驱逐出去。此外，什叶派教法学家不鼓励在伊玛目隐遁前出资保卫边界，认为财富应主要花在慈善事业上。[①]

第三节　与世俗政府关系的传统思想

上一节主要论述了由什叶派尤其是十二伊玛目派乌莱玛代行隐遁伊玛目领袖职能思想的演变和具体内涵等。在此基础上，本节将进一步论述由十二伊玛目派乌莱玛构筑的什叶派穆斯林与世俗政府及其统治者关系的基本思想。

一　对待世俗政府的基本立场

无论是逊尼派还是什叶派都不存在独立的政治问题，政治问题都是被合并到伊斯兰教的领域中来看待的。逊尼派根据国家和政治生活的演变，构建和发展了本身的政治思想，逊尼派穆斯林及其政治思想成为国家和统治者的重要支柱。逊尼派穆斯林一项最基本的政治思想是服从统治者是穆斯林的一项宗教义务，即便统治者是不正义的。因为不正义的统治者，胜过无政府状态。同样，即判断一个被任命为法官的乌莱玛是否能胜任，只能从他是否由政府任命作为依据，而不考虑他的能力、学识和是否有正义感。其依据在于《古兰经》当中的一节经文，它说："信道的人们啊！你们当服从真主，应当服从使者和你们中的主事人（ūlā al‑amr）。"（4：59）[②] 逊尼派穆斯林认为"主事人"或"主事者"即指哈里发和君主。

---

① Ann K. S. Lambton, *State and Government in Medieval Islam—An Introduction to the Study of Islamic Political Theory: The Jurists*, Oxford University Press, 1981, p. 261.

② 《古兰经》第 4 章第 59 节，马坚译，中国社会科学出版社，1996，第 68 页。同时为行文方便，本书将这节经文简称为"主事者"节经文。

《古兰经》还说："一切权势确是真主的。"（10：65）① 又说："我必定在大地上设置一个代理人。"（2：30）② 他们因此认为必须绝对敬畏并顺从真主，顺从真主在世间的使者或者代理人；一切君权均源自真主，哈里发就是真主在大地上的代理人，是世间的君王，顺从君王成为顺从真主的自然延伸。③

但是在什叶派穆斯林看来，《古兰经》中所说的"主事者"，指的是伊玛目。对什叶派而言，理论上所有的政治权威均归伊玛目。④ 但伊玛目隐遁后，其政治权威像其他权威一样，在什叶派社团中实际上也缺失了。对什叶派而言，他们认为自己存在于"神圣社团"。这个神圣社团由真正的信士以及位居其上的、指导信士行为的乌莱玛组成。所有与伊斯兰教法没有直接关系的政治、行政和经济事务，不受乌莱玛的控制和指导，同样也不在神圣社团考虑的范畴。与此同时，什叶派穆斯林还生活在世俗社会当中，这种世俗社会的政治领袖是形形色色的王朝统治者。他们当中既有迫害什叶派的伍麦叶王朝统治者、阿拔斯王朝统治者，也有在不同程度上支持什叶派的布维希王朝统治者、蒙古统治者，还包括将十二伊玛目派定为国教的萨法维王朝统治者或恺加王朝统治者。显然，这是两个截然不同的社会和体制，什叶派乌莱玛与世俗社会的统治者实际上处于争夺伊斯兰社团领导权的状态。但是，一直到萨法维王朝统治时期，什叶派以及十二伊玛目派乌莱玛仍然没有提出系统的政治理论，在他们当中也不存在完全协调一致的立场，甚至每一位乌莱玛在不同阶段也会根据情况改变原先的立场。因此，在萨法维王朝统治时期，始终缺乏系统的什叶派政治理论作为其王权合法性的依据。不过，在什叶派以及十二伊玛目派乌莱玛的著述当中，特别是在关于经训的评注当中，就乌莱玛与世俗国家和统治者的关系而言，一般存在三种立场，分别是政治超脱、政治合作和政治行动主义。

政治超脱是指乌莱玛应能完全超脱于所有政治事务之外，只有致力于

---

① 《古兰经》第 10 章第 65 节，马坚译，中国社会科学出版社，1996，第 168 页。
② 《古兰经》第 2 章第 30 节，马坚译，中国社会科学出版社，1996，第 68 页。
③ 金宜久主编《伊斯兰教》，宗教文化出版社，1997，第 310 页。
④ Moojan Momen, *An Introduction to Shi'i Islam: The History and Doctrines of Twelver Shi'ism*, Yale University Press, 1985, p. 192.

伊斯兰教法、对其他任何活动均保持超脱立场的乌莱玛才能获得最高的宗教地位。致力于内向的、虔诚的、和平的宗教功修，不介入政治是十二伊玛目派初期政治思想的一个基本特点，也是该派在与世俗政府关系问题上的核心思想，还是此后该派在该问题上不断发展变化的思想出发点。10世纪以后，这种思想主要向两个截然不同的方向发展：一是拒绝与世俗政府合作的思想；二是可以与世俗政府合作的思想。可以说，前者更多地继承了这种核心思想的衣钵，一直被大多数什叶派以及十二伊玛目派乌莱玛坚持和继承。

第二个方向，即与世俗政府进行政治合作，也是从政治超脱这种思想当中演变过来的，只不过发展到了拒绝与政府合作的反面。它发展的基础在于10世纪以后什叶派政治社会地位的不断改善和提高，这种思想尤其是那些已经在世俗政府中获取高级官职的什叶派上层人物政治意识的反映。政治合作具体是指，乌莱玛可以与世俗国家或王朝统治者相互合作，他们可以为世俗国家和统治者的合法性提供宗教或精神认同，自己也可以接受世俗国家或王朝的官职。这种政治合作的依据在于国家可以有效地防止无政府状态，而只有秩序存在的地方，才能使伊斯兰教法得到完全的实施。什叶派尤其是十二伊玛目派乌莱玛强调允许与实施什叶派伊斯兰教法以及统治者因此是正义的国家进行合作。只有在面临死亡或者严重损失的情况下，才允许与非什叶派国家或者非正义的政府进行合作，这时什叶派一般可以采取"塔基亚"的方式。从理论上讲，尽管乌莱玛可以接受官方的任命，但这不是他们权威地位的唯一来源。他们的权威来源于他们作为隐遁伊玛目"一般代表"的这种宗教性概念。在萨法维王朝统治时期，许多什叶派上层乌莱玛持这种合作观点，但在萨法维王朝统治后期，仍持这种观点并与官方合作的乌莱玛，常常遭到其他乌莱玛的不齿。

政治行动主义是指乌莱玛可以积极地参与政治，目的在于使世俗统治者遵循伊斯兰教法。如果世俗统治者遵循伊斯兰教法，乌莱玛就能主导这个国家。反之，乌莱玛将反对这个世俗政府。其依据是所有的世俗政府均僭越了隐遁伊玛目的神圣权威和地位，只有作为隐遁伊玛目一般代表且精通伊斯兰教法的什叶派以及十二伊玛目派乌莱玛，才是指导世俗政府的最佳人选。在大多数历史时期，持这种立场的什叶派乌莱玛是少数。但在某个特定、相对短暂的历史阶段，许多原先持不同观点的乌莱玛可能转而支持这种立场。这种思想在萨法维王朝晚期以及恺加王朝初期得到较快发展。它是伴随着什叶派乌莱玛宗教领袖地位的最后确立发展而来的，是最终获得不依赖于世俗政府、相对独立和自主的什叶派及其支派十二伊玛目派乌莱玛政治意识的反映，并通过乌莱玛逐步频繁地干预世俗国家政治的形式表现出来。

与此相对应，截至 1979 年伊朗伊斯兰革命前，就乌莱玛与世俗政府的关系而言，伊朗十二伊玛目派乌莱玛因此也可以分为三类。其一，政治超脱主义者，主要指那些竭力避免参与任何政治事务的乌莱玛。这个群体包括绝大多数在该派内地位非常重要的乌莱玛，特别是包括 20 世纪 60 年代的"效仿源泉"阿亚图拉布鲁吉尔迪、继任者阿亚图拉沙里·阿特马达里（Sharī'atmadārī）、古勒佩伊加尼（Gulpāygānī）以及玛尔阿什－纳贾菲（Mar-'ashī－Najafī）等人。其二，与政府进行合作者。主要包括德黑兰的伊玛目朱穆阿（Imām Jum'a）、哈桑·伊玛姆（Hasan Imāmī）、阿拉玛·瓦希迪（'Allāma VaHīdī）等人。其三，政治行动主义者。这些乌莱玛希望通过政治上的积极行动，对世俗政府进行改造或变革。主要代表是阿亚图拉霍梅尼、蒙塔泽里以及马赫拉提－设拉子（Mahallātī－Shīrāzī）等人。

下面将主要就前两种在传统社会中占主要地位的政治思想及其特点进行论述。

二　拒绝与世俗政府合作的思想

自什叶派发展早期以来，政治超脱思想常常以拒绝与世俗政府合作的方式表现出来。这种思想在什叶派尤其是十二伊玛目派乌莱玛当中一直占据主导地位，即便是在 11 世纪之后什叶派社团的地位得到改善以及乌莱玛社会地位得到提高之后也是如此。

这种思想来自一则具有说服力的经训。先知说："在真主看来，复生

日那一天最令人厌恶的名称是有人自称国王中的国王。"① 这一立场被许多
什叶派乌莱玛继承。比如，10 世纪著名圣训学家库拉尼就强烈地谴责追逐
世俗权力的人。他认为追逐政治领袖权力如同不信教者，还引用第六任伊
玛目加法尔·萨迪克的话说："追求领袖地位将走向毁灭。"②

　　10 世纪以后，什叶派乌莱玛就他们与世俗政府和统治者关系问题进行
了大量论述。许多经训学家和教法学家经常通过引证或注释圣训表达自己
的看法。比如，著名学者安萨里经常引用先知的两则圣训来论述拒绝与世
俗政府合作的思想。一则说："无论何时，谁认可世俗权威，谁就偏离了
真主指引的正确道路"；另一则圣训说："圣战的最好表现是在暴君前说出
真理。"③ 安萨里还提到，当宗教学者在公开场合遇到腐败的世俗统治者时，
他应当尊敬后者，以便不被人诬陷造反，因为造反是伊斯兰教严格禁止的。但
在私人场合下，宗教学者不必这样，以便向后者表示伊斯兰教具有至高无上的
地位。

　　此外，什叶派及其支派十二伊玛目派乌莱玛还经常通过对《古兰经》
第四章第五十九节关于"主事者"节经文的注释，构筑政治理论，并用这
种乌托邦式的政治理论取代了现实的政治理论。他们认为"主事者"既不
是指世俗统治者，也不是指什叶派乌莱玛，因为他们都不具有免罪性，
"主事者"只能指具有免罪性的伊玛目。④ 这种政治理论没有明确说明伊玛
目与世俗实际统治者的关系，也没有说明后者的职能和义务，从而加大了
宗教与政治的鸿沟。这种宗教与政治相互分离的状态，进一步增强了乌莱

① Said Amir Arjomand, *The Shadow of God and the Hidden Imam*, *Religion*, *Political Order*, *and Societal Change in Shi'ite Iran from the Beginning to 1890*, The University of Chicago Press, 1984, p. 204.

② Said Amir Arjomand, *The Shadow of God and the Hidden Imam*, *Religion*, *Political Order*, *and Societal Change in Shi'ite Iran from the Beginning to 1890*, The University of Chicago Press, 1984, p. 204.

③ Said Amir Arjomand, *The Shadow of God and the Hidden Imam*, *Religion*, *Political Order*, *and Societal Change in Shi'ite Iran from the Beginning to 1890*, The University of Chicago Press, 1984, p. 204.

④ Said Amir Arjomand, *The Shadow of God and the Hidden Imam*, *Religion*, *Political Order*, *and Societal Change in Shi'ite Iran from the Beginning to 1890*, The University of Chicago Press, 1984, p. 205.

玛拒绝世俗权力、远离政治的思想倾向。

在萨法维王朝时期，十二伊玛目派乌莱玛也通过对"主事者"这节经文的评注，进一步表达了他们拒绝与世俗政府合作的思想。他们强烈地谴责逊尼派将"主事者"这一节经文解释为无条件服从统治者（即便是暴君）的思想。十二伊玛目乌莱玛认为，暴君统治是不合法的，世俗统治者不能与真主和先知等同，信徒无须像服从真主一样服从世俗统治者。[1]

但是在整个什叶派传统社会中，乌莱玛并没有构筑具有积极意义、建设性的政治思想，仅满足于将伊玛目教义作为政治理论的一种乌托邦式的替代品。

三 与世俗政府有条件合作的思想

除政治超脱思想外，自什叶派发展以来尤其是 10 世纪什叶派社会政治地位的不断提升以后，许多乌莱玛也大量论证了与世俗政府有条件进行合作的思想。

（一） 与政府合作的理论依据

十二伊玛目派认为在伊玛目隐遁时期，所有政府都是篡权者，是不义的、非法的统治者。即便如此，该派自 10 世纪后逐步发展了与世俗政府进行合作的思想，这种思想最早间接来自前述该派第六任伊玛目加法尔·萨迪克反对武装反抗不义统治者的思想。第七任伊玛目穆萨·卡希姆进一步阐述了可以与非法政府合作的思想。他说："与统治者进行事务往来的人，以及庇护（什叶派）信徒的人，在复生日那天是安全的。"[2]

此后，为允许与非正义政府合作，同时又不认可该政府统治的合法性，什叶派及其支派十二伊玛目派教法学家主要运用"塔基亚"原则，即

---

[1] Said Amir Arjomand, *The Shadow of God and the Hidden Imam*, *Religion*, *Political Order*, *and Societal Change in Shi'ite Iran from the Beginning to 1890*, The University of Chicago Press, 1984，p. 205.

[2] Said Amir Arjomand, *The Shadow of God and the Hidden Imam*, *Religion*, *Political Order*, *and Societal Change in Shi'ite Iran from the Beginning to 1890*, The University of Chicago Press, 1984，pp. 58 – 59.

在面临生命或财产危险时掩饰自己信仰的方法，来论证这种思想的必要性。"塔基亚"思想最早也可追溯到第五任伊玛目穆罕默德·巴基尔或第六任伊玛目加法尔·萨迪克时期。著名圣训学家巴布亚对此做了深入阐述。他说："在压迫者统治下，'塔基亚'是一种宗教义务。抛弃这项宗教义务与抛弃礼拜的人，性质上等同。但是，如果认为履行'塔基亚'会对生命造成危害，应当放弃。"① 这种观点也在 11 世纪教义学家和教法学家谢赫穆菲德的思想中得到再次重申。他认为不能改变这种状况，直到隐遁伊玛目作为马赫迪复临时。他说："十二位伊玛目们始终反对将武装反抗敌人作为宗教义务，信仰伊斯兰教包括履行'塔基亚'原则，应限制自己的双手，警惕自己的口舌，履行礼拜，应仅仅通过出色的工作来服务真主。"② 他还说："我认为当生命面临威胁时'塔基亚'在宗教上是允许的。当一个人的财产面临威胁时或者当伊斯兰社团的幸福能够得到促进时，'塔基亚'在宗教上也是允许的。我认为有时'塔基亚'是一种宗教义务。"③ 但是，十二伊玛目派论证与现存非法政府合作问题的出发点与逊尼派不同，后者关心如何使现存政府地位合法化，十二伊玛目派却在很大程度上不关注这个问题，他们的目的在于借此允许十二伊玛目派能在一定程度上参与公共事务。

此外，谢赫塔伊法还论述了什叶派信众在履行奖善止恶宗教义务时应注意的条件，主要条件就是在面临危险时，信众应只选择在内心上去履行这样的义务。在内心履行这样的义务，就是掩饰自己的信仰，就是履行"塔基亚"原则。他认为穆斯林在履行奖善止恶宗教义务时，应通过内心、口舌和行动进行，只要认识到这样做在当时和将来不会对他或其他信众构成伤害。否则，则无义务这样做。当担心会对他或者第三者构成伤害时，不能够用行动和口舌，应在内心履行这样的义务。在危险或认为是危险的

---

① Ann K. S. Lambton, *State and Government in Medieval Islam—An Introduction to the Study of Islamic Political Theory: The Jurists*, Oxford University Press, 1981, p. 241.

② Said Amir Arjomand, *The Shadow of God and the Hidden Imam, Religion, Political Order, and Societal Change in Shi'ite Iran from the Beginning to 1890*, The University of Chicago Press, 1984, p. 61.

③ Ann K. S. Lambton, *State and Government in Medieval Islam—An Introduction to the Study of Islamic Political Theory: The Jurists*, Oxford University Press, 1981, p. 242.

时候用行动或口舌履行这种义务，无异于限制或者残害自己和其他信众。因此，在危险的时候奖善止恶不构成义务，除非根据当时苏丹的命令去做。由此出发，他论述了包括在与政府是否合作以及其他问题上穆斯林应采取的方式。[①]

（二）能否接受政府官职的思想

沙里夫·穆尔塔德是最早论述这个问题的什叶派教义学家和教法学家。他首先将合法政府与非法政府区分开。他认为在合法政府里接受官职，没有任何问题。至于从非法统治者那里接受官职问题，即在伊玛目隐遁时期，可以在下述三个条件下接受。一是，如果接受并担任这种职务就能够支持正确要求的话，或能够拒绝错误要求的话，或能够奖善止恶的话，并且如果不担任官职将无法完成任何事情的话，可以允许。二是，如果是在刀剑逼迫下，或者如果不接受官职有生命之忧时，有义务接受官职。三是，如果担心不接受官职将损失财产或因此面临伤害的话，或者存在上述可能，允许接受官职。[②]

谢赫塔伊法持类似观点。他认为在正义的苏丹统治下担任官职，允许并鼓励信众接受官职，这甚至是一种义务，因为这样做更加有利于奖善止恶。[③] 至于在非正义的苏丹统治下担任官职，他认为在五种条件下可以接受，反之则不允许。其一，能够有利于实施法律惩罚，奖善止恶，合理分配五一税。其二，不违背或不导致违背伊斯兰教宗教义务和职责。其三，如果拒绝担任官职而担心对个人、其他信众或者财产带来伤害或损失的话，允许担任官职，只要他能将事情处理得恰到好处。其四，如果不能公开接受官职的话，应秘密做出教法裁决。其五，如果不能秘密做出教法裁

---

① Ann K. S. Lambton, *State and Government in Medieval Islam——An Introduction to the Study of Islamic Political Theory: The Jurists*, Oxford University Press, 1981, p. 243.

② Said Amir Arjomand, *The Shadow of God and the Hidden Imam*, *Religion*, *Political Order*, *and Societal Change in Shi'ite Iran from the Beginning to 1890*, The University of Chicago Press, 1984, p. 63.

③ Said Amir Arjomand, *The Shadow of God and the Hidden Imam*, *Religion*, *Political Order*, *and Societal Change in Shi'ite Iran from the Beginning to 1890*, The University of Chicago Press, 1984, p. 64.

决，允许采取"塔基亚"的方式进行裁决或担任官职。因为当触犯教法的流血事件发生时，是绝不允许采取"塔基亚"原则的。[1]

谢赫塔伊法以及哈瓦贾·纳西鲁丁·图西等教法学家还将上述观点应用于从统治者那里接受并实施法律惩罚等问题。他们认为在合法政府时期，即由真主指定的苏丹统治时期，如果经过伊玛目指定来履行法律惩罚权力是可以允许的。在非法政府统治时期，即在真正的伊玛目没有掌握权力、暴君攫取权力时期，有两种情况可以允许。一是，如果担心这样做会受到暴君伤害，允许对他人行使法律惩罚权力。二是，如果非正义的苏丹任命某个人代理他监管人们并且指定他履行法律惩罚权力，可以允许他完全行使这种权力，而且应使他相信这样做，是根据正义的苏丹命令去做的，不是根据非正义苏丹命令去做的。同时，信徒有义务与他进行合作，只要他不超越苏丹指定的正确范围，不超越伊斯兰教法赋予的合法事情。反之，不允许信徒帮助他，或者与他进行合作。[2]

此外，谢赫塔伊法还允许信众通过接受官职获取报酬。"无论何时，当接受苏丹的官职，无论是涉及政府官职，还是涉及收税、做出教法裁决或者履行其他任何受委托职责的事宜，都不反对获取薪金和礼物。"[3] 不过，还分两种情况。其中，一种是，如果担任正义苏丹的官职，获取报酬绝对合法；另一种，即担任非正义苏丹的官职，则视情况而定。如果可以从非正义苏丹得到报酬，应从报酬中拿出一部分作为五一税，并分配给有资格接受五一税的人，同时应从余下的报酬中帮助信徒。如果从非正义苏丹那里得到的报酬来自暴政和剥夺别人的财富，则不能接受报酬。但也有例外情况。即如果他不知道事实，尽管他能意识到给予他报酬的就是篡权

---

[1] Said Amir Arjomand, *The Shadow of God and the Hidden Imam*, *Religion*, *Political Order*, *and Societal Change in Shi'ite Iran from the Beginning to 1890*, The University of Chicago Press, 1984, p. 64.

[2] Said Amir Arjomand, *The Shadow of God and the Hidden Imam*, *Religion*, *Political Order*, *and Societal Change in Shi'ite Iran from the Beginning to 1890*, The University of Chicago Press, 1984, p. 64; Ann K. S. Lambton, *State and Government in Medieval Islam—An Introduction to the Study of Islamic Political Theory*: *The Jurists*, Oxford University Press, 1981, pp. 253 – 254.

[3] Ann K. S. Lambton, *State and Government in Medieval Islam—An Introduction to the Study of Islamic Political Theory*: *The Jurists*, Oxford University Press, 1981, p. 255.

者的话，也不反对他获取报酬和礼物。因为，报酬对他来说是合法的，罪行归篡权者自己。①

在上述一系列问题上，穆哈齐格·希里与谢赫塔伊法的观点基本一致。他同样认为代表正义的苏丹履行政府职责是允许的，在一定情况下还是一种义务。穆哈齐格·希里也同样诉诸"塔基亚"原则进行论证。他认为允许代表非正义的苏丹履行政府职能，只要能够确定免于做被真主禁止的事情，只要确定能够奖善止恶。此外，如果非正义的苏丹强迫他接受政府官职，可以被允许接受职位保护自己，这样做的时候可以使用"塔基亚"原则。甚至是他被要求做一些被禁止的事情，也允许他使用"塔基亚"原则的情形下接受这样的职位，除非涉及杀害穆斯林的情况。因为，如果杀害穆斯林，是绝对不允许运用"塔基亚"接受政府官职的。②

（三）与世俗统治者进行商业往来的思想

在与非正义的苏丹进行商业往来问题上，谢赫塔伊法认为最好不做这样的事。在考虑到拒绝与非正义的苏丹商业往来的困难时，他允许在以下四种情形下进行商业往来，但必须有相应的限制。他说："如果一个人能够不与篡权者进行商业往来的话，最好是不与篡权者进行商业往来。其一，如果不能或无法回避，可以允许这样做，不过不应通过剥夺别人的方式获得商品，不能从篡权者手中接受任何违背伊斯兰教法的商品。其二，如果担心因拒绝接受篡权者给予自己的礼品而使自己蒙受伤害或财产损失时，可以接受这样的礼物。如果可能，可将礼物送还原来的主人；如果做不到，可将这些礼物以原有主人的名义进行施舍。从非正义的苏丹手中购买食品或者谷物，不对这个人构成伤害。即便认识到这些物品是不义之财，但只要他不知道哪个具体物品是不义之财的话。反之，不能占有这些财物。其三，对于非正义的苏丹通过税收等手段获取的谷物，允许从苏丹手中购买这些谷物。其四，当非正义的苏丹通过剥夺手段夺取财物，之后

---

① Ann K. S. Lambton, *State and Government in Medieval Islam—An Introduction to the Study of Islamic Political Theory: The Jurists*, Oxford University Press, 1981, pp. 255 – 256.

② Ann K. S. Lambton, *State and Government in Medieval Islam—An Introduction to the Study of Islamic Political Theory: The Jurists*, Oxford University Press, 1981, p. 256.

原主人要求苏丹归还或者要求获取对等财物的话，允许原主人获取对等的物品。但不这样做，会得到更多的报偿。"[1]

四　独特的圣战思想

十二伊玛目派努力低调处理有关圣战问题的思想，一直试图将圣战转化为一种精神层面的追求。库拉尼认为圣战是一种精神追求，是一种竭力抵御个人内心冲动的努力。巴布亚也认为真正的圣战包括努力追求宗教知识，至于涉及战争这样的圣战事宜，十二伊玛目派也在伊玛目隐遁后竭力限制它的使用。[2]

关于圣战当中穆斯林与非穆斯林关系的思想，对十二伊玛目派来说更加重要。谢赫穆菲德通过我们熟知的"战争地区"和"伊斯兰教地区"之外引进一个新概念——"信仰地区"（达尔·伊曼尼，dār al - Imān），来对十二伊玛目派地区和其他穆斯林区进行区别。"信仰地区"，指十二伊玛目派取得胜利的地区。[3] 逊尼派一般将穆斯林中的持不同意见者视为反叛者，但是十二伊玛目派不可能这样做，因为自伊斯兰教早期开始，在大多数时期，政权一直由逊尼派掌握。布维希王朝的崛起，未能改变十二伊玛目派教法学家对政府的态度，因为该王朝一直允许阿拔斯王朝哈里发在名义上的存在，而且王朝自身也很难具备成为一个公正政府的条件。

但是，这部分主要从与世俗统治者的关系层面来论述圣战问题。在涉及造反权力问题时，在伊玛目隐遁时期，什叶派尤其是十二伊玛目派教法学家原则上不允许与不义的统治者进行圣战，相反仅允许通过"塔基亚"来进行防御性圣战。他们认为直到隐遁伊玛目复临时，才能与不义者进行武装对抗。他们认为隐遁伊玛目将复临，伊玛目掌握政府权力无须经过人

① Ann K. S. Lambton, *State and Government in Medieval Islam—An Introduction to the Study of Islamic Political Theory: The Jurists*, Oxford University Press, 1981, pp. 255 – 257.

② Said Amir Arjomand, *The Shadow of God and the Hidden Imam*, *Religion, Political Order, and Societal Change in Shi' ite Iran from the Beginning to 1890*, The University of Chicago Press, 1984, p. 62.

③ Ann K. S. Lambton, *State and Government in Medieval Islam—An Introduction to the Study of Islamic Political Theory: The Jurists*, Oxford University Press, 1981, p. 261.

类的斡旋，没有理由讨论通过合法手段推翻或限制不公正政府。谢赫穆菲德的观点就具有一定的代表性。他认为当隐遁伊玛目复临时，将领导信众反抗当时邪恶统治者的斗争。但其父辈均没有职责起来进行武装反抗，没有职责要求结束"塔基亚"，没有义务号召支持者支持他。他的父辈只能允许信众在敌人面前履行"塔基亚"，允许信众与不义的统治者进行往来。他的父辈公开禁止信众拿起刀剑反对不义统治者，而且反对鼓动任何人去这样做。他的父辈只是期待其后裔——十二伊玛目将在世界末日到来时降临。[①] 十二伊玛目复临后，真主将除去伊斯兰社团的痛苦，复兴并指引伊斯兰社团。此外，谢赫穆菲德还指出，十二伊玛目复临时，将禁止采取"塔基亚"原则。因此，在十二伊玛目复临前，远远不赞同将武装反抗他们的敌人作为一种宗教义务，他们也不赞成鼓动任何人去这样做，他们接近真主的正确的宗教道路包括运用"塔基亚"、束缚自己的双手、看守自己的舌头、履行宗教义务以及只能通过努力地工作来服务真主。[②]

此外，十二伊玛目派教法学家认为也没有理由去抵制那些敢于向不公正的伊玛目造反的人。谢赫塔伊法论证说："无论是谁，如果敢于反叛公正的伊玛目，敢于违背服从伊玛目的誓言，敢于对抗伊玛目，这个人就是造反者，允许伊玛目诉诸圣战与之作战。同时，那些被伊玛目召集的信徒，有义务跟随伊玛目与造反者进行作战；不允许这些信徒不参加这样的圣战。"[③] 此外，"如果有人反抗不公正的伊玛目，在任何情况下都不允许信徒与这个人对抗。不允许任何人对这样的造反者进行战争，除非是在伊玛目的命令下。谁如果根据伊玛目的命令起来反抗那些造反者，其斗争就不能停顿下来，直到取得最后的胜利，直到那些造反者回归到真理的正道上"[④]。

---

① Ann K. S. Lambton, *State and Government in Medieval Islam—An Introduction to the Study of Islamic Political Theory: The Jurists*, Oxford University Press, 1981, pp. 261 – 262.

② Ann K. S. Lambton, *State and Government in Medieval Islam—An Introduction to the Study of Islamic Political Theory: The Jurists*, Oxford University Press, 1981, p. 262.

③ Ann K. S. Lambton, *State and Government in Medieval Islam—An Introduction to the Study of Islamic Political Theory: The Jurists*, Oxford University Press, 1981, p. 261.

④ Ann K. S. Lambton, *State and Government in Medieval Islam—An Introduction to the Study of Islamic Political Theory: The Jurists*, Oxford University Press, 1981, p. 261.

此外，谢赫塔伊法允许信徒在面临土匪时应保卫自己和财产。在自卫过程中，如果土匪被杀死，信徒无须内疚或感到有罪。如果信徒被杀死，有资格获得烈士的称号。

谢赫塔伊法的上述理论被以后的十二伊玛目派教法学家所接受。谢赫塔伊法之后的逊尼派教法学家，出于维护政权稳定的需要，要求信徒绝对服从不公正的政府。十二伊玛目派教法学家从不同理由出发，认为在伊玛目隐遁时期，禁止信徒反抗不公正的政府，同时要求信徒默许和服从不公正政府的统治。因此，无论是逊尼派理论，还是十二伊玛目派理论，结果都是政治上的无为主义。

第四节　十二伊玛目派传统政治思想的基本内涵和特点

在将近千年的时间内，什叶派尤其是十二伊玛目派传统政治思想经历了一个产生、发展、转折与调整以及进一步完善的动态进程。这种进程大致可以分为四个阶段，分别是：从伊斯兰教初创至 8 世纪中期、8 世纪后半叶至 11 世纪、13 世纪至 15 世纪以及 16 世纪至 18 世纪末 19 世纪初。每个阶段所体现的思想内涵、特点及其发展动力各不相同。但总体而言，这种思想变化的主要动力来自什叶派以及十二伊玛目派所处的社会历史环境，也来自什叶派及其支派十二伊玛目派面对现实困境同时结合自身需要不断做出的创新选择和调整。除此之外，自 10 世纪始，在一系列王朝统治者不同程度的扶持下，什叶派尤其是十二伊玛目派社会政治地位的历史性提升，乃至其由"效仿源泉"居于顶端的宗教学者体制的建立，为这种传统政治思想的转折与调整提供了重要的物质条件。不仅如此，十二伊玛目派教义学和教法学当中所蕴含的理性主义因素，尤其是在 18 世纪末 19 世纪初具有这种理性主义特点的乌苏勒学派最终战胜阿赫巴尔学派，为这种传统政治思想的历史性变革与进一步完善提供了重要的理论支持。在此基础上，十二伊玛目派传统政治思想，特别是其中的核心思想，即谁是先知穆罕默德合法继承人的思想，在经历了非常缓慢、异常艰难的变迁后，最终实现了历史性跨越，由伊玛目是伊斯兰社团的宗教和政治领袖逐步演变为由乌莱玛代行隐遁伊玛目宗教领袖职能的思想。

一 发展演变的四个阶段

第一个阶段,什叶派及其支派十二伊玛目派传统政治思想的初步形成期。该派传统政治思想的形成,依托于伊玛目教义的初创。伊玛目教义的最初构建者是第五任伊玛目穆罕默德·巴基尔和第六任伊玛目加法尔·萨迪克。什叶派对伊玛目的基本信仰,主要蕴含了关于谁是先知继承人,谁在先知之后成为伊斯兰社团宗教、政治和精神领袖的政治思想。同时,还衍生了关于与世俗统治者关系的核心思想,即政治超脱和无为思想。

第二个阶段,依托于伊玛目教义的进一步完善,什叶派尤其是十二伊玛目派传统政治思想得以进一步发展。该派一些教义学家对伊玛目早期教义及其教义学思想重新审核,将一些极端思想剔除出去,但保留了隐遁观、再世观和免罪性等思想,从而标志着十二伊玛目派作为什叶派的一个独立分支最终成型。

第三个阶段,十二伊玛目派传统政治思想经历转折与调整。在这个阶段,十二伊玛目派的各种宗教学科均获得进一步发展,特别是以理性主义思想为特点的乌苏勒学派得到进一步发展。乌苏勒学派主张除将《古兰经》、圣训、公议作为教法根源外,特别强调理性主义在教法判断中的作用。在此理论支撑下,在这个时期初步产生了由什叶派宗教学者代理隐遁伊玛目领袖职能的思想。不仅如此,政治超脱分别向两个对立的方向发展,演变出拒绝与世俗政府合作以及有条件与政府进行合作的思想,政治合作思想获得了显著发展。此外,这个时期还是伊斯兰教什叶派思想与苏菲主义相互影响、相互融合的时期。

第四个阶段,十二伊玛目派传统政治思想得到进一步发展。首先,这个阶段是十二伊玛目派两大教法学派激烈斗争以及乌苏勒学派取得最后胜利的阶段,乌苏勒学派最终将《古兰经》、圣训、理性和公议确立为十二伊玛目派教法学的四大根源。同时,该教法学派还将伊斯兰社团分为穆盖里德和穆智台希德两大群体,认为伊玛目隐遁后,前者必须像遵循和服从伊玛目一样,效仿和服从后者。其次,在此基础上进一步产生了乌莱玛是隐遁伊玛目"一般代表"的思想，即由乌莱玛代理隐遁伊玛目的宗教领袖地位。再次，有关政教关系的思想得到进一步丰富，除政治拒绝思想和政治合作思想之外，政治行动主义也应运而生。不仅如此，在这个阶段，伊斯兰教什叶派与苏菲派经历了相互结合，随后又彼此分离的戏剧变化，相互结合产生了伊斯法罕学派，彼此分离又导致十二伊玛目派第三种教法学派，即谢赫学派的产生。后者的教义及其蕴含的政治思想，为以后巴布教派和巴哈伊教的产生在一定程度上奠定了思想基础。

二　基本思想内涵

伊斯兰教与政治的关系，以及伊斯兰教什叶派与政治的关系，决定了什叶派及其分支十二伊玛目派传统政治思想涵盖的基本内容和范围。伊斯兰教主张真主是伊斯兰教法至高无上的来源，强调真主是立法的唯一权威，因此有关立法的思想不在伊斯兰教及其各个教派传统政治思想当中占主要地位。同时，由于什叶派尤其是十二伊玛目派，在传统社会当中未能实现他们对伊玛目具有伊斯兰社团领袖权力和地位的追求，有关国家和政府的内部关系思想，比如国家和政府的构成、政府与社会和个人的关系等，也不在其传统政治思想当中占一席之地。因此，十二伊玛目派传统政治思想的内涵主要包括了伊斯兰社团的领袖思想、与世俗统治者的关系思想以及与其他穆斯林的关系思想三大部分。其中，第一类主要包括谁是先知合法继承人的思想；伊玛目隐遁后，谁是伊斯兰社团合法领袖或实际领袖的思想。第二类思想主要包括政治超脱、政治合作和政治行动主义三种思想选择。第三类思想内涵并不丰富，主要体现在圣战思想当中。

简言之，十二伊玛目派传统政治思想主要内涵包括：每个时代必须存在伊玛目，不谬的伊玛目是人类的宗教政治领袖。伊玛目是真主通过先知指定的继承人，人无权选择。伊玛目具有神性，享有神圣的宗教、精神和政治领袖地位。先知继承人必须来自尊贵的先知家族。先知家族的特定内涵是指先知、阿里、先知之女法蒂玛与阿里的后裔哈桑·穆吉塔巴和侯赛因以及侯赛因后裔的范围。阿里是先知的合法继承人，是第一任伊玛目。

每一任伊玛目都是由前一任伊玛目指定的，他从先知那里继承了关于启示的特殊的宗教知识。该派认为第十二任伊玛目虽然隐遁但仍然活在世上，他是"时代之主"，将在末日来临前作为马赫迪复临，在大地上建立公正的世界。伊玛目与先知一样具有免罪性，不会犯任何过错和罪行。世俗王朝统治者的政治权力是非法的，他们僭越了伊玛目的政治领袖地位。但是，该派主张信徒在险恶环境中通过履行"塔基亚"原则保护自己的生命和财产，默认世俗王朝统治者的实际统治权力，明确反对通过武装斗争反抗他们。

伊玛目隐遁后，面对宗教政治领袖权威缺失的现实困境，什叶派尤其是十二伊玛目派逐步构建了由乌莱玛代行隐遁伊玛目领袖职能的思想体系。最初，由乌莱玛代行隐遁伊玛目的各种具体职能。主要包括：领导圣战、分配战利品、领导星期五聚礼、实施司法裁决、实施刑法以及征收天课和五一税等。自萨法维王朝开始，出现了乌莱玛是隐遁伊玛目"一般代表"的思想。这种思想不仅要求由乌莱玛在伊玛目隐遁时期代理后者的各种职能，同时还要求代理隐遁伊玛目的宗教领袖职能，而世俗统治者则代行隐遁伊玛目的政治领袖职能。但是，在现代社会来临前，十二伊玛目派乌莱玛始终没有要求代理隐遁伊玛目的政治领袖职能。

与此同时，就宗教与政治的关系而言，除传统的政治超脱思想外，自10世纪以来，与世俗统治者进行政治合作的思想得到进一步发展。不仅如此，伴随着相对独立的宗教学者体制的建立，十二伊玛目派也开始提出政治行动主义的思想，并以此为基础开始对世俗国家政治进行干预，要求对国家政治进行变革和改造。因此，截至现代社会来临前，在宗教政治关系问题上，十二伊玛目派的政治思想从最初单纯的一个层面，即政治超脱和分离层面演变成为并行的三个层面。这三个层面是政治超脱思想、政治合作思想和政治行动主义。其中，第一个层面是多数乌莱玛传统的选择，这种选择在一定历史时期发展为拒绝与政府合作的思想。第二个层面处于不断发展当中，它主张通过履行"塔基亚"原则与世俗政府进行合作，同时极力淡化进攻性圣战思想，而仅仅保留了在伊玛目隐遁时期由宗教学者领导的自卫性圣战权力。这种圣战思想的本质，仍是默认世俗政府的现实统治权力，反对通过武装斗争夺取这种权力。可以说第一和第二个层面，在当时占主流地位。第三个层面则是处于新兴的发展态势。正如上所述内容，构成了十二伊玛目派传统政治思想的基本内涵。

三　形成根源和特点

十二伊玛目派传统政治思想主要是由它所处的特殊的历史环境和社会条件决定的。其初期教义和政治思想，主要源自他们对于自身是先知合法继承人地位的一贯追求，源自他们对世俗王朝统治者、伊斯兰教逊尼派、什叶派其他支派包括伊斯玛仪派和法蒂玛人对先知继承人地位要求的一一否定。只不过处于敌强我弱的不利环境，迫使他们放弃现实斗争，转而通过非暴力的、追求宗教学理发展和精神领域的追求这种和平的方式，来推动自身派别的长远发展。这是他们将伊玛目概念和领袖职能去政治化，即把政治领袖职能从伊玛目领袖职能当中剥离出来或者特别强调伊玛目的宗教和精神领袖地位的一个重要原因。同时，为使绝望情绪不至于在信徒中蔓延，为鼓舞信徒必胜的信心，伊玛目隐遁思想和马赫迪思想也应运而生。伊玛目隐遁思想和马赫迪思想的确立和发展，还是当时十二伊玛目派教义学发展的一个必要结果。十二伊玛目派教义学在坚持伊玛目教义的前提下，接受了以理性主义为特点的穆尔太齐赖派教义学思想。这种思想主张真主绝对统一性，反对真主具有诸多属性说，接受《古兰经》受造说，强调真主不前定人的行为，人有意志自由，人应当对自己的行为负责。经过这种教义学的过滤和发展，原先种种具有极端主义倾向的教义被重新审视并被剔除出去，仅留下了伊玛目隐遁思想、马赫迪思想以及伊玛目免罪性思想等。

10 世纪后，十二伊玛目派传统政治思想能够实现关键性转折与重大发展的重要原因，还在于伊玛目隐遁教义所导致的宗教政治后果，同时更为重要的是源自 10 世纪以后什叶派包括宗教学者社会政治地位的逐步提升。一方面，伊玛目隐遁后，什叶派社团政治、宗教、社会权威的实际丧失，迫使该派不得不在超出真主的领域之外，即只能在人和人的理性当中去寻找新的权威来源。十二伊玛目派宗教学者由于继承和掌握了有关主命的全部宗教知识，自然成为新领袖权威的可能候选人；另一方面，由于布维希王朝、伊儿汗国等世俗统治者的宗教扶持政策，什叶派的影响力逐步扩大，什叶派宗教学术也得以继承和发展，许多宗教学者开始与世俗统治者进行政治合作。不仅如此，相对坚实的社会基础和雄厚的经济基础以及相对独立的宗教学者体制的形成等，都为上述传统思想的转折与发展提供了重要的物质条件。

除物质条件外，十二伊玛目派教法学当中理性主义思想的发展尤其是乌苏勒学派最终战胜阿赫巴尔学派，为这种传统政治思想的转折与发展提供了重要的理论支撑。这种理论支撑的核心在于，乌苏勒学派将理性与《古兰经》、圣训、公议一起作为教法学的来源。由此，该派认可"伊智提哈德"原则在教法学中的重要地位，以及穆智台希德能够运用"伊智提哈德"原则进行教法判断的重要权力。这实际上肯定了人及其理性思维在伊斯兰教各种学科尤其是教法学实践中的地位和作用，从而为穆智台希德成为十二伊玛目派实际宗教领袖奠定了坚实的理论基础。

从上述思想内涵形成和发展的根源看，十二伊玛目派传统政治思想具有政治无为或理想主义的色彩，但是这种思想能够随着社会政治历史条件的不断变化而适时进行调整，因此同时又具有务实主义和理性主义的特点。这正是伊斯兰教什叶派的活力所在，也是十二伊玛目派最终能够不断发展壮大的原因所在。

第五章

伊斯玛仪派教义及其传统政治思想的形成和发展

在当代伊斯兰教什叶派中，伊斯玛仪派是仅次于十二伊玛目派的第二大分支。作为一个宗教少数派群体，伊斯玛仪派信徒现在主要分布于西亚、非洲、欧洲和北美大陆 20 多个国家和地区。像十二伊玛目派一样，伊斯玛仪派是在什叶派众多支派中，经过历史长河的冲刷，顽强生存下来并延续至今的支派之一。

在进入近现代社会之前，伊斯玛仪派及其支派的教义和政治思想，也随时代变迁而不断变化。伊斯玛仪派的教义核心是以什叶派共有的伊玛目学说为基本框架。就其教义与传统政治思想的发展演变，大体可以分为早期教义形成阶段、法蒂玛王朝发展阶段以及塔伊比派教义演变三个时期。此外，在法蒂玛王朝时期，伊斯玛仪派还构建了自己的教法学派，发展了一整套的政治领袖思想，并由此构建了政教合一的政治体制。可以说，这些内容共同构成了法蒂玛王朝官方宗教政治思想的基本内涵。

本章主要论述伊斯玛仪派早期教义的形成以及在法蒂玛王朝鼎盛时期的进一步发展。其中，最重要的是宗教历史周期论以及宇宙论的形成与发展。这些思想共同为法蒂玛王朝提供了重要的宗教合法性依据。

第一节 伊斯玛仪派早期教义及其政治思想

在法蒂玛王朝建立之前，伊斯玛仪派就形成了取代阿拔斯王朝正统教义和政治思想的早期宗教思想体系。这种思想体系注重区分宗教的外在意义和内在意义。它认为随着历史发展，宗教的外在意义有所变化，但是隐藏在表征背后的内在意义永恒不变，人类因此需要伊玛目的指导来认识和追求这些内在的真理，伊斯玛仪派因此被称为"内学派"。此外，它的早期教义思想还包含着独特的宗教历史周期论和基于诺斯替主义的宇宙论思想。

一 伊斯玛仪派早期历史（8 世纪中叶至 10 世纪初）

伊斯玛仪派的早期历史是指，从 8 世纪中叶伊斯玛仪派起源至 909 年法蒂玛王朝建立前大约一个半世纪的历史跨度。学术界关于这段历史的研究，一直缺乏大量可靠的文献作为保证。因此，伊斯玛仪派早期历史和教义的许多方面，包括一些关键问题和重大事件，都是不确定的，而且充满了争议。尽管如此，随着伊斯玛仪派早期珍贵的宗教文献的重大发现，同时结合法蒂玛王朝的官方文献以及逊尼派学者大量敌对伊斯玛仪派文献的有关论述，近现代学者揭示了伊斯玛仪派早期历史发展的大致轮廓。

（一）早期伊斯玛仪派的形成（8 世纪中后叶）

765 年，伊玛目派第六任伊玛目加法尔·萨迪克去世，导致伊玛目派再次分裂。其中，有两个分支从伊玛目派中彻底分离出来，他们认可加法尔·萨迪克的次子伊斯玛仪·本·加法尔或其孙穆罕默德·本·伊斯玛仪为继任伊玛目，这两个分支构成早期伊斯玛仪派的代表。他们坚持主张可见的伊玛目只有七位，因此，又有"七伊玛目"之称，以区别于"十二伊玛目派"。[①]

---

① Farhad Daftary, *A History of Shi'i Islam*, I. B. Nauris Publisher, 2013, p. 106.

这两个群体人数不多，都以伊拉克的库法为活动中心。其中一个分支否认伊斯玛仪·本·加法尔去世的事实，认为加法尔·萨迪克去世后伊斯玛仪·本·加法尔是真正的伊玛目，最终将以马赫迪的身份再现。这个派别被称为"纯粹的伊斯玛仪派"。

另一个分支接受伊斯玛仪·本·加法尔去世的事实，并认可穆罕默德·本·伊斯玛仪为自己的伊玛目。该派主张伊斯玛仪·本·加法尔早逝后，伊玛目加法尔·萨迪克又指定伊斯玛仪·本·加法尔的儿子穆罕默德·本·伊斯玛仪为继任伊玛目。他们认为自第三任伊玛目侯赛因之后，伊玛目职位不能再从亲兄弟之间传承，因此不能接受伊斯玛仪·本·加法尔的诸兄弟继承伊玛目职位。"穆巴拉克"是伊斯玛仪·本·加法尔的封号，意为"被真主赐福者"，这个派别因此又被称作"穆巴拉克派"。穆罕默德·本·伊斯玛仪生于738年，是伊斯玛仪·本·加法尔的长子，加法尔·萨迪克的长孙。为躲避阿拔斯王朝的迫害，他一直过着隐居生活，因此又被称为"隐居者""幸运者"。795年，穆罕默德·本·伊斯玛仪去世，时值阿拔斯王朝哈里发哈伦·拉希德（786～809年在位）统治时期。[1]

不过，穆罕默德·本·伊斯玛仪去世后，穆巴拉克派又一分为二。其中大多数人没有接受穆罕默德·本·伊斯玛仪去世的事实，认为他是第七任也是最后一任伊玛目，相信他将以马赫迪或称为"卡希姆"的身份再现世间。这个派别构成以后伊斯玛仪派的分支——卡尔马特派的前身。另外很少一部分人，承认穆罕默德·本·伊斯玛仪已经去世，认可其后裔成为自己的伊玛目。[2]

也就是说，上述三个分支构成了早期的伊斯玛仪派。

（二）早期伊斯玛仪派的传教活动（9世纪中后叶）

9世纪中叶以后，一个统一的伊斯玛仪派运动出现在历史舞台上，引起了阿拔斯王朝统治者和公众的极大关注，不过这个运动当时以"卡尔马

---

① Farhad Daftary, *A History of Shi'i Islam*, I. B. Nauris Publisher, 2013, p. 107.

② Farhad Daftary, *A History of Shi'i Islam*, I. B. Nauris Publisher, 2013, p. 108.

特运动"著称。在此后的数十年，这种运动很快取得了成功。它迅速从叙利亚、伊拉克南部和波斯西南部，拓展到伊斯兰世界的其他地区，包括也门、巴林、中亚、阿富汗、印度西部以及北非地区，并最终在北非地区建立了法蒂玛王朝。

1. 阿拔斯王朝由盛转衰

该运动的出现正值阿拔斯王朝开始由鼎盛走向瓦解和衰落的转折时期。第一个突出的特点是由突厥奴隶组成的禁卫军左右了阿拔斯王朝的朝政，哈里发成为他们手中的傀儡，可任意废立。861 年，突厥禁卫军杀死哈里发穆台瓦基勒，标志着阿拔斯王朝开始走向衰落。第二个特点是下层民众反抗阿拔斯王朝统治的斗争也愈演愈烈，最终导致一系列起义的爆发。9 世纪上半叶，在阿塞拜疆地区掀起了由巴贝克领导的胡拉米叶教徒起义（816～837 年），提出土地公有、取消捐税的口号，号召民众起来推翻阿拔斯王朝统治。起义得到了牧民和手工业者的支持，很快席卷阿塞拜疆、亚美尼亚和波斯部分地区。它还与西部的拜占庭帝国结盟，威胁阿拔斯王朝的统治和安全。869 年，在阿拔斯王朝的统治腹地——伊拉克的巴士拉地区，又爆发了由阿里·伊本·穆罕默德领导的黑奴起义（869～883 年），起义长达 14 年，动摇了王朝的统治根基。阿里·伊本·穆罕默德信奉哈瓦立吉派教义，他号召当时在巴士拉附近从事苦役的奴隶起来废除无道的哈里发，主张人人平等，即便是奴隶也能取得哈里发的地位。这次起义又称辛吉起义。第三个特点是阿拔斯王朝哈里发对边远省份的控制也逐渐削弱，一些独立或者半独立的地方小王朝相继建立起来。在王朝东部的锡斯坦地区建立了萨法尔王朝。在波斯北部，什叶派的宰德派人建立了独立政权。在北非地区，许多地方政权名义上归属阿拔斯王朝，实际上已经脱离中央政权。诸如此类的政治分裂运动，削弱了阿拔斯王朝的统治，也极大地分散了王朝的统治力。

2. 伊斯玛仪派的早期领袖

在引起阿拔斯王朝统治者和公众注意之前，也就是在从 8 世纪中叶到 9 世纪中叶大约一个世纪，伊斯玛仪派已经开展了有组织的秘密传教活动。

在这种秘密的传教活动背后，明显地存在着一个隐秘的中央领导团体。[1]但是，对于这个时期的传教活动尤其是领袖的宗谱问题，法蒂玛王朝的官方文献以及逊尼派反对伊斯玛仪派和法蒂玛王朝的文献有相互不同的说法。简言之，伊斯玛仪派文献以及法蒂玛王朝文献均认为穆罕默德·本·伊斯玛仪之后，伊斯玛仪运动第一任领导人阿卜杜拉·阿克巴尔（？～874）是第六任伊玛目加法尔·萨迪克的后裔。但是，敌视法蒂玛人的文献显示他不是阿里的后裔，而是一位名叫买伊蒙·盖达哈的儿子。依据伊斯玛仪派早期文献，这两种观点都有不妥之处。关于法蒂玛王朝观点的不当之处，下文将予以论述。关于买伊蒙·盖达哈之子之说，其错误在于：买伊蒙·盖达哈实际上就是第五任伊玛目穆罕默德·巴基尔的一个追随者；其儿子阿卜杜拉是第六任伊玛目加法尔·萨迪克的忠实信徒，并且早在 8 世纪下半叶已经去世。根据十二伊玛目派文献记载，父子俩是来自希贾兹的受人尊敬的什叶派圣训传述者，祖籍是在波斯的胡齐斯坦地区。因此，他们与 9 世纪蓬勃发展的伊斯玛仪派运动及其领导层没有任何关系。[2]

　　不过，来自伊斯玛仪派的早期文献和反对法蒂玛王朝的一些逊尼派文献，在伊斯玛仪派祖先及其继承问题上也存在一些共识。这个共识就是，早期的伊斯玛仪领导人均出自一个家族，其权力也一直在该家族内部世袭相传。[3] 从穆罕默德·本·伊斯玛仪到法蒂玛王朝创建者阿卜杜拉·马赫迪（Abd Allah al – Mahdi, 873/874 ～ 934）之间，共有三代领导人。[4] 其中，阿卜杜拉·本·穆罕默德（阿克巴尔）（？ ～874）是首任领袖，他的祖籍是波斯阿赫瓦尔地区。第二任领袖是阿卜杜拉·本·穆罕默德的儿子阿赫迈德·本·阿卜杜拉，其生平鲜为人知。阿赫迈德·本·阿卜杜拉有两个儿子，一个是侯赛因（又称哈希姆）（？ ～881），另一个是阿布·沙拉格拉格，最后由侯赛因继任，成为第三任领袖。侯赛因早逝，他指定其

---

① Farhad Daftary, *The Ismāʿīlīs: Their History and Doctrines*, Second Edition, Cambridge University Press, 2007, p. 98.

② Farhad Daftary, *The Ismāʿīlīs: Their History and Doctrines*, Second Edition, Cambridge University Press, 2007, p. 103.

③ Farhad Daftary, *A History of Shiʿi Islam*, I. B. Nauris Publisher, 2013, p. 109.

④ Farhad Daftary, *A History of Shiʿi Islam*, I. B. Nauris Publisher, 2013, p. 109.

子阿卜杜拉·本·侯赛因（也称为阿里或赛义德）（873/874~934）为继任者，阿卜杜拉·本·侯赛因就是阿卜杜拉·马赫迪。但是阿卜杜拉·马赫迪年幼，一直由其叔叔阿布·阿里·穆罕默德抚养和监护。899年，阿布·阿里·穆罕默德去世后，阿卜杜拉·马赫迪正式接管领导权，成为第四任领袖、法蒂玛王朝的创建人。

此外，早期伊斯玛仪派的领导层，或者这三代领导人，为躲避阿拔斯王朝的迫害，他们都生活在非常隐秘的状态，没有公开自己的身份。他们最初都没有公开自称伊玛目，而是以伊玛目或救世主马赫迪穆罕默德·本·伊斯玛仪的名义开展宗教活动。比如，在阿卜杜拉·本·穆罕默德担任领袖时，坚持的就是前述穆巴拉克分派当中多数信徒坚持的教义。这种教义认为，穆罕默德·本·伊斯玛仪是最后一位伊玛目，是隐遁的伊玛目，未来将以救世主马赫迪的身份复临人间，除此之外不应当再有其他伊玛目出现。当时，这三代领导人自身很可能被追随者视为穆罕默德·本·伊斯玛仪的助手或代表。[①] 只是到899年阿卜杜拉·马赫迪进行宗教改革后，这种情况才得到彻底改变，此后这些早期领袖以及法蒂玛王朝的历任统治者才被公开视为或自称为伊玛目。

3. 早期传教活动

大约在9世纪中期后不久，也就是在阿拔斯王朝开始走向衰落之时，伊斯玛仪运动领导层加强了传教活动，并最终形成了一个以叙利亚的萨拉米亚为中心的统一的宗教政治运动中心。早期伊斯玛仪派运动的领导中心在胡齐斯坦，后迁至萨拉米亚。该派不断从传教中心派出不计其数的传教师[②]，向伊拉克南部以及周边地区广泛传播教义，并取得显著成效。

大约在874年，也就是十二伊玛目派第十一任伊玛目去世、第十二任伊玛目隐遁后不久，伊斯玛仪派传教师已经开始在伊拉克组织传教活动。大约在877或878年，哈姆丹·卡尔马特（Hamdan Qarmat）皈依伊斯玛仪派。他的亲密助手阿布丹（'Abdan）培养过不少传教师，其中包括后来成

---

① Farhad Daftary, *The Ismāʿīlīs: Their History and Doctrines*, Second Edition, Cambridge University Press, 2007, p. 99.
② Dāʿī, 音译为"达伊"，意译为"传道师"或"传教师"，本书统一译为"传教师"。

为巴林地区卡尔马特国（Qarmati State，899～1077）创始人的阿布·赛义德·侯赛因·哈桑·本·巴赫拉姆·贾纳比（Abu Sa'id al-Hasan bin Bahram al-Jannabi）。在哈姆丹·卡尔马特和阿布丹的领导下，伊拉克库法地区和南部地区的传教活动发展非常迅速，他们领导下的这个群体不久就被称为"卡尔马特运动"。不过当时，伊斯玛仪运动还是一个统一的宗教政治运动，其总部尽管设在巴格达附近的卡瓦达，但仍然接受来自伊斯玛仪运动总部萨拉米亚的领导。萨拉米亚总部领导层的身份不清楚，一直处于极度隐秘状态。此外，卡尔马特群体（派）在899年从伊斯玛仪派中正式脱离出来之前，"卡尔马特运动"这个称谓不仅指哈姆丹·卡尔马特领导下的伊拉克地区的伊斯玛仪群体，同时也指伊斯玛仪运动其他地区的信众。890年左右，哈姆丹·卡尔马特在库法附近建立了一座城堡，取名为"迁徙之所"，这座城堡成为卡尔马特运动的社会核心和基地。①

哈姆丹·卡尔马特在伊拉克传教地区取得成功，甚至曾公开起义或试图反抗阿拔斯王朝的统治，这在客观上也得益于黑奴起义对阿拔斯王朝的较大牵制。另外，该运动还成功地吸引到部分十二伊玛目派（当时仍称伊玛目派）信众的支持。主要原因在于：一是，当时这部分信众对十二伊玛目派的政治无为立场感到失望；二是在第十二任伊玛目于874年左右隐遁后，一部分十二伊玛目派信众陷入迷茫状态，伊斯玛仪派具有反抗倾向的传教活动因此获得了他们的支持。

哈姆丹·卡尔马特和阿布丹在伊拉克南部活动的同时，伊斯玛仪运动也逐步向伊拉克周边地区渗透。比如在波斯南部，阿布·赛义德·哈桑·本·巴赫拉姆·贾纳比与阿布丹的兄弟买蒙（al-Ma'mun）进行宣传。买蒙后来被派往阿拉伯半岛东部的巴林地区进行传教。881年，伊本·哈沙布（Ibn Hawshab，？～914），又称为曼苏尔·也门与助手阿里·本·法迪尔（'Ali bin al-Fadl）来到也门进行传教。883年后，阿里·本·法迪尔占领萨纳，不久控制了也门全境，并以此为根据地向外发展。同年，伊本·哈沙布派海塔姆前往印度信德②地区传教。893年，伊本·哈沙布指示

---

① Farhad Daftary, *A History of Shi'i Islam*, I. B. Nauris Publisher, 2013, pp. 109-110.
② 信德现位于巴基斯坦境内。

阿布·阿卜杜拉·什叶（Abu Abd Allah al – Shi'i,？ ~911）向居住在马格里布的库塔玛柏柏尔人传教，即现在阿尔及利亚境内。[①]

此外，在870年左右，伊斯玛仪派开始前往波斯中西部和西北部进行传教。该地区第一任传教师是哈拉夫·哈拉吉，他以赖伊（今德黑兰南）为中心长期从事传教工作。后来，他的门徒将传教活动拓展到库姆、喀山、哈马丹等地。赖伊地区第三任传教师是吉亚提，他将传教活动向呼罗珊地区拓展。他的助手就是著名宗教学家、哲学家阿布·哈迪姆·拉兹（Abu Hatim al – Razi,？ ~934），后者后来担任了赖伊地区的主传教师，活动范围覆盖了波斯西北部的阿塞拜疆地区以及北部的吉兰、塔巴里斯坦、古尔根等地。

903~913年，伊斯玛仪派正式落脚于呼罗珊地区，吉亚提指令阿布·哈迪姆·拉兹担任该地区第一任传教师，后者在尼沙普尔建立了总部。该地区另一名重要的传教师是萨曼王朝的呼罗珊总督侯赛因·本·阿里·马尔瓦兹。他在现今阿富汗境内的中部、西部和北部地区，比如迈马纳、赫拉特、古尔等地顺利推广了伊斯玛仪派教义，并将传教总部一度迁到马尔瓦河附近，即现今阿富汗北部的巴拉·穆尔加布地区。此后，穆罕默德·本·阿赫迈德·纳萨菲（Muhammad bin Ahmad al – Nasafi,？ ~943）担任呼罗珊地区主传教师，他将新柏拉图主义引入伊斯玛仪早期教义当中，并把传教总部最后迁至萨曼王朝的首都布哈拉，即今乌兹别克斯坦境内，开始了在中亚地区尤其是河中地区的传教活动。后来河中地区的传教活动遭到了当时萨曼王朝统治者努赫一世的镇压，但是伊斯玛仪派最终坚持了在呼罗珊和中亚地区的传教活动。[②]

对比十二伊玛目派的政治无为立场，阿卜杜拉·本·穆罕默德领导的伊斯玛仪运动，目的在于推翻阿拔斯王朝，在世间建立正义的统治，因此这是一场具有明确目标的宗教政治运动。早期伊斯玛仪运动尽管被阿拔斯王朝和外界视为"卡尔马特运动"，但是该运动的信众自身，把运动称作

---

① Farhad Daftary, *A History of Shi'i Islam*, I. B. Nauris Publisher, 2013, pp. 110 – 111.
② Farhad Daftary, *A History of Shi'i Islam*, I. B. Nauris Publisher, 2013, p. 111.

"传教"、"受引领的传教"、"召唤真理"或"真理的宗教"。① 他们则自称为"掌握真理的群体"，这种称谓和认同后来也不被法蒂玛王朝及以后的伊斯玛仪信徒所沿用。所谓的"真理"，也就是他们的宗教政治主张，即穆罕默德·本·伊斯玛仪即将作为救世主马赫迪复临人间，把所有受到阿拔斯王朝欺压的社会各阶层解救出来，建立由阿里后裔领导的正义世界。因此，在这场运动的早期，它是作为反对阿拔斯王朝的残暴统治、反对都市特权阶层、反对中央集权政府的宗教政治面貌出现的。② 同其他什叶派一样，伊斯玛仪派一直谴责阿拔斯王朝以及之前的伍麦叶王朝，认为这些王朝僭取了阿里后裔对伊斯兰世界的领导权。此外，这场运动的支持者主要来自下层民众，主要是农民和贝都因游牧民。尽管如此，早期伊斯玛仪运动的社会构成也因地区而异。比如，在伊拉克地区主要是半农半牧的乡村民众；在巴林和叙利亚地区主要是贝都因游牧民；在也门主要是山区部落民众；在北非地区主要是柏柏尔人；在波斯和中亚地区则主要以上层社会精英和统治阶层为主。

（三）899 年宗教改革及其严重后果

899 年，阿卜杜拉·马赫迪在萨拉米亚正式接管伊斯玛仪派领导权。此后不久，他进行了宗教政治改革，并以新的方式开始传教活动。其中一项重大改革是他公开宣称他自己和他的祖先就是伊玛目，他们继穆罕默德·本·伊斯玛仪之后领导着伊斯玛仪派运动。③

这种改革的重要意义在于，阿卜杜拉·马赫迪将自己以及祖先的身份由"被期待的卡希姆"和穆罕默德·本·伊斯玛仪的"胡加"地位抬高到事实上的伊玛目地位，同时还暗含着对穆罕默德·本·伊斯玛仪之马赫迪身份的否认。阿卜杜拉·马赫迪的宗教改革导致伊斯玛仪派历史上的一次

---

① Farhad Daftary, *The Ismāʿīlīs: Their History and Doctrines*, Second Edition, Cambridge University Press, 2007, p. 116.

② Farhad Daftary, *The Ismāʿīlīs: Their History and Doctrines*, Second Edition, Cambridge University Press, 2007, p. 115.

③ Farhad Daftary, *A History of Shiʿi Islam*, I. B. Nauris Publisher, 2013, p. 112.

大分裂。① 一些人接受阿卜杜拉·马赫迪的宗教改革，改革后的宗教教义被吸收进法蒂玛王朝有关伊玛目的官方教义当中。这种官方教义强调在任何时候，总有一位可见的伊玛目领导着伊斯玛仪社团。该派信徒相信并维系着伊玛目职位的连续性，认为伊斯玛仪派的伊玛目职位一直在加法尔·萨迪克的子孙中传承。②

另一些人拒绝接受阿卜杜拉·马赫迪的宗教改革，拒绝认可阿卜杜拉·马赫迪及其祖先的伊玛目地位，他们保持着伊斯玛仪派最初的教义，期待着隐遁伊玛目穆罕默德·本·伊斯玛仪的复临。这些人缺乏统一的领导。有时，一些首领又各自声称自己是伊斯玛仪社团的马赫迪，这些人后来发展成相对独立的"卡尔马特派"。卡尔马特派包括伊拉克、巴林地区一些伊斯玛仪社团，以及波斯地区的大多数社团。其中，伊拉克伊斯玛仪社团的首领哈姆丹·卡尔马特在获知阿卜杜拉·马赫迪的宗教改革后，立即宣布不再效忠萨拉米亚总部，并下令停止在伊拉克的一切活动。不久，哈姆丹·卡尔马特突然失踪，其得力助手阿布丹也遭人暗杀，这一切均发生在 899 年。

二　早期教义及其政治思想

伊斯玛仪派教义基本框架在法蒂玛王朝建立前已经基本成型。在 874~899 年，伊斯玛仪教义基本思想已得到较为系统的阐释。法蒂玛王朝进一步发展了早期教义，并在许多方面做了修正。与此同时，卡尔马特派发展了自己独特的教义思想。③ 伊斯玛仪派早期教义的本质内容在于强调对伊斯兰教表义和隐义的区别。此外，早期教义的思想体系包括宗教历史周期论以及基于诺斯替主义的宇宙论。在宗教历史周期论当中，蕴含着有关伊斯玛仪社团和伊斯兰世界领袖的政治思想。

---

① Farhad Daftary, *A History of Shiʻi Islam*, I. B. Nauris Publisher, 2013, p. 112.
② Farhad Daftary, *The Ismāʻīlīs: Their History and Doctrines*, Second Edition, Cambridge University Press, 2007, p. 120.
③ 卡尔马特派教义，将另辟章节予以阐述。

（一）本质内容

伊斯玛仪派教义的本质内容在于对于伊斯兰教表义与隐义所做的区分。表义（也称为外学），阿拉伯语称之为"札希尔"。隐义（也称为内学），阿拉伯语称之为"巴颓尼"。伊斯玛仪派早期教义认为所有启示的经典，包括《古兰经》以及相关的伊斯兰教法，都有表义和隐义两层含意。表义是指包含在《古兰经》中或体现在伊斯兰教法中明显的、普遍被信众所接受的表面含义，其含义随着每一位先知的来临和启示而变化。隐义是指深藏于《古兰经》和伊斯兰教法中的内在的真理，它被认为是亘古不变的精神真谛（哈卡伊格，haqā'iq）。该派认为这种精神真谛构成了一套神智体系，代表了深奥隐秘的精神现实的世界[1]，与表义相比，只有隐义才能揭示神圣天启精神的实质。

伊斯玛仪派早期教义认为隐藏在神圣天启和教法背后的宗教真理，只有通过特殊的内在解经学，即泰尉理（ta'wīl）才能获得。泰尉理的字面意思是指"引导回本初"，或者是从表义推导出隐义，这是一种对字母和数字隐秘含义进行神秘阐释的秘传方法，最早起源于大约 8 世纪的什叶派社团。它不同于"塔夫希尔"[2]（tafsīr），也不同于"坦兹尔"[3]（tanzīl）。运用泰尉理的目的，就是揭示出隐藏在经文和教法当中的真正的精神现实。它代表了一种从表义思想抵达隐义内部本初思想的旅程，能够使字母回归到它们真正的含义，直达深奥的精神真谛。简言之，它认为从表义抵达隐义的过程，以及从伊斯兰教法抵达精神真谛的过程，导致了从表面抵达真实教义的过程，也导致了从圣启的字母抵达隐藏在字母背后的内在含义的过程，还导致了从象征抵达象征事物的过程。它对应于从现象的世界抵达本体世界的过程。对伊斯玛仪派信徒而言，通过泰尉理深入精神真谛，意味着精神的再生。泰尉理，也被译为对宗教经典的精神解注，用一种更为

---

① E. Van Donzel, B. Lewis and Ch. Pellat eds., *The Encyclopaedia of Islam*, *Volume IV* (*IRAN—KHA*), *Third Impression*, E. J. Brill, 1997, p. 203；金宜久主编《伊斯兰教史》，中国社会科学出版社, 1990, 第 228 页。

② "塔夫希尔"是指对圣启经文的明显含义进行解释或评注。

③ "坦兹尔"是指通过类似天使这种中介揭示宗教经典。

精致的观念对《古兰经》的世界观进行了补充，这种观念最后发展成为一种学说体系。对早期伊斯玛仪派信徒而言，泰尉理在他们心目中的中心地位是非常明显的，该派大多数文学作品显而易见地具有泰尉理风格的书写方式，一般是从《古兰经》当中寻求该派教义的证据。早期伊斯玛仪派信徒就这样奠定了本身的宗教体系和学科体系框架，据此各学派从探讨有关伊斯兰教法、伊斯兰教历史等外学学科，深入包括泰尉理方法学以及由此引导到的哈卡伊格学等内学学科领域。哈卡伊格学是一种探寻人生终极目标的学科。泰尉理因此可以成为理解伊斯玛仪派教义的一种重要的方法论。

早期教义进一步认为，在任何时代，只有少数精英（"哈瓦斯"，khawāss）才有机会进入深奥的精神世界，揭示宗教真理的内在含义，而普通大众只能理解经文的表义。在先知穆罕默德开创的伊斯兰时代截至卡希姆来临前，只有那些通过正当方式加入伊斯玛仪社团并承认先知穆罕默德、穆罕默德的"瓦斯"（wasī，即受遗赠者或执行者）——阿里以及那个时代合法指导权威伊玛目的人，才有资格阐释宗教的永恒真理。[①] 早期伊斯玛仪派还规定了新信徒加入该派的宗教程序，并规定后者必须对有伊玛目授权的各级导师（hudūd，"胡杜德"）传授的经文隐义绝对保密。由于注重经文隐义和追求宗教真理，早期伊斯玛仪派被穆斯林视为什叶派当中最具代表性的神秘主义派别，被称为"内学派"。

伊斯玛仪派早期教义还主张，隐藏在经文隐义当中的永恒真理与犹太教、基督教和伊斯兰教所追求的真理是一致的。它认为受不断变化的世俗社会的影响和需求，《古兰经》所认可的这些一神教当中所蕴含的真理，一直被各种不同的、外在的、表面的教法所遮蔽。宗教教法是由先知们宣布的，而先知瓦斯以及伊玛目的职能则是向那些经过适当程序加入各教并认可各自时代合法指导权威的信徒解释教法当中真正的含义。在伊斯兰时代，（解释）经文隐义当中蕴含的亘古不变的真理，在先知穆罕默德和他的瓦斯——阿里之后，是受神圣指导的伊斯玛仪派伊玛目以及由伊斯玛仪

---

① Farhad Daftary, *The Ismāʻīlīs*: *Their History and Doctrines*, Second Edition, Cambridge University Press, 2007, p. 129.

派伊玛目任命的各级导师的绝无仅有的特权。[①]

（二）宗教历史循环论及其蕴含的政治思想

由于致力于追求《古兰经》和伊斯兰教法当中内在的真理，即亘古不变的精神真谛哈卡伊格，早期伊斯玛仪派据此构建了一套独特的有关深奥隐秘的精神世界的思想体系，而宗教历史循环论和具有诺斯替主义特征的宇宙论是其中两个有机组成部分。在890年之前，有关人类的宗教历史循环论已经成形，它对伊斯兰教时期之前诸如犹太教和基督教等各种宗教的启示进行了说明。

根据宗教历史循环论，早期伊斯玛仪派认为人类的宗教历史是循环的，并经历了七个长短不同的时代（"道尔"，dawrs）。每一个时代都由一位"代言先知"或"宣读者"（"纳提格"，nātiq）传达的一部启示而开启。前六个时代的代言先知分别是：阿丹（亚当，Adam）、努哈［Nuh，又称为诺亚（Noah）］、易卜拉欣［Ibrāhīm，又称为亚伯拉罕（Abraham）］、穆萨（Mūsā，又称为摩西，Moses）、尔撒［ʻīsā，又称为耶稣（Jesus）］和穆罕默德（Muhammad）。换言之，它认为穆罕默德是开启第六个时代的代言先知，即开启伊斯兰教时代的代言先知。每个时代的代言先知只是传达天启的表义和宗教礼仪、诫命和禁令，并未详细解释其内在的隐义。[②]

伊斯玛仪派早期教义还认为每一个时代的代言先知，都由一名精神上的受遗赠者（legatee）或执行者（瓦斯）来继任，这位继任者也称为"基础"（阿萨斯，asās）或者"沉默者"（萨米特，sāmit）。他的使命是阐释每一个时代所传达的天启当中隐义内部的内在真谛。在前六个时代，每一位代言先知的瓦斯分别是：希思（Shīth，又称为赛思，Seth）、萨姆［Sām，又称为闪（Shem）］、伊斯梅尔（Ismāʻīl/Ishmael）、哈伦［Hārūn，又称为阿荣尼（Aaron）］或约沙阿［Yūshaʻ，又称为耶和华（Joshua）］、沙蒙·赛法［Shamʻūn al–Safā，又称为西蒙·皮特（Simon Peter）］和阿

---

①　Farhad Daftary, *The Ismāʻīlīs: Their History and Doctrines*, Second Edition, Cambridge University Press, 2007, p. 130.

②　〔英〕法尔哈德·达夫塔利：《伊斯兰伊斯玛仪教派简史》，阿米尔·赛都拉译，韦伯文化国际出版有限公司，2017，第76页。

里·本·阿布塔利布。换言之，阿里·本·阿布塔利布就是第六个时代代言先知穆罕默德的瓦斯或阿萨斯或萨米特。[①]

它还认为每一个时代代言先知的每一位瓦斯或阿萨斯或萨米特，都有七位伊玛目相追随。他们被称为阿提玛〔atimmā，意为"完成者"；单数为穆提姆（mutimm）〕，负责保护经文和教法当中表义和隐义的真正含义。在每一个由代言先知开启的时代，第七位伊玛目的品位逐步提高，最终成为下一个时代的代言先知。这位新的代言先知将废止前一个时代代言先知的教法，并代之以一部新的律法。这种模式仅能在第七个时代，即宗教历史周期的最后一个时代，才会改变。[②]

在这里可以看到，伊斯玛仪派早期教义赋予代言先知、代言先知的继任者瓦斯以及追随瓦斯的伊玛目们以不同的使命和职责。其中，代言先知的职责与伊斯兰教正统派赋予先知穆罕默德的职责与使命基本一致。但是，继任代言先知的瓦斯以及追随瓦斯的伊玛目们，被早期伊斯玛仪派创造性地赋予了新的职责、使命和地位。比如，每一个时代继任代言先知的瓦斯的使命，在于阐释每一个时代天启隐义当中的内在真谛。每一个时代代言先知瓦斯的追随者——七位伊玛目的使命，在于保护经文和教法当中表义和隐义的真正含义，特别是追随瓦斯的第七位伊玛目具有更加重要的地位和职责。他将成为下一个时代的代言先知，同时将废止上一个时代代言先知的教法，并代之以一套新的律法。这种职责和使命，即宣读天启，或者阐释天启的内在真谛，或者保护经文和教法当中的真正含义，既是宗教和精神上的，同时又是政治和律法上的。这种教义思想上的创造性飞跃发展，使得伊斯玛仪派最终与逊尼派以及其他什叶派完全区别开来。

伊斯玛仪派早期教义进一步认为在由代言先知穆罕默德开创的第六个时代，即伊斯兰教时代，穆罕默德·本·伊斯玛仪是代言先知穆罕默的瓦斯——阿里的第七位伊玛目。穆罕默德·本·伊斯玛仪已经隐遁，将来当他复临时，他将成为第七位代言先知和卡希姆（或马赫迪），开启并统治

---

① 〔英〕法尔哈德·达夫塔利：《伊斯兰伊斯玛仪教派简史》，阿米尔·赛都拉译，韦伯文化国际出版有限公司，2017，第76页。

② 〔英〕法尔哈德·达夫塔利：《伊斯兰伊斯玛仪教派简史》，阿米尔·赛都拉译，韦伯文化国际出版有限公司，2017，第76页。

最后一个时代，即人类宗教历史的第七个时代。但是，不同于前六个时代，穆罕默德·本·伊斯玛仪将各种身份集为一体，同时还肩负不同的职责和使命。穆罕默德·本·伊斯玛仪将是第六个时代代言先知瓦斯的最后一位伊玛目，同时也是第七个时代的代言先知。[1] 此外，从职责和使命上看，穆罕默德·本·伊斯玛仪也不同于前六个时代。他不会带来一套新的宗教律法，而是将充分揭示所有启示当中隐藏的深奥的真理。迄今为止，这些真理从未被完全揭示出来，仅仅被人类精英所知晓。这个在人类宗教历史的最后时代，在世界末日来临前，经文隐义当中的内在真理将这样被完全揭示出来，并被全人类所知晓。内在真理将因此摆脱一切遮盖和象征，并预示着一个纯精神知识时代的来临。在这个由马赫迪统治的救世主的时代，经文当中的表义和隐义，表达教法的字母与隐藏在字母当中的内在精神实质，均不再有任何区别。穆罕默德·本·伊斯玛仪将依据正义统治世界，直至尘世结束。他将成为复活日的伊玛目，他的时代将标志着时间与人类历史的终止。[2]

这里有关穆罕默德·本·伊斯玛仪的身份和职责，同样具有宗教、精神、政治等多重内涵。简言之，穆罕默德·本·伊斯玛仪将是第六个时代代言先知瓦斯的最后一位伊玛目，同时也将是第七个时代的代言先知。作为代言先知，他将不会带来一部新的宗教律法，而是将充分揭示隐藏在所有启示当中的深奥真理。此外，穆罕默德·本·伊斯玛仪还将成为第七个时代的救世主马赫迪。他已经隐遁，但将依据正义统治世界直至尘世结束，并成为复活日的伊玛目。

此外，伊斯玛仪派早期教义还主张在穆罕默德·本·伊斯玛仪隐遁期间，由居住在大地上宣教领袖"胡加"代表他主持教务。[3] 换言之，由于信众认可穆罕默德·本·伊斯玛仪是最后一位伊玛目，是第七位代言先

---

[1] Farhad Daftary, *The Ismāʿīlīs：Their History and Doctrines*, Second Edition, Cambridge University Press, 2007, p.132.

[2] 〔英〕法尔哈德·达夫塔利：《伊斯兰伊斯玛仪教派简史》，阿米尔·赛都拉译，韦伯文化国际出版有限公司，2017，第132页。

[3] E. Van Donzel, B. Lewis and Ch. Pellat eds., *The Encyclopaedia of Islam*, Volume IV（*IRAN—KHA*）, Third Impression, E. J. Brill, 1997, p.203；金宜久主编《伊斯兰教史》，中国社会科学出版社，1990，第228页。

知，是隐遁的伊玛目、"被期待的卡希姆"、救世主马赫迪，这在实际上排除了伊斯玛仪派还存在其他伊玛目的可能。因此，伊斯玛仪派早期领袖们始终以隐遁伊玛目穆罕默德·本·伊斯玛仪的"胡加"自称并存在，他们始终召唤信众服从隐遁伊玛目－马赫迪穆罕默德·本·伊斯玛仪。只有通过"胡加"，信徒们才能同隐遁伊玛目取得联系。

总之，伊斯玛仪派的早期教义思想体系具有一定的调和性和包容性，因此对各派穆斯林以及非伊斯兰教宗教社团都具有一定的吸引力。伊斯玛仪派教义思想的包容性非常广泛，特别是在它的上述历史周期论当中，融合了犹太教和基督教传统，以及各种伊斯兰教之前的宗教传统，比如流传在波斯地区的琐罗亚斯德教和马兹达克教。以穆罕默德·本·伊斯玛仪就是救世主马赫迪为主题的宗教宣传活动，为伊斯玛仪派在伊斯兰世界尤其是在早期伊玛目派当中的宣教活动，起到了积极的推动作用。这样，只要正确信奉伊斯玛仪派教义，信徒在今世的解脱和后世的救赎就有了保障，这是伊斯玛仪派在9世纪中叶能够壮大发展的主要原因。

（三）具有诺斯替主义特征的宇宙论

除宗教历史循环论之外，具有诺斯替主义特征的宇宙论也构成了伊斯玛仪派早期教义和思想体系的有机组成部分。这种宇宙论构建于大约9世纪下半叶，主要是在伊斯玛仪派信徒当中口耳相传，并未在早期伊斯玛仪派文献中体现出来。这里阐述的宇宙论主要得益于现代西方学者依据后世法蒂玛王朝文献和部分宰德派文献所做的重新构建。这种存在于法蒂玛王朝之前的早期宇宙论，一直被整个伊斯玛仪派宣教活动所沿用，直到10世纪才被法蒂玛王朝正统的、具有新柏拉图主义特征的宇宙论所取代。早期宇宙论具有神话色彩，还融合了各种各样的主题，描述了宇宙的创造以及星际世界与尘世之间的类似性。

根据伊斯玛仪派这种早期宇宙论[①]，早在时空和永恒存在之前，真主已经存在。真主根据自己的意图（伊拉达，irāda）和意愿（马希阿，

---

① 主要参阅 Farhad Daftary, *The Ismāʿīlīs: Their History and Doctrines*, Second Edition, Cambridge University Press, 2007, pp. 134－136。

mashī'a），首先创造了一束光（努尔，nūr），然后运用《古兰经》当中具有创世功能的命令动词"kun"（"坤"，有或存在之意），对这束光下圣令启动创世。

通过复制"kun"（坤）这个神圣法令中的两个（辅音）字母，即"k"（阿拉伯语称为"kāf"）和"n"（阿拉伯语称为"nūn"），"kun"获得了它的阴性形式"kūnī"（库尼）。"kūnī"就成为第一个受造物，也被称为"先行者"（"萨比克"，sābiq）。

然后，根据真主的圣令，"kūnī"（库尼）从自身的光中创造了第二个受造物，称为"qadar"（卡达尔），意为"前定"，并把他作为其大臣和助手。卡达尔也被视为随从或追随者，代表着阳性原则，而库尼代表阴性原则。库尼和卡达尔因此成为创造的最初两个原则，等同于《古兰经》中的术语"qalam"（笔）和"lawh"（天牌）。

库尼和卡达尔这对原初的两个阿拉伯语称谓（名词），由 K、U（W）、N、I（Y）、Q、D、R 这七个阿拉伯语辅音字母组成。这些字母也被称为"高级字母"，被解释成依次代表开启宗教历史上的七个不同时代的七位代言先知及其传达启示的七个原型。比如，第一个字母 K 代表阿丹，最后一个字母 R 代表马赫迪或卡希姆，以此类推。正是从这原初的七个为一组的字母中，产生阿拉伯语的其他字母和名词，同时产生了这些名词所确指的事物。这样，在这种神话般的宇宙论中，经文当中的一个字母和术语，都为宇宙的创始提供了确切的解释。

伊斯玛仪派早期宇宙论进一步认为，正是通过库尼和卡达尔这对原初原则的中介作用，真主的创世活动首先创造了精神世界的万物。与七位代言先知相对应，库尼从自身的光中创造了七位天使（卡拉比，karūbiyyūn），对应于犹太教和基督教中的天使"切鲁比姆"（Cherubim），并给他们起了神秘的名字，这种名字只有"真主之友"及其诚信的追随者，即伊斯玛仪派信徒才能理解。

接着，根据库尼的指令，卡达尔从自身的光中创造了十二个灵性之物"鲁哈尼"（rūhāniyyūn），并分别起了名字。其中一些名字包括瑞迪万（Ridwān，天堂守护神）、马立克（Mālik，地狱之使）等。这十二个灵性之物的职责是充当卡达尔以及人类宗教历史上的代言先知与伊玛目之间的中介。前三位灵性之物分别是贾德（jadd，好运）、菲特哈（fath，胜利）和哈亚勒（khayāl，想象），分别等同于大天使迦伯里（Jibrā'īl）、米卡伊尔（Mīkā'īl）和伊斯拉斐尔（Isrāfīl），它们在精神世界与尘世宗教阶层之间发挥着沟通作用。这三个灵性之物与库尼和卡达尔一起组成一个重要的五位组，将伊斯玛仪派早期宇宙论与宗教历史循环论沟通和联结起来。

伊斯玛仪派这种宇宙论，同样对下层物质世界的被创造做出了说明。凡尘世界的被创造，也是通过库尼和卡达尔的中介作用来完成的。水和空气首先被创造出来，它们分别等同于《古兰经》当中的术语"阿释"（'arsh，"宝座"之意）和"库尔斯"（kursī，"脚凳"之意）。接着，七重天、大地和七层海相继被创造出来。

根据这种早期宇宙论，精神世界与物质世界之间存在不计其数的对应关系。上层精神世界的每一件事物，几乎都能在下层凡尘世界中存在对应的事物，比如库尼对应太阳，卡达尔对应月亮，七个天使对应于七层天等。这种宇宙论中同样具有重要的救世神学的目的。人类作为创始过程的最后一个环节，已经远离其起源和造物主。宇宙论的目的在于展示如何消除这些距离，最终实现人的救赎。方法只有一个，那就是人类获得有关自身起源以及人类为何远离真主的知识。这种知识就是《古兰经》所认可的、由真主的使者（代言先知）自上而下传达的知识。

在法蒂玛王朝之前存在的这种宇宙论，包含所有诺斯替思想体系的本质特征。在诺斯替思想体系中，上帝的第一创造物通常是阴性的。同样，《古兰经》中的最初创造指令——"kun"也被转变成阴性形式"kūnī"。此外，精神世界与物质世界先后受造的顺序，人类与真主的远离，人类的救赎必须通过真主使者传达的知识等许多观点，均具有诺斯替思想体系的重要特征。不仅如此，早期伊斯玛仪派宇宙论当中的许多神话主题和概念，具有象征意义的数字，诠释学的思辨等，也类似于早期诺斯替思想体系中的一些表现形式。除受诺斯替思想体系影响之外，伊斯玛仪派早期宇宙论还明显受到犹太教和基督教的影响。

尽管如此，早期伊斯玛仪派仍然依据《古兰经》术语和什叶派教义，构建了一种原创的宇宙论模型。早期伊斯玛仪派出现在伊斯兰教什叶派的传统生活当中，并且以伊斯玛仪派伊玛目的名义发动了一场规模很大的宣教运动。因此，其教义主要源于伊斯兰教，尽管它借鉴了许多伊斯兰教时代之前的其他宗教传统。

第二节　伊斯玛仪派宗教历史周期论的新发展

法蒂玛王朝使伊斯玛仪派的教义及其政治思想发展到新的阶段。在这个阶段，伊斯玛仪派结合时代变迁，对早期教义思想进行了继承和发展，逐步形成了一套复杂而精致的形而上学思想体系。其中，主要经过两个阶段的改革，伊斯玛仪派的宗教历史周期论演进到新的阶段。

一　法蒂玛王朝的兴起和发展（909～1094 年）[①]

909 年，法蒂玛王朝在北非建立。该王朝的建立，标志着伊斯玛仪派最终缔造了一个由该派伊玛目所领导的国家政权。这不仅是早期伊斯玛仪派宣教运动的巨大成功，也是什叶派的一次重大胜利。自从第一任伊玛目阿里去世后的 200 多年来，什叶派首次在较为广阔的区域内实现了成为伊斯兰国家主导者的夙愿。

从那时起到 1094 年法蒂玛王朝第八任哈里发－伊玛目穆斯坦绥尔（al－Mustansir,？～1094）去世为止，这个阶段属于法蒂玛王朝历史上的"黄金时期"。伊斯玛仪派不仅建立了一个繁荣的国家，而且鼓励各种学术活动使之获得长足发展，该派教义和政治思想也因此具有了与众不同的思想内涵和特点。

法蒂玛王朝的黄金时期还可分为前后两个阶段。第一个阶段是王朝建立与初步巩固阶段，从 909～953 年，统治中心在北非地区。这个阶段经历了三位哈里发－伊玛目的统治：阿卜杜拉·马赫迪·比阿拉（'Abd Allāh al－Mahdī bi'llah，909～934 年在位）、阿卜杜勒－卡希姆·穆罕默德·卡

---

① E. Van Donzel, B. Lewis and Ch. Pellat eds., *The Encyclopaedia of Islam*, Volume IV（*IRAN—KHA*）, *Third Impression*, E. J. Brill, 1997, p. 850.

希姆·比-阿穆尔·阿拉（Abu'l-Qasim Muhammad al-Qāsim bi-Amr Allāh，934~946年在位）和阿布·塔希尔·伊斯玛仪·曼苏尔·比阿拉（Abū Tahir Ismā'il al-Mansūr bi'llāh，946~953年在位）。①

第二个阶段自法蒂玛王朝于969年占领埃及并于973年迁都开罗，至1094年伊玛目穆斯坦绥尔去世为止。其间经历了五位哈里发-伊玛目的统治：穆伊兹·里-丁·阿拉（al-Mu'izz li-Din Allāh，953~975年在位）、阿齐兹·比阿拉（al-'Aziz bi'llāh，975~996年在位）、哈基姆·比-阿穆尔·阿拉（al-Hākim bi-Amr Allāh，996~1021年在位）、扎希尔·里-伊扎兹·丁·阿拉（Zahir li-I'zāz Din Allāh，1021~1036年在位）和穆斯坦绥尔。王朝统治中心向东移至埃及，此时疆域拓展至最大区域，稳固程度和兴盛程度也达到鼎盛。随后，王朝迅速走向衰落，大约在一个世纪后灭亡。

（一）法蒂玛王朝的建立与初步巩固（909~953年）

法蒂玛王朝的建立，与伊斯玛仪派传教师阿布·阿卜杜拉·侯赛因·本·艾哈迈德在北非的传教活动密不可分。因信仰之故，阿布·阿卜杜拉·侯赛因·本·艾哈迈德又被称作"什叶"。自893年起，阿布·阿卜杜拉·侯赛因·本·艾哈迈德就在莱赛尔-卡比利亚（今阿尔及利亚东部）的库塔玛柏柏尔人中传教。不久，他在该地区的太兹鲁特建立了一座"迁徙之所"，作为马格里布地区的宣教总部，并将皈依的库塔玛部落士兵改组成忠于自己的正规军。自903年起，阿布·阿卜杜拉·侯赛因·本·艾哈迈德开始征服包括今突尼斯和阿尔及利亚在内的北非地区。909年3月，攻占阿拔斯王朝附属国尼派-阿格拉布王朝首都凯拉万及其王宫拉卡达。此后，阿布·阿卜杜拉·侯赛因·本·艾哈迈德以马赫迪的名义在北非统治一年有余。在成功控制北非之后，909年6月，阿布·阿卜杜拉·侯赛因·本·艾哈迈德率军前往司吉马萨（今摩洛哥南部利萨尼市），向隐居在此的阿卜杜拉·马赫迪移交权力。8月，在阿布·阿卜杜拉·侯赛

① Farhad Daftary, *The Ismā'īlīs: Their History and Doctrines*, Second Edition, Cambridge University Press, 2007, p. 140.

因·本·艾哈迈德领导的库塔玛部落军拥戴下，阿卜杜拉·马赫迪被正式加冕为哈里发，早期伊斯玛仪派的"隐居时代"宣告结束。[①]

早在 902 年，为躲避阿拔斯王朝的追捕，阿卜杜拉·马赫迪携幼子以及总传教师菲鲁兹等几个追随者离开叙利亚萨拉米亚总部。几经周折，他们进入北非，最后于 905 年在司吉马萨隐居起来，但一直与在北非库塔玛地区传教的阿布·阿卜杜拉·侯赛因·本·艾哈迈德保持联系。

在被阿布·阿卜杜拉·侯赛因·本·艾哈迈德拥戴为哈里发后，909年 10 月，阿卜杜拉·马赫迪前往拉卡达，当地的社会名流和上层精英表示臣服，宣布他为哈里发。[②] 910 年元月，凯拉万清真寺周五礼拜首次以阿卜杜拉·马赫迪的名义颂念呼图白，名号全称为"受真主引领的伊玛目"及"信士的长官"。当地各个清真寺随后宣布一份宣言，宣布哈里发职位最终回归先知穆罕默德家族后裔手中。至此，法蒂玛王朝正式建立。因阿卜杜拉·马赫迪等历任伊玛目均声称自己是伊玛目阿里与穆圣女儿法蒂玛的后裔，该王朝因此以法蒂玛的名字命名。

法蒂玛王朝早期处于巩固政权阶段，需要应对来自国内外的困难和挑战，因此控制区域主要限于北非的中心地带。王朝内部的危险有二：一是来自扎纳塔柏柏尔部落联盟发动的哈瓦立吉派反叛运动；二是需要对付凯拉万和北非地区信奉逊尼派马立克教法学派信徒的反抗运动。外部威胁有三：一是需要对付宿敌阿拔斯王朝及其地方附属国；二是与觊觎哈里发职位和北非控制权的西班牙伍麦叶王朝争锋；三是在西西里岛等地区与拜占庭帝国交战。

在阿卜杜拉·马赫迪在位时期，传教师阿布·阿卜杜拉·侯赛因·本·艾哈迈德与阿卜杜拉·马赫迪开始出现裂痕。911 年，阿卜杜拉·马赫迪处死了试图谋反的阿布·阿卜杜拉·侯赛因·本·艾哈迈德，随后平息了拥护后者的库塔玛柏柏尔人的反抗。此后，库塔玛柏柏尔人成为法蒂玛王朝最忠实的支持者和军队的骨干。921 年，阿卜杜拉·马赫迪入主位于北非海岸的新都——马赫迪亚（今突尼斯小镇马赫迪亚），法蒂玛王朝

---

① Farhad Daftary, *A History of Shi'i Islam*, I. B. Nauris Publisher, 2013, p. 115.
② Farhad Daftary, *A History of Shi'i Islam*, I. B. Nauris Publisher, 2013, p. 116.

因此取代了阿拔斯王朝的地方属国，实现了对西西里岛的控制，并与拜占庭帝国开始在海上争霸。948 年至 1070 年，法蒂玛王朝藩属国卡利比（kalbids）王朝统治西西里岛达一个多世纪。在征服今日阿尔及利亚、突尼斯和利比亚大部分地区之后，934 年阿卜杜拉·马赫迪辞世。

在阿卜杜勒－卡希姆·穆罕默德·卡希姆·比－阿穆尔·阿拉、阿布·塔希尔·伊斯玛仪·曼苏尔·比阿拉相继统治时期，哈瓦立吉派柏柏尔人发动的长期叛乱威胁法蒂玛王朝的生存。943 年，哈瓦立吉派扎纳塔柏柏尔人在北非努卡利伊巴蒂支派（Nukkārīibādī）首领阿布·亚兹德·马赫莱德·本·凯达迪领导下，横扫北非，占领凯拉万，围攻法蒂玛王朝首都马赫迪亚。经过长期对峙，947 年曼苏尔·比阿拉彻底击败阿布·亚兹德·马赫莱德·本·凯达迪，平息了这场暴乱。曼苏尔·比阿拉在世时，在凯拉万郊区萨布拉（Sabra）以自己的名义修建一座新都——曼苏尔亚，曼苏尔亚此后一直是法蒂玛王朝的首都，直到 973 年迁都开罗为止。

（二）法蒂玛王朝的兴盛时期（953～1094 年）

在哈里发－伊玛目穆伊兹统治时期，法蒂玛王朝在北非站稳了脚跟，同时成功向东拓展疆土，初步发展成为一个具有强大实力的帝国。[1] 穆伊兹特别重视境外的宣教活动，以便为王朝统治奠定意识形态基础，同时也力图与卡尔马特支派建立宗教政治联盟，共同对付阿拔斯王朝及其盟友。为此，这个时期第一件大事是穆伊兹在伊斯玛仪派教义上做出一些调整，突出强调伊斯玛仪派普遍认可的教义思想。[2] 虽然没有争取到大多数卡尔马特派信徒的支持，但是宣教活动成功地使法蒂玛－伊斯玛仪派在阿富汗、波斯、中亚以及印度信德地区赢得大批信徒。[3] 另外，在这个时期第二件大事是在哈里发－伊玛目穆伊兹支持下，大法官阿布·哈尼法·努尔曼·本·穆罕默德（Abu Hanifaal－Nur'mān bin Muhammad,？～974）编写了伊斯玛仪派首部法律汇编。他的法学著作——《伊斯兰的支柱》

---

① Farhad Daftary, *A History of Shi'i Islam*, I. B. Nauris Publisher, 2013, pp. 120－121.
② 关于教义调整，另辟章节论述。
③ Farhad Daftary, *A History of Shi'i Islam*, I. B. Nauris Publisher, 2013, p. 117.

（ *Da'ā'im al - Islām* ），被正式选定为伊斯玛仪派法典，伊斯玛仪派从此拥有了自己的教法学和司法体系。[1] 此后，《伊斯兰的支柱》始终是塔伊比支派最具权威的法律依据，尼扎尔支派则在教法问题上一直听从时任伊玛目的指导。这个时期发生的第三件重大事情是 969 年法蒂玛王朝军队在焦哈尔将军的指挥下占领了埃及。焦哈尔将军在福斯塔城郊的营地迅速发展为法蒂玛王朝的一座城市。973 年穆伊兹迁都至此，最终定名为卡希拉·穆伊兹（al - Qāhira al - Mu'izziyya），即"胜利者穆伊兹之城"，简称开罗。占领埃及是法蒂玛王朝东扩计划的中间环节，其目标是推翻阿拔斯王朝，占领巴格达。此外，969 年 11 月，焦哈尔将军初步占领了巴勒斯坦和叙利亚，将王朝东部疆域拓展至当时最大范围。但是，由于卡尔马特军队与布维希王朝的联合攻击，法蒂玛王朝在巴勒斯坦和叙利亚的牢固占领被推迟了数十年。

穆伊兹去世后，他的儿子阿布·曼苏尔·尼扎尔继位，封号为"阿齐兹·比阿拉"。阿齐兹是该王朝第一位正式统治埃及的哈里发和伊玛目。此外，巩固和拓展该王朝对叙利亚的统治是阿齐兹的首要政治目标和外交政策。经过十多年努力，该王朝最终控制了包括大马士革在内的现在叙利亚的核心区域，但是未能在叙利亚北部阿勒颇一带取得稳固胜利。至此，也就是在 10 世纪下半叶，法蒂玛王朝的疆域和势力范围达到最大，主要包括西起今摩洛哥东至埃及的整个北非地区以及东部希贾兹、巴勒斯坦和叙利亚一带，此外还在西班牙伍麦叶王朝南部一些地区、地中海西西里岛等地行使有效管辖权。[2] 在希贾兹地区，法蒂玛王朝还取代阿拔斯王朝成为圣地麦加和麦地那的保护者。

（三）法蒂玛王朝宣教活动及其影响

法蒂玛王朝统治者非常重视宣教活动，以便实现对整个伊斯兰社团和其他宗教社团的统治。然而除叙利亚之外，法蒂玛王朝在境内的宣教活动

---

[1]　Farhad Daftary, *A History of Shi'i Islam*, I. B. Nauris Publisher, 2013, p. 115.

[2]　Farhad Daftary, *The Ismā'īlīs: Their History and Doctrines*, Second Edition, Cambridge University Press, 2007, p. 174.

非常有限，且很不稳固。除未强迫民众皈依伊斯玛仪派这个原因之外，从北非到巴勒斯坦的广阔地区，伊斯玛仪派教义的传播还受到了伊斯兰教逊尼派马立克教法学派和哈瓦立吉派的抵制。再加上法蒂玛王朝一些附属国不失时机对伊斯玛仪派信徒的迫害，导致后者大致在 11 世纪中叶后在北非腹地消失殆尽。在埃及，伊斯兰教逊尼派也一直占多数，伊斯玛仪派信徒和其他什叶派信徒始终代表少数宗教群体。

尽管如此，法蒂玛王朝的宣教活动在境外的伊斯兰世界中部和东部地区，包括从叙利亚一直到中亚的广阔区域取得了显著成效，即在属于阿拔斯王朝版图的东部地方政权内，比如布维希王朝、塞尔柱王朝、伽色尼王朝和萨法尔王朝等，伊斯玛仪派传教师成功地使众多城乡居民皈依伊斯玛仪派，这使得伊斯玛仪派能够在法蒂玛王朝灭亡后得以生存至今。

得益于法蒂玛王朝以及各地传教师的不懈努力，宣教活动在该王朝境外获得了长足发展。比如，在哈基姆担任哈里发－伊玛目时期，隶属于阿拔斯王朝的伊拉克和波斯地区的统治者臣服于法蒂玛王朝。伊斯玛仪派的德鲁兹支派也是在这个时期成型的。① 1055 年塞尔柱人取代布维希人掌握阿拔斯王朝大权后，也未能阻止法蒂玛王朝传教活动在伊拉克和波斯地区的迅速传播。在穆斯坦绥尔担任哈里发－伊玛目时期，穆亚德（Mu'ayyad，1000 ~ 1078）是一名非常具有影响力的传教师，1058 年他被穆斯坦绥尔任命为王朝总传教师。1070 年初，塞尔柱王朝境内的波斯伊斯玛仪派信徒都承认另一位总传教师阿布杜·马利克·本·阿塔西的权威。他是第一位将波斯和伊拉克境内的伊斯玛仪派社团团结起来的传教师。

此外，尽管阿拔斯王朝东部地区的地方小王朝频繁更迭，伊斯玛仪派传教师在中亚地区的宣教活动也非常活跃。11 世纪中叶，伊斯玛仪派信徒在中亚一带分布也非常广。在穆斯坦绥尔担任哈里发－伊玛目时期，伊斯玛仪派传教师纳斯尔·胡斯鲁（Nāsir - Khusraw，1004 年出生）在呼罗珊和巴达赫尚兴都库什山一带的传教活动也取得了进展。纳斯尔·胡斯鲁是呼罗珊的主传教师——"胡加"，1052 年前后他在巴尔赫（今阿富汗北部马扎

---

① Farhad Daftary, *A History of Shi'i Islam*, I. B. Nauris Publisher, 2013, p. 121；关于德鲁兹派情况及政治思想，将另辟章节论述。

里沙里夫一带）设立了秘密宣教总部，开始宣教活动。巴达赫尚的兴都库什山地区（阿富汗东部山区和巴基斯坦北部洪扎地区）的伊斯玛仪派信徒，均视纳斯尔·胡斯鲁为该派在本地区的奠基人。巴达赫尚的伊斯玛仪派信徒以后追随了尼扎尔伊斯玛仪分派，但他们保留了很多纳斯尔·胡斯鲁的波斯语原著。

10 世纪，伊斯玛仪运动在距离埃及不远的也门悄然发展，随后获得重大成功。当伊斯玛仪派传教师在也门秘密传教时，也门一直由包括宰德派在内的众多独立地方政权掌控。到 11 世纪中叶穆斯坦绥尔担任哈里发 – 伊玛目时，巴努哈玛丹部落首领阿里·本·穆罕默德·苏莱赫（'Ali bin Muhammad al – Sulayhī, ? ~ 1067）接任也门伊斯玛仪派传教师职位。1048 年，他建立苏莱赫王朝（Sulayhīd Dynasty, 1047 ~ 1138）。他还击败宰德派王朝，占领萨那，并以此为首都征服也门全境。直到 1138 年，该王朝一直作为法蒂玛王朝的属国统治也门大部分地区。此外，1077 年，巴林的卡尔马特王国崩溃后不久，在苏莱曼王朝的努力下，包括巴林和阿曼在内的阿拉伯地区也归顺了法蒂玛王朝。

苏莱赫王朝的政教关系几经变化。最初，阿里·本·穆罕默德·苏莱赫兼任国家元首和总传教师。之后，总传教师逐步脱离国家领袖控制而获得独立地位。1062 年，也门大法官兼传教师拉马克·本·马立克·哈马德（Lamak bin Mālik al – Hammādī）被任命为也门总传教师。苏莱赫之子穆卡拉姆·阿赫迈德（al – Mukarram Ahmad, ? ~ 1084）仅担任国家元首，不涉足宗教事务。在穆卡拉姆·阿赫迈德执政后期，也门北部大片领土被宰德派占领，王权也由王妃玛丽卡·赛伊达（al – Malika al – Sayyida，或称赛伊达·胡拉，al – Sayyida al – Hurra，1138 年去世）掌握。1084 年，在穆卡拉姆·阿赫迈德去世后不久，玛丽卡·赛伊达被法蒂玛王朝哈里发 – 伊玛目穆斯坦绥尔任命为也门地区的总传教师。

苏莱赫人为法蒂玛王朝再次在印度次大陆传播伊斯玛仪派信仰做出了巨大贡献。此前，印度伊斯玛仪派信徒在伽色尼王朝的迫害下顽强生存下来。1067 年，由也门派往印度地区的传教师开始在古吉拉特地区发展新教徒。这个时候发展起来的新教徒，一直与也门保持密切联系，他们即现在的塔伊比派。①

二 宗教历史周期论发展的新阶段

法蒂玛王朝官方教义也主要包括经过改革的宗教历史周期论和以新柏拉图主义为哲学基础的宇宙论，其中蕴含着关于法蒂玛王朝伊玛目以及相关统治秩序的宗教政治合法性依据。

在法蒂玛王朝官方教义和早期教义思想基础上经过改革的宗教历史周期论中，有关伊玛目、胡加以及马赫迪的改革思想占据重要地位。宗教历史周期论的改革主要经过了两个阶段：一个是在法蒂玛王朝尚未建立之前，该王朝奠基人阿卜杜拉·马赫迪所做的宗教改革。这种改革曾导致早期伊斯玛仪派发生重大分裂，卡尔马特派从此与法蒂玛王朝伊斯玛仪派主流分道扬镳。卡尔马特派仍然坚持早期的伊斯玛仪派教义，也更加重视有关马赫迪开启第七个时代的思想，从而对该派的命运造成致命打击。另一个是在法蒂玛王朝的第四任哈里发－伊玛目穆伊兹统治时期，他结合现实政治宗教需要对宗教历史周期论所做的第二次重大调整。

（一）阿卜杜拉·马赫迪的改革——由"胡加"提升至"伊玛目"

阿卜杜拉·马赫迪的宗教改革，是在法蒂玛王朝建立之前进行的。改革后的教义尤其是其中的伊玛目、"胡加"和马赫迪思想，成为该王朝伊玛目合法统治的重要依据。

伊斯玛仪派早期教义主张穆罕默德·本·伊斯玛仪是第六个时代及伊斯兰教时代最后一位伊玛目，他还是第七位代言先知，即"纳提克"，是隐遁的伊玛目，"被期待的卡伊姆"，是救世主马赫迪，他将开启并统治人类历史上的第七个时代，这在实际上排除了伊斯玛仪派还存在其他伊玛目的可能。早期伊斯玛仪派领袖们因此始终以穆罕默德·本·伊斯玛仪的"胡加"自称存在。换言之，在穆罕默德·本·伊斯玛仪隐遁期

---

① 关于该派历史发展及其传统政治思想。另辟章节论述。

间，由居住在大地上宣教领袖"胡加"代表他主持教务。①

"胡加"在《古兰经》中意思是"见证""证词"，有时也意味着"证据"。在什叶派当中，"胡加"具有不同的含义。最初，它意味着真主存在或真主意愿的"证据"，一般是指任何时代能够代表真主在人间存在的证人。据此，十二伊玛目派对这个词的应用进行了系统化阐述。该派将这个词用来指代先知或者伊玛目，特别是在先知之后用来指代伊玛目，认为没有伊玛目的指导，世界将无法存在。早期历史上的伊玛目派更是将这个词等同于某位伊玛目。什叶派对"胡加"这个词的应用，被早期的伊斯玛仪派所沿用。伊斯玛仪派据此认为，在每一个时代，都有一位真主的"胡加"，无论它是先知、使者，还是伊玛目。

另外，早期伊斯玛仪派还将"胡加"用来指代宗教阶层中的某位尊者或者某种阶层，信众能够通过这位尊者或者该阶层与隐遁伊玛目取得联系。作为伊斯玛仪派早期组织中的阶层，"胡加"排在伊玛目之后，并具有特殊的含义。这个含义是指，如果世界没有真主存在的"证据"而无法存在的话，那么在伊玛目隐遁时期，伊玛目的代表将不得不代表真主真正的意愿。换言之，在他的隐遁时期，"被期待的卡伊姆"穆罕默德·本·伊斯玛仪将不得不由"胡加"全权代表。这种含义最后被吸收进伊斯玛仪派早期教义当中，是指当伊玛目可见时，他的"胡加"可能隐遁，而当伊玛目隐遁时，他的"胡加"和"达伊"必须是可见的。

早期伊斯玛仪派在使用"胡加"这个词时还有第三个含义，是指当伊玛目和他的"胡加"均在人世时，"胡加"就是代言先知或宣读者或第一轮七位伊玛目当中最后一位伊玛目指定的继任者。其深层的含义是，在成为伊玛目之前，伊玛目首先作为"胡加"而存在，而"胡加"在伊玛目时代之后可以成为伊玛目。② 有时，他们还认为可以同时存在几个"胡加"，而只有"至大的胡加"才能够在伊玛目时代之后接任伊玛目的职位。在伊斯玛仪派活动早期，伊斯玛仪派似乎认为在伊玛目缺位时期，"胡加"是

---

① E. Van Donzel, B. Lewis and Ch. Pellat eds., *The Encyclopaedia of Islam*, Volume IV (IRAN—KHA), *Third Impression*, E. J. Brill, 1997, p. 203.

② Farhad Daftary, *The Ismāʿīlīs: Their History and Doctrines*, Second Edition, Cambridge University Press, 2007, p. 118.

伊玛目在伊斯玛仪社团的全权代表。[①]

899年，阿卜杜拉·马赫迪对上述有关伊玛目、"胡加"等思想进行了改革和修正。简言之，阿卜杜拉·马赫迪将自己及其祖先的宗教政治地位由早期伊斯玛仪派一贯坚持的"胡加"地位，提升到至高无上的宗教政治精神领袖，即伊玛目之地位。他声称他本人和自己的祖先就是伊玛目，在此基础上，忠于当时法蒂玛阵营的伊斯玛仪派发展了另外一整套不同的有关人类历史第六个时代，即伊斯兰教时代的观念和思想。

除自称伊玛目之外，在给当时也门地区伊斯玛仪派信徒的一封公开信中，阿卜杜拉·马赫迪进一步阐释了自己的宗教改革以及其他思想内涵。[②]他宣称自己是什叶派公认的第六任伊玛目加法尔·萨迪克的后裔。他解释说，伊斯玛仪派原先认为穆罕默德·本·伊斯玛仪就是救世主马赫迪的认识是属于对宗教教义宣传上的误解，这与早期伊斯玛仪派领袖一直隐瞒真实身份这种政治历史环境相关。他认为"穆罕默德·本·伊斯玛仪"这个名字是指加法尔·萨迪克子孙当中所有名叫"伊斯玛仪"的历任伊玛目，以及所有名叫"穆罕默德"的历任伊玛目的继任者。因此，穆罕默德·本·伊斯玛仪不是特指伊玛目加法尔·萨迪克的某一位孙子，而是一个集体性指称，是指加法尔·萨迪克之后直至救世主马赫迪来临前的每一位伊玛目。[③]换言之，阿卜杜拉·马赫迪否认某一位阿里特定后裔的伊玛目身份和马赫迪身份，因为加法尔·萨迪克之后的所有合法伊玛目们出于"塔基亚"原则，在自称为"胡加"的同时，均采用"穆罕默德·本·伊斯玛仪"或者其他假名作为一个代码。为论证宗教改革的合法性，阿卜杜拉·马赫迪还印证了加法尔·萨迪克的一则圣训，说明先知家族曾产生过不止一位马赫迪。

阿卜杜拉·马赫迪这些有关马赫迪思想的修正，还涉及马赫迪的职能

① Farhad Daftary, *The Ismāʿīlīs: Their History and Doctrines*, Second Edition, Cambridge University Press, 2007, p. 118.

② Farhad Daftary, *The Ismāʿīlīs: Their History and Doctrines*, Second Edition, Cambridge University Press, 2007, p. 119.

③ Farhad Daftary, *The Ismāʿīlīs: Their History and Doctrines*, Second Edition, Cambridge University Press, 2007, p. 119.

问题。经过他的修正，马赫迪主要担负着保卫伊斯兰教法的职能，而不再是废止伊斯兰教法以及在世界上建立正义统治的职能。[①] 这种有关马赫迪及其职能的新思想，后来被卡迪（大法官）努尔曼吸收进伊斯玛仪圣训当中。最后，在成为法蒂玛王朝第一任哈里发之后，阿卜杜拉·马赫迪采用了"马赫迪"这个头衔，他可能是希望获得经过自己修正的"被期待的马赫迪"之地位。

总之，阿卜杜拉·马赫迪宗教改革对早期教义所做的修正主要在于引入了伊玛目制度的延续性。伊斯玛仪派早期教义当中存在的第七个时代，即由救世主马赫迪穆罕默德·本·伊斯玛仪统治的具有纯精神意义的时代，不论性质如何，它的到来被完全无限期地推迟到遥远的未来，第七个时代也因此对伊斯玛仪派当中的法蒂玛阵营以及其他分支完全失去了救赎意义，而将在世界末日开启复活日的救世主马赫迪之职能，也因此与其他穆斯林社团所设想的末日理论相类似。改革后的教义思想尤其是其中的伊玛目思想，成为法蒂玛王朝实施宗教政治统治的有效依据。

（二）哈里发–伊玛目穆伊兹的改革

由于忙于建立和巩固新王朝，法蒂玛王朝前三任哈里发–伊玛目一直未能在境外全力推动宣教运动。在穆伊兹担任哈里发–伊玛目时期，他开始全身心投入在境外的宣教活动，试图获得境内外卡尔马特分派的支持，以重整伊斯玛仪运动思想上的统一。这样做，不仅是为了争取卡尔马特人的宗教政治支持，而且是为了达到向境外阿拔斯王朝控制下的东部地区进行扩张之目的，更重要的是他对卡尔马特人思想在境外对东部伊斯玛仪派信徒的影响有更深的忧虑。在这种背景下，穆伊兹对此前的伊斯玛仪派教义再次进行修正，主要是重新融入了伊斯玛仪非主流派别包括卡尔马特派的一些教义思想，这在一定程度上意味着重新回归到伊斯玛仪派的早期教义当中。他的教义改革思想主要体现在当时法蒂玛王朝最著名的大法官努尔曼和学者加法尔·本·曼苏尔·也门（Ja'far bin Mansūr al‐Yaman）的

---

① Farhad Daftary, *The Ismā'īlīs*: *Their History and Doctrines*, Second Edition, Cambridge University Press, 2007, p. 119.

一些重要著述当中。

在阿卜杜拉·马赫迪的教义改革中，他声称他本人和自己的祖先就是伊玛目，因而使伊玛目制度延续下来，并借此否认了穆罕默德·本·伊斯玛仪的马赫迪身份。在此基础上，法蒂玛王朝大法官努尔曼进一步公开宣称，人类历史上的第六个时代，即由代言先知穆罕默德开辟的伊斯兰教时代，将允许存在超过一轮（七位伊玛目为一轮）以上的伊玛目。① 在第一轮七位伊玛目之后，伊玛目职位仍将在伊斯兰教时代延续下去。

但是，大法官努尔曼在辞世前向穆伊兹提出了一套与上述不同的教义思想，这些思想得到了穆伊兹的认同，因而使法蒂玛王朝的教义改革进入第二个阶段。努尔曼的这些教义改革思想，主要围绕"卡伊姆及其表现形式"展开论述。努尔曼认为卡伊姆的存在本质上有三个等级（胡杜德）：第一个等级是在物质世界的存在；第二个等级是在精神世界复活之存在形式；第三个等级是在最后审判日（进行清算）之存在形式。②

卡伊姆在物质世界等级的存在形式有两种：一种是作为代言先知而存在；另一种是作为自身代理人而存在。卡伊姆的最初出现是在人类宗教历史上的第六个时代，即作为伊斯兰教时代的第七任伊玛目而出现的。他因此在穆罕默德·本·伊斯玛仪身上获得了物质世界等级的第一种存在形式，即作为人类宗教历史上的第七位代言先知，但是并未传达一部新的伊斯兰教法。由于卡伊姆的出现是在完全隐遁的时期，因此他传达的启示也处于隐遁状态，启示的内容包含对教法内在意义的解释。③

正因为如此，卡伊姆任命了一些代理人（胡拉发，khulafā'，哈里发的复数形式），并在这些代理人身上获得了他在物质世界等级存在的第二种形式。正是通过这些代理人——哈里发，卡伊姆将揭示教法的内在意义，

① Farhad Daftary, *The Ismāʿīlīs: Their History and Doctrines*, Second Edition, Cambridge University Press, 2007, p. 164.
② Farhad Daftary, *The Ismāʿīlīs: Their History and Doctrines*, Second Edition, Cambridge University Press, 2007, p. 164.
③ Farhad Daftary, *The Ismāʿīlīs: Their History and Doctrines*, Second Edition, Cambridge University Press, 2007, p. 164.

并履行那些预示给他的行为，因为穆罕默德·本·伊斯玛仪将不再重返世间。最初，这些代理人也处于隐遁状态。但是自阿卜杜拉·马赫迪起，他们显现出来并将一直统治直到物质世界的末日来临，他们中的最后一位就是卡伊姆的"胡加"，即见证人。然后，卡伊姆将获得新的等级，并将在星辰的精神世界时代显现。随后，他的等级将持续升高，最后在宇宙与灵魂合二为一之前，要把最后审判之职责转交给人类。①

努尔曼的这套思想体系也存在内在矛盾。一方面，努尔曼极为慎重地强调，由《古兰经》和伊斯兰教法所规定的任何宗教律令在最后审判日来临之前将不会被免除。换言之，由代言先知穆罕默德开启的第六个时代——伊斯兰教时代以及伊斯兰教，将会一直持续到最后审判日来临之前；另一方面，努尔曼又声称，第七个时代——卡伊姆 - 马赫迪开启并统治的时代已经开始，因为卡伊姆已经在穆罕默德·本·伊斯玛仪身上，继而在他的代理人——法蒂玛王朝统治者身上已经显现出来。法蒂玛统治者将通过阐释之前所有六个时代宗教教法（包括伊斯兰教法）的内在意义，来揭示自己肩负的使命。

此外，哈里发 - 伊玛目穆伊兹本人也多次谈及类似的思想和观点，只是在个别地方与努尔曼有所不同。他曾谈到由七位代言先知开启的七个时代，也曾提到卡伊姆并把他视为人类历史上的第七位代言先知以及由代言先知穆罕默德开创的第六个时代的第七任伊玛目。穆伊兹并未提到穆罕默德·本·伊斯玛仪的名字，但是曾指出伊斯玛仪·本·加法尔是第六个时代的第六位伊玛目以及阿里·本·塔利布的第八位继任者。显然那时，穆伊兹试图把卡伊姆就视为穆罕默德·本·伊斯玛仪。此外，穆伊兹和努尔曼一样认为卡伊姆并未传达一部新的宗教教法，仅仅是揭示了此前六个时代宗教教法的内在意义。穆伊兹也曾谈到"代理人——哈里发们"，认为他们将代表卡伊姆揭示的教义思想和行为。他还进一步指出，在"时代伊玛目"之外，没有"卡伊姆"和"时代之主"，只有"时代伊玛目"将解释宗教法律的内在意义。换言之，穆伊兹否认穆罕默德·本·伊斯玛仪以

---

① Farhad Daftary, *The Ismāʿīlīs: Their History and Doctrines*, Second Edition, Cambridge University Press, 2007, p. 165.

卡伊姆的身份在物质世界的回归，因为法蒂玛人作为卡伊姆的代理人已经完全承担了这样的职能。[1]

不仅如此，穆伊兹的教义思想改革在当时的重要学者加法尔·本·曼苏尔·也门的著述中也得到深入的阐述。加法尔·本·曼苏尔·也门主要讨论了七位代言先知开创的七个时代问题，认为第七位代言先知就是卡伊姆穆罕默德·本·伊斯玛仪及其代理人。加法尔·本·曼苏尔·也门还赋予了卡伊姆以及其代理人更为重要的意义，认为卡伊姆是所有宗教法律的揭示者，是非比寻常的代言先知。[2]

上述教义改革，在一定程度上回归到早期伊斯玛仪派教义的基础上，实际上从宗教政治角度看，其落脚点还是在于论证法蒂玛王朝统治者至高无上的宗教合法地位。概括其要点，主要有以下三个方面。

第一，穆伊兹的教义改革，重申了早期伊斯玛仪派教义所主张的那样，认为伊斯玛仪派认可的第七任伊玛目伊斯玛仪·本·加法尔及其儿子穆罕默德·本·伊斯玛仪是法蒂玛王朝统治者的祖先，而不是像阿卜杜拉·马赫迪所声称的那样，自己及其祖先是伊斯玛仪派认可的第六任伊玛目加法尔·萨迪克的后裔。

第二，穆伊兹的改革也重申了早期伊斯玛仪派教义的基本观点，即人类将经历由七位代言先知开启的七个时代，但是却从不同角度进行了解释。比如，他认为第七个时代是由卡伊姆开启的，而不是像早期伊斯玛仪派教义所声称的那样——由穆罕默德·本·伊斯玛仪所开启。这种观点也不同于哈里发－伊玛目阿卜杜拉·马赫迪在宗教改革第一个阶段所声称的那样，即伊玛目制度将在第六个时代无限期地延续下去，从而将第七个时代即马赫迪－卡伊姆时代的来临推迟到遥远的未来。

第三，由努尔曼所阐发的教义改革，通过阐述卡伊姆的思想，将卡伊姆等级划分为三类，同时将卡伊姆在物质世界等级划分为两种存在形式（作为代言先知，即穆罕默德·本·伊斯玛仪而存在，以及作为代理人而

---

[1] Farhad Daftary, *The Ismāʿīlīs: Their History and Doctrines*, Second Edition, Cambridge University Press, 2007, p. 165.

[2] Farhad Daftary, *The Ismāʿīlīs: Their History and Doctrines*, Second Edition, Cambridge University Press, 2007, pp. 165 – 166.

存在，这些代理人自法蒂玛王朝奠基人阿卜杜拉·马赫迪起显现），最终在教义上论证了法蒂玛王朝统治的宗教合法性，也实现了向早期伊斯玛仪派教义部分程度进行回归的目的。

第三节　伊斯玛仪派宇宙论发展的新阶段

早期伊斯玛仪派教义当中的宇宙论，在法蒂玛王朝时期也发生了深刻的变化，其中主要是吸收了当时在伊斯兰世界盛行一时的古希腊新柏拉图主义哲学，从而形成了建立在新柏拉图主义基础上的新的宇宙论思想。

宇宙论的这种改革，在法蒂玛王朝统治时期，经过了前后两个阶段。第一个阶段，以当时法蒂玛王朝境外东部波斯地区伊斯玛仪派传教师兼著名宗教学者穆罕默德·纳赛菲（Muhammad al – Nasafī）、阿布·哈提姆·拉兹（Abu Hātim al – Rāzī）和阿布·雅库布·西吉斯坦尼（Abū Ya'qūb al – Sijistānī）等阐述的新柏拉图主义宇宙论为主，这种宇宙论被法蒂玛王朝统治者穆伊兹所认可，并被融入法蒂玛王朝的官方教义思想当中，取代了之前的以诺斯替主义为基础的早期宇宙论，进而从另一个方面为法蒂玛王朝的宗教政治统治秩序提供了合法依据。

第二个阶段的改革，主要经过大哲学家和传教师阿赫默德·哈米德·丁·科尔曼尼（Ahmad Hamid al – Din al – Kirmānī, ? ~ 1021）的进一步改造和转化。从伊斯玛仪派学术史的角度看，这两个阶段的改造，可以说是将中世纪的伊斯玛仪派宇宙论推进到了第二个和第三个发展阶段。

不过，法蒂玛王朝官方机构并未采阿赫默德·哈米德·丁·科尔曼尼的宇宙论。阿赫默德·哈米德·丁·科尔曼尼的宇宙论后来在也门塔伊比派传教师的努力下，为中世纪伊斯玛仪派宇宙论第四个阶段的发展，即最后一个阶段的发展奠定了基础。

一　宇宙论改革的背景

始自伍麦叶王朝对古希腊罗马学术著作的翻译和注释活动，对伊斯兰各个学科包括伊斯兰哲学和教义学的发展都产生了重大影响。阿拔斯王朝初期，这种翻译活动被纳入国家计划，伊斯兰学者开始进入系统化翻译时期。在哲学领域，大约自9世纪起，伊斯兰学者开始翻译、注释甚至采纳和改造新柏拉图主义学派的著作，这种阿拉伯语化的新柏拉图主义著作对伊斯兰哲学以及法蒂玛王朝时期的哲学和教义学的发展也产生了深刻影响。

新柏拉图主义是3~6世纪流行于古代罗马和希腊的唯心主义哲学流派。这个哲学流派以柏拉图主义哲学为基础，吸取古希腊毕达哥拉斯学派、亚里士多德学派、斯多葛学派哲学思想以及东方宗教哲学的部分内容，具有浓厚的宗教神秘主义成分。该学派的开创者是亚历山大利亚的阿曼纽斯。其中著名代表人物是普罗提诺（Plotinus），他曾在罗马创办学校，形成亚历山大利亚－罗马新柏拉图学派，或称普罗提诺学派，穆斯林学者称之为谢赫宇曼尼。后来，波菲利（Porphyry）也成为这一学派的重要代表人物。4世纪后，该学派形成许多新的支派，比如以扬布里柯（Lamblichus）为代表的叙利亚学派，以普罗克洛（Proclus）等为代表的雅典学派等。6世纪上半叶新柏拉图学派因受到东罗马帝国皇帝的压制而趋于瓦解。

新柏拉图学派的代表作有普罗提诺的《九章集》、波菲利为亚里士多德的《范畴篇》所写的《导论》、扬布里柯的《哲学劝学篇》等七种，普罗提诺提出的学说最为系统和典型。普罗提诺提出"太一说"、"流溢说"和"灵魂解脱说"。他认为"太一"即神，是宇宙之第一本体。所谓本体，是指一种最高能动的原因。"太一"因此是无所不包的统一性，是一切存在的前提和基础。它虽然不动，却能生成其他本体，这种生成的过程即流溢。最先从"太一"中流溢出来的是奴斯（理性），即第二本体，又从理性中流溢出灵魂，即第三本体。在本体之外，还有质料。质料没有任何规定性。但它一旦与灵魂的能动的力量相结合，便产生出可感的个别事物。人生活在充满灵魂的可感世界当中，人的灵魂与周围的灵魂相通，这种作用虽然无形，却是自然的力量，推动着人的活动。人生的终极目标是使灵魂摆脱肉体，返回到"太一"。为此，必须通过德性的修养，使灵魂净化，通过对神的深思，在"忘我""出神"等状态中与"太一"合二为一。①

在翻译、注释上述源自古希腊罗马的新柏拉图主义等哲学著作中，伊斯兰世界著名哲学家肯迪（al - Kindī，卒于 870 年前后）、法拉比（al - Fārābī，卒于 950 年）和伊本·西那（Ibn Sīnā，卒于 1037 年）发挥了积极作用，并在他们的著作中融汇了亚里士多德和新柏拉图主义的哲学思想。此外，其他穆斯林学者，比如巴格达的阿布·苏莱曼·西吉斯塔尼（Abu Sulaymān al - Sijistānī）、巴士拉的"精城兄弟社"（伊赫瓦尼萨法）等，自 10 世纪起，也开始大量采纳和改造古希腊罗马哲学思想，包括新柏拉图主义思想。"精城兄弟社"曾在当时撰写了一部《精诚兄弟社文集》的百科全书。虽然这部书对法蒂玛王朝的伊斯玛仪派思想影响不明显，但是到 12 世纪它被纳入也门塔伊比派的教义教材当中。

与此同时，法蒂玛王朝境外东部的波斯地区的伊斯玛仪派传教师和宗教学者，也对上述古希腊罗马哲学尤其是新柏拉图主义哲学产生了浓厚兴趣。他们在 10 世纪的百余年时间里，将什叶派尤其是伊斯玛仪派教义学与新柏拉图主义哲学融为一体，从而推动了伊斯玛仪派教义学尤其是其中宇宙论的发展。呼罗珊和中亚河中地区伊斯玛仪派总传教师穆罕默德·纳赛菲，是最早将新柏拉图主义哲学融入伊斯玛仪派教义学的穆斯林学者，其代表作是《收获书》，但迄今已经遗失。纳赛菲的接班人——呼罗珊传教师阿布·雅库布·西吉斯塔尼，根据新柏拉图主义流溢论，系统构筑了复杂而独特的伊斯玛仪派宇宙学，其代表作是《源泉书》。随后，这些来自帝国东部的新柏拉图主义化的宇宙论，被法蒂玛王朝统治者穆伊兹融入了官方教义当中。

二　阿布·雅库布·西吉斯塔尼的新柏拉图主义宇宙论②

根据阿布·雅库布·西吉斯塔尼的《源泉书》和其他著作，伊斯玛仪

---

① 《中国大百科全书》（第二版），第 17 卷，中国大百科全书出版社，2009，第 431 页；《中国大百科全书》（第二版），第 25 卷，中国大百科全书出版社，2009，第 43 页。

② Farhad Daftary, *The Ismāʿīlīs: Their History and Doctrines*, Second Edition, Cambridge University Press, 2007, pp. 228 - 231.

派新柏拉图主义化的宇宙论认为真主绝对超越一切。真主超越人类的认知，超越一切尊名和属性，超越存在和不存在，因而是不可知的。这种对真主的认知，使人联想到新柏拉图主义所声称的"太一"，也与伊斯兰教的基本原则——真主独一原则"陶希德"（tawhīd）具有一致的地方。真主独一原则是指真主的绝对统一性。新柏拉图主义的"太一"这个基本信条，因而在伊斯玛仪派教义学中找到了能够接受的地方。但是，后者一贯严格坚持的是一神论，位于其思想核心的是有关"启示的"原则，而非像新柏拉图主义哲学那样坚持的"理性"原则。正因为如此，阿布·雅库布·西吉斯塔尼一再强调，崇拜真主和坚持真主独一原则，需要对两种思想进行否定。一是要否定有关真主的"拟人说"，是要否定类似伊斯兰教早期教义学派穆尔太齐赖派坚持的最激进的"反对真主的拟人说"。阿布·雅库布·西吉斯塔尼认为穆尔太齐赖派这种"反对真主的拟人说"，将导致对真主神圣本质的否定。[①] 因此，尽管借用了新柏拉图主义的某些思想内容和表现形式，但是伊斯玛仪派的这种神学性宇宙论与新柏拉图主义的理性哲学有着本质的区别。

在对新柏拉图主义化流溢说进行重大改造后，伊斯玛仪派将它与伊斯兰教义思想和《古兰经》中有关创世的观点调和起来，提出了自己的创世说。与新柏拉图主义提出的从"太一"中直接流溢出理性不同，伊斯玛仪派创世说提出，真主是通过圣令（阿穆尔，amr）或圣言（卡利玛，kalima），即一种超越时空的原始能动活动（伊布达伊，Ibdā'）来创造万物的，这等于说受造物产生于虚无。因此，真主是万物的起因（穆布迪伊，mubdi'），真主的圣言和圣令是真主创造万物的中介。普遍理性（亚克尔，'aql）是第一受造物（穆布达伊·阿瓦尔，al-mubda'al-awwal），也可称作"第一"（阿瓦尔，al-awwal）和"先行者"（萨比克，al-sābiq），因为圣言或"逻各斯"与它合二为一。从潜能上和实际上看，普遍理性都是永恒的、静止的、完美的。它对应于"第一"，也就是新柏拉图主义所

---

① Farhad Daftary, *The Ismāʿīlīs: Their History and Doctrines*, Second Edition, Cambridge University Press, 2007, p. 228.

声称的一切光之源或者第二本体——理性。[1]

接着，从普遍理性中流溢出"灵魂"（纳夫斯，nafs）或"普遍灵魂"（纳夫斯·库利亚，al - nafs al - kulliyya）。它被视为"第二"或"追随者"，对应于新柏拉图主义的第三本体——灵魂。普遍理性和普遍灵魂相互交融，成为完整神域里的一对原根或一对原则。[2] 作为第二个实在，普遍灵魂比普遍理性更为复杂，但是它不完美，属于存在的另一个层面。既然存在缺陷，普遍灵魂肯定从属于普遍理性，并且需要普遍理性的帮助以达到完美。伊斯玛仪派这种新柏拉图主义宇宙论就这样将流溢的链条一直延伸到人类的起源。它超越了新柏拉图主义所描述的"太一"、理性和灵魂这种简单的三位一组，认可了真主同时创造了精神世界和物质世界，宇宙中的各个部分因此通过因果关系和流溢才被逐步展现出来。

伊斯玛仪派这种宇宙论还认为普遍灵魂的这种不完美性以及普遍灵魂追求完美的愿望，是促使该运动的原因，这种运动本身也是普遍灵魂具有缺陷的一种表现。像普罗提诺提出的思想一样，这种宇宙论还认为普遍灵魂的本质特征是运动，普遍灵魂的运动导致其他运动的产生。时间则是衡量运动的标准，这种运动是普遍灵魂运动的结果。普遍灵魂的缺陷性是它之所以委身到物质世界内部的原因。换言之，物质世界的存在，恰恰源自普遍灵魂的这种缺陷性。普遍灵魂是物质及其存在形态产生的源泉：从普遍灵魂之中流溢出七层天及其星辰，七层天及其星辰随着普遍灵魂的运动而运动；随着这些天体的运动，产生了热、冷、湿、干四种简单元素；这些简单元素混合后，通过天体运动，形成了大地、水、空气和火四种复合物质；这些复合物质相互混合后，产生了具有生长灵魂的植物；从植物当中，产生了具有感觉灵魂的动物；从动物当中，最后产生了具有理性灵魂的人类。[3]

---

[1]　Farhad Daftary, *The Ismāʿīlīs: Their History and Doctrines*, Second Edition, Cambridge University Press, 2007, p. 229.

[2]　Farhad Daftary, *The Ismāʿīlīs: Their History and Doctrines*, Second Edition, Cambridge University Press, 2007, p. 229.

[3]　Farhad Daftary, *The Ismāʿīlīs: Their History and Doctrines*, Second Edition, Cambridge University Press, 2007, p. 229.

此外，为使这种具有新柏拉图主义的宇宙论更加贴近伊斯兰传统，这种宇宙论还将精神世界当中的一些概念等同于《古兰经》的一些术语。比如，普遍理性等同于"笔"（卡勒姆，qalam）和"宝座"（阿是，'arsh），普遍灵魂等同于"天牌"（劳赫，lawh）和"脚凳"（库尔希，kursī）。同时，这种宇宙论更加强调精神世界与物质世界之间、天园与尘世之间的相似性，以及作为微观世界（或作为宇宙缩影）的人类与作为宏观世界的宇宙之间的相似性。大致是在穆伊兹统治的后期，这种宇宙论最终被法蒂玛王朝所接受，并成为它对外宣教的一项重要政策。

伊斯玛仪派上述创世说的意义在于，它从宗教和政治方面论述了人生活的尘世世界所具有的宗教合理性与必然性，即人类生活的尘世是真主创造的必要结果，是精神世界在尘世的流溢和反映，是宏观宇宙的缩影。因此，物质世界与精神世界之间存在着类似性，人类世界与宏观宇宙之间也具有类似性。这种创始说因此从宗教上奠定了人类世界及其秩序合法性的理论基础，从而为进一步论述法蒂玛统治的合法性做了理论铺垫。

除创世说之外，这个时期伊斯玛仪派的宇宙论还包含一种拯救（或救赎）教义。阿布·雅库布·西吉斯塔尼的新柏拉图式哲学及其伊斯玛仪派教义，与有关灵魂拯救的宇宙观密切相关，其中认为个人以具有个体灵魂的微观世界（或宇宙的缩影）而显现，而个体灵魂是宏观世界（或宇宙）具有的普遍灵魂的组成部分。阿布·雅库布·西吉斯塔尼的灵魂拯救论运用纯精神的术语来构建，展示了这种拯救论与普罗提诺关于人与"太一"神秘合一观念的密切相近性。按照新柏拉图主义的思想，这种神秘合一是人类一切努力的最高追求所在。在广泛吸收了新柏拉图主义和古代诺斯替主义特色的基础上，阿布·雅库布·西吉斯塔尼的拯救论与自己的上述灵魂学说以及伊斯玛仪派的上述历史周期论密切相关。这种拯救论是在有关创世过程的递降层次或途径以及有关人类灵魂拯救的递升层次或途径中来进行阐释的，两类层次或途径都伴随着相应的等级关系。根据递降层次或途径，创世活动源自真主的圣令，通过向下流溢的等级结构，最后降至物质世界以及人类的起源。与之相对，根据向上递升的层次或途径，为追求救赎，人类灵魂需要努力向更提高的精神世界攀登。① 这种灵魂拯救论因此构成阿布·雅库布·西吉斯塔尼形而上学体系当中与宇宙论必要的对应内容。

这种灵魂拯救教义认为人类拯救的最高目标是使自身灵魂摆脱纯粹尘世的、物质的存在而向造物主接近，以便在永恒的后世生活中求得精神的赏赐。这种向上攀登拯救之梯需要净化人的心灵，而灵魂的净化需要得到尘世当中伊斯玛仪派各级宣教机构所提供的指导。之所以如此，是因为只有宣教机构中的权威成员，才有资格揭示真主向那些追求真理的人所指引的"正道"。借此"正道"，那些人的灵魂才能够在末日审判时获得精神上的回报。②

不仅如此，这种灵魂拯救教义进一步认为在人类历史上的每一个时代，尘世的等级机构既包括宣布每一个时代教法的代言先知，也包括代言先知的合理继任者。而在伊斯兰教时代，人类灵魂拯救所需要的指导，是先知穆罕默德、先知穆罕默德的瓦斯（继任者）阿里以及伊斯玛仪派的伊玛目。在这种思想体系中，人的灵魂拯救有赖于通过一种独一无二的智慧源泉获取一种特殊的知识，这种独一无二的智慧源泉就是宗教权威的指导。换言之，只有通过宗教权威的指导和传授，人才能获得灵魂拯救所需要的特殊知识。宗教权威是任何时代天启的真正意义和内在含义的唯一拥有者，只有他才能向人类提供有关天启知识的权威阐释。此外，只有当个体灵魂获得拯救并达到完美后，原来具有缺陷的普遍灵魂才能够借此实现自身的完美，这相当于恢复了神域的完美性。人类历史因此成为普遍灵魂追求完美过程的记录，同时也是人类受旨帮助普遍灵魂实现完美所获得的这种成就的记录。③

也就是说，在上述创世论的基础上，伊斯玛仪派教义进一步从灵魂拯救论的角度，直截了当并系统地阐释了法蒂玛王朝统治者及其宣教机构的

---

① Farhad Daftary, *The Ismāʿīlīs: Their History and Doctrines*, Second Edition, Cambridge University Press, 2007, p. 231.

② Farhad Daftary, *The Ismāʿīlīs: Their History and Doctrines*, Second Edition, Cambridge University Press, 2007, pp. 231 – 232.

③ Farhad Daftary, *The Ismāʿīlīs: Their History and Doctrines*, Second Edition, Cambridge University Press, 2007, p. 232.

宗教政治合法性及其必要性。其理论逻辑在于：一是，只有法蒂玛王朝统治者及其宣教机构才有资格揭示真主指引的"正道"。二是，有资格揭示真主正道的，既包括开启每一个时代的代言先知，也包括每一位代言先知的继任者。先知穆罕默德是伊斯兰教时代的揭示正道者。三是，阿里以及伊斯玛仪派的伊玛目是先知穆罕默德的继任者，也有资格揭示真主指引的正道。四是，先知穆罕默德的继任者是宗教上的权威，宗教权威的指导是人类获得灵魂拯救所需要的特殊知识的智慧源泉。

三 阿赫默德·哈米德·丁·科尔曼尼的宇宙论

上述伊斯玛仪派的宇宙论思想，经过法蒂玛王朝时期最有名望的大哲学家兼传教师阿赫默德·哈米德·丁·科尔曼尼进一步改造后，进入了发展的第三个阶段。阿赫默德·哈米德·丁·科尔曼尼将伊斯玛仪派教义学与他所熟知的各种哲学，包括古希腊罗马的亚里士多德哲学和新柏拉图主义，穆斯林大哲学家法拉比、伊本·西那的形而上学体系，以及犹太教和基督教当中的哲学思想进行调和，构建了自身独特的形而上学思想体系，这种思想体系反映在他于 1020 年完成的重要论著《理智的安详》当中。不过，这种学术思想的调和仍然是在伊斯玛仪派具有哲学特点的教义学思想体系中完成的。其中，阿赫默德·哈米德·丁·科尔曼尼的宇宙论在部分程度上建立于法拉比采用的亚里士多德宇宙论的体系基础之上，同时也吸收了哈提姆·拉兹（Hātim al－Rāzī）在反驳纳菲斯（al－Nasafi）思想学派时所提出的观点。

在阿赫默德·哈米德·丁·科尔曼尼的宇宙论思想中，在有关真主的不可知性和超越性方面，阿赫默德·哈米德·丁·科尔曼尼采用了比伊斯玛仪派思想前辈更加不妥协的立场。他否认任何中介在真主与第一受造物之间发挥实质性作用，比如圣言和圣令等，认为这些中介也将有损真主独一原则和真主超越性原则。[1] 他也反对像伊本·西那这样的穆斯林哲学家

① Farhad Daftary, *The Ismā'īlīs: Their History and Doctrines*, Second Edition, Cambridge University Press, 2007, p. 233.

所提出的一些观点，比如真主"必然存在"观点，他认为这种观念也将有损真主的超越性，因为"必然存在物"观念只适用于受造物。此外，在阿赫默德·哈米德·丁·科尔曼尼的宇宙论当中，他用由十个彼此分离的理性或天使性实在所组成的思想体系，取代了前述伊斯玛仪派前辈采用的由精神世界的理性与灵魂这一对事物所构成的体系，这种新的思想体系是在对法拉比哲学学派进行部分改造后所形成的。

阿赫默德·哈米德·丁·科尔曼尼的宇宙论认为第一理性或第一受造物等同于（造物）活动开始本身，它本质上是完美的、静止的和稳定的。这些属性代表了第一理性的平静或宁静，因此有"理性的安详"（拉海特·亚克尔，Rāhat al-'aql）之说。① 第一理性也是万物的起因，对应于新柏拉图主义所称的"太一"，以及穆斯林哲学家所说的"必然存在物"，它还是其他理性以及其他任何存在物流溢而出的起点。第二理性和第三理性就是分别从第一理性的较高关系和较低关系中流溢而出的。其余七个理性等同于伊斯玛仪派原创宇宙论当中具有象征意义的七个高级字母，它们均是从被视为第一流溢物的第二理性中流溢而出的。在阿赫默德·哈米德·丁·科尔曼尼的观念中，被视为第二流溢物的第三理性代表了物质和形式的原型，但它在伊斯玛仪派思想前辈以及穆斯林哲学家的思想中没有找到先例。天国物体和物质世界就是通过第三理性而产生的。物质世界由九个天国天层、行星天层和月下世界构成。② 每一个天层（九个天国天层和行星天层）与十个理性中的其中一个理性相关。第十个理性，也被称为能动理性，作为行政官统管物质世界。③ 阿赫默德·哈米德·丁·科尔曼尼还详细解释了矿物世界的四大元素、植物和动物的产生，以及最后作为宏观宇宙之反映的微观宇宙的人的产生。

阿赫默德·哈米德·丁·科尔曼尼的宇宙论体系最后也在拯救论中得

---

① 〔英〕法尔哈德·达夫塔利：《伊斯兰伊斯玛仪教派简史》，阿米尔·赛都拉译，韦伯文化国际出版有限公司，2012，第 121 页。
② Farhad Daftary, *The Ismā'īlīs: Their History and Doctrines*, Second Edition, Cambridge University Press, 2007, p. 234.
③ Farhad Daftary, *The Ismā'īlīs: Their History and Doctrines*, Second Edition, Cambridge University Press, 2007, p. 234.

到最高体现，这种拯救论也围绕人的心灵如何通过获取精神真知而得救这一主题。阿赫默德·哈米德·丁·科尔曼尼认为这种精神真知也只有在先知及其合法继任者的权威指导下才能获得。此外，在阿赫默德·哈米德·丁·科尔曼尼的思想体系中，在天国的等级结构与尘世的等级结构中，在精神世界的十个理性与尘世当中的（伊斯玛仪派）宣教组织的各种等级中也存在不计其数的对应关系。伊斯玛仪派宣教组织的等级依次是：代言先知、继任者（瓦斯）、伊玛目、总传教师（巴布）、主传教师（胡加，真主的见证）、其他各级传教师（达伊）及其助手（马顿）等。总之，阿赫默德·哈米德·丁·科尔曼尼创造性地运用各种思想来源，构建了一个具有原创性的综合思想体系。但是，阿赫默德·哈米德·丁·科尔曼尼的宇宙论并未被法蒂玛王朝的宣教机构所采用。不过，他的思想体系为伊斯玛仪派宇宙论在中世纪发展的第四个阶段，也就是最后一个阶段奠定了教义基础，第四个阶段的发展是由也门的塔伊比派所完成的。

综上所述，伊斯玛仪派教义经过改革后，尤其是其历史周期论和宇宙论经过新的发展后，被法蒂玛王朝作为了官方教义，并被作为该王朝宗教政治合法性的理论依据。与早期伊斯玛仪派教义相比，法蒂玛王朝的官方教义继承了前者的思想体系和框架，主要是从宇宙论和历史周期论来阐释真主创世以及如何创世、人从何处来又向何处去，以及怎样获得救赎等各种宗教教义问题。这种传承还表现在，运用一定的哲学手段和方式来解决神学问题。在哲学与神学的关系上，可以说无论是伊斯玛仪派早期教义还是法蒂玛王朝官方教义，对于伊斯玛仪派教义学家而言，哲学仅仅是他们追求宗教真理的基础和辅助手段，解决神学问题才是最终的目的。

此外，与早期伊斯玛仪派教义相比，法蒂玛王朝的官方教义从内涵和形式上也获得了进一步发展，内涵上的创新有两个方面：一是，它对历史周期论特别是有关第六个时代以及第七个时代的教义思想做出了重要修正。第七个时代的实现首先被推到无限遥远的将来。而在由代言先知穆罕默德开创的第六个时代，即伊斯兰教时代，原来作为第七任伊玛目的传教师领袖及其祖先之地位，被提升为至尊的伊玛目后裔，伊斯玛仪派法蒂玛王朝的奠基者及其继任者因此享有了无比重要的宗教政治合法性。二是，在宇宙论的思想体系中，除创世说之外，法蒂玛王朝官方教义构建了更加系统、严密的人类灵魂拯救论，这更加有助于阐释伊斯玛仪派追求宗教真理的真正目的，也更加有利于说明法蒂玛王朝统治者（伊玛目）及其宣教机构的宗教政治合法性与必要性。因为法蒂玛王朝的伊玛目是宗教权威，他们及其领导的宣教机构被认为是人类为追求有关天启的特殊知识而获得灵魂拯救的唯一指导。除内涵之外，法蒂玛王朝官方教义在形式和手段上的创新主要表现在用流行于当时的古希腊罗马哲学——新柏拉图主义取代了古代东方哲学——诺斯替主义。这种哲学上层建筑的思想体系更新，使得这个时期法蒂玛王朝的官方教义在学术上更加具有吸引力，从而也对法蒂玛王朝境外尤其是波斯和中亚地区的伊斯玛仪派以及非伊斯玛仪派学术圈和信徒都产生了较大影响。一些非伊斯玛仪派学者，比如中亚地区的逊尼派马图里迪教义学派创始人——阿布·曼苏尔·马图里迪（Abū Mansūr al-Māturīdiyya，卒于 944 年），再如波斯地区的宰德派穆尔太齐赖派教义学家阿布·卡希姆·布斯提（Abu'l-Qāsim al-Bustī，卒于 1029 年）等，都曾对伊斯玛仪派这个时期的教义思想进行过评述和引用。

此外，宇宙论发展的第三个阶段，即阿赫默德·哈米德·丁·科尔曼尼的宇宙论虽然未被纳入法蒂玛王朝官方教义当中，但是未脱离伊斯玛仪派教义的体系和框架，只是综合并运用了更加丰富的思想素材，同时为伊斯玛仪派宇宙论发展的第四个阶段奠定了基础，因此在伊斯玛仪派教义发展史上起到了承上启下的作用。

总之，伊斯玛仪派尤其是法蒂玛王朝官方教义的发展，通过真主创世与灵魂得救这两条思想主线，阐释了人类从何处来以及走向何处这种哲学命题，并由此阐述了法蒂玛王朝及其宣教机构统治的合法性基础。此外，伊斯玛仪派教义学的发展也为该派别教法学的发展提供了坚实的理论基础。两者共同服务于法蒂玛王朝的政治统治和社会秩序。

第六章

伊斯玛仪派传统政治思想的再发展

上一章着重论述了伊斯玛仪派教义的形成以及在法蒂玛王朝鼎盛时期的进一步发展，其中包括有关宗教历史周期论和宇宙论的显著发展。在此基础上，本章从横向与纵向视角，进一步论述法蒂玛王朝时期伊斯玛仪派传统政治思想的再发展及其丰富的内涵。其中包括：法蒂玛王朝时期伊斯玛仪派教法学思想的发展及其政治影响、法蒂玛王朝时期的领袖思想，以及由伊斯玛仪派教义、教法学和领袖思想共同决定的法蒂玛王朝的宗教政治体制特点。不仅如此，本章还从纵向视角论述法蒂玛王朝衰落时期伊斯玛仪派教义的进一步演化，即塔伊比派教义的形成及内涵。

第一节　伊斯玛仪派教法学思想及其政治影响

在法蒂玛王朝时期尤其在哈里发－伊玛目穆伊兹统治时期，伊斯玛仪派构建了自身独特的教法学，包括教法根源学以及教法体系。伊斯玛仪派教义的发展，为该派教法学的发展提供了坚实的理论基础。最为重要的是，其中不同于什叶派其他支派的伊玛目教义，决定了伊斯玛仪派不同于逊尼派以及其他什叶派支派的教法根源学。不过，伊斯玛伊派教义以及教法学共同服务于法蒂玛王朝的统治秩序、社会秩序和精神修炼。伊斯玛仪派教法学包括教法根源学和教法体系，是由生活在穆伊兹统治时期的大法官努尔曼精心构建的，并被法蒂玛王朝官方所认可。

一 伊斯玛仪派教法学产生的背景

法蒂玛王朝建立后，就面临构建独特的伊斯玛仪派教法的紧迫任务。在该王朝建立之初，伊斯兰教逊尼派就加强了对伊斯玛仪派的攻击，认为后者以知晓天启的内在隐义为由，拒不遵守伊斯兰教法。这种攻击并不完全符合实际，因为伊斯玛仪派的文献很早就开始反复强调天启表义与隐义之间、伊斯兰教法和律令与其内在精神和含义之间的密不可分性。此外，法蒂玛王朝本身在实施统治和管理社会上也面临着实际困难，即缺乏独树一帜的伊斯玛仪派教法学派。早期的伊斯玛仪派信徒出于安全考虑，通常实施"塔基亚"原则，即掩藏自身的真实身份，遵守着所居住地区的伊斯兰教法及其学派。当伊斯玛仪派通过具有宣教运动建立起自己的王朝后，这种做法就没有必要了。伊斯玛仪派因此很有必要构建自身的教法学派，来填补这个空白，同时回应逊尼派的不实攻击。

伊斯玛仪派教法的构建始于法蒂玛王朝第一任哈里发－伊玛目阿卜杜拉·马赫迪，成型于大法官阿布·哈尼法·努尔曼·本·阿赫迈德·本·哈伊·塔米米·玛格里布之手，后者通常被称为大法官努尔曼。在阿卜杜拉·马赫迪统治时期，法蒂玛王朝已经开始运用什叶派教法的一些律例。在这个时期，法蒂玛王朝的首席大法官阿夫拉·本·哈朗·马鲁斯（Aflah bin Hārūn al-Malūsī）还撰写了一些伊斯玛仪派教法学和教法方面的文章。实际上，自很早开始，法蒂玛王朝的首席大法官就兼任该王朝宣教机构中的总传教师职位，因此担负着在同时代伊玛目总指导下解释、实施教法和解释教法内在含义之职。努尔曼是法蒂玛王朝的四朝元老，相继在阿卜杜拉·马赫迪、卡伊姆、曼苏尔和穆伊兹四位哈里发－伊玛目统治时期任职，曾任皇家图书馆馆长、地方大法官，最后升至首席大法官之职。努尔曼是当时最有名望的伊斯玛仪派教法学家，并且在十二伊玛目派宗教学者当中具有极高的声望。他是一位多产的学者，撰写很多关于教法、教义学以及历史学方面的著作。努尔曼是在穆伊兹授权下开始系统编撰教法法典的，最后他编辑的《伊斯兰的支柱》被穆伊兹所认可并成为法蒂玛王朝的官方法典，伊斯玛仪派也因此拥有了一部系统的教法法典以及自己的教法学。这部法典以后被也门的伊斯玛仪派保存，再后来被印度的伊斯玛仪派尤其是塔伊比（波哈拉）支派所沿用。鉴于伊斯玛仪派教法学文献的严重匮乏，迄今为止，这部法典仍旧是伊斯玛仪派包括也门伊斯玛仪派和印度伊斯玛仪派塔伊比（波哈拉）支派的主要教法文本。《伊斯兰的支柱》分为两卷。第一卷主要涉及宗教信仰与宗教义务，包括伊斯玛仪派规定的必须履行的七大宗教义务，即忠于伊玛目、仪式净化、礼拜（包括葬礼）、天课、斋戒、朝觐和圣战。[①] 与逊尼派规定的基本宗教义务相比，伊斯玛仪派增加了忠于伊玛目和仪式净化两项宗教义务。第二卷主要涉及世俗事务的教法条例和戒律，包括有关食品、饮食、衣着、意愿、继承、婚姻等方面的教法规定。

二　伊斯玛仪派独具特色的教法根源学思想

总体上，伊斯玛仪派教法与伊玛目派（早期十二伊玛目派）的教法是一致的，它将什叶派基本信仰尤其是其中的伊玛目教义与穆斯林基本教法观念糅合在一起，但它们彼此之间既有联系又有区别。就教法根源学而言，像其他穆斯林一样，伊斯玛仪派首先将《古兰经》和先知穆罕默德的圣训作为教法的两个原则性来源。尽管如此，在将圣训作为教法根源这个问题上，伊斯玛仪派还是与逊尼派教法学派有所区别。一是，他们仅接受经过该派认可的伊玛目传述的先知圣训；二是，他们还接受源自该派认可的伊玛目圣训。[②] 就大法官努尔曼认可的圣训而言，包括源自先知穆罕默德圣训、第一任伊玛目阿里·本·阿布·塔利布的圣训以及阿里以后五位后裔继任者的圣训，其中主要是源自第五任伊玛目穆罕默德·巴基尔和第

---

① Farhad Daftary, *The Ismā'īlīs: Their History and Doctrines*, Second Edition, Cambridge University Press, 2007, p. 169.

② Farhad Daftary, *The Ismā'īlīs: Their History and Doctrines*, Second Edition, Cambridge University Press, 2007, p. 170.

六任伊玛目加法尔·萨迪克的圣训。[1] 努尔曼通常不引用第六任伊玛目加法尔·萨迪克之后任何伊斯玛仪派伊玛目的圣训，加法尔·萨迪克被视为伊斯玛仪派教法学的源头。另外，在涉及先知圣训的传系中，除那些由伊斯玛仪派伊玛目谈到的圣训外，其他传系在法蒂玛王朝的教法文献中都被删去了。这意味着一旦伊斯玛仪派伊玛目谈到一则先知的圣训，这则圣训的真伪就被确定下来，不再需要其他权威来确定这则圣训的真伪。努尔曼也完全无视十二伊玛目派伊玛目加法尔·萨迪克之后其他所有伊玛目圣训，因为这些伊玛目的地位未被伊斯玛仪派认可，这种情况导致努尔曼所引用的圣训与什叶派四圣书所涵盖的圣训产生了重要区别。此外，在努尔曼采用的圣训中，除能看到十二伊玛目派圣训的影响外，也能看到宰德派圣训传系产生的影响。不仅如此，在伊斯玛仪派教法中，努尔曼还试图调和伊斯玛仪派教义与当时北非盛行的逊尼派马立克教法学派思想之间的差别。

除《古兰经》和圣训外，伊斯玛仪派教法的第三个根源，也就是最有决定意义的教法根源，是由受至圣真主指导的、不谬的阿里后裔——伊玛目的权威和教诲。[2] 伊斯玛仪派拒绝将公议或类比推理作为教法的根源，而逊尼派则将它们作为教法根源。伊斯玛仪派还拒绝所有其他可以取代类比推理的辅助性教法根源。总之，将伊玛目的权威和教诲作为教法的决定性根源，是伊斯玛仪派教法学与什叶派其他支派教法学和逊尼派教法学的本质区别所在，导致这种区别的决定性因素是伊斯玛仪派信仰的伊玛目教义。伊斯玛仪派信仰的伊玛目教义，决定了伊斯玛仪派教法以及其他相关层面，包括该派政治社会思想与逊尼派和其他什叶派的本质差别。因为对什叶派而言，伊玛目是解释真主律令的最终权威，他还是继先知之后规范人类社会行为和人主关系行为法则的唯一宝库。对什叶派当中的伊斯玛仪派而言，该派的伊玛目还担负解释《古兰经》和伊斯兰教法当中所有重要的隐义的职能。努尔曼所构建和发展的伊斯玛仪派教法，还赋予什叶派的伊玛目教义更加特殊的重要意义，这个观点在论著《伊斯兰的支柱》的第

---

① Farhad Daftary, *The Ismāʿīlīs*: *Their History and Doctrines*, Second Edition, Cambridge University Press, 2007, p. 170.

② Farhad Daftary, *The Ismāʿīlīs*: *Their History and Doctrines*, Second Edition, Cambridge University Press, 2007, pp. 170 – 171.

一章"继任者"（委拉亚，walāya）当中得到了明确阐述。什叶派的这种伊玛目教义，还为由先知和阿里后裔统治的任何一个国家提供了重要的宗教合法性依据。

三 与十二伊玛目派教法根源学的重要区别

十二伊玛目派也像伊斯玛仪派一样，拒绝将类比推理或者其他替代性选择作为教法的根源。所不同的是，随着教法学的发展，十二伊玛目派还增加和接受了某种形式的公议以及理性作为教法的重要来源。不仅如此，对十二伊玛目派而言尤其是对后来在十二伊玛目派教法学上占主导地位的乌苏勒学派而言，有资格做出教法判断、迄今为止在任何时候还是隐遁伊玛目代理人的教法学家，是被认可的教法解释者。那些极有影响的教法学家则被视为穆智台希德，他们有资格在教法问题上进行"伊智提哈德"，而其他普通的信徒只能追随和效仿穆智台希德的创制，这些信徒因此仅能成为"穆盖里德"（效仿者），只能"塔格里德"（效仿）。不过，在法蒂玛王朝统治时期以及早些时候，十二伊玛目派尚未接受伊智提哈德原则，以后十二伊玛目派教法学派当中的阿赫巴尔学派也拒绝这个原则。法蒂玛王朝以及伊斯玛仪派一直视其伊玛目为伊斯兰社团的领袖，因此也从未认可"伊智提哈德"原则或者"塔格里德"原则的有效性。换言之，法蒂玛王朝以及伊斯玛仪派拒绝将伊玛目之外的任何人视为教法解释者。不仅如此，伊斯玛仪派哈里发－伊玛目，像逊尼派的哈里发一样，还担负着履行伊斯兰教法的职能。不过，在实施具体的伊斯兰教法时，法蒂玛王朝的法庭是由训练有素的法官来掌管的，法官可以做出教法判断，发布具体的教法规定。除此之外，在实体法方面尤其是在有关继承、婚姻等方面，法蒂玛王朝的伊斯玛仪派教法与十二伊玛目派教法有些小的差别。比如，伊斯玛仪派教法不允许临时婚姻，这种教法倒是比较接近逊尼派和宰德派的教法规定，而十二伊玛目派规定允许一定时期内的临时婚姻。[①] 此外，两派

---

① Farhad Daftary, *The Ismāʿīlīs: Their History and Doctrines*, Second Edition, Cambridge University Press, 2007, p. 171.

在宗教仪式方面也有一些细小差别。

四　伊斯玛仪派教法学的政治影响

简言之，法蒂玛王朝时期伊斯玛仪派与十二伊玛目派教法学最主要的区别体现在教法根源上。法蒂玛王朝所接受的伊斯玛仪派教法学将《古兰经》、圣训、伊玛目权威和教诲作为教法根源。而十二伊玛目派当中占主导地位的教法学派——乌苏勒学派，除将《古兰经》、圣训作为教法根源外，还认可某种形式的公议以及人类的理性。十二伊玛目派的这种规定，为该派提供了结合实际需要运用人类理性进行教法创制的可能。这种可能应当是十二伊玛目派在以后能够长期生存和发展的重要保障，是它能够自我调整、自我发展的内部动力机制所在。伊斯玛仪派规定的教法根源学则隐含着故步自封，甚至僵化的可能性。如果法蒂玛王朝衰落乃至灭亡，它的哈里发－伊玛目将在实际政治和社会生活中消亡，伊斯玛仪派的教法就可能失去自我更新的内部动力机制，进而面临严峻的挑战，除非该派对教法根源学能够做出重大变革。这种变革有可能对伊斯玛仪派造成更大的分裂，或者带来剧烈的社会动荡。

第二节　法蒂玛王朝的领袖思想

根据伊斯玛仪派教义和教法学思想，同时根据法蒂玛王朝的国内外政治实践，法蒂玛王朝构建了系统的领袖思想，即伊玛目思想。这些思想既为王朝的宗教合法性提供了依据，也包括该王朝的内外政治思想和一般原则。主要包括以下几个内涵：两类伊玛目并存的思想；伊玛目是管理伊斯兰社团事务和精神事务的权威；伊玛目是国家事务的权威；绝对忠实和服从于伊玛目；统一伊斯兰世界，建立一个"全球"国家。

一 两类伊玛目并存思想

根据伊斯玛仪派教义，伊玛目的认可和继承问题不是由民众推选的，而是像十二伊玛目派一样，通过前任伊玛目指定的。只有通过指定原则，伊玛目才享有神圣的权力，这种权力对所有穆斯林均有效。伊斯玛仪派还认为伊玛目有可能并应当隐遁。但在后期的发展中，该派认为伊玛目没有完全隐遁，他与授权的代理人保持联系。[①] 在此基础上，该派提出两类伊玛目并存的思想，认为存在真正的伊玛目，以及仅仅作为真正伊玛目保卫者和委托人存在的伊玛目。前者称作"穆斯达盖尔"，意为永恒的伊玛目。后者称为"穆斯道达阿"，职能在于掩护前者并使之得到保护。[②] 后者就是上述伊玛目授权的代理人。这种教义使伊斯玛仪派在事实上接受了法蒂玛政权。而且通过这种伊玛目并存的思想，法蒂玛人将自己与阿里的后裔联系起来，尽管这种思想比较复杂，而且具有相当的争议性。据此，买伊蒙·盖达哈从第六任伊玛目加法尔·萨迪克那里得到监管其孙子穆罕默德·本·伊斯玛仪的职责。买伊蒙·盖达哈由此声称他自己的儿子——阿卜杜拉·本·穆罕默德是穆罕默德·本·伊斯玛仪的精神儿子和继承人，阿卜杜拉·本·穆罕默德据此声称自己是伊玛目。这样，在由阿里后裔组成的系列伊玛目旁边，肩并肩地存在着由盖达哈后裔组成的伊玛目系列。盖达哈系列伊玛目最后一位是阿卜杜拉·本·侯赛因，他是法蒂玛王朝的奠基人，是阿里后裔，是"永恒"伊玛目的"保卫"伊玛目。不过，后者实际上与伊斯兰教逊尼派的哈里发无多大区别。在法蒂玛王朝第四任哈里发－伊玛目穆伊兹统治时期，法蒂玛人于969年占领埃及后，穆伊兹的部将焦哈尔在给弗斯塔德（旧开罗）居民的诏书中所说的有关该王朝哈里

[①] W. Montgomery Watt, *Islamic Political Thought*, Edinburgh Univerisity Press, 1998, p. 113.

[②] Ann K. S. Lambton, *State and Government in Medieval Islam—An Introduction to the Study of Islamic Political Theory*: The Jurists, Oxford University Press, 1981, p. 288.

发－伊玛目的职能，与一个逊尼派穆斯林统治者的传统职责毫无二致。①

此外，在伊斯玛仪派教义中，还有期待马赫迪复临的思想。还在法蒂玛王朝在北非发展的时候，法蒂玛人自称是先知穆罕默德女儿的后裔，他们借助马赫迪思想争取皈依者，并将信众对社会和政治的不满纳入信仰马赫迪复临并将恢复正义的正道上。法蒂玛王朝的奠基者阿卜杜拉·本·侯赛因就采取了"马赫迪""穆民们的埃米尔"的称号，第二任统治者阿卜杜勒－卡希姆·穆罕默德·卡希姆·比－阿穆尔·阿拉也采用了"期待的马赫迪"的称号。

二 伊玛目是伊斯兰社团事务和精神事务的权威

伊斯玛仪派和法蒂玛王朝的一项基本信条是信仰伊玛目。他们认为伊玛目是真主之光的反映，是所有知识的源泉；普通信徒自身不能学习和理解这些知识，必须接受来自伊玛目权威的知识。《古兰经》的隐义以及对这些隐义讽喻式的解释，只有伊玛目是知晓的。而且，获取这些对于《古兰经》隐义及解释的知识，对自身的拯救来说是绝对必要的。解释《古兰经》是不谬伊玛目的特权，因此所有知识，无论是教法还是教义，只有从伊玛目及其代理人身上获取。尽管在伊斯玛仪派内部，比如一些极端支派对伊玛目的不谬性持有异议，但是正统观点认为伊玛目是真主的代理人，他受真主的恩泽才得以纯净，并作为真主在大地上的证据而存在。伊玛目是通向真主仁慈的"门"，而且由于他们具有作为求情人的职能，因此是信徒获得拯救和赖以求助的渠道。信徒心目当中理想化的教法概念以及社会现实等，都需经过伊玛目的解释，伊玛目因此在理论上享有真主直接授予的、管理伊斯兰社团及其精神事务的权威。②

---

① Ann K. S. Lambton, *State and Government in Medieval Islam—An Introduction to the Study of Islamic Political Theory: The Jurists*, London Oriental Series, Vol. 36, Oxford University Press, 1981, pp. 296 – 297.

② Ann K. S. Lambton, *State and Government in Medieval Islam—An Introduction to the Study of Islamic Political Theory: The Jurists*, London Oriental Series, Vol. 36, Oxford University Press, 1981, pp. 297 – 298.

三 伊玛目是王朝事务的权威

法蒂玛人最终建立了一个独立的王朝,并因此使伊玛目成为政治法律和社会事务中的核心概念。在法蒂玛王朝,国家所有事务的权威均属于作为真主代理人的伊玛目,所有行政机构均必须服从伊玛目的绝对权威,因此伊玛目也可能为哈里发-伊玛目。根据法蒂玛王朝的传教师阿赫默德·哈米德·丁·科尔曼尼的理论,在伊玛目的领导下,宗教知识水平将会逐步提高,从一个等级达到另一个等级,同时国家和宗教将会逐步取得更为完美的阶段,直到最后建立普世的千年王国。法蒂玛王朝的神权体制,最终将会达到第七个等级阶段。每一位神权统治者都是先知的代理人。在阿赫默德·哈米德·丁·科尔曼尼的神权国家中,其政治组织存在四根支柱,即伊玛目(国王)、他的大臣和代理人、臣民和诚实的信徒以及有罪的非信徒。诚实的信徒阶层将通过效仿其上的那些权威阶层的成员,履行和完成宗教、社会和政治职责。当千年王国即将来临时,他们的人数将逐步增多。与此相反,有罪的非信徒人数将会随着千年王国的来临而逐步减少。在通过前后相继的不断完美的阶段后,国家将达到一个更加正确的阶段。①

法蒂玛人面临的问题与十二伊玛目派不同。后者的伊玛目已经隐遁,伊斯玛仪派的伊玛目还在世,但伊斯玛仪派在世的伊玛目最终未能实现其追随者的期待。比如,法蒂玛人的统治未能在全世界建立或实现,相反还遭到了反抗。法蒂玛人试图通过一种方式来解决这些问题,即推迟人们期待的关于马赫迪建立千年王国胜利的时间,就像十二伊玛目派为解决自身现实困境,将政治从宗教信条中分离,同时认为所有世俗统治者在伊玛目隐遁时期都和篡权者一样,伊斯玛仪派也通过强调千年王国的来临,将其信条的实现推迟到遥远的将来。

---

① Ann K. S. Lambton, *State and Government in Medieval Islam—An Introduction to the Study of Islamic Political Theory*: *The Jurists*, London Oriental Series, Vol. 36, Oxford University Press, 1981, p. 299.

四　绝对忠实和服从于伊玛目

与信仰伊玛目相关的还有另外一种思想，即忠实思想。这种思想强调忠实和献身于来自先知家族的伊玛目，同时还含糊地意味着要听命于他们。伊斯玛仪派主张信徒有义务信仰真主、他的使者以及来自先知家族的伊玛目；伊玛目是真主的证据，赋有在人间传播先知使命的职责。所有的穆斯林并不都是"真正的"信徒——"穆民"，只有具有忠实品德的信徒才具有真正的信仰，才是穆民。[①] 据此，产生两个基本义务：第一个是热爱并献身于伊玛目；第二个是在世俗事务和精神事务上绝对服从伊玛目。第二个义务自然将反对或对抗伊玛目视为非法。在伊斯玛仪派当中，不允许存在不同意见。[②] 仅伊玛目才有资格使初入教者以及服从于伊玛目的信徒知晓真理。[③] 个人意见、类比推断和"伊智提哈德"是禁止的。同时，由于只有伊玛目掌握真理，因此不存在公议。[④] 法蒂玛人还主张伊玛目同时还是马赫迪，每一位伊玛目都把在大地上建立一个完美王国作为己任，而且任何一位伊玛目都比前任伊玛目更为完美。每一位伊玛目都渴望做世界的拯救者，直到卡伊姆的复临。[⑤]

简言之，法蒂玛人的这种政治思想比较极端，强调对伊玛目的绝对服从，不允许存在任何不同意见，个人更没有任何理性和自由意志的空间，

---

① Ann K. S. Lambton, *State and Government in Medieval Islam—An Introduction to the Study of Islamic Political Theory: The Jurists*, London Oriental Series, Vol. 36, Oxford University Press, 1981, pp. 297 – 298.

② Ann K. S. Lambton, *State and Government in Medieval Islam—An Introduction to the Study of Islamic Political Theory: The Jurists*, London Oriental Series, Vol. 36, Oxford University Press, 1981, p. 299.

③ Ann K. S. Lambton, *State and Government in Medieval Islam—An Introduction to the Study of Islamic Political Theory: The Jurists*, London Oriental Series, Vol. 36, Oxford University Press, 1981, p. 299.

④ Ann K. S. Lambton, *State and Government in Medieval Islam—An Introduction to the Study of Islamic Political Theory: The Jurists*, London Oriental Series, Vol. 36, Oxford University Press, 1981, p. 299.

⑤ Ann K. S. Lambton, *State and Government in Medieval Islam—An Introduction to the Study of Islamic Political Theory: The Jurists*, London Oriental Series, Vol. 36, Oxford University Press, 1981, pp. 298 – 299.

甚至比逊尼派在真主和意志自由关系等方面还要极端。这是它在教法学上主张将《古兰经》、圣训和伊玛目的教法判断作为教法学根源相一致的，是将伊玛目的教法判断作为教法学来源的逻辑延伸。

五 统一伊斯兰世界，建立一个"全球"国家

根据法蒂玛王朝的理论，伊玛目或哈里发－伊玛目肩负着普世的宗教使命，他的政治目标是统一伊斯兰世界，并建立一个"全球"国家。[①] 这种教义使反抗当时的其他政权成为穆斯林的宗教义务。根据伊斯玛仪派的历史周期论，七位伊玛目将在历史上循环出现，直到卡伊姆的复临，卡伊姆将建立一个完美的国家。在这种历史周期论中，暗含着这样一种思想，即其他帝国是腐朽的，而马赫迪建立的帝国将是"永远年轻的"。早在北非统治时期，法蒂玛人已经声称真主已将普世的权力给予他们，真主还命令他们去取代西班牙的伍麦叶王朝、巴格达的阿拔斯王朝以及拜占庭帝国。在当时的宣传中，法蒂玛人还强调他们反抗异教徒保卫伊斯兰教者的职权，以及作为唯一的、令人仰慕的、有能力承担圣战职责者的职权。因此，法蒂玛人对当时的伍麦叶王朝、处于衰败当中的阿拔斯王朝以及拜占庭帝国都是反对的。他们自然反对那些仍信奉阿拔斯王朝哈里发的布维希人乃至其支持的什叶派并要取而代之的。因此，法蒂玛王朝的这种政治思想，对布维希人的统治也是一种威胁，对布维希人羽翼下的什叶派信众（包括十二伊玛目派）也是一种政治和宗教挑战。

第三节 法蒂玛王朝政教合一的宗教政治体制

在伊斯玛仪派教义、教法学以及法蒂玛王朝思想的影响下，法蒂玛王

---

① Ann K. S. Lambton, *State and Government in Medieval Islam—An Introduction to the Study of Islamic Political Theory*: *The Jurists*, London Oriental Series, Vol. 36, Oxford University Press, 1981, p. 297.

朝形成了一整套政教合一的宗教政治体制。宗教政治体制实际上是内在教义、教法学思想和领袖思想的物质化和机制化，是内在教义、教法学思想和领袖思想在物质和制度层面的反映。它的建立是以服务于法蒂玛王朝的内外政治为目标，特别是它的宣教体制，这在很大程度上促进了伊斯玛仪派教义在境内外的传播和发展，进而促进了法蒂玛王朝的兴盛和对外扩张。除哈里发－伊玛目的继任制度外，法蒂玛王朝的宗教政治体制是一种典型的中央集权式的政教合一体制，即神权政体。该政体的特点是哈里发－伊玛目同时兼任宗教领袖和国家领袖，将各种大权集于一身。在他之下，设有两套基本平行的行政管理机构和宣教机构。

一　伊玛目（哈里发－伊玛目）继任制度

根据伊斯兰教逊尼派的制度，哈里发应当是选举出来的或由上一任哈里发提名、通过准选举方式推选产生的。但是，根据法蒂玛王朝的制度，伊玛目或哈里发－伊玛目应当是根据真主法令及其指定而选择出来的先知的继承人，即阿里的继任者，而且伊玛目职位一般是父子相传的，哈桑·穆吉塔巴和侯赛因除外。实际在这个问题上，伊斯玛仪派遵循的也是什叶派关于伊玛目职位的一般原则。在这种情况下，一般没有选举的事情，也没有逊尼派关于担任伊玛目职位的条件，下一任伊玛目是由上一任伊玛目根据指定原则产生的，即伊玛目职位是根据指定原则产生的。伊玛目的提名一般不对信众公开，只有为数极少的前任伊玛目最信任的人才知道提名，也只有到值得公开的时候才公开。至少截至尼扎尔（即阿齐兹，al-Aziz，975~996 年在位）担任哈里发－伊玛目之时，法蒂玛王朝统治者的继承制度还是比较有规律的，哈里发－伊玛目一般是根据指定原则产生的。[①] 但是，自哈里发－伊玛目哈希姆（Al-Hakim，996~1021 年在位）消失后，被提名的继承人、哈希姆的侄子阿卜杜拉·拉赫曼·本·伊亚斯被实际的女性摄政人希提·穆尔科下令逮捕并投入监狱，同时穆尔科还下

---

① Farhad Daftary, *The Ismāʿīlīs: Their History and Doctrines*, Second Edition, Cambridge University Press, 2007, p. 211.

令任命哈希姆的小儿子阿里为伊玛目，即哈里发－伊玛目查希尔（Al－Za-hir，1021～1036年在位）。自此以后，法蒂玛王朝的哈里发－伊玛目通常是孩童，其大权则由摄政者掌握。在一些特殊情况下，哈里发－伊玛目大权也掌握在手握重权的将军或大臣的手中。这些哈里发－伊玛目在成年后，与手握大权的将军或大臣相比，他们是无权的。哈里发－伊玛目阿米尔（Al－Amir，1101～1130年在位）去世后，法蒂玛王朝哈里发－伊玛目的继承情况陷入更加混乱的境地。

法蒂玛王朝开始出现严重的王位继承危机，其合法性地位也岌岌可危，再加上外部十字军的入侵和打击，该王朝逐步走向衰落。

二　高度集权的政教合一体制

法蒂玛王朝的伊玛目或哈里发－伊玛目同时兼任宗教国家领袖。就国家行政机构而言，该王朝借鉴了阿拔斯王朝早期所采用的中央集权模式，建立了一套复杂的行政管理和金融管理体系，因此其国家机构具有一种高度集中的中央集权形式。

在这套世俗机构的顶端，当然是该王朝的哈里发－伊玛目。在哈里发－伊玛目之下，设有首相总管各种国家事务。首相之下，分设财政部、军政部、公文信函管理部、司法部门和宗教事务等。哈里发－伊玛目以及他的首相、大臣高高在上，掌握或代理着大权，所有事务均由中央机构掌控，地方机构很少有真正意义上的自治，虽然有些地方总督在一定时期能够掌握重权。哈里发－伊玛目、首相或大臣通过各部官员管理着中央机构，民政官员和军事官员都是哈里发－伊玛目的仆从。[①]

所有公共部门，均建立了等级森严的制度。每一种等级，不仅领取的俸禄不同，标志着权力的军衔、徽章、衣饰或仪式也各不相同。不同等级官员在晋见哈里发－伊玛目时在王宫里所站立的位置也不同，在公众场合也站在不同的位置。

---

① Farhad Daftary, *The Ismāʿīlīs: Their History and Doctrines*, Second Edition, Cambridge University Press, 2007, pp. 212 – 213.

　　除国家行政机构外，法蒂玛王朝还在境内外组建了庞大的、卓有成效的宣教网络，旨在使该王朝的哈里发－伊玛目成为所有穆斯林都承认的伊玛目。"达瓦"（Da'wa）一词，既指法蒂玛王朝伊斯玛仪派内部层次分明、赋有传播宗教政治使命的"机构"，又指该机构之功能，包括各种传教组织之传教活动。"达伊"（dā'ī）一词，意为"召唤者"，是各种穆斯林群体尤其是早期一些派别称呼其传教者的专门术语。波斯地区早期伊斯玛仪派有时使用"加纳"（Janāh）称呼其传教者，后期伊斯玛仪派均称传教师为"达伊"。那些承认召唤的人，在宣教活动中的专门术语被称作穆斯塔吉布（mustajīb），意为"回应者"。

　　法蒂玛王朝的宣教机构特征如下：宣教活动由王朝哈里发－伊玛目亲自指导确认政策和教义。伊玛目即先知代言人（纳提克）、瓦斯是宣教机构至高无上的宗教和精神领袖。伊玛目下设总传教师，在伊玛目的监督及其下属的辅助下总管传教工作，并委派和任命各级地方首席传教师，但任命必须得到伊玛目的认可。总传教师还负责推荐派往境外的地方传教人选，但最终决定权掌握在伊玛目手中。此外，总传教师还负责组织新信徒的学习和培训工作。法蒂玛王朝习惯用"门"或"众门之门"（巴布·艾布瓦布，bāb al－abwāb）称呼总传教师。伊斯玛仪派派往埃及各地和各行省中心城市的地方传教师，即"胡杜德"，是总传教师和传教机构的代表。处在敌对环境和远离总部的传教师，除接受来自总部的原则性指导外，还享有较高的自治权。传教师身兼数职。除组织、领导和发展伊斯玛仪派宗教事业外，他还需精通宗教知识、熟知经文表义和隐义，懂得伊斯玛仪派和其他教派对教法的理解，并担任宗教法官，按照伊斯玛仪派教法处理教徒内部纷争。不仅如此，传教师还以伊玛目名义接受天课、五一税以及新教徒的教育税等。除留下部分税收用于宣教活动外，其余上交伊玛目掌管。①

　　此外，为了宣教方便，法蒂玛王朝在境外将宣教区域分成十二个"岛屿"（贾兹拉，单数，Jazīra）。其中有阿拉伯地区、古罗马（拜占

---

① Farhad Daftary, *The Ismāʿīlīs: Their History and Doctrines*, Second Edition, Cambridge University Press, 2007, pp. 212 – 217.

庭帝国)、古印度、信德(印度西北部)、萨迦利巴(斯拉夫地区)、努布(努比延地区)、哈扎拉(阿富汗中部)、赞吉(非洲)、哈巴斯(阿比西尼亚)、巴巴尔地区(柏柏尔人地区)、秦(古代中国部分地区)、迪拉姆(主要指波斯)。有时,"呼罗珊"以及"也门和伊拉克"两个"岛屿"也被称呼过。"呼罗珊"相当于波斯东北部、阿富汗西部和中亚地区,有时也被归为印度地区。①

在境外这些地区,法蒂玛王朝设置了以下教阶。从总传教师到"穆卡西尔",共构成七阶。② 每个地区有一位传教师负责,早期法蒂玛王朝称他们为(最高权威的)"胡加"(见证)或"纳吉布"或"雅德"(手)。"胡加"是地区主传教师,是宣教机构在该地区的最高代表。在十二位主传教师当中,有四位具有特殊的地位。

在总传教师和十二位主传教师之下,有各种级别的其他传教师。其中,按照级别高下可以分为三类:"达伊·巴拉加"(dā'ī al - balāgha)、"达伊·穆特拉克"(al - dā'ī al - mutlaq)、"达伊·马赫杜德"(al - dā'ī al - mahdūd)。他们的职能不是十分清楚。但是,第三类"达伊·马赫杜德"一般是"达伊·穆特拉克"的总助手。第二类"达伊·穆特拉克"在该地区"胡加"和"达伊·巴拉加"缺位时,在当地可以有绝对的权威。"达伊·马赫杜德"还负责宣教总部与地区宣教主管机构之间的联络工作。

最后一阶教阶人员是各种传教师的助手"马顿"(al - ma'dhūn),即无资格但被允许传教的人。"马顿"至少有两类。一类是"马顿·穆特拉克"(al - ma'dhūn al - mutlaq),可以简称为"马顿";另一类是"马顿·马赫杜德"(al - ma'dhūn al - mahdūd)或"马顿·马赫苏尔"(al - ma'dhūn al - mahsūr),最后被指定为"穆卡西尔"(al - mukāsir),意为"说服者"。"马顿·穆特拉克"是"马顿"们的总负责人,他们常被升级为传教师,主要负责管理新信徒的宣誓效忠,向后者解释宣教机构的各种规章

---

① Farhad Daftary, *The Ismā'īlīs: Their History and Doctrines*, Second Edition, Cambridge University Press, 2007, pp. 217 - 218.

② Farhad Daftary, *The Ismā'īlīs: Their History and Doctrines*, Second Edition, Cambridge University Press, 2007, pp. 218 - 219.

制度等。"穆卡西尔"权力有限，主要负责发展潜在的新信徒。

在宣教机构的最下层，但并不属于教阶人员的是普通的信众"穆斯塔吉布"，即"回应者"。普通的信众可以分为两类。一类是穆民，是伊斯玛仪派社团基本民众；另一类就称为"穆斯塔吉布"，系新入会信徒或潜在的信徒。穆民代表该派精英，有别于非伊斯玛仪派信众。

第四节　法蒂玛王朝的衰落与塔伊比派教义思想

1094 年，因继承人问题，伊斯玛仪派分裂为尼扎尔派和穆斯塔里派，标志着法蒂玛王朝开始走向衰落。此后在穆斯塔里派统治时期，法蒂玛王朝内外政治、军事、外交压力日益增加。1132 年，穆斯塔里派再度分列为哈菲兹派和塔伊比派，前者继承了法蒂玛王朝的衣钵。法蒂玛王朝最后几十年一直处于内外交困当中，直至 1171 年灭亡，哈菲兹派也逐步消亡了，但是塔伊比派却在也门和印度西部顽强生存了下来。以后，绝大多数塔伊比派信徒集中到印度次大陆，被称作波哈拉派信徒。1591 年（或 1588年），波哈拉派再次分裂为印度的达伍德派和也门地区的苏来曼派。

法蒂玛王朝走向衰落后，塔伊比派在阿赫默德·哈米德·丁·科尔曼尼《理智的安详》思想基础上逐步发展了独特的塔伊比教义，即"真理思想体系"，标志着伊斯玛仪派教义发展到第四个阶段，也就是最后一个阶段。这种思想体系综合了许多伊斯玛仪派早期思想、非伊斯玛仪派思想以及诺斯替主义（灵知）思想等。

一　法蒂玛王朝的衰落与伊斯玛仪派的分裂

（一）1094 年伊斯玛仪派分裂为尼扎尔派和穆斯塔里派

1094 年，法蒂玛王朝哈里发 – 伊玛目穆斯坦绥尔去世后，因伊玛目继承权纠纷问题，原本统一的伊斯玛仪派分化为尼扎尔派和穆斯塔里派两个敌对派别。起初，穆斯坦绥尔立长子阿布·曼苏尔·尼扎尔（Abū Mansūr

Nizār，1045～1095）为继承人。但是，继任的首相兼军队统帅阿布·卡希姆·夏汗沙（Abu'l‑Qāsim Shāhanshāh），绰号阿夫达尔，扶植阿布·曼苏尔·尼扎尔的同父异母兄弟阿布·卡希姆·阿赫迈德（Abū Qāsim Ahmad，1094～1101）以伊玛目穆斯塔里·比阿拉（al‑Musta'lī bi'llāh）的封号登上了哈里发－伊玛目职位。1095 年初，阿布·曼苏尔·尼扎尔势力扩大至亚历山大，一度在亚历山大被宣布为新任伊斯玛仪派哈里发，1095 年底被阿夫达尔的军队击垮。从此，统一的伊斯玛仪派被分裂为尼扎尔派和穆斯塔里派两个派别。法蒂玛王朝官方以及埃及宣教总部、叙利亚部分地区、也门、印度西部的伊斯玛伊派信徒均承认穆斯塔里为法蒂玛王朝的哈里发以及伊斯玛仪派的伊玛目。而在脱离法蒂玛王朝管辖的东部地区，特别是在伊斯玛仪派首领哈桑·萨巴领导下的波斯和部分伊拉克地区，则支持尼扎尔派。1120 年前后，叙利亚地区的伊斯玛仪派信徒也被吸引到尼扎尔派运动当中。此外，大约到阿拉穆特时期，阿富汗东北部以及中亚地区的信徒开始公开宣誓效忠尼扎尔派。[1]

　　尼扎尔派和穆斯塔里派分裂后，法蒂玛王朝的版图缩小至埃及境内。此后 77 年，穆斯塔里等几任哈里发－伊玛目沦为首相和军机大臣的傀儡。同时，该王朝开始日趋衰败，内外交困，以致最后走向灭亡。

（二）1132 年穆斯塔里派再度分裂为哈菲兹派和塔伊比派

　　在穆斯塔里担任哈里发－伊玛目期间（1094～1101 年），欧洲十字军开始向东扩张，并于 1099 年打败法蒂玛王朝的军队，占领耶路撒冷。1101 年，阿夫达尔扶植穆斯塔里的幼子埃米尔比－阿赫卡姆·阿拉（al‑amir bi‑Ahkām Allāh，1101～1130）继位哈里发－伊玛目，但是前者仍然掌权。1121 年，阿夫达尔被暗杀，哈里发－伊玛目埃米尔比－阿赫卡姆·阿拉接管政权。1130 年，埃米尔比－阿赫卡姆·阿拉也遇害身亡。

　　塔伊比（al‑Tayyib）是哈里发－伊玛目埃米尔比－阿赫卡姆·阿拉的儿子，他被指定为继承人，但是实权掌握在阿布·麦蒙·阿卜杜·马吉德（Abu'l‑Maymūn 'Abd al‑Majīd）手里，他是哈里发－伊玛目埃米尔

---

① Farhad Daftary, *A History of Shi'i Islam*, I. B. Nauris Publisher, 2013, pp. 124－125.

比－阿赫卡姆·阿拉的堂兄，哈里发－伊玛目穆斯塔里的孙子。不过，此后他与军队扶植的首相——阿布·阿里·阿赫迈德，绰号为库泰发（Kutayfāt）之间权力斗争日趋尖锐，曾一度被后者囚禁。1131 年，阿布·麦蒙·阿卜杜·马吉德发动政变处死了库泰发，并官复原职。1132 年，阿布·麦蒙·阿卜杜·马吉德被正式任命为哈里发－伊玛目，封号为哈菲兹（al－Hafiz，1132～1149 年作为哈里发－伊玛目来统治）。由于阿布·麦蒙·阿卜杜·马吉德的父亲不是哈里发－伊玛目，法蒂玛王朝宣称阿布·麦蒙·阿卜杜·马吉德是前任哈里发－伊玛目埃米尔比－阿赫卡姆·阿拉亲自提名的继承人选，这与先知穆罕默德在厄迪尔·洪提名阿里为继承人一样有效，从而为法蒂玛王朝延续以后 40 年提供了宗教合法性依据。

哈菲兹担任哈里发－伊玛目引起了穆斯塔里派的分裂。哈菲兹继任哈里发－伊玛目得到了开罗宣教总部以及埃及和叙利亚穆斯塔里派的支持。他们被总称为哈菲兹派。也门穆斯塔里派信徒因继承权纷争再次分裂，其中阿丹地区的祖莱伊德（Zuray'ids）王朝和攻占也门萨那地区的哈米丹王朝支持哈菲兹派，祖莱伊德王朝还成为哈菲兹政权在也门的宣教代理。哈菲兹派信徒承认哈菲兹及其继承者为伊斯玛仪派伊玛目，并在埃及继续维系着法蒂玛王朝的统治，同时继续宣教，但是宣教范围已经缩小到埃及和部分也门地区。哈菲兹政权的宣教活动一直持续到法蒂玛王朝的灭亡。法蒂玛王朝灭亡后，哈菲兹派随之彻底消失。

哈菲兹担任哈里发－伊玛目后，原来领导整个也门和印度西部古吉拉特地区、支持穆斯塔里的祖莱伊德王朝的王妃萨伊达支持哈里发－伊玛目埃米尔比－阿赫卡姆·阿拉的儿子塔伊比继任哈里发－伊玛目。除此之外，埃及和叙利亚地区也有一部分信徒支持塔伊比继任哈里发－伊玛目。这些支持者起初被称作埃米尔亚，后来在设立自己的宣教机构后改称为塔伊比派。[1] 截至 1132 年，原来统一的伊斯玛仪派已经分裂为尼扎尔派、哈菲兹派和塔伊比派三个派别。

---

[1]　Farhad Daftary, *A History of Shi'i Islam*, I. B. Nauris Publisher, 2013, p. 125.

（三）法蒂玛王朝的灭亡与塔伊比派（波哈拉派）的幸存

法蒂玛王朝最后几十年，一直处于内外交困当中。哈菲兹之后，扎菲尔（al – Zāfir，1149～1154 年）、法伊兹（Fa'īz，1154～1160 年）、阿迪德·里·丁·阿拉（al –'ādid li – Din Allāh，1160～1171 年）相继担任法蒂玛王朝的哈里发 – 伊玛目，但是因为年幼，实权均掌握在首相们手中。与此同时，欧洲十字军也日益逼近埃及。此外，统治叙利亚的赞吉（Zangid）王朝君主努尔丁（Nūr al – Din）派出以阿萨德·丁·希尔库（Asad al – Din Shīrkūh）为统率的军队，协同萨拉丁·本·阿尤布或称萨拉丁（Salāh al – Din bin Ayyūb/Saladin）（阿尤布王朝的奠基者）率领的军队一起，多次攻打埃及。1169 年，哈里发 – 伊玛目阿迪德·里·丁·阿拉被迫任命阿萨德·丁·希尔库为首相。几个月后，萨拉丁·本·阿尤布继任首相。1171 年，萨拉丁·本·阿尤布下令以阿拔斯王朝哈里发的名义颂念呼图白，预示着伊斯玛仪派统治埃及的结束。几天之后，阿迪德·里·丁·阿拉去世，统治时间长达 262 年的法蒂玛王朝宣告终结。

1174 年，叙利亚统治者努尔丁去世后，萨拉丁·本·阿尤布在埃及建立了阿尤布王朝。阿尤布王朝统治长达 300 余年，管辖范围包括埃及、叙利亚、也门和其他一部分西亚地区。阿尤布王朝建立后，先后摧毁了法蒂玛王朝的国家机器和宣教机构，同时毫不留情地迫害伊斯玛仪派信徒。截至 13 世纪末，埃及和叙利亚地区的哈菲兹派信徒逐渐销声匿迹，退出了历史舞台。1173 年，阿尤布王朝进一步消灭了统治阿拉伯半岛南部的祖莱伊德王朝和哈米丹王朝，也门地区的哈菲兹派信徒也不复存在。

但是，也门和印度西部古吉拉特地区的塔伊比派信徒却顽强生存下来，这主要得益于也门祖莱伊德王朝王妃萨伊达的努力，特别是她将宣教机构从王朝中脱离出来的重要举措。王妃萨伊达是也门祖莱伊德王朝的实际统治者，同时掌管着也门和印度西部古吉拉特地区的宣教事务。当 1094 年伊斯玛仪派分裂为尼扎尔派和穆斯塔里派时，王妃萨伊达支持穆斯塔里派。此外，当 1132 年穆斯塔里派再次分裂为哈菲兹派和塔伊比派时，王妃萨伊达站在了塔伊比派一边。此后也门塔伊比派信徒因此一直相信，伊玛目埃米尔比 – 阿赫卡姆·阿拉将幼子塔伊比托付给几位可靠的伊斯玛仪派信众并隐藏下来，从而保证了塔伊比派伊玛目家族的延续，他们的哈里发－伊玛目就是塔伊比本人的后裔。1132～1138 年，王妃萨伊达竭尽全力巩固塔伊比派的地位。其中一个重大举措是在 1132 年她任命杜亚布为也门绝对权威的总传教师（al-mutlaq，穆特拉克），建立了独立的塔伊比宣教机构——达瓦－塔伊比亚（al－da'wa al－Tayyibiya），与法蒂玛王朝断绝了往来。[①] 总传教师不受法蒂玛王朝宣教机构的约束，以隐居的伊玛目塔伊比的名义进行宣教。为让宣教不受政权更替等不利政治因素的干扰，王妃萨伊达采取的另一个重大举措是将塔伊比宣教机构从祖莱伊德王朝脱离出来，使之变成一个由绝对总传教师（al－dā'ī al－mutlaq，达伊·穆特拉克）管理下的一个名副其实的独立机构。[②] 此后，也门的塔伊比派不再受法蒂玛王朝和祖莱伊德王朝的控制，发展成为一个独立的宣教运动，并因此能够一直延续下来，未随上述政权的灭亡而消失。塔伊比派信徒同时还保留了法蒂玛王朝时期大量的伊斯玛仪派文献。正因为如此，塔伊比派最终在也门和印度古吉拉特的宣教活动取得了成功。之后，绝大多数塔伊比仪派信徒集中到印度次大陆，被称作波哈拉派。1591 年（或 1588 年），波哈拉派的第 26 世"达伊"达伍德·本·艾扎布去世，该派再次分裂。拥护达伍德·本·库特布为继承人的，形成达伍德派，以孟买为中心，集中于印度；支持苏来曼·本·哈桑的，形成苏来曼派，集中于也门地区。

二　塔伊比派具有"天园戏剧"色彩的宇宙论

1132 年萨伊达王妃去世后不久，绝对总传教师杜亚布任命哈米丹部落首领易卜拉欣·本·胡赛因·哈米迪为其助手，即马顿。1151 年，杜亚布去世后，易卜拉欣·本·胡赛因·哈米迪接任绝对总传教师。他在阿赫默德·哈米德·丁·科尔曼尼《理智的安详》思想基础上，发展了独特的塔伊比教义，即"真理思想体系"。伊斯玛仪派宇宙论在也门塔伊比派传教师和学者的努力下，经过了最后一次修订，进入伊斯玛仪派教义发展的第

---

① Farhad Daftary, *A History of Shi'i Islam*, I. B. Nauris Publisher, 2013, p. 126.

② Farhad Daftary, *A History of Shi'i Islam*, I. B. Nauris Publisher, 2013, pp. 126 – 127.

四个阶段，即最后一个阶段。

在教义学上，塔伊比派保留了法蒂玛王朝的教义传统，同时保存了法蒂玛王朝时期伊斯玛仪派的许多宗教文献。该派绝对传教师易卜拉欣·本·胡赛因·哈米迪还将《精诚兄弟社文集》也纳入本派宗教文献之列。像法蒂玛王朝的官方教义一样，塔伊比派也强调经文当中表义和隐义的同等重要性。同时，该派还保留了伊斯玛仪派早期教义中宇宙论和历史周期论的思想，这些思想构成了该派具有神秘主义特点的诺斯替主义（或灵知）思想体系的重要方面。① 尽管如此，塔伊比派还是进行了创新，发展出一套独具特色的教义思想体系。这种思想体系完整地表述在伊德里斯·伊迈德·丁（Idrīs ʿImād al-Dīn）于 1435 年完成的神秘主义著作《意义的支撑》（the Zahr al-maʿānī）当中。此后，该派一直沿用这种教义，很少再进行创新或其他阐释。

在宇宙论方面，塔伊比派主要借鉴了阿赫默德·哈米德·丁·科尔曼尼思想体系当中的十个理智思想，不像法蒂玛王朝官方教义那样主要借鉴了早期伊斯玛仪派的新柏拉图主义思想体系。与此同时，该派引入了一套神秘的"天园戏剧"思想，据此对阿赫默德·哈米德·丁·科尔曼尼的思想进行了改造。这种思想改造首先是由塔伊比派第二任总传教师易卜拉欣·本·胡赛因·哈米迪进行并阐释的，以后被其他学者所采纳。通过这种改造，独具特色的塔伊比派思想体系最终形成。这种思想体系综合了许多伊斯玛仪派早期思想、非伊斯玛仪派思想传统以及诺斯替主义。其主要内涵如下。

（一）对于可理解世界的认知

塔伊比派的宇宙论认为原初的中柱元，即可理解的世界及万物是被安拉同时创造出来的，并因此具有不计其数的精神形式；每一种事物及其相应的精神形式与生命、权力或者能力彼此等同，这是一种可被称为"第一

---

① Farhad Daftary, *The Ismāʿīlīs: Their History and Doctrines*, Second Edition, Cambridge University Press, 2007, p. 269.

完美"的状态。① 其中一种原初事物的精神形式，在深思熟虑后第一个认识到自身是被创造出来的，并由此认可并崇拜造物主。这个独特的精神形式就被挑选出来赋予特殊的荣誉，值得被称为"第一受造物"或者简称为"第一"。它也被视为"第一理智"，等同于《古兰经》中的"笔"这个术语。然后，这个"第一理智"就邀请天国中的其他原初事物及其精神形式，效仿它去认可造物主，并认可造物主的独一性。那些积极回应"第一理智"召唤的原初事物，按照它们回应速度的快慢，同时依照自上至下的方式被列入不同的等级，占据天国中不同级别类似"胡杜德"（传教师）的职位。②

易卜拉欣·本·胡赛因·哈米迪构想的神秘的"天园戏剧"思想非常具有戏剧色彩。据此，从"第一理智"流溢出的最初两个流溢物，即第一流溢物和第二流溢物，分别作为"第二理智"和"第三理智"而存在，它们在"第一理智"中竞争着天园等级中的第二个等级，即"普遍灵魂"，相当于《古兰经》中的术语"宝座"。由于努力更多，反应更快，"第二理智"获得了第二个等级。"第三理智"在认可造物主的同时，拒绝认可"第二理智"获得的这种较高等级，因为它认为自己才有这种资格和能力。"第三理智"，这个宇宙戏剧艺术中的主角，因此陷入疏忽和茫然失措的状态，对于是否认可原先设置给它的大天使等级中的主从关系犹豫不决，并由此犯下了宇宙中的第一个错误。作为惩罚，"第三理智"在大天使等级中的地位从第三位被降到第十位，排在了其他七个理智之后，这七个理智则迅速回应了"第一理智"的召唤。换言之，再从恍惚状态中清醒后，"第三理智"发现由于犹豫不决，它已经被另外七个理智所超越。这种犹豫不决导致可理解的世界发生了片刻的迟滞，即所谓"迟滞的永恒"。这种"迟滞的永恒"可以被视为以数字"七"为基础的循环时间与历史的原型。"第三理智"所表现出的怀疑或犹豫，也可被形容为深藏于自身（一种光）当中的黑暗之外化，这种黑暗之外化必须被克服掉。在悔恨之后，

---

① Farhad Daftary, *The Ismāʿīlīs: Their History and Doctrines*, Second Edition, Cambridge University Press, 2007, p. 269.

② Farhad Daftary, *The Ismāʿīlīs: Their History and Doctrines*, Second Edition, Cambridge University Press, 2007, pp. 269 – 270.

"第三理智"稳定下来并成为"第十理智"和物质世界的行政官,物质世界是晦暗的、次一等的世界。"第十理智"也被称为"天园里的亚当"或"精神上的亚当",其角色类似古代诺斯替教或者琐罗亚斯德教当中的某些天使的职能。[1]

(二) 对于可理解的世界与物质世界关系的认知

塔伊比派的宇宙论进一步认为在可理解的世界中,还存在其他物质和精神形式,它们像"第三理智"一样犯了同样的错误,即不认可"第二理智"居于更高一级的地位。物质世界就是从这些与"第十理智"同属于一个圈层的被贬低的精神形式当中产生的,是从它们的错误所导致的黑暗中产生的。通过这些被贬低的精神形式的困惑、犹疑等运动,产生了长度、宽度、深度、空间的维度、物质、领域和界限、因素等。[2] 换言之,与可理解的世界相比,物质世界自产生之日起,注定就是次级和低等的世界。它产生于可理解的世界,而且是从其中的低级形态和错误形态中产生的,自然就应该承担着某种应有的职责和使命。这种职责和使命是什么呢?当然是救赎。塔伊比派宇宙论因此认为,正是具有了地位被贬低、悔恨等特征,可理解世界当中的这位大天使,即"第十理智"或者"精神上的亚当",这位担负着管理物质世界的行政官,召唤其他同样被贬低的精神形式像它一样去悔恨,以便重新获得失去的原有地位。

物质世界的这种具有宣传、呼唤等特征的等级机构,与可理解世界当中的等级机构是类似的,这是塔伊比派宇宙论的一个突出主题。[3] 因此,原初的宇宙,这个"精神上的亚当"与恶魔伊比利斯的子孙们相互斗争的主战场,之所以被创造出来,目的就是灵魂拯救,拯救这些将自身表现为黑暗和物质的"精神上的亚当"以及其他被贬低的精神形式。一些被贬低

---

[1] Farhad Daftary, *The Ismāʿīlīs: Their History and Doctrines*, Second Edition, Cambridge University Press, 2007, p. 270.

[2] Farhad Daftary, *The Ismāʿīlīs: Their History and Doctrines*, Second Edition, Cambridge University Press, 2007, p. 271.

[3] Farhad Daftary, *The Ismāʿīlīs: Their History and Doctrines*, Second Edition, Cambridge University Press, 2007, p. 271.

的精神形式积极回应"精神上的亚当"的召唤，它们就是尘世宣教机构的宣传者在天国中的原型，并由此成为"精神上的亚当"的子孙。相反，与"第十理智"同属一个圈层的其他一些精神形式，没有做出回应或者拒绝做出回应。这些难以和解的对手因此成为恶魔伊比利斯的子孙。"精神上的亚当"在支持者的帮助下与恶魔伊比利斯及其支持者持续进行着斗争，最后必将战胜后者和黑暗。①

由此可见，塔伊比派宇宙论的一些逻辑是这样的：物质世界是从可理解的世界当中产生的，自然要低等和逊色；即便是低等世界，物质世界也有高低、好坏、善恶之分。其中较为高级者，就是天国世界中曾因错误而被降级但是后来能够积极救赎者。而且，它们必将在"精神上的亚当"领导下战胜恶魔和黑暗。这种逻辑和思想，具有古代波斯琐罗亚斯德教二元论的典型特点，同时也延续了伊斯玛仪派教义以及宗教当中一贯的救赎论特征，从而为尘世宣教机构的神圣性和宗教合法性做了最好的注解。

三　塔伊比派别具一格的宗教历史周期论

除宇宙论之外，塔伊比派同样对伊斯玛仪派早期的宗教历史周期论进行了一些改造和创新，他们构建了许许多多的历史循环周期，将神圣的人类历史一直追溯至（最后审判日）复活日。当然，这种宗教历史周期论是建立在宇宙论的基础上，而且是宇宙论的有机组成部分，是宇宙论的逻辑延伸。

在论述了可理解的世界、可理解的世界与物质世界的关系之后，塔伊比派深入阐述了对物质世界以及"精神上的亚当"领导下的等级秩序在尘世显现的认识。它认为"精神上的亚当"所属圈层及其领导下的等级秩序，在尘世也有自己的代表和对应物。其内涵包括以下几点。

---

① Farhad Daftary, *The Ismāʿīlīs: Their History and Doctrines*, Second Edition, Cambridge University Press, 2007, p. 271.

（一）"普遍性的亚当"与第一循环周期

塔伊比派认为"第一亚当"或者"普遍性的亚当"，是"精神上的亚当"在尘世的最初代表和最初显现形式，它也是"第一理智"在尘世的对应物。在 27 位忠诚的追随者的陪伴下，"第一亚当"在萨兰迪布（Sarandīb，即锡兰，斯里兰卡的旧称）这个岛屿上显现。萨兰迪布是尘世间气候最好、环境最美的地区之一，这里隐约可见南亚次大陆的影子。原初的"普遍性的亚当"就这样在塔伊比派神秘历史的黎明中显现了，它显现在这种历史循环中第一个循环周期的开端，标志着"精神上的亚当"显现的第一个循环周期。

塔伊比派认为"普遍性的亚当"是有关伊玛目知识的第一座宝库，是原初的伊玛目，是"玛阿苏姆"（ma'asūm）能够免于所有瑕疵和错误。它创建了尘世宣教机构的等级秩序，对应于天国"精神上的亚当"领导下的等级秩序，并且把地球分为十二个岛屿（贾扎伊尔，Jazā'ir，单数为Jazīra），每一个岛屿由"普遍性的亚当"的一个门弟子掌管，这些门弟子都对"精神上的亚当"关于悔过的呼唤做出了积极的回应。[①]

尘世塔伊比派宣教机构的神圣性与合法性，它是天国"精神上的亚当"领导下的等级秩序的对应物。同时，也阐述了塔伊比派统治秩序的结构、领袖等思想。"普遍性的亚当"是原初的伊玛目，具有什叶派伊玛目所特有的免罪性，是尘世宣教机构等级秩序的创建者和总领袖；该派将地球分为十二个地区，每一个地区有"普遍性的亚当"的一个门弟子来掌管。

塔伊比派还认为"精神上的亚当"最初显现的第一个循环周期长达五万年。[②] 它是知识而非行动的周期，它是充满灵知的时代，不需要教法的时代。第一个循环周期将一直持续到第一个隐遁周期的来临，那时恶魔伊比利斯的外化形式将显现，破坏了之前的和谐状态。塔伊比派教义当中的

[①] Farhad Daftary, *The Ismāʻīlīs: Their History and Doctrines*, Second Edition, Cambridge University Press, 2007, p. 271.

[②] Farhad Daftary, *The Ismāʻīlīs: Their History and Doctrines*, Second Edition, Cambridge University Press, 2007, p. 271.

这个"普遍性的亚当",与《圣经》和《古兰经》当中描述的"亚当"必须区别开来。后者开创了当前的隐遁循环周期,只是"普遍性的亚当"的一个部分,可以称为"小亚当"。

简言之,塔伊比派构建了许多这样的宗教历史循环周期,而第一个循环周期是"精神上的亚当"最初显现的第一个循环周期,是其尘世代表"普遍性的亚当"创建和领导下的等级秩序的周期,是充满知识和灵知的时代,是拯救者——"精神上的亚当"战胜恶魔伊比利斯的时代。在此之后,才是隐遁循环周期的开始。

塔伊比派还认为在"精神上的亚当"最初显现的第一个循环周期的最后,"普遍性的亚当"在支持者的伴随下,将崛起到"第十理智"的同一等级并取代后者的地位。与此同时,"第十理智"将向上升高一个等级,以便最后上升到它在天国等级秩序中应有的地位,即第二地位。与此类似,在"第十理智"向上升高一个等级后,下一个循环周期的"小卡伊姆"(qā'im)地位将上升,并取代上一个循环周期里的"第十理智"原来的地位。其中,每一个循环周期将以"小卡伊姆"的复生宣告结束。复生的"小卡伊姆"在每一个循环周期末地位的上升,标志着"精神上的亚当"地位的逐步上升。这种过程将一直持续下去,贯穿所有的循环周期,从一个循环周期末"小卡伊姆"的复活及地位的上升,到另一个循环周期末另一个"小卡伊姆"的复活及地位的上升。伴随着这种循环过程,"精神上的亚当"的地位将逐步上升,废除恶魔伊比利斯的外化形式,直到最后它上升到它在天国里等级秩序中原有的但却已经失去的地位,即加入"第二理智"的地位。[①]"精神上的亚当"地位的上升及与"第二理智"的结合,是塔伊比派灵知论中的核心思想。

(二)大小循环相扣、显现周期与隐遁周期轮流交替

此外,塔伊比派还认为"普遍性的亚当"创建了宗教历史的第一个循环周期,并由此创建了伊玛目职位,它本身就是要完成这种任务的第一伊

---

① Farhad Daftary, *The Ismāʿīlīs: Their History and Doctrines*, Second Edition, Cambridge University Press, 2007, p. 272.

玛目。这种任务也因此成为每一个小循环周期里伊玛目和"小卡伊姆"的职责尤其是"卡伊姆"的职责。如同"普遍性的亚当"是"精神上的亚当"在尘世的第一显现一样,这种显现也以每一个小循环周期的"小亚当"为范例,"卡伊姆"将是"精神上的亚当"在尘世的最后一次显现,这种显现也以每一个小循环周期里的"小卡伊姆"为范例。每一个小循环周期里的伊玛目 - "小卡伊姆"就是"永恒伊玛目"的显现。"永恒伊玛目"将宣告永世的终结,所谓永世即由许许多多的循环周期共同构成。所有的"小卡伊姆",将在它们当中的最后一位身上再现,即以"复生日"的"卡伊姆"形式再现。"复生日"的"卡伊姆"将宣告宗教历史大循环周期的终结,恢复"精神上的亚当"在天国里的原有地位,并拯救全人类。[①]

换言之,在"普遍性的亚当"开创的宗教历史第一个循环周期之后,即"精神上的亚当"第一次显现的循环周期之后,将进入由"小亚当"开创的隐遁循环周期,这个隐遁周期将以"小卡伊姆"的复活宣告结束。此后,又将伴随着另外一个显现的循环周期,再后是另外一个隐遁循环周期。每一个循环周期,无论是显现循环周期,还是隐遁循环周期,都包括七个时代。显现循环周期和隐遁循环周期如此相互接替,循环往复,没有确定的循环周期数量,并一直延续到当前的这个隐遁循环周期。

当前这个隐遁循环周期是由《古兰经》中提到的"历史上的亚当",即"小亚当"开创的,"小亚当"还是这个循环周期里开创第一个时代的第一位"代言先知"。当前这个隐遁循环周期结束后,将由开创第七个时代的第七位"代言先知",即被期待的"小卡伊姆"来宣告。当前这个循环周期结束之后,交替的是另外一个显现的循环周期,它将由另外一个"小亚当"所开创。许许多多的隐遁循环周期和显现循环周期交替轮流,直到最后一位"卡伊姆"的复临,宣告"复活日"之最终"复活日"的到来,标志着宗教历史大循环周期的终结。[②]

---

① Farhad Daftary, *The Ismāʿīlīs: Their History and Doctrines*, Second Edition, Cambridge University Press, 2007, p. 272.

② Farhad Daftary, *The Ismāʿīlīs: Their History and Doctrines*, Second Edition, Cambridge University Press, 2007, p. 272.

按照塔伊比派的计算，宗教历史大循环周期长达 1300 亿年。宗教历史大循环周期的终结，也标志着塔伊比派神秘历史的终结。最后一位"卡伊姆"，不仅是人类最后一名源自阿里与法蒂玛后裔的合法领袖，而且还是"复活日之主"，还是永恒伊玛目所能达到的顶点。就是在这个顶点，塔伊比派找到了永世的极点。这位"卡伊姆"兼永恒伊玛目是"精神上的亚当"的最后一次显现，是"精神上的亚当"真正后裔的一名成员。"精神上的亚当"因此将带领这位伊玛目以及其他后裔，一起返回到原初的天国原型世界中去。[①]

与以往伊斯玛仪派宗教历史周期论相比，塔伊比派构建了更加宏大的宗教历史循环周期。其中，不仅包括了无数小的循环周期，而且使显现循环周期和隐遁循环周期相互轮流和交替，周而复始，但不是无穷尽。

第一次循环周期由"精神上的亚当"在尘世的第一次显现"普遍性的亚当"所开创，整个大循环周期的终结将由"精神上的亚当"在尘世的最后一次显现，即最后一位"卡伊姆"的复临来宣告。许许多多小的循环周期，将由一位位不同的"小亚当"所开创，还将由一位位不同的"小卡伊姆"的复临宣告结束。换言之，宗教历史无论怎样循环，都有一定的神圣性和合理性，他们都是天国等级秩序中的"精神上的亚当"在尘世间的显现或者隐遁。

当前这个循环周期是隐遁循环周期。它由《古兰经》中提到的"历史上的亚当"所开创，由开创第七个时代的第七位"代言先知"、被期待的"小卡伊姆"的复临宣告结束。"小亚当"还是这个循环周期里开创第一个时代的第一位"代言先知"，即这个隐遁循环周期也由七个时代构成。此外，当前这个隐遁循环周期之后，还将继起另外一个显现循环周期，因此塔伊比派当前生活的时代距离大循环周期的终结甚至遥遥无期。这种宏大的宗教历史循环周期思想是塔伊比派与以往伊斯玛仪派宗教历史周期论最大的不同。

不过，塔伊比派还是传承和融汇了以往伊斯玛仪派历史循环论当中的一些基本思想。比如，每一个循环周期由七个时代构成，每一个时代由一

---

① Farhad Daftary, *The Ismāʿīlīs: Their History and Doctrines*, Second Edition, Cambridge University Press, 2007, pp. 272 – 273.

位代言先知所开创。两者的结合点，就是《古兰经》中提到的"历史上的亚当"既充当开创当前这个隐遁循环周期的职责，又承担了开创其中第一个时代的第一位"代言先知"之责任。

四 塔伊比派具有摩尼教思想特征的末世论

塔伊比派教义中具有丰富的末世论思想，其中许多思想元素来源于摩尼教。塔伊比派的末世论与宇宙论密切相关，它是借助人在宇宙的不同进程进行阐释的，每个个体因此具有不同的命运和归宿，信徒和非信徒也是如此。所谓成为信徒的条件是认可安拉的统一性，认可并服从同时代的伊玛目，认可宣教机构等级秩序中的传教师，这些条件同时也是个人得以被拯救的条件。

末世论，即救赎论，通过规范今世每个个体拯救的前提和条件，进一步揭示和强调了塔伊比派其他的一些政治思想。比如：信徒必须认可安拉的统一性；认可并服从同时代的伊玛目；认可宣教机构等级秩序中的地方传教师。这些政治思想不仅具有理论意义，也同时具有现实意义，特别是它强调认可宣教机构中地方传教师的领袖地位。

塔伊比派末世论认为自入教之时起，每位新信徒的灵魂就被注入了一个光点，这个光点就是这位新信徒的精神灵魂。这个光点伴随着这位新信徒，并且随着信徒在知识和品行方面的丰富和进步日益而长大。当信徒离世的时候，这个光点就成长为光的形式，与信徒的灵魂完全合二为一。被光照亮的灵魂离开信徒的肉体，向上升入更高的等级秩序，并且与其中持有者的灵魂合二为一。向上升至更高等级的吸引力来自光柱，光柱的顶点直抵可理解世界的原初中柱元，原初中柱元正是信徒的灵魂被吸引到的至高至尊之所。塔伊比派并不认为每位信徒的灵魂从一个等级升至更高的等级，意味着灵魂在其他信徒或动物身上的投胎或转世；它强调的是灵魂的结合、会聚或融合是等级秩序内不同等级灵魂的结合。① 塔伊比派认为每

---

① Farhad Daftary, *The Ismāʿīlīs: Their History and Doctrines*, Second Edition, Cambridge University Press, 2007, p. 273.

一个等级（"哈德"，hadd）是仅比它低一等级（马哈杜德，mahdūd）的精神上限，"哈德"比"马哈杜德"具有更为重要的意义，每个"哈德"成为"马哈杜德"的伊玛目。① 这种对成为伊玛目的追求，最终促使每一位信徒在整个等级秩序内一次次变形、一级级上升。

塔伊比派末世论认为在灵魂救赎的上升过程中，该派强调灵魂不断上升的重要性，即在于抵达可理解世界的至高处。同时该派还强调每个等级是次之一个等级的精神上限，是次之一个等级的伊玛目，从而使信徒形成一种内生的对成为伊玛目的渴望，自觉地完成救赎和上升的过程。这种灵魂救赎和向上攀升思想，无疑对于巩固等级秩序，层层维护伊玛目的领袖地位也具有非同寻常的作用。

塔伊比派末世论接着认为，每一位信徒的灵魂持续一级一级向上攀升，直到与其他信徒闪闪发光的灵魂相结合。这些结合的灵魂集体构成了一座光的殿堂，它具备了人类的外貌，但仅仅是纯精神的外貌。毫无疑问，每一个独立的灵魂个体构成了这个灵魂集体的一位成员。这座光的殿堂就是伊玛目，代表了伊玛目的神性，有别于他的人性。每位伊玛目都有一座光的殿堂，就像天园里的亚当，即"精神上的亚当"具有尘世的外化形式一样，每位伊玛目也是光柱在尘世的支撑。② 每位伊玛目离世后，他自身及其光的殿堂也将升入可理解世界的原初的中柱元。穆罕默德时代的所有伊玛目也是如此，包括继任法蒂玛王朝哈里发-伊玛目埃米尔比-阿赫卡姆·阿拉的儿子——伊玛目塔伊比职位的隐遁伊玛目们。换言之，像其他伊斯玛仪派一样，塔伊比派也认可一个循环周期含有七个时代，前六个时代分别由代言先知阿丹（亚当）、努哈（诺亚）、易卜拉欣（亚伯拉罕）、穆萨（摩西）、尔撒（耶稣）和穆罕默德所开创。当前这个时代是穆罕默德时代，其中的伊玛目包括塔伊比派所认可的伊玛目塔伊比的继任者。只不过，与法蒂玛王朝官方教义不同，伊玛目塔伊比的继任伊玛目们已经代代隐遁了。

---

① Farhad Daftary, *The Ismāʿīlīs: Their History and Doctrines*, Second Edition, Cambridge University Press, 2007, p. 273.

② Farhad Daftary, *The Ismāʿīlīs: Their History and Doctrines*, Second Edition, Cambridge University Press, 2007, p. 274.

塔伊比派认为每一个小循环周期的"小卡伊姆",即每一个小循环周期的最后一位伊玛目,拥有他自己庄严宏伟的光的殿堂。这座光的殿堂拥有那个循环周期里所有伊玛们所具有的光的殿堂,并且构成了"小卡伊姆"的外形,这个外形也具有人类的外貌。在每一个小循环周期结束之时,即当"复生"之时来临之时,那个小循环周期的"小卡伊姆",在他的雄伟的光的殿堂的伴随下,将升入可理解的世界,进而占据"第十理智"的地位。[①]"第十理智"已经升入天园等级秩序中更高一个等级,同时引领整个宇宙的存在物更进一步地去重新克服那个"被迟滞的永恒",从而使后者向救赎迈进了一大步。这种天国秩序的一级级攀升,代表了以"精神上的亚当"被贬为主题的"天园戏剧"的结局,反映了塔伊比派宇宙论和末世论之间的平衡关系,其最终目标因此就是攀升至天国秩序中"第二理智",即"乐园"之地位。[②] 这种攀升过程将一直持续下去,从一个循环周期到另一循环周期,直到大循环周期的终结。在那个"最后复生日"来临之时,"大卡伊姆"和他的光的殿堂一起升入"第二理智"。这座光的殿堂无比雄伟,汇聚了在"第十理智"相聚的所有闪闪发光的灵魂。升入"第二理智",就意味着原先"第三理智"所犯下的错误被完全弥补和修正了;原先"第三理智",即"精神上的亚当",这位拯救人类的天使,以及他在天园和尘世的所有支持者,也因此最终得到了拯救,世界也因此恢复了和谐。[③] 在塔伊比派看来,在原先"第三理智",即被贬的"精神上的亚当"引领下,信徒们闪闪发光的灵魂在天国里的一级级攀升,最终在"最后复生日"之时升入"第二理智",就意味着克服了原先的错误完成了人类救赎的进程,末世论因此与宇宙论自下而上实现了平衡对接。

塔伊比派认为信徒可以通过上述途径得到拯救,但是非信徒——这个

① Farhad Daftary, *The Ismāʿīlīs: Their History and Doctrines*, Second Edition, Cambridge University Press, 2007, p. 274.
② Farhad Daftary, *The Ismāʿīlīs: Their History and Doctrines*, Second Edition, Cambridge University Press, 2007, p. 274.
③ Farhad Daftary, *The Ismāʿīlīs: Their History and Doctrines*, Second Edition, Cambridge University Press, 2007, p. 274.

掌握真理民众的对手不能升入乐园获得解放和拯救。非信徒的灵魂，代表着黑暗这种形式，与自己的肉体无法分离。在非信徒去世时，他们的灵魂因而将与自身的躯干待在一起。到了一定时候，他们的躯干将腐烂分解融入泥土化为元素。在经过多次变异后，这些元素将被改造成下层等级秩序里的各种各样的物质和生物。同时，按照所犯错误和罪行的性质和严重性，非信徒当中的一些人可能以获得生命的某种形式重新向上攀升，这种生命的最高形式将是人类的外形。作为人类，非信徒要么接受尘世的等级秩序而成为信徒，要么拒绝接受。拒绝接受尘世等级秩序的非信徒，最终将在大地的最深处接受最痛苦的煎熬，那里将是他们的最终归宿。他们在所有循环周期里将一直接受最痛苦的煎熬，直到大循环周期的终结。[①]

塔伊比派规范了信徒与非信徒之间的关系。首先，非信徒是信徒的对手。其次，信徒们给予了非信徒改过自新重新做人特别是是否能够重新皈依该派别、接受该派别尘世等级秩序的机会。最后，非信徒如果接受该派别的等级秩序，将成为新的信徒。反之，将在大地深处一直接受炼狱的折磨，直到人类历史周期的结束。也就是说，塔伊比派实际上将民众分为信徒和非信徒两类。非信徒只有两种选择，要么皈依成为信徒，要么依旧是信徒的对手，终生终世接受地狱的折磨。

五　塔伊比派宣教体制及其政治思想

也门塔伊比派同样沿袭了法蒂玛王朝宣教机构体制。不过，这种宣教体制主要是根据塔伊比派教义思想来设置的，同时面对现实需要，塔伊比派对法蒂玛王朝的宣教体制做了必要的修正。塔伊比派宣教机构的结构最初是由哈提姆·本·易卜拉欣·哈米迪阐释的。与法蒂玛王朝的宣教机构相比，塔伊比派宣教体制非常简单，没有太多的等级和阶层。据此，该派相信在第二十一任伊玛目塔伊比之后，伊玛目已经代代隐遁，陪同伊玛目

---

① Farhad Daftary, *The Ismāʿīlīs: Their History and Doctrines*, Second Edition, Cambridge University Press, 2007, pp. 274 – 275.

隐遁的还有总传教师和地区主传教师（胡加）。[1]

在塔伊比派宣教体制当中，也不再有人担负"达伊·巴拉加"这个职位。在法蒂玛王朝宣教体制中，"达伊·巴拉加"地位居于总传教师和地区主传教师之下，主要负责宣教总部与地区宣教主管机构之间的联系和中介工作。

在不再设立"巴布"、"胡加"和"达伊·巴拉加"等高级职位后，塔伊比派宣教机构的管理首脑被直接任命为"达伊"或更为准确地说是"达伊·穆特拉克"。在法蒂玛王朝的宣教机构当中，"达伊·穆特拉克"是在地区主传教师"胡加"和"达伊·巴拉加"缺位时，可以在当地行使绝对的领导权威。在塔伊比派宣教机构中，作为该机构的领袖"达伊·穆特拉克"在塔伊比派社团信徒中享有至高无上的权威。

根据这种教阶体制和教义思想，塔伊比派认为信徒必须忠于和服从隐遁的伊玛目。同时由于"达伊·穆特拉克"是隐遁伊玛目在社团中至高无上的代表，因此忠于和服从伊玛目必然要求忠于和服从"达伊·穆特拉克"。此外，像伊玛目通过"纳斯"原则指定继任者一样，"达伊·穆特拉克"也同样通过"纳斯"原则指定继任者。[2]

除隐遁伊玛目及其代理人"达伊·穆特拉克"之外，在塔伊比派宣教机构中还存在几个级别较低的传教师阶层。其中两个分别是"马顿"和"穆卡西尔"，他们均是"达伊·穆特拉克"的助手，辅助后者管理宣教机构事务。"达伊·穆特拉克"通常任命一两个主要助手作为"马顿"，并经常从"马顿"中选择自己的继任者。"穆卡西尔"地位更低，权力有限，等同于法蒂玛王朝官方宣教机构中的"马顿·马赫苏尔"或者"马顿·马赫杜德"，主要职责是发展潜在的新信徒。

在宣教机构最底层的是被称为"穆民"和"穆斯塔吉布"的阶层。"穆民"是社团中新皈依的信徒，"穆斯塔吉布"是可能皈依的潜在信徒。在法蒂玛王朝官方机构中，也有同样基层的等级。塔伊比派也像法蒂玛王

---

[1] Farhad Daftary, *The Ismāʿīlīs: Their History and Doctrines*, Second Edition, Cambridge University Press, 2007, p. 275.

[2] Farhad Daftary, *The Ismāʿīlīs: Their History and Doctrines*, Second Edition, Cambridge University Press, 2007, p. 275.

朝一样培训传教师和信徒。传教师是塔伊比派社团中最有学问的成员，许多人是学者或者作家，他们著书立说，传承、综合和发展着各种伊斯兰文化以及非伊斯兰文化传统。[①]

塔伊比派主要在也门和印度活动，其他地区的活动少有记载。印度地区的宣教活动一直在也门宣教机构总部的严格监督之下，这种情况一直持续到16世纪中期。16世纪中期后，塔伊比派的宣教机构总部由也门地区迁至印度古吉拉特。那个时期，印度宣教机构的领袖——瓦里，一直由也门宣教机构的领袖"达伊·穆特拉克"定期挑选。瓦里在一系列等级分明的助手辅助下管理着印度塔伊比派社团。尽管详细情况不明，但是印度这套宣教机构体制基本上与也门宣教机构体制类似。总之，也门和印度的塔伊比派一直在这种相对统一的宣教机构领导下进行活动，直到以后分裂并独立开来。这两个地区的塔伊比派，最后分裂为达乌德派和苏莱曼派，各自拥有独立的宣教机构、总部及其领袖——达伊。

综上所述，从塔伊比派的宣教体制中，可以反映出该派别的基本政治思想。主要有四点：伊玛目隐遁的思想；忠于和服从伊玛目的思想；忠于和服从社团领袖"达伊·穆特拉克"的思想；通过"纳斯"原则指定继任者的思想。简言之，塔伊比派信徒认为在第二十一任伊玛目塔伊比之后，伊玛目已经代代隐遁，陪同伊玛目隐遁的还有总传教师和地区主传教师。由于"达伊·穆特拉克"是隐遁伊玛目在社团中至高无上的代表，因此忠于和服从伊玛目必然要求忠于和服从"达伊·穆特拉克"。此外，像伊玛目通过"纳斯"原则指定继任者一样，"达伊·穆特拉克"也同样通过"纳斯"原则指定继任者。

与法蒂玛王朝官方教义相比，塔伊比派教义最根本的不同在于去政治化，即伊玛目从现实中一代代隐遁起来，从而将政治从宗教中剥离出去。这样做的目的就是根据现实的需要，保证塔伊比派生存和发展下去，使其免遭随王朝灭亡而亡的厄运。从历史发展上看，塔伊比派也达到了这样的目的。伊玛目隐遁后，取而代之的是塔伊比派宣教机构当中的"达伊·穆

---

① Farhad Daftary, *The Ismāʻīlīs: Their History and Doctrines*, Second Edition, Cambridge University Press, 2007, pp. 275 – 276.

特拉克"这个教职,他自身以及他指定的继任者成为隐遁伊玛目在社团中至高无上的代理人和实际领导者。从伊玛目作为社团的领袖到"达伊·穆特拉克"取而代之,塔伊比派这种领袖思想的演变没有像十二伊玛目派那样经历千余年的时期,但是像十二伊玛目派一样达到了保证本社团生存、延续和发展的目的。可以说,殊途同归;也可以说,同途同归。为实现这种跨越付出了巨大努力的当属也门祖莱伊德王朝萨伊达王妃。

第七章

伊斯玛仪其他支派教义及其传统政治思想

伊斯玛仪派在历史发展当中又陆续分裂出一些小的派别，他们在历史上产生过不同程度的影响，有些甚至在当今世界某些地区还发挥着重要作用。在这些支派当中，除前述塔伊比派外，还包括努赛里派、卡尔马特派、德鲁兹派、尼扎尔派（阿萨辛派）等。本章主要简论一下这些支派教义及其当中蕴含的传统政治思想。

第一节　努赛里派教义及其传统政治思想

努赛里派是伊斯玛仪派的一个分支。据说该派创始人是阿布·舒艾卜·穆罕默德·本·努赛尔·纳米里（Abu Shu'ayb Muhammad bin Nusayr al-Namiri,？~883），因此得名。该派早年还称为纳米里派。

一　努赛里派概况

努赛里派产生于9世纪中叶。859年，穆罕默德·本·努赛尔宣称自己是十二伊玛目派认可的第十任伊玛目阿里·哈迪（？~868）及其长子、第十一任伊玛目哈桑·阿斯卡里（？~874）之"巴布"。868年第十任伊玛目去世后，努赛尔宣称他自己是"隐遁伊玛目"。该派实际创始人是努赛尔继承人的继承人阿布·阿卜杜拉·阿拉·侯赛因·本·哈姆丹·哈西比（Abu' Abd Allah al – Husayn bin Hamdan al – khasibi,？~ 957/968）[1]，在他担任领袖期间，该派有较大发展，并在叙利亚北部站稳了脚跟。

自 12 世纪起，叙利亚不断遭到十字军、帖木儿军队等势力的入侵，也受到伊斯兰教逊尼派和塞尔柱人的统治。因此，该派是封闭式的教派，只能进行秘密活动。第一次世界大战后，该派在叙利亚曾组织抵御外族入侵的民族解放力量，并于 1924 ~ 1945 年建立过阿拉维国。该派自 20 世纪 20 年代初也开始被称为阿拉维派，在整个中世纪从未在政治上获得显著地位。与此同时，他们一直生活在叙利亚的一些山区，与同属伊斯玛仪派的尼扎尔派比邻而居，但政治地位远逊于后者。

1970 年，哈菲兹·阿萨德将军（1930 ~ 2000）执政后，努赛里派的政治命运发生了天翻地覆的变化。哈菲兹·阿萨德将军以后作为叙利亚首任努赛里派总统，统治叙利亚长达 30 多年。在他及其儿子巴沙尔执政期间，努赛里派在叙利亚国内掌握了内政和军界许多要职。实际上，作为叙利亚的少数派别，努赛里派在叙利亚全部大约 2200 万人口中仅占据 10%。[2] 因此，努赛里派在叙利亚统治阶层和精英阶层中获得了重要的社会和政治地位，而这种社会政治地位与他们所占据的人口比例极为不称。在此背景下，有关努赛里派的历史与教义研究获得了新的发展动力。截至 20 世纪末，国外对于努赛里派的研究取得了重要进展，但是相比较而言，这种研究在什叶派研究当中仍旧处于边缘地位。

当前在叙利亚，努赛里派发源地及其分布的心脏地带是位于叙利亚北部被称作"贾巴勒·安萨里亚"（Jabal Ansariyya）的大片山区地带。尽管如此，在贾巴勒·安萨里亚周围地区的城镇中，该派仍居于少数人口地位。除此之外，该派还生活在易得利卜、阿勒颇以及大马士革等地。在黎巴嫩，该派主要生活在南部紧邻叙利亚边界地区，特别是在阿卡尔（Akkar）地区。在土耳其，该派主要生活在安塔基亚（Antakya）等地。

---

① 金宜久主编《伊斯兰教》，宗教文化出版社，1997，第 223 页。
② Farhad Daftary, *A History of Shi' i Islam*, I. B. Nauris Publisher, 2013, p. 175.

迄今为止，努赛里派仍旧是一个神秘的、令人难以理解的伊斯兰社团。他们履行着"塔基亚"原则，严格地保存着自己的宗教文献，恪守着自己的宗教教义。即便是在他们社团当中，也只有那些"被开启的成员"（哈萨，khassa）才有资格获得该派教义，而那些"未被开启的成员"（阿玛，'amma）没有资格得到教义。与此同时，妇女被排除在能被开启的进程之外。努赛里社团的每位男性成员，在他成年之时，即18岁左右，有权成为"被开启者"。努赛里派"被开启者"被开启的进程，通常是指导者需要从那些"将被开启者"获得保密的承诺，后者要发誓捍卫努赛里派教义，不能将这些教义泄露给"未被开启者"或任何外人。这种被开启的进程数百年来几乎一成不变，一直延续到当代。在努赛里派当中，不论是"被开启者"或"未被开启者"，总体而言只承担一些道德上的宗教义务。努赛里派也履行一些宗教实践，比如朝觐一些该派圣徒的圣墓等。

二　努赛里派基本教义及其政治思想

努赛里派精心构筑的传统教义，是一种非常复杂的宗教体系，其根基是具有诺斯替教特征的宇宙进化论。不过，努赛里派教义来源非常复杂，既有佛教的思想，也有基督教的思想，更多的还是源自伊斯兰教中激进的什叶派思想。[1] 除此之外，努赛里派还像伊斯玛仪派一样，诉诸对于《古兰经》的神秘主义解释或者寓言式的解释来发展自己的教义。在努赛里派宗教思想的核心，是对于阿里的神化。[2]

努赛里派相信灵魂转世，认为"神圣本质"（玛阿纳，ma'na）可以化身为神秘的历史人物，包括化身为伊玛目。他们认为神圣的主宰可以在不同的时期化身为人形。[3] 与伊斯玛仪派类似的是，努赛里派同样构筑了一种宗教历史循环论，并注入了他们自身理解的具有新柏拉图主义特征的宇宙论，包括流溢论。据此，他们认为神圣本质或神圣主宰在7个不同的

---

①　Farhad Daftary, *A History of Shi'i Islam*, I. B. Nauris Publisher, 2013, p. 186.
②　Farhad Daftary, *A History of Shi'i Islam*, I. B. Nauris Publisher, 2013, p. 186.
③　Farhad Daftary, *A History of Shi'i Islam*, I. B. Nauris Publisher, 2013, p. 187.

世纪中都得以显现，每一次显现都以三位一体的形式出现。在这三位一体当中，有两个实体或人，他们自身就是从这个神圣本质流溢出来的。这两个实体或人，称为"伊兹姆"（ism），也称为"希贾布"（hijab），意为"面纱、遮挡"；还有一位"巴布"，通过"巴布"，信徒可以对神圣本质的神秘性进行思考。在每一个世纪，"玛阿纳"都被"伊兹姆"或"希贾布"的存在所遮挡，代表着从亚当到穆罕默德等每一位先知。每一位先知同样由一位"巴布"所陪伴。[①]

努赛里派所认可的这种神圣的三位一体，不仅在人类历史上显现，而且化身为神秘的人物，包括化身为《圣经》当中以及希腊、波斯和伊斯兰传统当中的人物，这些诸如此类的人物代表着不同的"巴布"。在宗教历史的第七个世纪，即最后一个世纪，也就是伊斯兰世纪，这种神圣的三位一体由阿里、穆罕默德和萨勒曼·法尔西（Salman al - Farsi）所代表。其中，阿里是作为"玛阿纳"所存在，穆罕默德作为"伊兹姆"或"希贾布"所存在，萨勒曼·法尔西是作为"巴布"所存在。[②] 因此，在努赛里派宇宙论当中，阿里的地位是高于穆罕默德的。在努赛里派教义中，这种神圣的三位一体分别由阿拉伯字母"'"、"m"和"s"所指代，它们分别代表阿里、穆罕默德和萨勒曼这三个阿拉伯词语的首字母。

努赛里派宇宙论认为在伊斯兰世纪中，这个神圣主宰以后也同样显现为十二伊玛目派所认可的前十一位伊玛目，第十一位伊玛目就是哈桑·阿斯卡里及其门弟子。[③] 这十一位伊玛目的"巴布"们是居于被遮挡的神圣主宰与"被开启者"之间的中间人。比如，穆罕默德·本·努赛尔就是第十一位伊玛目哈桑·阿斯卡里的"巴布"，穆罕默德·本·努赛尔将第十一位伊玛目的秘密启示保存下来，仅仅传给努赛里派信徒。除此之外，努赛里派宇宙论进一步认为从神圣主宰那里流溢出一系列存在。第一批存在是五位"雅提姆"（yatim，"孤儿"之意），他们被视为穆罕默德的五位门弟子。这五位门弟子也同样忠实于阿里。这五位存在，即五位孤儿，被视

---

① Farhad Daftary, *A History of Shi'i Islam*, I. B. Nauris Publisher, 2013, p. 187.

② Farhad Daftary, *A History of Shi'i Islam*, I. B. Nauris Publisher, 2013, p. 188.

③ Farhad Daftary, *A History of Shi'i Islam*, I. B. Nauris Publisher, 2013, p. 188.

为宇宙万物的创造者以及精神世界和其星辰世界的统治者。[①]

　　除宇宙论外，在努赛里派传统思想中，还有如下理论：它们是与灵知思想和努赛里派灵魂坠落论相关的，具有诺斯替教思想特征的一系列神话，还有相对应的灵魂救赎论。依据这样的神话，在宇宙万物的开端，努赛里派的灵魂是一些簇拥在神圣主宰周围的光柱，它们簇拥着神圣主宰，赞美着神圣主宰。但是，在犯了一系列罪过之后，其中包括对神圣主宰进行质疑这样的罪过之后，努赛里派灵魂坠落到了物质世界。在这种物质世界当中，努赛里派灵魂化身为一些物质躯体，并且因此受到谴责要在物质世界进行轮回转世。这些转世既有临时性的轮回转世，也有永恒的轮回转世。在努赛里派灵魂坠落地过程中，神圣主宰在7个不同的世纪里显现了7次，一直呼吁这些灵魂服从自己。那些认可神圣主宰的努赛里派信徒，他们的灵魂就得到了拯救，可以免于灵魂转世。努赛里派这些被拯救的灵魂，就可以从物质躯体上被解放出来，从而开始一种新的历程。这种新的历程就是它们可以穿越太空，直达神圣主宰的光柱那里。与宇宙论一样，妇女同样被排除在这种灵魂救赎的历程之外。[②]

三　两种身份认同态势

　　20世纪20年代初，努赛里派将自己的名称改为阿拉维派。阿拉维，在阿拉伯文中就是"阿里的追随者"。努赛里派试图通过这种更名的方式，改变自己的孤立状态，同时表明自己的什叶派根源。在当代，叙利亚阿拉维派的一些谢赫也不断重申阿拉维派的什叶派根源，同时尽量避免使用之前努赛里派这样的称谓。实际上，阿拉维派的许多谢赫是在同义语上使用阿拉维派、什叶派或者伊玛目派这样的术语。在当代的叙利亚，越来越多的谢赫更愿意到十二伊玛目派的什叶派宗教机构去接受系统的宗教教育。总体上，至少在叙利亚，当代的阿拉维派越来越明显地表现出两种身份认

---

①　Farhad Daftary, *A History of Shi'i Islam*, I. B. Nauris Publisher, 2013, p. 188.

②　Farhad Daftary, *A History of Shi'i Islam*, I. B. Nauris Publisher, 2013, p. 189.

同的趋势。① 其中一种趋势，在当代的叙利亚阿拉维派中占据主流。这些阿拉维派信众主要生活在叙利亚的贾巴勒·安萨里亚地区，他们坚守努赛里派的传统教义，履行传统仪式。这是一种较为保守的群体；另外一种趋势是都市当中的阿拉维派，越来越倾向与十二伊玛目派融为一体。在第二种趋势影响下，叙利亚都市当中的阿拉维派与伊朗以及其他阿拉伯国家当中的十二伊玛目派保持了非常密切的关系。不过，迄今为止，中世纪时期伊本·泰米叶发布的有关反对努赛里派的教令，至今还在沙特阿拉伯的瓦哈比派信徒和萨拉菲派信徒当中，同样也在叙利亚的穆斯林兄弟会当中发挥着重要作用。②

第二节　卡尔马特派教义及其传统政治思想

卡尔马特派是伊斯玛仪派最早的一个分支，形成于 9 世纪下半期。相传，该派创始人阿布·阿卜杜拉（？ ~约 874）的绰号为卡尔马特，故名卡尔马特派；也有一种说法是，874 年，伊斯玛仪派教义奠基人阿卜杜拉·本·买伊蒙去世后，他的一位农民出身的门徒兼传教师哈姆丹·卡尔马特（？ ~约 899），在今伊拉克境内领导当地农民起义，反对阿拉伯封建统治者，该派因此被称为卡尔马特派。实际上，卡尔马特派斗争，是与当时反对阿拔斯王朝统治的黑奴起义（又称"赞吉起义"，869 ~ 883 年）相结合的。黑奴起义失败后，卡尔马特派运动继续与伊拉克、波斯地区的农牧民起义相结合，使得队伍不断壮大，控制地区也不断扩大。899 年，该派在海湾巴林地区建立政权，史称卡尔马特巴林国。该国延续了一个多世纪，势力范围波及伊拉克、波斯、中亚和印度等地。10 世纪末 11 世纪初，在布维希王朝和伽色尼王国苏丹马哈茂德·加兹尼（999 ~ 1030）东西夹击下，卡尔马特派逐步瓦解，分别在各地融入伊斯玛仪派当中。

卡尔马特派运动初期宣传平等思想，在一定程度上反映了下层农牧民

---

① Farhad Daftary, *A History of Shi'i Islam*, I. B. Nauris Publisher, 2013, p. 190.
② Farhad Daftary, *A History of Shi'i Islam*, I. B. Nauris Publisher, 2013, p. 190.

的利益和要求，因此得到后者的欢迎和支持。随着卡尔马特巴林国的建立，教派上层成为有权势的统治者。他们占有大量财产和奴隶，制定严密的教派等级制度。教派上层被视为特殊人物，只有他们才能理解一切事物的本质，洞察世界的秘密，能达到真主与灵魂融合的境界。[①] 一般信徒必须严格服从执行宗教上层的一切指令。

卡尔马特派承认法蒂玛王朝的领导，反对逊尼派的哈里发，反对逊尼派教义。该派传教师以新柏拉图主义某些原理为基础，制定出一套宗教哲学体系。他们信仰有关"宇宙精神"和"宇宙灵魂"的信条，承认七代伊玛目传承和马赫迪学说。[②] 该派认为马赫迪阿布·赛义德（？～913）是卡尔马特巴林国的奠基者，苏丹只是马赫迪的代理人。他们期待马赫迪的降临和理想王国的出现。[③] 他们否认伊斯兰教法关于不遵守礼仪方面的规定。不建清真寺，不做一日五次礼拜，不斋戒，也不朝觐，甚至袭击朝觐者和圣地。

卡尔马特派活动因此具有一定的狂热性和排他性。他们的斗争矛头不但指向阿拔斯王朝的统治者和逊尼派上层，而且指向所有不接受其教义的非本派信徒，给普通穆斯林带来深重灾难。他们不顾老幼妇孺，经常劫掠和杀戮。930年，他们在朝觐月攻陷麦加，对朝觐者肆意屠杀，还把一些人掳为奴隶。他们任意破坏圣物，把死尸扔入渗渗泉，把黑石从克尔白寺中挖走，直到951年在法蒂玛王朝和阿拔斯王朝干涉下，才归还原处。他们随之逐步失去群众支持，最终在外部强敌打击下灭亡。

第三节　德鲁兹派教义及其传统政治思想

德鲁兹派是伊斯玛仪派的一个分支，形成于11世纪。该派名称源于传教师德拉齐，教义的基础是信仰伊斯玛仪派法蒂玛王朝哈里发哈基姆的神灵。现在该派信徒主要分布在黎巴嫩和叙利亚，以及在黎巴嫩政治舞台上

---

① 金宜久主编《伊斯兰教》，宗教文化出版社，1997，第215页。
② 王怀德：《伊斯兰文化小丛书——伊斯兰教教派》，中国社会科学出版社，1994，第40页。
③ 金宜久主编《伊斯兰教》，宗教文化出版社，1997，第215页。

非常活跃。

哈基姆生于 985 年，在 996～1021 年担任法蒂玛王朝的哈里发。他成年后，表现出难以自持的狂暴，并希望教徒视他为真主的化身。1021 年，他外出失踪，下落不明。1017 年前后，布哈拉突厥人传教师德拉齐（？～1019）与波斯传教师哈姆扎（985～约 1021）来到埃及，成为哈基姆的亲信。他们公开宣传哈基姆是真主的化身。哈基姆在世时丧失理智的表现，也被说成是彼世现象的表征。

哈姆扎实际上是德鲁兹派形成的关键人物。他称追随者为"穆瓦西顿"，即一神教徒。他不仅宣称自己是哈基姆授命的代言人，而且极力宣传哈基姆的种种超凡性。他还建立了一整套教阶制度，把成员分为五个宇宙等级或界限（"哈德"），分别是阿赫勒（哈姆扎本人）、宇宙灵魂、圣言、右翼和左翼。五级之下，还有达伊（传教师）、马遵（可以讲经者）和穆卡西尔（劝道者）三级。三级之下，是一般的信徒。他将一切反对派称为"假的宇宙等级"或"宇宙的黑暗面"。哈基姆失踪后，哈姆扎否认哈基姆的死亡，认为他是"隐遁伊玛目"，在世界末日时将以"时代的主人"重返人世，支持真正的"宇宙等级"，摒弃假的"宇宙等级"。这种思想已经超出伊斯玛仪派教义，使德鲁兹派成为一种独立的教派。[1] 不过，当哈基姆于 1021 年失踪时，哈姆扎也在同年底"隐遁"，由"左翼"巴哈尔丁·穆丹纳作为哈姆扎与信徒之间的联系人。

德拉齐和哈姆扎的思想引起当时法蒂玛王朝和埃及地区信徒的极大不满，该派追随者被迫前往叙利亚和黎巴嫩山区传播教义，并寻找到新的出路。当时，当地农民运动正在兴起，这种思想给这些农民运动提供了反对统治者的精神武器，从而也为这种思想植根于此地奠定了基础。其中，当该地区农民运动遭到当地统治者镇压时，巴哈尔丁·穆丹纳不断写信予以指导和鼓励。1034 年，巴哈尔丁·穆丹纳"隐遁"，但是这类信件一直发至 1042 年前后。巴哈尔丁·穆丹纳的这些信件，以及来自哈基姆、"宇宙灵魂"伊斯玛仪·台米米等人的信件，后来汇集成一本法规《智慧书》，成为德鲁兹派的经典。以后，随着巴哈尔丁·穆丹纳的"隐遁"，德鲁兹

---

[1] 金宜久主编《伊斯兰教》，宗教文化出版社，1997，第 217 页。

派也进入一个大隐遁期。原有教阶都废除了，并且停止向外发展新教徒，德鲁兹派成为一个封闭式的宗教社团。

在长期的封闭活动中，德鲁兹派形成了新的宗教教义。该派在教义思想上属于"内学派"，认为宗教知识有内外两种，"内学"深奥、高超，非一般人能够领悟。他们因此将信徒分为"知秘者"和"无知者"两类。"知秘者"通过秘传获得"内学"知识，是获知圣主（哈基姆）秘诀的人。任何一个成年德鲁兹人，无论男女，经过考验均可成为"知秘者"。他们要过着严格的宗教生活，身着特殊的服饰。"知秘者"当中较为虔诚和有学问者，被称为"赖伊斯"，即宗教领袖或谢赫。"赖伊斯"向"无知者"提供精神指导，主持宗教生活，由"无知者"供养。一般信徒则是"无知者"，一切服从宗教领袖。

德鲁兹派的基本信条以下几条：只承认唯一的主，主的品质是人的理智无法领悟的；真主在人间要出现 10 次，每次都附着在一个人身上；第一次以阿里的形象出现，最后一次以哈基姆的形象出现，他要免去信徒在礼拜、朝觐、天课、圣战等方面的负担。[①] 此外，该派信守哈姆扎提出的七句箴言：忠于真理，弃绝多神教，不泄教秘，拒小人而远邪恶，承认主的原则存在于神性之中，坚信哈基姆的思想，绝对服从哈基姆通过仆人表达的意志。[②] 因此，德鲁兹派信徒不履行伊斯兰教的一般仪式；节日有限，只过宰牲节和阿术拉节；也不存在清真寺，"知秘者"仅在礼拜五前夕聚会。

德鲁兹派相信灵魂转世；经常使用"塔基亚"原则保护自己，甚至接受基督教会的洗礼。信徒非常团结，他们认为互相帮助和彼此保护是自己的神圣义务。这在一定程度上是德鲁兹派能够延续下来的重要原因。

第四节 尼扎尔派教义及其传统政治思想

尼扎尔派（阿萨辛派）也是伊斯玛仪派的分支，形成于 11 世纪，由

---

① 王怀德：《伊斯兰文化小丛书——伊斯兰教教派》，中国社会科学出版社，1994，第43页。
② 王怀德：《伊斯兰文化小丛书——伊斯兰教教派》，中国社会科学出版社，1994，第44页。

法蒂玛王朝哈里发穆斯坦绥尔去世后争夺继承权而导致的分裂所致。穆斯坦绥尔执政期间先立长子阿布·曼苏尔·尼扎尔为继承人，后废长子又立次子阿布·卡希姆·阿赫迈德为继承人，号穆斯塔里·比拉。穆斯坦绥尔去世后，穆斯塔里·比拉取得政权，阿布·曼苏尔·尼扎尔举兵反抗失败，死于狱中。支持阿布·曼苏尔·尼扎尔为哈里发的信众组成尼扎尔派，支持穆斯塔里·比拉为哈里发的信众则形成穆斯塔尔派。

尼扎尔派后来的发展，与阿布·曼苏尔·尼扎尔的追随者哈桑·本·萨巴（？~1124）密切相关。阿布·曼苏尔·尼扎尔去世后，以哈桑·本·萨巴为首的阿布·曼苏尔·尼扎尔追随者被迫离开埃及，转至波斯北部，并在1090年夺取阿拉穆特堡，创立新的教派，称新伊斯玛仪派。哈桑·本·萨巴是该派第一位谢赫和思想家，是阿拉穆特谢赫王朝（1090~1256）的奠基人，他以"山中老人"著称。谢赫（长老）拥有绝对权威，一般信徒对他必须绝对忠诚和服从。谢赫之下，设大传教师和传教师，他们共同构成教派的上层，是"知秘者"。他们将一些狂热的信徒培养成"菲达伊"（献身者），从事谋杀、恐吓、暗杀等恐怖活动，一般让"菲达伊"服食大麻酚（"阿萨希"）后，从事恐怖活动，欧洲人因此讹称之为阿萨辛派。当时，当地的波斯封建主利用尼扎尔派及其教义，争取农民反对已经取代阿拔斯王朝的塞尔柱统治者，促进了尼扎尔派的发展。

12世纪十字军扩张时期，尼扎尔派势力大增，扩展到叙利亚、伊拉克和黎巴嫩山区，建立了多处要塞。但蒙古人入侵后，阿拉穆特城堡以及叙利亚的马斯雅德要塞相继于1256年、1260年被攻陷。截至1273年底，尼扎尔派的全部要塞被摧毁。现在为数不多的尼扎尔派信徒，主要分布在伊朗、叙利亚、阿富汗、东非和印度西北部。尼扎尔派迁往印度的一支，后来被称作霍加派。现代史上尼扎尔派最著名的领袖阿迦汗，被尊为"活主"。1957年，他指定自己的孙子卡里姆为继承人，该派延续至今。

尼扎尔派的教义具有神化伊玛目的特点。其前三任谢赫不承认法蒂玛王朝哈里法为自己的伊玛目，他们自称是"隐遁伊玛目"的代表。后来，阿布·曼苏尔·尼扎尔的孙子哈桑·本·穆罕默德执政（1162~

1166 年）时，公开宣称自己是伊玛目①，并举行大复生节，贬低公认教义，宣布进入精神天园。哈桑·本·穆罕默德去世后，"复活"教义和对伊玛目的神化进一步发展。伊玛目被尊奉为"天启"的活现，真主实实在在的显现。

---

① 王怀德：《伊斯兰文化小丛书——伊斯兰教教派》，中国社会科学出版社，1994，第47 页。

第八章

宰德派教义与传统政治思想

　　什叶派其他非主流支派还包括宰德派、凯桑派、阿赫里哈克派和阿里伊拉希派等。它们的教义和传统政治思想在阿里家族继承先知地位问题上与十二伊玛目派基本一致，但是在许多方面也存在重大差别。其中，宰德派的影响较大，因此就在本章进行着重论述。

　　宰德派，又称五伊玛目派，从教义而言是什叶派中是最接近逊尼派的一个分支。它形成于 8 世纪初，因什叶派在第五任伊玛目继承问题上产生分歧所致。713 年或 714 年，什叶派第四任伊玛目阿里·宰因·阿比丁去世，一些人否认穆罕默德·巴基尔继任第五伊玛目，而拥护第三任伊玛目侯赛因的孙子、穆罕默德·巴基尔的兄弟宰德·本·阿里·宰因·阿比丁（Zayd bin 'Ali Zayn al –' Abidin，694 ~ 740）为领袖，即第五任伊玛目，从而形成了宰德派。

　　宰德派形成后，最初在现伊拉克一些地区立足，后来在波斯北部里海沿岸获得了发展。但更为重要的是，他们到也门地区才获得了长远发展，并一直持续到现在。宰德派的活动则遍布伊斯兰世界更多地区。大约到 21 世纪初，宰德派主要集中在也门北部，信众总数有 500 万 ~ 1000 万人。[1]与其他什叶派相比，宰德派教义的最大特点是行动主义。宰德·本·阿里是什叶派第三任伊玛目侯赛因的子孙中，第一位公开起兵反抗伍麦叶王朝

---

　　① Farhad Daftary, *A History of Shi' i Islam*, I. B. Nauris Publisher, 2013, p. 145.

统治的人。740 年，宰德·本·阿里在库法公开起义，不久即兵败身亡。迄今为止，宰德派教义还规定，反抗腐败的统治者和剥削者是信徒尤其是宰德派伊玛目应尽的义务[①]。

第一节　宰德派发展简况

宰德派早期历史轮廓比较模糊。比较清楚的是，在第五任伊玛目宰德·本·阿里·宰因·阿比丁去世后，宰德派信徒分别转移到麦地那、北非以及波斯北部。他们一直没有停止过反对伍麦叶王朝和阿拔斯王朝的活动，并先后在远离伍麦叶王朝、阿拔斯王朝以及其他逊尼派王朝统治中心的地区，建立过几个独立的政权。

一　宰德派早期发展

宰德派的初步形成与发展是在宰德·本·阿里·宰因·阿比丁反抗伍麦叶王朝的斗争失败之后。宰德·本·阿里·宰因·阿比丁生于 694 年，比他的兄长，即十二伊玛目派所认可的第五任伊玛目穆罕默德·巴基尔小 17 岁。当穆罕默德·巴基尔被当时伊玛目派大多数信众认可为伊玛目时，宰德·本·阿里·宰因·阿比丁也因其渊博的宗教学识尤其是对于其父（第四任伊玛目）传述圣训的掌握而在其他信众中获得了较高声望。因此，库法、伊拉克等地的什叶派信众开始与宰德·本·阿里·宰因·阿比丁联系，并承诺只要宰德·本·阿里·宰因·阿比丁愿意反抗伍麦叶王朝，他们就会全力支持。但是，当 740 年宰德·本·阿里·宰因·阿比丁在库法武装反抗伍麦叶王朝时，只有一部分信众响应了宰德·本·阿里·宰因·阿比丁武装斗争的号召。[②] 库法起义很快被残暴镇压，宰德·本·阿里·

---

① John L. Esposito editor in chief, *The Oxford Encyclopaedia of the Islamic World*, Vol. 6, Oxford University Press, 2009, p. 45.

② Farhad Daftary, *A History of Shi'i Islam*, I. B. Nauris Publisher, 2013, p. 146.

宰因·阿比丁也因此被杀害。此后，伍麦叶王朝统治者要求所有的阿里追随者公开谴责宰德·本·阿里·宰因·阿比丁，并将阿里的追随者与所有的反抗活动隔离开。

宰德·本·阿里·宰因·阿比丁武装反抗伍麦叶王朝失败之后，其长子叶海亚（Yahya）也在呼罗珊以及远离伍麦叶王朝的东部地区掀起了反抗活动。但是，他的反抗活动也遭到伍麦叶王朝的镇压，叶海亚本人也于743 年在朱兹詹地区遭到杀害。此后，为宰德·本·阿里·宰因·阿比丁和叶海亚复仇成为当时阿拔斯人反抗伍麦叶王朝统治的有力武器。不仅如此，宰德·本·阿里·宰因·阿比丁的后裔还持续领导了各种反抗活动。到阿拔斯王朝建立初期，宰德派还参加了希贾兹、伊拉克、库法等地的反抗活动。9 世纪中期，宰德派也不断掀起反抗阿拔斯王朝的活动，但主要限于迪拉姆（Daylam）、波斯北部、也门等阿拔斯王朝统治的边远地区。①不久，宰德派就在这些地区建立了几个独立的小政权。

比如，宰德·本·阿里·宰因·阿比丁的后裔哈桑·本·宰德（al - Hasan bin Zayd，? ～884）于 864 年在现今伊朗北部，建立了一个宰德派国家（864～1126 年）。这个伊玛目政权延续近 300 年之久，一直存在到 1126年，前后有 20 位伊玛目和达伊执政，统治区域集中在迪拉姆、泰波里斯坦以及里海南岸。这个政权最重要的伊玛目兼宗教思想家是纳斯尔·乌特鲁士（al - Nāsir al - Utrūsh，? ～917）。现在伊朗北部的诺克塔维派，就是宰德派的一支。信徒主要是吉兰人，还有部分马赞德兰人和波斯人。

此外，大约在这个宰德派政权建立前 1 个世纪，即 788 年，宰德·本·阿里·宰因·阿比丁的儿子叶海亚的哥哥——穆莱·伊德里斯，在北非领导当地柏柏尔起义，在现在摩洛哥境内成功地建立起一个什叶派国家，即伊德里斯王朝（788～985 年）。但是，上述两个政权都没有长久存在，只有在也门地区特别是在也门北部的山区部落聚集区，宰德派获得了长期发展。

---

① Farhad Daftary, *A History of Shi'i Islam*, I. B. Nauris Publisher, 2013, p.147.

二　宰德派在也门地区的发展

9 世纪上半叶，来自阿里长子哈桑的一个后裔，卡赛姆·本·伊卜拉欣·拉西（al – Qasim bin Ibrahim al – Rassi,？~ 860）初创了一整套教义学理论，随后宰德派逐步形成一个统一的派别。9 世纪末，卡赛姆·本·伊卜拉欣·拉西的孙子哈迪·伊拉阿勒 – 哈克（al – Hadi ila'l – Haqq, 859 ~ 911），原名哈桑里德·阿伊德·叶海亚·本·侯赛因（Hasanid 'Alid Yahya bin Husayn），率信徒由麦地那附近的拉斯山来到也门萨那以北的萨达地区，传播宰德派教义。起初他并未得到当地人的响应和支持。后来，当地部落由于发生纷争，哈迪·伊拉阿勒 – 哈克受邀重返萨达帮助解决纷争。哈迪·伊拉阿勒 – 哈克成功地解决了这一问题，因此得到当地部落的支持和效忠，并被拥戴为领袖——伊玛目。随着哈迪·伊拉阿勒 – 哈克声望的提高以及宰德派教义的传播和信徒人数的增加，哈迪·伊拉阿勒 – 哈克于 897 年在萨达建立了政教合一的伊玛目王朝，他——宰德派伊玛目，成为那个王朝的政治、宗教和军事领袖。雅法尔王朝的萨那总督艾布·阿塔希亚皈依宰德派后，901 年他邀请伊玛目哈迪·伊拉阿勒 – 哈克进入萨那并俯首听命。但是，伊玛目哈迪·伊拉阿勒 – 哈克对萨那的控制并不稳固，其势力范围主要集中在也门北部的萨达和奈季兰地区。911 年，哈迪·伊拉阿勒 – 哈克去世，其子穆罕默德·穆尔台达（Muhammad al – Murtada,？~ 922）被立为伊玛目。伊玛目哈迪·伊拉阿勒 – 哈克建立的政权，没有严密的管理机构，只是向各地派出了伊玛目的代理人监督社团信徒履行宗教义务的情况。这种管理方式也成为以后也门宰德派伊玛目政权的管理特点。

此后尽管王朝不断更迭，外族入侵频繁，疆域时而扩大，时而缩小，但是也门伊玛目政权一直延续了 1000 多年，而且在大部分时期内，伊玛目职位一直由拉西家族成员出任。其中，有两个伊玛目王国值得一提。一个是在 15 世纪中叶，抗击奥斯曼帝国统治并获得自治地位的伊玛目沙拉夫·丁政权；另一个是在 16 世纪末，也是在抗击奥斯曼帝国的统治斗争中，在也门北部兴起了新的宰德派伊玛目王朝，这就是卡赛姆伊玛目王朝。

卡赛姆伊玛目王朝的创始人曼苏尔·卡赛姆·本·穆罕默德（al-Mansur al-Qasim bin Muhammad，1598~1620 年在位）是早期宰德派伊玛目王朝第一任伊玛目哈迪·伊拉阿勒-哈克的后裔。他对奥斯曼人的统治非常不满，于 1597 年在也门沙拉夫地区的杰迪德山自称伊玛目，号召信徒和当地部落起来武装斗争，将奥斯曼人赶出去。1619 年，奥斯曼人被迫与伊玛目曼苏尔·卡赛姆·本·穆罕默德签订了为期 10 年的和平协议。奥斯曼人重申在 10 年前签订的一项和平协议中的承诺，即正式承认曼苏尔·卡赛姆·本·穆罕默德为伊玛目，并承认后者在所管辖地区的主权。

这项和平协议签署后不久，该王朝伊玛目曼苏尔·卡赛姆·本·穆罕默德病故，其子穆艾伊德·穆罕默德·本·卡赛姆（al-Mu'ayyad Muhammad bin al-Qasim，1620~1644 年在位）被推举为继任者。1625 年，穆艾伊德·穆罕默德·本·卡赛姆发动对奥战争。经过 6 年斗争，最终迫使奥斯曼军队于 1635 年全部撤出也门，卡赛姆伊玛目王朝也因此获得了独立。独立后，伊玛目穆艾伊德·穆罕默德·本·卡赛姆成为这个王朝的最高政治、宗教和军事领袖，宰德派教义和教法仍旧是该王朝的治国思想基础和教法规范。伊玛目穆艾伊德·穆罕默德·本·卡赛姆还基本延续了也门早期伊玛目政权的统治方式，政治权力主要在拉西家族内部分配，这不仅包括中央军政宗教要职，也包括地方首脑等要职①。

1644 年，穆艾伊德·穆罕默德·本·卡赛姆的兄弟穆塔瓦基勒·伊斯玛仪·本·卡赛姆（al-Mutawakkil Isma'il bin al-Kasim，1644~1676 年在位）获取伊玛目职位，他通过东征西讨于 1658 年实现了也门的统一。伊玛目穆塔瓦基勒·伊斯玛仪·本·卡赛姆统治时期，是也门伊玛目王朝历史上最辉煌的时代。这个时期，王朝疆域最为广阔，社会相对稳定，经济也比较繁荣，文化教育事业也取得了新的发展。穆塔瓦基勒·伊斯玛仪·本·卡赛姆去世后，伊玛目马赫迪·穆罕默德（1676~1681 年在位）继位。他的宗教思想比较激进，加剧了也门境内逊尼派、犹太教与宰德派之间的矛盾和斗争。同时，由于统治家族内部权力斗争的加剧，也门南部不满日增，最终脱离了卡赛姆伊玛目王朝而独立。南部的独立，进而为近

---

① 郭宝华:《中东国家通史·也门卷》，商务印书馆，2004，第 114 页。

代欧洲列强的入侵以及奥斯曼帝国第二次占领也门提供了良机。

19世纪70年代，奥斯曼帝国恢复了对也门的直接统治。尽管如此，也门宰德派伊玛目领导的抗奥斗争一直没有停息，并且在20世纪初在奥斯曼统治下获得了自治的地位。一战结束后，奥斯曼帝国土崩瓦解。1918年，伊玛目穆塔瓦基勒·叶海亚（al – Mutawakkil Yahya，1918~1948年在位）入主萨那，宣布也门独立，建立了以其尊号命名的穆塔瓦基利亚王国（1918~1962年）。直到1962年，穆塔瓦基利亚王国才被以阿卜杜拉·萨拉勒为首的自由军官推翻，被政教分离的阿拉伯也门共和国所取代。

迄今为止，宰德派在也门国家政治社会生活中仍占主要地位。现在宰德派穆斯林约占也门居民总数的44%，主要集中在哈贾、萨达等高原省区，其他阿拉伯国家也有少数宰德派信徒。

第二节 宰德派早期教义及其政治思想

大约在8世纪，宰德派初步形成。从信条上看，当时的宰德派内部主要存在两种思想潮流，即巴特里叶（Batriya）和贾鲁迪叶（Ja-rudiya）。从组织结构上，可以分别称为"弱"宰德派和"强"宰德派。这两个分支主要在有关阿里之前三位哈里发统治的合法性问题上以及有关先知家族（ahl al – bayt）成员所掌握特殊知识的重要意义等问题上存在重大分歧。[1]

一 巴特里叶派主要思想

巴特里叶派在字面上是指那些否认或损毁先知家族成员合法权力的派别，它最初也否认宰德同父异母哥哥穆罕默德·巴基尔作为伊玛目的合法权力和地位。实际上，作为宰德派早期的温和派别，巴特里叶派认可阿里之前艾布·伯克尔以及欧麦尔的哈里发地位。他们认为阿里是"最优秀的

---

[1] Farhad Daftary, *A History of Shi'i Islam*, I. B. Nauris Publisher, 2013, p. 147.

哈里发",有权成为先知穆罕默德的继承人;但是阿里之前的两位哈里发,即艾布·伯克尔和欧麦尔,他们的哈里发地位也是有效的,他们是"逊色的哈里发",因为阿里曾要求穆斯林服从这两位哈里发的统治。至于第三位哈里发奥斯曼的合法地位问题,情况有些复杂。巴特里叶派或者对于奥斯曼最后六年的统治合法性问题保持缄默,或者对此进行谴责。[①]

在先知家族成员是否享有特殊的宗教知识问题上,巴特里叶派不承认阿里或其他先知家族成员享有任何特殊的宗教知识,但是接受在穆斯林当中传述的宗教知识和圣训。[②] 他们同样接受在宗教事务中运用"个人推理"("伊智提哈德")或"赖伊",以便建立新的教法准则。[③] 巴特里叶派因此在教法学思想中属于库法地区的圣训学派,或者说巴特里叶派在教法学上接近属于库法圣训学派的一个分支。而到 9 世纪,库法的圣训学派最终被逊尼派教法学所吸收,宰德派当中的巴特里叶教法学派这个分支也因此在历史上消失匿迹。[④]

正因为如此,在有关伊玛目的教义思想上,贾鲁迪叶派主张后来成为宰德派的主流思想。但在教法学上,巴特里叶派和贾鲁迪叶派的思想分歧仍旧存在。而在也门地区,以卡赛姆·本·伊卜拉欣·拉西(al - Qasim bin Ibrahim al - Rassi,? ~860)为代表的教法学派占据了主导地位,该教法学派建立在当时麦地那地区非什叶派的圣训学派的基础之上。

二 贾鲁迪叶派主要思想

贾鲁迪叶派以与伊玛目穆罕默德·巴基尔同时代的追随者阿布尔勒 - 贾鲁德·兹亚德·本·蒙德希尔(Abu'l - Jarud Ziyad bin al - Mundhir)的名字命名。该派采纳了当时以伊玛目穆罕默德·巴基尔为代表的伊玛目派当中比较激进的教义思想。他们拒绝承认阿里之前三位哈里发的合法地

---

① Farhad Daftary, *A History of Shi'i Islam*, I. B. Nauris Publisher, 2013, p. 148.
② Farhad Daftary, *A History of Shi'i Islam*, I. B. Nauris Publisher, 2013, p. 148.
③ Farhad Daftary, *A History of Shi'i Islam*, I. B. Nauris Publisher, 2013, p. 148.
④ Farhad Daftary, *A History of Shi'i Islam*, I. B. Nauris Publisher, 2013, p. 148.

位。① 他们认为先知穆罕默德通过指定原则指定了阿里为继承者（"瓦斯"），因此间接认可了阿里是他的继任者，但先知大多数门弟子却不支持伊玛目阿里的合法地位，因而误入了歧途。所以，贾鲁迪叶派在教法学上拒绝将由这些先知门弟子以及逊尼派圣训学家所传授的圣训作为教法的来源，而仅仅接受由阿里和法蒂玛的后裔所传述的圣训。② 贾鲁迪叶派认为先知家族成员在宗教事务上享有至高无上的知识。尽管如此，与当时的伊玛目派相比，宰德派并不认为只有他们认可的伊玛目在教法教导上享有权威。原则上，他们接受任何一位先知家族成员的教法教导，只要这些族人拥有渊博的宗教学识。

三　早期教义及其政治思想内涵

截至10世纪，宰德派教义已大体成型，而这种教义主要受到贾鲁迪叶派和穆尔太齐赖派教义学思想的影响。③ 与伊玛目派相比，宰德派在谴责前三位哈里发以及伊斯兰社团信众方面没有那么激进。

其实，最初宰德派并未将合法的伊玛目仅限于阿里的后裔。比如，在伍麦叶王朝衰落之前，库法地区的宰德派还曾支持阿卜杜拉·阿拉·本·穆阿威叶（'Abd Allah bin Mu'awiya），他是阿里兄弟加法尔·本·阿比·塔里布（Ja'far bin Abi Talib）的孙子。宰德派这一支系曾于744～748年成功领导了反对伍麦叶王朝统治的斗争。最晚到10世纪，这一支系一直作为宰德派的一个分支而存在，并被称为"塔里比叶"（Talibiyya），他们认可阿里的父亲阿布·塔里布（Abu Talib）的所有后裔都有资格成为他们的伊玛目。④ 而当时，大多数宰德派信众仅仅认可阿里与先知穆罕默德女儿法蒂玛的子孙，即哈桑·穆吉塔巴和侯赛因的后裔，才是伊玛目的合法候选人。这些信众认为阿里、哈桑·穆吉塔巴、侯赛因这前三位伊玛目是得到先知穆罕默德指定的。但是，由于这种指定比较模糊，其真实意义还有

---

① Farhad Daftary, *A History of Shi'i Islam*, I. B. Nauris Publisher, 2013, p. 148.
② Farhad Daftary, *A History of Shi'i Islam*, I. B. Nauris Publisher, 2013, pp. 148 – 149.
③ Farhad Daftary, *A History of Shi'i Islam*, I. B. Nauris Publisher, 2013, p. 149.
④ Farhad Daftary, *A History of Shi'i Islam*, I. B. Nauris Publisher, 2013, p. 149.

待于进一步探究才能得到确定。① 在第三任伊玛目侯赛因之后，哈桑·穆吉塔巴、侯赛因的任何有资格的后裔都可以声称自己为伊玛目。这些资格包括他们准备发动反抗非法统治者的武装斗争，并且发布正式的教令以得到信众的支持和追随。②

除此之外，大多数宰德派信众还认为成为伊玛目的资格还包括虔诚，掌握渊博的宗教学士，有能力发动独立的圣战等。正因为如此，许多宰德派伊玛目都是受过良好宗教教育的学者，他们撰写了大量关于教义学或教法学的著作。

此外，宰德派整体上并不认为他们的伊玛目受到神圣的庇佑，也并非不谬的或具备免罪性。但是后来，他们认为前三任伊玛目免于各种错误或罪恶。③ 由于宰德派对伊玛目的宗教学识要求很高，他们经常将阿里的伪后裔或统治者仅仅视为"召唤者"（达伊）或地位非常有限的伊玛目，以区别于他们心目中具有绝对合法权威的伊玛目。④

不论怎样，宰德派构建了一整套伊玛目教义，这是宰德派与伊玛目派的另外两个分支，即十二伊玛目派和伊斯玛仪派区别开来。就是说，宰德派认可的伊玛目没有严格的世袭性，在他们的伊玛目教义当中，也没有赋予"指定原则"非常重要的地位。最初，宰德派似乎可以接受先知家族当中任何成员都可以成为他们的伊玛目，只是后来伊玛目才被严格限制在阿里与法蒂玛的后裔，即哈桑·穆吉塔巴、侯赛因的后裔当中。⑤

此外，根据宰德派教义，如果一位伊玛目想得到信众的认可，他必须具备渊博的宗教学识以及其他条件外，还必须在必要时公开声称愿意进行武装反抗。⑥ 因此，宰德派不会承认那些政治无为者为伊玛目。因此，宰德派并不认可宰德的父亲阿里·本·侯赛因·宰因·阿比丁是伊玛目，也不承认宰德的兄长穆罕默德·巴基尔为伊玛目。此外，宰德派还拒绝伊玛

---

① Farhad Daftary, *A History of Shi'i Islam*, I. B. Nauris Publisher, 2013, p. 149.
② Farhad Daftary, *A History of Shi'i Islam*, I. B. Nauris Publisher, 2013, p. 149.
③ Farhad Daftary, *A History of Shi'i Islam*, I. B. Nauris Publisher, 2013, p. 149.
④ Farhad Daftary, *A History of Shi'i Islam*, I. B. Nauris Publisher, 2013, p. 150.
⑤ Farhad Daftary, *A History of Shi'i Islam*, I. B. Nauris Publisher, 2013, p. 150.
⑥ Farhad Daftary, *A History of Shi'i Islam*, I. B. Nauris Publisher, 2013, p. 150.

目隐遁以及马赫迪复临等末世论思想。同样，由于强调积极行动主义，在宰德派教义中，"塔基亚"思想也是比较另类的。

在也门地区，宰德派还构建了一种迁徙思想，认为信众有义务从非正义的统治者统治的地区，即非宰德派地区迁徙出去是一种宗教义务。[①] 宰德派明确认为这种宗教义务依据的是《古兰经》的诫命；《古兰经》要求早期的穆斯林从"不信教的地区"迁徙出去；宰德派许多早期伊玛目也撰写了大量的著述来论述这种宗教义务。因此，在此后数个世纪里，"迁徙"这个词演变成为一种特定的含义，是指"任何安全的地区"或"任何迁徙之所"。在这样的地区，宰德派能够根据自身认定的伊斯兰教法自由地生活，而不遭受任何外部风险或困境。[②]

第三节　宰德派基本教义及其政治思想

宰德派基本教义自10世纪形成后，贯穿延续了十多个世纪，构成了也门宰德派伊玛目国家政治思想的核心因素。

与其他什叶派一样，宰德派始终强调伊玛目存在的必要性。他们认为根据《古兰经》，伊玛目对伊斯兰社团负有责任；任何时候都必须有伊玛目存在，因为真主不会让人类生活在一个没有导师的世界上；伊玛目之所以存在，是为了防止人类相互侵略。[③] 这一点，决定了宰德派的什叶派性质，伊玛目教义因此在宰德派教义和传统政治思想当中占据核心地位。在基本信仰方面，宰德派信仰阿里、哈桑·穆吉塔巴、侯赛因、阿里·宰因·阿比丁、侯赛因的孙子宰德·本·阿里为五位伊玛目，认为这五位伊玛目是他们的领袖。

但是，在以下五个方面，宰德派与其他什叶派是不同的，一些教义比

---

① Farhad Daftary, *A History of Shi' i Islam*, I. B. Nauris Publisher, 2013, p. 150.

② Farhad Daftary, *A History of Shi' i Islam*, I. B. Nauris Publisher, 2013, pp. 150 – 151.

③ Ann K. S. Lambton, *State and Government in Medieval Islam—An Introduction to the Study of Islamic Political Theory: The Jurists*, London Oriental Series, Vol. 36, Oxford University Press, 1981, p. 28.

较折中，甚至在某些方面接近逊尼派。第一，关于是否接受伊斯兰教历史上除阿里之外的前三任哈里发的合法性问题。第二，关于伊玛目的免罪性问题。第三，关于伊玛目职位的继承资格问题。第四，主张积极行动，反对"隐遁伊玛目"或"塔基亚"原则。第五，认为可以同时存在或不存在伊玛目。

关于第一个问题，其他什叶派否认前三任哈里发的合法性，宰德派除承认阿里是先知穆罕默德的合法继承人之外，也承认了第一任哈里发艾布·伯克尔和第二任哈里发欧麦尔的合法性地位。同时，宰德派还接受奥斯曼在任的前六年是伊斯兰社团的领袖，但对于奥斯曼最后六年的统治予以谴责，就像谴责阿里的所有敌人一样。为此，宰德派曾提出了"最优秀的伊玛目"和"逊色的伊玛目"思想。"最优秀的伊玛目"是指正确的伊玛目。宰德派认为阿里就是在先知穆罕默德之后"最优秀的伊玛目"，是最合适的伊玛目，其伊玛目地位的合法性最充分，要求信徒服从他。[①]"逊色的伊玛目"是指不具备"最优秀的伊玛目"那种优秀品行的伊玛目，其权力的合法性相对弱一些。但是，客观条件有时会将"最优秀的伊玛目"的职位暂时传给"逊色的伊玛目"。但若有比"逊色的伊玛目"更为卓越的伊玛目出现，"逊色的伊玛目"应将伊玛目职位归还给"最优秀的伊玛目"。他们认为前三任哈里发只是在德性上较之阿里稍微"逊色"，"最优秀的伊玛目"阿里也要求信徒服从这三位阿里发。宰德派之所以这样做，是在早期历史上为了吸引和争取更多的信众参加反对伍麦叶王朝的斗争。他们认为为得到伊玛目和哈里发职位，必须得到主流穆斯林的支持，必须接受伊斯兰教主流的圣训原则。

关于伊玛目是否具有免罪性的问题，如前所述什叶派一般认为伊玛目是人间最伟大的导师，他不是凡人，具有神性，他受真主保护，不会犯任何错误。但是宰德派认为伊玛目不具有免罪性，也不是半神圣的人或者赋有超自然力的、真主在大地上的代理人。[②]伊玛目不具有免罪性的逻辑延

---

① 金宜久主编《伊斯兰教史》，中国社会科学出版社，1990，第 176~177 页。

② John L. Esposito editor in chief, *The Oxford Encyclopaedia of the Islamic World*, Vol. 6, Oxford University Press, 2009, p. 45.

伸，反映在伊玛目资格问题上，就是宰德派不要求伊玛目职位必须通过神圣的指定原则来继承。他们认为阿里之所以成为先知穆罕默德最合适的继任者，不是因为先知的任命和指定，而是因为阿里个人所具有的优秀品质。这些优秀品质，也在不同程度上被阿里与法蒂玛的后裔所继承。

具体而言，在伊玛目继承人资格问题上，宰德派提出了五个条件。首先，伊玛目的继承人只要来自阿里与法蒂玛的后裔即可，未必只能父传子，未必要具备严格而特殊的血缘条件。最初宰德派对这个条件的要求更加宽泛，主张伊玛目地位可以传给阿里的任何继任者。他们随时准备认可来自先知穆罕默德家族的任何成员，只要这些人反抗不义统治者，就可以成为伊玛目。其次，宰德派强调伊玛目必须具备伊斯兰教法知识，具有在伊斯兰教法问题上行使独立判断的能力。这种对伊玛目必须具备足够的宗教学识的强调，将许多宰德派统治者排除在合法的伊玛目之职之外，也在一定程度上使宰德派无法存在一个绝对固定的伊玛目名单。不过，宰德派认为这种宗教知识是通过人为努力所能掌握的，不是超自然力传达给伊玛目的，伊玛目不掌握神奇的权力。再次，伊玛目必须能够反抗不义的统治者。比如，伊拉克的宰德派信徒就强调，服从能够履行社会正义、反抗不义的伍麦叶王朝的伊玛目。他们说："我们以《古兰经》和先知圣训的名义恳求您，同那些不义的人进行斗争，保卫被压迫者……在具有权力的人当中平等分配国家的战利品，返还被错误剥夺的财产，不时调遣军队积极履行职责。"[1] 一则来自宰德的圣训也指出，伊玛目要得到认可，必须来自先知的家族，能够抽出刀剑，能够引证《古兰经》和先知圣训，按照经训做出判断，行为规范符合经训要求。但是，如果他"在家里坐等，懒洋洋地躺在幕帘之后，屈从于不义的统治者，既不奖善，也不惩恶，他就不是伊玛目。"[2] 从次，宰德派还强调要成为伊玛目必须虔诚、表里如一、勇敢，能够履行政治和行政权力。最后，宰德派强调伊玛目的继任者身体必

---

[1] Robert W. Stookey, *Yemen: The Politics of the Yemen Arab Republic*, Westview Press, 1978, p. 85.

[2] Robert W. Stookey, *Yemen: The Politics of the Yemen Arab Republic*, Westview Press, 1978, p. 84.

须健康，没有任何缺陷。①

既然在宰德派看来，任何人只要满足上述五个基本条件，就有资格获得伊玛目职位，那么，这使得一个人获得伊玛目资格的至高无上的有效性在于，这个人能成功获得伊玛目权力，以及他能进行有效统治。宰德派强调伊玛目必须是健在的，必须是现在的，必须领导武装斗争反抗不义的统治者。他们反对十二伊玛目派和伊斯玛仪派所认可的伊玛目"隐遁说"，也反对由婴儿继任伊玛目，他们也因此婉转地拒绝了"塔基亚"原则。宰德派认为一旦伊玛目发出号召呼吁服从，任何穆斯林都有义务认知伊玛目，在某些情况下还必须履行反抗非法统治者的宗教义务，强调信徒有义务奖善止恶。正是这种呼吁听从伊玛目的思想，以及强调穆斯林有义务反对非法统治者的行为，使宰德派具有比较务实和积极行动的政治倾向。

另外需要指出的是，由于在伊玛目继承问题上强调社会正义，以及通过武装斗争反抗不义的统治者，宰德派不久就认为只有本派别才是真正的穆斯林，本派别的敌人以及其他教派都是圣战的对象。这使宰德派在一定程度上也具有了不屈不挠的进攻性。

除此之外，宰德派认为可以同时存在几个伊玛目或不存在伊玛目。由于宰德派对伊玛目职位资格的要求比较宽松，特别是未对伊玛目继承人的资格进行严格的血缘限制，这在理论上使得同时存在几个伊玛目或不存在伊玛目成为可能。这种教义实际上是宰德派对9世纪前后相继在波斯北部和也门建立的多个伊玛目政权这种现实的认可。当时，宰德派至少认可了两类伊玛目同时存在的可能性，特别是身居也门的宰德派发展了一整套有关"有限制条件的伊玛目"理论。他们认为可以同时存在两类伊玛目：一类伊玛目被称作"具有完全意义的伊玛目"或被称为"最优秀的伊玛目"；另一类伊玛目是"有限制条件的伊玛目"、"号召者"（"达伊"）或被称为"逊色的伊玛目"。"有限制条件的伊玛目"的职能是奖善止恶、保卫伊斯兰社团不受外敌侵犯和保卫弱者。不过，他没有权力领导伊斯兰社团礼

---

① Ann K. S. Lambton, *State and Government in Medieval Islam—An Introduction to the Study of Islamic Political Theory*: *The Jurists*, London Oriental Series, Vol. 36, Oxford University Press, 1981, pp. 28 – 29.

拜、征收宗教课税、领导进攻性圣战或者实施刑罚。① 在波斯北部建立宰德派国家的哈桑·本·宰德及其继任者穆罕默德·本·宰德（Muhammad bin Zayd,? ～900），并未被认可为"具有完全意义的伊玛目"。穆罕默德·本·宰德被推翻后，来自宰德派另一个分支的领袖阿布·穆罕默德·哈桑·本·阿里·乌特鲁士（Abu Muhammad al - Hasan bin ʻAli al - Utrush,? ～917），接着在吉兰建立了另一个宰德派王朝。他也没有被认可为"具有完全意义的伊玛目"，而是被认可为"有限制条件的伊玛目"。不过，宰德派也不完全排除伊玛目按世袭的方式传授。事实上，在宰德派国家里，伊玛目职位一般都是世袭的。

除教义和政治思想外，在教义学上，宰德派也有一个变化过程。在宰德派形成初期，库法的宰德派信徒像其他伊玛目派信徒一样，是前定主义者。② 他们强烈反对盖德里叶派（"意志自由派"或"反对宿命派"）和穆尔太齐赖派（"理性主义派"），尽管在一定程度上也承认人应当为自己的行为负责。在早期，宰德派同样反对《古兰经》"受造说"，但是后来他们像其他伊玛目派一样，与穆尔太齐赖派发生了密切的关系。③

大约到10世纪，宰德派伊玛目及宗教学者几乎接受了穆尔太齐赖派的各种信条。比如"意志自由说"、《古兰经》"受造说"；再如"犯大罪者必须无条件地受到惩罚"，而该信条是被十二伊玛目派和伊斯玛仪派所拒绝的。宰德派与穆尔太齐赖派的主要区别在于：一是，两者关于伊玛目的资格主张不同；二是，两者关于伊玛目的选择方法也有区别。④

在教法学上，宰德派最初主要按照宰德·本·阿里以及穆罕默德·巴基尔、加法尔·萨迪克等当时阿里追随者认可的宗教权威的教诲来指导实践。他们同样也认可当时权威宗教学者在教法学上所达成的"一致意见"，即公议。截至9世纪，在宰德派内部出现了四大教法学派。分别是：以宗

---

① Ann K. S. Lambton, *State and Government in Medieval Islam—An Introdution to the Study of Islamic Political Theory: The Jurists*, London Oriental Series, Vol. 36, Oxford University Press, 1981, pp. 28 - 29.

② Farhad Daftary, *A History of Shiʻi Islam*, I. B. Nauris Publisher, 2013, p. 151.

③ Farhad Daftary, *A History of Shiʻi Islam*, I. B. Nauris Publisher, 2013, p. 151.

④ Farhad Daftary, *A History of Shiʻi Islam*, I. B. Nauris Publisher, 2013, p. 151.

教权威阿赫迈德·本·伊萨·本·宰德（Ahmad bin 'Isa bin Zayd,？～861）为代表的教法学派；以宗教权威卡赛姆·本·伊卜拉欣·拉西为代表的教法学派，他是后来在也门地区和里海地区的宰德派当中盛行的教法学派的奠基人；以宗教权威哈桑·本·叶海亚·侯赛因·本·宰德（Hasan bin Yahya bin al-Husayn bin Zayd）为代表的教法学派；以宗教权威穆罕默德·本·曼苏尔·莫拉迪（Muhammad bin Mansur al-Muradi,？～大约903）为代表的教法学派，该教法学派是在当代库法地区宰德派信徒中最为重要的教法学派。[①] 11世纪，库法地区的宰德派宗教学者阿布·阿卜杜拉·阿拉·穆罕默德·本·阿里·阿拉维（Abu 'Abd Allah Muhammad bin 'Ali al-Alawi,？～1053）在其教法学著作中，对当时宰德派已经认可的上述四大权威教法学派及其教法学思想进行了总结和阐述。

简言之，宰德派四大教法学派之间较为宽容。总体上，其教法学主要依据的伊玛目宰德及其继任者的阐释与教诲，与伊斯兰教逊尼派比较接近，特别是与哈乃斐教法学派比较接近，因此又有"第五教法学派"之称，具有一定的灵活性和折中性。[②] 比如在教法根源学上，宰德派认为对教法根源的解释和提炼是一个不断发展的过程，教法学因此能够不断发展的大门——伊智提哈德，即创制、宗教学者的理性努力并未关闭。[③] 即便是逊尼派早在10世纪，也认为创制大门已经关闭了。也正因为如此，宰德派的务实性和温和性更加突出。此外，不像其他什叶派，宰德派反对对《古兰经》和圣训进行神秘主义的解释，并反对圣徒崇拜，禁止苏菲信徒在他们中间活动。不仅如此，宰德派还禁止杂婚，也不允许十二伊玛目派认可的临时婚姻。

---

① Farhad Daftary, *A History of Shi'i Islam*, I. B. Nauris Publisher, 2013, p. 151.
② 吴云贵：《伊斯兰教法概略》，中国社会科学出版社，1993，第82页。
③ Robert W. Stookey, *Yemen: The Politics of the Yemen Arab Republic*, Westview Press, 1978, p. 83.

第四节　伊玛目哈迪的政治观

哈迪·伊拉阿勒－哈克是也门最早的伊玛目王朝的奠基者。通过在也门的政治实践，哈迪·伊拉阿勒－哈克对诸如统治权力的合法性、统治追求的目标、统治者与臣民的关系等问题进行了仔细的思考，形成了自己独特的政治观。这些政治思想是对宰德派基本教义的深化，也对以后的也门伊玛目政权产生了重要影响。其主要内涵如下。

第一，伊玛目权威是绝无仅有的，是真主赋予的，履行伊玛目职责是伊玛目应尽的义务，作为伊玛目的他必须积极有为。伊玛目哈迪·伊拉阿勒－哈克指出："我向真主起誓，如果在这一刻我知道还有谁比我更有资格担任伊玛目，或者如果我意识到先知的一些子孙中还有谁的愿望比我更好或者还有谁比我更优秀，无论他在那里，我都将加入（他的队伍）或者在他的领导下战斗。但是，我知道没有这样的人存在。"[①] 哈迪·伊拉阿勒－哈克还指出："以真主的名义和穆罕默德的权力，我不追逐权力。我并非出于本人的意志向前进，而仅仅是因为这是我应尽的义务，我不能仅仅待在家里。我本应当自由自在，随遇而安……但是，我必须在这两者之间做出选择：要么前行，要么不信仰真主启示给穆罕默德的天启以致犯罪。"[②]

第二，既然伊玛目的权威是真主赋予的，那么人必须服从伊玛目。伊玛目哈迪·伊拉阿勒－哈克认为这是"因为他们（伊玛目）是先知的后裔，因为他们熟知有关真主的知识，熟知什么是真主允许的、什么是真主禁止的，熟知人在履行宗教时需要什么，……因为他们（伊玛目）出于热爱真主随时准备公开拿起刀剑、举起旗帜，因为他们与真主的敌人作战，……实施法律，建立正义。此外，他们能够洞察真主启示当中某些内容的

---

① Robert W. Stookey, *Yemen: The Politics of the Yemen Arab Republic*, Westview Press, 1978, p. 86.

② Robert W. Stookey, *Yemen: The Politics of the Yemen Arab Republic*, Westview Press, 1978, p. 86.

不明确之处，这是真主赋予他们（伊玛目）的礼物。真主在他们身上赋予了权力，赋予了伊玛目地位，因为是他们被真主赋予了智慧和优秀的品质。最后，因为是他们在战斗中展现出了勇气，在逆境中表现出不屈不挠的精神，（对他人）体现了宽宏大量。"① 按照这种逻辑，任何人或组织如果不服从伊玛目就是伪信者，是圣战的对象。

第三，哈迪·伊拉阿勒－哈克还详细阐述了他（伊玛目）与臣民之间相互应尽的义务。伊玛目哈迪认为伊玛目和臣民的义务是相互的。伊玛目的义务包括：伊玛目按照真主启示和圣训进行统治；按照真主启示的规范，伊玛目必须将臣民的利益置于优先的地位，不为自己谋利益，身先士卒与敌人作战。同样，臣民的义务包括：在任何场合关注真主和伊玛目的忠告，只要伊玛目遵守真主的旨意，臣民在任何事情上都必须服从伊玛目；如果伊玛目违背真主，伊玛目就没有资格要求臣民服从他，如果伊玛目修改或歪曲真主的启示，伊玛目就没有权力要求臣民服从。

第四，伊玛目征税是经训规定的义务，但是应防止滥征或粗暴征税。伊玛目哈迪·伊拉阿勒－哈克对征税提出了细致、严谨的指导思想。其中，他对谷物收成规定了最少的征税额度；两类谷物——小麦和大麦的总和，不计入征税的基数；自然灌溉的耕地征收 10% 的税，人工灌溉的耕地征收 5% 的税；应付出努力确定土地的所有权，如果一个人对一些土地只是拥有一部分所有权，他应获得的收成份额只能按这一部分份额计算，等等。② 这些表明伊玛目哈迪·伊拉阿勒－哈克对土地私有权的认可，以及按照自然条件优劣进行征税的合理思想。

第五，任何形式的收入将服务于真主。伊玛目哈迪·伊拉阿勒－哈克认为政府可以从国库中抽取一部分收入，用于自身的运转以及官员的生活开销或者用于疲惫的旅行之人。政府应当将收入的 1/4 用于救济穷人，应当将穷人和需要接济的人登记在册，不过要严格区分赤贫者和那些至少还有一些生活来源的人，并且把各类人数禀告伊玛目。伊玛目将依据国家现

---

① Robert W. Stookey, *Yemen: The Politics of the Yemen Arab Republic*, Westview Press, 1978, p. 87.

② Robert W. Stookey, *Yemen: The Politics of the Yemen Arab Republic*, Westview Press, 1978, p. 88.

有的财富提供指导原则并制定可行的方案，来救济赤贫者以及那些需要救助的人。

第六，征收天课的正当目的是履行宗教义务，是为了社团从事圣战这一共同利益。伊玛目哈迪·伊拉阿勒－哈克认为根据经训，严禁将国家任何收入用于先知穆罕默德的后裔；他甚至拒绝利用他个人的花销属于公共支出这一借口，来从天课或其他国家收入中为他个人开支。① 哈迪·伊拉阿勒－哈克简朴的生活开销主要来自他在希贾兹的财产。他一再强调如果需要在面包、肉与腐肉之间做出选择的话，如果前两者属于他有权利用的什一税但未被他购买的话，如果需要腐肉借以果腹免受饥饿之苦的话，他宁愿选择后者。

伊玛目哈迪·伊拉阿勒－哈克对国家财政政策尤其是宗教税比较灵活，甚至有时没有严格遵守经训规定的分配精神。伊玛目哈迪统治时期，也门地区长期处于战争状态。伊玛目哈迪·伊拉阿勒－哈克经常下令摧毁诸如葡萄酒、棕榈树、建筑物等属于战利品的基本资产，但是严令士兵要保护私人财产，若士兵违令则处以鞭刑。战争状态还导致伊玛目哈迪·伊拉阿勒－哈克需要持续保持一支军队，所需费用也只能从国家公共资金中支出。这因此遭到一些人的苛责，他们认为这种做法损害了穷人的利益。伊玛目哈迪·伊拉阿勒－哈克反驳说："在必要时刻，他是依据圣训来分配什一税的。如果没有什一税，伊斯兰教以及穆斯林也能有足够的资金来做事的话，如果对于什一税的需求之处有限的话，他将按照经训规定的分配原则行事。但是出于社团公共利益的需求，他将毫不犹豫地将宗教税用在装备和维持军队上，因为军队可以保护领地完整、维护社会秩序、保障国家兴旺繁荣。"② 国家的兴旺发达，反过来必将有利于穷人和其他贫困者。

综上所述，在伊玛目哈迪·伊拉阿勒－哈克的政治观中，伊玛目哈迪·伊拉阿勒－哈克不仅是也门伊玛目国家的精神领袖和宗教领袖，而且

---

① Robert W. Stookey, *Yemen*：*The Politics of the Yemen Arab Republic*, Westview Press, 1978, p. 89.

② Robert W. Stookey, *Yemen*：*The Politics of the Yemen Arab Republic*, Westview Press, 1978, p. 90.

是政治权威和军事权威，同时还是国家经济的指导者和管理者。他是真主赋予权力和威望的伊玛目，是国家和其他一切事物的领导者。伊玛目至高无上的政治目标，是服从真主的意愿，引导信徒获得精神拯救。伊玛目的主要职责是确保把真正信仰发扬光大，确保臣民的精神和生活福祉。伊玛目与臣民是统治与被统治、服从与被服从的关系，除非伊玛目违背、歪曲或者修改经训原则。凡不服从伊玛目者就是敌人，是圣战的对象。伊玛目需要保证，必要时需要通过武力，确保臣民能够不折不扣地履行伊斯兰教规定的各项义务。这些义务包括：毫无保留地服从先知穆罕默德后裔的领导；按照经训规定济贫行善，捐献个人财富用于社团的公共支出；追随伊玛目进行圣战，促进伊斯兰事业的发展。此外，在政治和行政事务方面，伊玛目需要设立代理人或者政府管理人员，来约束民众的行为，监管民众的财产，并彻底地贯彻和实施伊玛目的决定。

伊玛目哈迪·伊拉阿勒－哈克没有创建能够自我持续发展的行政管理机构，但是宰德派教义和伊玛目哈迪·伊拉阿勒－哈克的政治理念并未随他去世而消失，其中一个重要原因是他身边的追随者依旧留在了也门，这些人后来成为宰德派贵族的核心，一代代传承并传播了宰德派教义以及伊玛目哈迪·伊拉阿勒－哈克的政治思想。伊玛目哈迪·伊拉阿勒－哈克在世时，伴随在他周围的主要有他的一名兄弟、大侄子以及侄子的儿子，这些人都在也门留下了子嗣。其他来自阿里家族的后裔，无论是否与伊玛目哈迪·伊拉阿勒－哈克关系远近，也在也门代代相传。这两类人均被称为"赛义德"，无论定居在乡村还是城镇，都因为血缘关系保持了独特的身份。宰德派在也门发展的最初几个世纪，这些人是作为当地的社会良知而存在的。在相当长的敌对环境中，是他们将伊玛目王朝奠基者的宗教和政治原则以及道德标准保存在了信徒的心中。由于是先知的后裔，他们受人尊重，常常担负着调节各种争端的职能。他们在使也门当地部落逐步接受宰德派教义和政治观念以及在以宰德派教义逐步统一部落思想过程中，发挥了决定作用。也门当地的主要部落——哈姆丹部落的两个分支：哈西德和巴吉勒，因此成为也门伊玛目王朝的左膀右臂，成为该王朝军事力量的支柱。

第五节　宰德派传统政治思想的延续和影响

宰德派教义和传统政治理念形成后，伴随着前述各种宰德派王朝在也门的生存和发展，上千年来并未消失，反倒在也门延续下来，并对也门历史和政治产生了重要影响。

宰德派教义和传统政治理念之所以能够延续，除宰德派政权保持了断断续续的生存外，另外一个重要原因，就是宰德派早期伊玛目的追随者依旧留在了也门，他们一代代传承并传播了宰德派教义以及伊玛目哈迪·伊拉阿勒－哈克的政治思想。这些教义和早期政治理念延续下来后，首先对也门宰德派王朝的统治方式产生了一些影响。比如，宰德派政治理念强调信徒一旦对伊玛目宣誓效忠，他就必须如宣誓所规定的，主动履行诸如捐赠天课和什一税、跟随伊玛目进行圣战、遵守社会规范等宗教义务，因此从理论上讲，就没有必要设立正式的、专业化的行政管理机构，来确保信徒能够履行这些宗教义务。伊玛目哈迪·伊拉阿勒－哈克统治时期的管理方式就比较松散，15世纪中叶在奥斯曼帝国统治时期获得自治地位的伊玛目沙拉夫·丁政权也是如此。伊玛目沙拉夫·丁只是向各个地区派出他的代理人，履行松散的管理和监督职责。这些代理人仅仅是他的个人代表，并非专业的行政管理人员。这种管理方式产生的一个弊端就是，沙拉夫·丁政权的权威性不强，对各地的统治力度不够，并因此遭到各种频繁的袭击。一些袭击来自土匪和强盗，更多的威胁来自当地的部落。部落力图保持对旅行者过境权的要求，这不仅是他们地方自治的反映，也是他们出于对旅行者提供安全的传统义务所致。对旅行者提供安全保障，常常在伊玛目沙拉夫·丁政权的能力范围之外。

更为重要的是，宰德派教义对伊玛目继任者资格的条件比较宽泛，同时它的教义基本上承认除阿里之外另外三位哈里发的合法性，加之宰德派教义较为简单、朴素，不像十二伊玛目派或者伊斯玛仪派那样深奥与神秘，容易被普通信徒理解和接受，这些特点在恶劣的历史和政治环境中有利于宰德派抓住时机，伴之以有利的地形地势，在夹缝中就地生存和发展。也门宰德派政权以后能够延续千年，与这种教义所产生的顽强生命力具有密不可分的关系。其实就像十二伊玛目派的"隐遁思想"和"塔基亚"原则所产生的效果一样，宰德派通过这种方式也争取到了自我生存和长期发展的条件。

尽管如此，宰德派教义包括允许多个伊玛目并存的思想，对其生存和发展带来了不利影响。一是，从整体上看，容易导致宰德派分裂。一旦外部条件宽松，宰德派内部来自阿里家族的后裔尤其是"赛义德"群体，就可以凭借个人威望自称伊玛目。在13世纪至15世纪上半叶，在也门至少有20个人分别代表10个不同的阿里部族自称伊玛目。1436年，至少同时有4位伊玛目存在。① 这种分裂不像伊斯玛仪派那样形成了一种基于相对严格血缘基础上的、世袭的、层层分裂的分支体系，而是可以形成一个个互不隶属、没有密切联系，有时甚至是相互竞争或斗争关系的宗教或政治实体，每一个实体都以一位只要自称是阿里与法蒂玛后裔的伊玛目为核心。

二是，从宰德派作为一个政治宗教实体的内部看，它的教义容易导致其内部为争夺伊玛目职位而斗争，造成社会政治动荡，严重削弱其实力，影响他们的发展。比如，在伊玛目哈迪·伊拉阿勒－哈克去世后的几个世纪内，宰德派伊玛目政权一直没有成为也门地区具有决定性的宗教政治力量，而是主要偏居于纳季兰至萨达之间的北部地区，偶尔能够扩展到南部萨那和焦夫一带，其势力范围从未延伸到沿海地区。在那个时期，在也门地区政治舞台上进行角逐的主要是在阿拔斯王朝统治的一些独立、半独立的地方王朝与伊斯玛仪派建立的几个小王国之间进行的。宰德派伊玛目政权则忙于内部斗争，无暇向外扩展势力。911年，伊玛目哈迪·伊拉阿勒－哈克去世时，长子穆罕默德·穆尔台达继位，但是他没有政治抱负。943年，穆罕默德·穆尔台达去世时，他的三个儿子为争夺伊玛目职位而内讧不已。其中有两个儿子，曼苏尔·叶海亚和卡赛姆·穆克塔尔都自称为伊玛目，继起的内乱延续了三十多年，当地的部落立场也摇摆不定，宰德派的首都萨达因此一度被完全摧毁，荒无人烟，后来不得不在旧址上重

---

① 李维建：《也门伊斯兰教宰德派历史研究》，西北大学，硕士学位论文，2001，第8页。

新修建。曼苏尔·叶海亚的儿子尤素夫在位时间最长，从 977 年统治到 1012 年，他的长期统治曾促使其他阿里后裔也自称为伊玛目。伊玛目哈迪·伊拉阿勒－哈克的叔叔——穆罕默德·本·卡赛姆·拉西的两个后裔，也在一定时期内自称为伊玛目，从而对伊玛目哈迪家族这一支的统治构成了威胁。正是这些内乱严重制约了宰德派宗教政治势力的发展。

结　语

什叶派传统政治思想的共性和特征

在分别对十二伊玛目派、伊斯玛仪派和宰德派传统政治思想进行剖析的基础上，本书最后尝试对它们思想存在的共性和特征进行总结和提炼。这种归纳试图从这三个不同支派的传统政治思想方面出发，但是还会有所侧重，特别是对于前两者的相似性总结得更多一些。因此，这种归纳也是相对的，并不抹杀各自的个性所在。综合观之，可以从什叶派传统政治思想的主要来源、基本内涵和特点以及政教合一的宗教政治模式等方面，来论述它们的共性和特征所在。

一　主要来源

就什叶派这三个支派传统政治思想的来源而言，毫无疑问主要有对于伊斯兰教的基本信仰、关于伊玛目的基本教义、基于穆尔太齐赖派的认识论以及教法根源学中独特的理性主义原则四个方面。

像伊斯兰教逊尼派一样，什叶派首先具有对于伊斯兰教的基本信仰，比如信真主、信使者、信经典、信前定、信末日等，这是所有什叶派传统政治思想的最根本的、首要的来源，这种来源决定了其余三个方面来源的内涵和归属所在。

其次，什叶派还有不同于逊尼派的独特信仰，即对于伊玛目的信仰。

这种对于伊玛目的信仰，即伊玛目教义，构成什叶派传统政治思想的第二个重要来源。尽管什叶派不同支派关于伊玛目的教义还存在着很大的差别。比如，十二伊玛目派信仰阿里与法蒂玛家族前后相继的十二位伊玛目以及伊玛目隐遁思想和马赫迪思想等；伊斯玛仪派则信仰阿里与法蒂玛家族前后相继的七位伊玛目以及复杂、神秘的宗教历史循环论和宇宙论等；宰德派除信仰源自阿里家族的五位伊玛目外，并不对伊玛目继任者的资格和条件做出家族和血缘的特别限制。

再次，什叶派的认识论特点、包括基于穆尔太齐赖派的认识论，构成了该派传统政治思想的第三个重要来源。这可以说是什叶派不同派别教义以及传统政治思想能够不断发展变化的一种内在动力所在。除宰德派外，什叶派其他两个分支强调对天经表义与隐义的共同认可尤其是对于隐义的认可和探寻，为这些分支传统政治思想的发展提供了很大的发展空间。此外，在教义学上，什叶派特别是十二伊玛目派和宰德派则以穆尔太齐赖派为基础，并公认其中的理性主义原则。其重要特点是强调人类有意志自由，强调理性是认知的主要来源，并以理性作为阐释教义和信仰的准则。什叶派这些支派不否认天启是有关宗教知识的基础，但理性居于更重要的地位。反观逊尼派在教义学上，它坚持经训的神圣地位，同时也调和天启与理性，但主要是以理性来论证经训。

最后，从教法学的角度看，什叶派这三个支派都强调除外经训之外，人类理性或逻辑推理应在教法创制中占据一席之地。这是什叶派教义学思想在教法学这个实践领域中的应用和逻辑结果，从而为宗教学者打开了教法创制大门，这是什叶派传统政治思想能够不断更新和发展的另一种内在活力所在。当然，这种特点在十二伊玛目派当中表现得最为突出，并同样存在于宰德派教法学当中，而在法蒂玛王朝鼎盛时期，伊斯玛仪派否认理性主义在教法学当中的作用。反观逊尼派，它主要依赖《古兰经》、经训、公议、类比推理四项原则作为教法创制的依据，并在理论上已经关闭了教法创制的大门。此后，逊尼派教法学上的发展只有通过在实践中的各种变通手段来推动了，比如教令的发布，统治者的行政命令或政策等。

二 基本内涵和特点

什叶派传统政治思想的基本内涵和特点，也是由思想来源所决定的。在这些内涵当中，伊玛目教义占据核心地位。由此派生出一系列相关思想，包括有关伊玛目是社团领袖的思想，伊玛目及其继任者资格和条件的思想或有关伊玛目代理人的思想。不仅如此，什叶派传统政治思想还包括社团内部统治者与被统治者的关系，什叶派社团或政权宗教政治合法性的问题，以及因此所决定的对外圣战思想等。这些思想要素具有类似或共性的特征，主要体现在以下几个方面。

第一，伊玛目是伊斯兰社团或政权的领袖，他不仅是宗教和精神领袖，还是政治领袖，他是人类在世间的指引者，并且必将建立正义世界。除宰德派外，十二伊玛目派和伊斯玛仪派还认为伊玛目具有免罪性。由此，什叶派规定了伊玛目与信众之间的关系，他们之间是领袖与追随、指导与服从、统治与被统治、管理与被管理的关系等。这种关系特点还进一步引申到伊玛目代理人与普通信众之间的关系上，正如十二伊玛目派所指出的他们之间是效仿与被效仿的关系等。此外，信众还需要通过行善、捐赠宗教税、遵守教法规定的社会规范等义务来服从伊玛目，最终达到灵魂拯救最高境界。

第二，比较强调伊玛目或者继任者地位的家族性和血缘性。这在十二伊玛目派和伊斯玛仪派上表现得非常明显，宰德派并不特别强调这一点，但是在实践中也体现了这个特征。家族性和血缘性主要是指所谓先知穆罕默德家族及其后裔，特别是指阿里与法蒂玛的后裔。在实践当中，这会常常表现出社团领袖或者政权统治者继承问题上的世袭性。此外，在伊玛目继任者问题上，十二伊玛目派和伊斯玛仪派及其分支，还比较强调先知穆罕默德或者上一任伊玛目的指定原则。宰德派则否认这一点，比较强调继任伊玛目的实际能力和个人威望。

第三，有关伊玛目隐遁思想以及代理人思想。这在十二伊玛目派身上表现得最为明显，伊斯玛仪派次之，宰德派则予以拒绝。自伊玛目隐遁后，十二伊玛目派的伊玛目代理人思想经过长期发展才得以成型，从而为宗教学者发挥政治和社会领袖作用铺平了道路。在实际中，伊斯玛仪派的传教师也发挥着某种伊玛目代理人的作用，但这种思想变化和波动较大。在法蒂玛王朝建立和兴盛当中，它的伊玛目思想具有一些革命性特点，传教师直接升级到伊玛目地位。但在后期发展中，伊斯玛仪派或者一些支派还是回归到伊玛目隐遁思想的轨迹上，其传教师在实际中发挥着领袖作用。而宰德派在拒绝伊玛目隐遁思想以及伊玛目代理人思想的同时，通过另外一种途径解决了在第五任伊玛目之后伊斯兰社团的领袖问题。这就是，它为领袖（伊玛目）资格设置了比较宽泛而又实际的条件，其中包括伊玛目的非神性，从而为具有这些条件的人担任伊玛目提供了理论依据。可以说，尽管途径不同，这三个支派实际上都是通过人而不是神来担任社团领袖这种方式，解决了领袖问题。

第四，各个支派自认本派伊玛目是先知穆罕默德的合法代理人，其领导的社团或者政权是唯一合法的共同体。由此，什叶派各支派始终都在努力追求实现伊玛目成为伊斯兰社团领袖的合法权力。同时，各支派也因此认为逊尼派、什叶派其他支派所建立的社团或国家都是非法的，并要求对后者进行圣战，直到他们服从或者皈依。宰德派有些例外，承认几个伊玛目可以同时存在，但也仅限于本派别的伊玛目。这种对外关系思想常常使各支派与其他支派、逊尼派以及与非穆斯林都处于竞争或矛盾当中，从而成为导致教派矛盾、宗教矛盾或者穆斯林与非穆斯林之间矛盾的重要思想根源。

三　政教合一的宗教政治模式

受伊玛目教义和传统政治思想的影响，什叶派各支派一直有一种内在的权力追求，即努力实现本派伊玛目成为伊斯兰社团领袖之合法权力，而且在不同历史时期在不同程度上实现了这个目标，建立了政教合一的国家。政教合一的本质是主张一切政治权力在于神、源自神，因此一切权力要听从或服从神的安排。从伊斯兰教来看，一切政治权力属于至高无上的真主，是至高无上的真主赋予的。

从形态上看，政教合一可以是政治意识形态和宗教信仰的合一，也可以是政治制度与宗教机制的合一，还可以是政治与宗教在其他方面的合为一体。其特点是宗教信仰和活动深入政治事务的核心，支持并保证权力的运用和实施；同样，政治考虑和活动同样也深入宗教领域。实际上是指宗教与政治构成同一个相互交织的信仰体系和实践体系。西方学者史密斯曾对这种关系特点做了如下表述。他说："神圣事物渗入主要的社会体制当中。源自神圣的宗教经典或神启示给人类的宗教经典所涵盖的法律，是（人类社会）神圣的法令。在社会阶层和秩序高度等级化的地方，这种金字塔般的社会体制（被视为）神所制定的。所有的教育就内容而言都是宗教教育，宗教学者是这种教育的传承者。神圣法规支配着经济行为，教会中心履行着广泛的经济权力。然而，首要的是政府是神圣的。宗教与政府这两个作为社会控制的主要体制，构成了同一个神权政治体系。"① 不过，在政教关系的基本模式当中，也存在一些变化形态。变化形态所表现的一个关键方面，是看宗教权威和政治权威是由同一个领导体系所掌控，还是由两个相互补充的但彼此不同的领导体系所履行。无论宗教权威和政治权威是由一个宗教领导体系掌控，还是由一个政治领导体系掌控，这种形态都可以被称为"有机的（同一）模式"。而由两个相互补充的但彼此不同的领导体系所掌控的形态，可以称之为"教会模式"。在这种模式中，宗教体制与政治体制之间的权力关系也呈现不同的形态。在一些社会中，政治权威体制与宗教权威体制最终实现统一，是通过前者掌控后者来完成；在另一些社会，宗教权威体制最终通过神权政治的形式，完成了对政治权威体制的掌控；还存在第三种情形，那就是宗教权威体制与政治权威体制最终达到共存、共生的平等状态。

就十二伊玛目派而言，在早期世俗王朝统治者与该派之间关系而言，总体上呈现相互分离、相互排斥和相互对抗的政教关系特点，其主要原因在于世俗王朝统治者对该派的残酷打击和迫害。但是，自 10 世纪布维希王朝统治后，这种早期关系模式开始发生变化，十二伊玛目派与世俗统治者开始相互接近、相互结合，尽管不具有连贯性和稳定性。十二伊玛目派与世俗统治者之间的关系，最终在萨法维王朝时期以相对确定的形式表现出

---

① George Moyser ed., *Politics and Religion in the Modern World*, Routledge, 1991, p. 12.

来。这种关系模式及特点是世俗统治者通过国家力量尤其是在伊朗，重新培育和扶植了十二伊玛目派力量，而且将十二伊玛目派立为国教，从而推动了十二伊玛目派的国家化和意识形态化进程。通过相互整合和一体化，最终形成了一个政教合一的关系模式。在这种模式中，十二伊玛目派并没有掌握实际的统治权，他们只是与世俗统治者进行合作，国家权力均由皈依了十二伊玛目派的世俗君主全权掌握。萨法维王朝因此声称自己是"真主在大地上的影子"，声称自己和继任者是隐遁伊玛目的代表。萨法维王朝的政教关系模式，成为近代伊朗恺加王朝政教关系的模板。萨法维王朝和恺加王朝的政教合一模式，比较贴近"教会模式"，但并非完全如此，因为其政治权力和宗教权力基本上是由王朝统治者这一个领导体系来掌控，但在次一级权力的某些方面，则由另一个领导体系（宗教学者阶层）来补充和履行。

就伊斯玛仪派及其在 10 世纪建立的法蒂玛王朝而言，其政教关系也呈现政教合一的模式特点，但完全是另一种形态。其特点在于在它信奉的第七任伊玛目隐遁后，该派在其实际宗教政治领袖阶层，即传教师的指引和发展下，通过积极行动的方式，实现了自身对伊斯兰社团政治领袖权力的现实追求。该派别的宗教领袖，即总传教师，转化成为法蒂玛王朝的宗教政治领袖，该派别的教义，特别是其中的宗教历史循环论以及宇宙论等，经过不断改造，成为法蒂玛王朝的政治合法性依据。法蒂玛王朝的宗教政治领袖，称哈里发－伊玛目，实际上集政治、宗教、官僚体系、军事等大权于一身。如果套用上述理论，法蒂玛王朝的政教关系模式可以称之为"有机的（同一）模式"，即政治权力和宗教权力由同一个领导体系掌控。

法蒂玛王朝与萨法维王朝政教合一体制的不同点还在于：法蒂玛王朝的政治与宗教机制是由同质因素构成的，政教一体，不可分割。萨法维王朝的政治与宗教机制，却是由异质成分构成的，相互结合并不密切，其间还存在罅隙甚至内在矛盾。这是两者的重大区别。

宰德派及其建立的政权体制或者国家体制也有类似于法蒂玛王朝的特点，但是管理相对松散。在宰德派伊玛目哈迪领导期间，伊玛目既是也门伊玛目政权的精神和宗教权威，也是政治和军事权威，同时还是国家经济事物的指导者和管理者。伊玛目与臣民之间是统治与被统治、服从与被服从的关系。凡不服从伊玛目者就是敌人，是圣战的对象。伊玛目需要确保臣民能够不折不扣地履行伊斯兰教规定的各项义务，比如服从先知穆罕默德后裔的领导，济贫行善，捐献宗教税，追随伊玛目进行圣战等。在政治和行政事务方面，伊玛目设立了代理人或者政府管理人员来贯彻和实施伊玛目的决定。15 世纪中叶，也门伊玛目沙拉夫·丁政权管理也是如此。伊玛目向各个地区派出他的代理人，履行松散的管理和监督职责。这些代理人是他的个人代表，并非专业的行政管理人员。进入 17 世纪上半叶，在取得对奥斯曼帝国斗争胜利后，独立后的也门卡赛姆伊玛目王朝的政教合一政体进一步完善化。伊玛目穆艾伊德成为这个王朝的最高政治、宗教和军事领袖，宰德派教义和教法是该王朝的治国思想基础和法律规范，政治权力也主要在统治家族内部进行分配。

四　两种反方向的政教关系发展趋势

除宰德派外，作为什叶派主流的十二伊玛目派，以及伊斯玛仪派在某些历史时期，两者在处理政教关系上都呈现两类反方向的发展趋势。一类是去政治化；另一类恰好相反，是政教逐步接近甚至合二为一。

所谓去政治化，即把宗教及其机制从政治或国家机制中剥离出来，进而专注于构建独立和体系化的宗教、教义思想和机制，从追求政治宗教发展转向单纯的宗教领域发展，这在十二伊玛目派身上表现得最为典型。去政治化的表现方式，是将伊玛目隐遁起来，包括将有关政治领袖职能从伊玛目领袖职能中长期分离出去，进而将十二伊玛目派对于伊玛目是先知继承人这一合法权力的追求，无限期地推迟到遥远的将来去实现。去政治化的选择，最初是因为外部恶劣环境所迫，不得已而为之。但到了发展的中后期，当外部政治环境和历史环境出现了有利于该教派发展的时机之时，去政治化此时已经成为该派多数宗教学者的主动选择和逻辑归宿。去政治化一个显而易见的目标就是在恶劣的政治环境中，保证十二伊玛目派作为少数派能够幸存下来，进而发展壮大。

在政治和宗教上具有"革命"特征的伊斯玛仪派及一些支派，比如塔伊比派，在法蒂玛王朝灭亡后，也采取了类似的去政治化方式。塔伊比派采取的方式比较复杂，即在思想上采取了让"精神上的亚当"在尘世的代表——"普遍性的亚当"大隐遁小显现的方式。而在制度上，该派则将宣教机构从法蒂玛王朝机构，进而从祖莱伊德王朝机构中脱离出来，仅仅作为一种独立的宗教体制而存在。通过这种方式塔伊比派得以在法蒂玛王朝灭亡后幸存下来，同时还避免了该派因在领袖继承问题上的分歧所导致的一次次分裂。未做出类似选择的伊斯玛仪其他支派，比如曾继承法蒂玛王朝衣钵的哈菲兹派，则随着法蒂玛王朝的灭亡而消亡了。正因如此，迄今为止，已很难找到伊斯玛仪派的主流所在，而是存在着远离伊斯兰世界核心区域的一个个支派。因此，去政治化可能是作为伊斯兰教什叶派小支派能够长期生存和发展的一种重要途径。

与此同时，还可以看到始终蕴藏于什叶派各支派的、持之以恒的、内在的对于伊玛目作为社团领袖合法权力的追求趋势。从 8 世纪形成后直到萨法维王朝建立前，十二伊玛目派一贯采取政治无为立场，专注于宗教本身发展，但是在其宗教教义的核心当中，并未将这种对于伊玛目领袖合法权力的追求真正剔除出去，即便是"伊玛目隐遁思想"也没有将这种权力追求完全从教义中剥离出去。这种教义的内核因此一直保留着，一旦出现有利时机，就有可能被激发出来，从而在政治上发挥重大作用。这种内核也可能是十二伊玛目派具有强大的政治活力所在。

在伊斯玛仪派发展早期和法蒂玛王朝统治时期，伊斯玛仪派对于自身伊玛目合法领袖权力的追求更加突出，伊斯玛仪派的"革命性"特征也因此更加明显。当时，在伊斯玛仪派眼中，他们所领导的宣教运动，就是一场旨在推翻阿拔斯王朝，把所有受到欺压的社会各阶层解救出来，进而建立由阿里后裔领导的正义世界的一场宗教政治运动。伊斯玛仪派谴责阿拔斯王朝和伍麦叶王朝僭取了阿里后裔对伊斯兰世界的领导权。

同伊斯玛仪派一样，宰德派对自身伊玛目合法权力地位的追求也非常直接和突出。他们不仅付诸积极的行动，在教义上也更加务实和灵活，不特别注重伊玛目的家族性和血缘性，而更加注重成为伊玛目的实际能力和威望。伴之以得天独厚的地形优势，他们在不同程度上实现了这种目标，并且使伊玛目政权断断续续地延续到当代。

因此，像前一种趋势一样，通过主动追求自身伊玛目领袖的合法权力与地位，也是什叶派保障生存和发展的另外一种途径。

五 认可人类理性的作用是什叶派不断发展的内在动力

纵观什叶派三大支派基本教义与传统政治思想的发展，还可以发现一种共性，即它们在不同程度上通过不同方式认可了人类理性在宗教中的地位和作用，从而为因应时代变迁适时做出调整提供了内在的理论支撑。这种共性不同程度地表现在十二伊玛目派、伊斯玛仪派以及宰德派的教义学、教法学、与之相关的认识论当中，或有关伊玛目及其继任者领袖思想当中。

就十二伊玛目派而言，无论在其教义学和教法学当中，都明确地认可了理性主义原则在宗教中的地位和作用。比如，在穆尔太齐赖派教义学当中，十二伊玛目派主张真主不前定人的意志，人是有理性的，人有意志自由，应当对自己的行为负责。在此基础上，十二伊玛目派教法学承认人类理性是教法的重要来源，同时承认了穆智台希德享有"伊智提哈德"的权力，从而为教法学家在伊玛目隐遁后成为伊玛目的代理人铺平了道路。

就伊斯玛仪派而言，这种特点主要反映在该派对于教义和教法进行阐释的认识论当中，特别是该派强调的对经训的隐义解释，包括其中的泰尉理之方法论。该派认为隐藏在天启和教法背后的真理，只有通过内在的解经学，即泰尉理才能获得。与此同时，该派认为只有通过正当方式加入伊斯兰社团并承认先知穆罕默德、阿里以及那个时代合法指导权威（伊玛目）的人，才有资格阐释宗教的永恒真理。实际上，这为伊斯玛仪派教义向神秘主义方向发展提供了思想基础，同时也间接、委婉地承认了人类理性在该派教义发展中的作用。

宰德派也是如此。在教义学上，它最终也接受了穆尔太齐赖派教义学思想，包括其中具有理性主义特点的认识论。在教法学上，它也承认教法学能够不断发展的"伊智提哈德"大门，即宗教学者的理性努力并未关闭。反映到伊玛目教义特别是伊玛目资格问题上，宰德派注重人类理性的作用也比较突出。比如，它认为伊玛目是凡人，认为伊玛目不具有神性，认为伊玛目不具有免罪性，也反对伊玛目隐遁说。在此基础上，在伊玛目资格问题上，它不特别强调伊玛目的家族性和血缘性，而比较强调伊玛目及其继任者的现实条件。这些条件包括身体健康，能够反抗不义的统治者，掌握伊斯兰教法知识并能够进行独立判断等，这些思想也为普通人成为伊玛目提供了理论基础。

主要参考文献

一 英文著作和工具书

Allaman Sayyid Muhammad Husayn Tabatabai, translated by Sayyid Hu-daynNasr, *Shi'a*, Ansariyan Publication, 1981.

An Editorial Committee Consisting of H. A. R. Gibb, J. H. Kramers, E. Lfivi – Provengal, J. Schacht, B. Lewis and Ch. Pellat eds. , *The Encyclopaedia of Islam*, New Edition, Volume I (A—B), E. J. Brill, 1986.

Ann K. S. Lambton, *State and Government in Medieval Islam—An Introduction to the Study of Islamic Political Theory*: *The Jurists*, London Oriental Series, Vol. 36, Oxford University Press, 1981.

Antony Black, *The History of Islamic Political Thought*, Edinburgh University Press, 2011.

B. Lewis, Ch. Pellat and J. Schacht eds. , *The Encyclopaedia of Islam*, Volume II (C—G), E. J. Brill, 1991.

Daniel Crone, *Rethinking Tradition in Modern Islamic Thought*, Cambridge University Press, 1996.

Dwight M. Donaldson, *The Shi'ite Religion*: *A history of Islam in Persia and I-rak*, Luzac & Company, 1933.

Edward G. Browne, *A History of Persian Literature*, Vol. 1 – 4, Cambridge University Press, 1920 – 1924.

Farhad Daftary ed. , *Medieval Ismā'īlī History and Thought*, Cambridge University Press, 1996.

Farhad Daftary, *A History of Shi'i Islam*, I. B. Nauris Publisher, 2013.

Farhad Daftary, *Ismāʿīlīs in Medieval Muslim Societies*, I. B. Tauris, 2005.

Farhad Daftary, *The Assassin Legends: Myths of the Ismāʿīlīs*, Blackwell Publishing Ltd. , 1995.

Farhad Daftary, *The Ismāʿīlīs*, Cambridge University Press, 2007.

Farhad Daftary, *The Ismāʿīlīs: Their History and Doctrines*, Second Edition, Cambridge University Press, 2007.

Fazlur Rahman, *Islam*, University of Chicago, 1979.

George Moyser ed. , *Politics and Religion in the Modern World*, Routledge, 1991.

Hamid Algar, *Religion and State in Iran, 1785 – 1906: The Role of the Ulama in the Qajar Period*, University of California Press, 1969.

Hamīd Ināyat, *Modern Islamic Political Thought: The Response of the Shi'i and Sunni Muslims to the Twentieth Century*, I. B. Tauris, 2004.

Ira M. Lapidus, *A History of Islamic Societies*, Cambridge University Press, 1988.

John L. Esposito ed. , *Oxford Encyclopedia of the Islamic World*, Oxford University Press, 2007.

John L. Esposito ed. , *The Oxford Dictionary of Islam*, Oxford University Press, 2003.

John L. Esposito, *Islam and Politics*, Syracuse, Syracuse University Press, 1987.

Joseph Schacht, *An Introduction to Islamic Law*, Clarendon Press, 1982.

Karel Dobbelaere, "Secularization: A Multi – Dimensional Concept," *Current Sociology*, Vol. 29, No. 2, Summer 1981.

Liyakatali Takim, *The Heirs of the Prophet: Charisma and Religious Authority in Shi'ite Islam*, State University of New York Press, 2006.

Mehdi Mozaffari, *Authority in Islam: From Muhammad to Khomein*, Pouvoir-islamique, Routledge, 1987.

Michael Cook edited in – general, *The New Cambridge History of Islam*, Volume 1 – 6, Cambridge University Press, 2010.

Michael M. J. Fischer, *Iran: From Religious Dispute to Revolution*, Harvard University Press, 1980.

Moojan Momen, *An Introduction to Shi'i Islam—The History and Doctrines of Twelver Shi'ism*, Yale University Press, 1985.

Nelly Lahoud, *Political Thought in Islam: A Study in Intellectual Boundaries*, Routledge Curzon, 2005.

Nikki R. Keddie ed. , *Religion and Politics in Iran: Shi'ism from Quietism to Revolution*, Yale University Press, 1983.

Nikki R. Keddie ed. , *Scholars, Saints, and Sufis: Muslim Religious Institutions in the Middle East since 1500*, University of California Press, 1978.

Nikki R. Keddie, *Modern Iran: Roots and Results of Revolution*, Yale University Press, 2003.

Patricia Crone, *Medieval Islamic Political Thought*, Edinburgh University Press, 2004.

P. M. Holt, Ann K. S. Lambton and Bernard Lewis eds. , *The Cambridge History of Islam*, *Volume 1A*, *The Central Islamic Lands from Pre – Islamic Times to the First World War*, Cambridge University Press, 1977.

P. M. Holt, Ann K. S. Lambton and Bernard Lewis eds. , *The Cambridge History of Islam*, *Volume 1B*, *The Central Islamic Lands Since 1918*, Cambridge University Press, 1977.

P. M. Holt, Ann K. S. Lambton and Bernard Lewis eds. , *The Cambridge History of Islam*, *Volume 2A*, *The Indian Sub – Continent, South – East Asia, Africa and the Muslim West*, Cambridge University Press, 1977.

P. M. Holt, Ann K. S. Lambton and Bernard Lewis eds. , *The Cambridge History of Islam*, *Volume 2B*, *Islamic Society and Civilization*, Cambridge University Press, 1977.

Robert W. Stookey, *Yemen: The Politics of the Yemen Arab Republic*, Westview Press, 1978.

Ruhollah Khomeini, *Islam and Revolution: Writings and Declarations*, KPI Ltd. , 1985.

Said Amir Arjomand ed. , *Authority and Political Culture in Shi'ism*, State U-niversity of New York Press, 1988.

Said Amir Arjomand ed. , *The Political Dimensions of Religion*, State University of New York Press, 1993.

Said Amir Arjomand, *The Shadow of Allah and the Hidden Imam*, The University of Chicago Press, 1984.

Seyyed Hossein Nasr, *Traditional Islam in the Modern World*, KPI Limited Cooperation, 1987.

Suha Taji – Farouki and Basheer M. Nafi, *Islamic Thought in the Twentieth Century*, I. B. Tauris, 2004.

S. Husain M. Jafri, *The Origins and Early Development of Shi'a Islam*, Long-man House/Librairie du Liban, 1981.

The Holy Quran, Arabic and English Version, World Organization for Is-lamic Sreices, Tehran.

W. B. Fisher, I. Gershevitch, EhsanYarshater (2 pts), J. A. Boyle, Pe-ter Jackson and Laurence Lockhart, Peter Avery eds. , *The Cambridge History of Iran*, *Volume 1 – 7*, Cambridge University Press, 1968 – 1991.

W. Montgomery Watt, *Islamic Philosophy and Theology*, Edinburgh University Press, 1979.

W. Montgomery Watt, *Islamic Political Thought*, Edinburgh University Press, 1998.

W. Montgomery Watt, *The Formative Period of Islamic Thought*, Edinburgh University Press, 1973.

Yann Richard, *Shi'ite Islam: Polity, Ideology, and Creed*, Blackwell, 1995.

二　中文著作和工具书

〔埃及〕艾哈迈德·爱敏:《阿拉伯——伊斯兰文化史》(八卷本),纳忠、史希同等译,商务印书馆,1982～2007。

〔德〕约瑟夫·夏赫:《伊斯兰教法导论》,周燮藩译,电子出版。

〔美〕希提：《阿拉伯通史》，马坚译，商务印书馆，1995。

〔苏〕米·谢·伊凡诺夫：《伊朗史纲》，李希泌等合译，生活·读书·新知三联书店，1958。

〔伊朗〕奥希梯扬尼：《伊朗通史》（上、下册），叶宜良译，经济日报出版社，1997。

〔伊朗〕萨义德·侯赛因·纳速尔：《伊斯兰教：世界宗教入门》，王建平译，上海古籍出版社，2008。

〔英〕W. B. 费舍尔主编《伊朗》，北京大学地质地理系经济地理专业翻译，北京人民出版社，1977。

〔英〕法尔哈德·达夫塔利：《伊斯兰伊斯玛仪教派简史》，阿米尔·赛都拉译，宗教文化出版社，2016；法尔哈德·达夫塔利：《伊斯兰伊斯玛仪教派简史》，阿米尔·赛都拉译，韦伯文化国际出版有限公司，2012。

《古兰经》，马坚译，中国社会科学出版社，1996。

《马克思恩格斯全集》第二十五卷，人民出版社，2001。

《马克思恩格斯全集》第一卷，人民出版社，1956。

《马克思恩格斯文集》第一卷，人民出版社，2009。

《马克思恩格斯选集》第三卷，人民出版社，1995。

《马克思恩格斯选集》第一卷，人民出版社，1995。

陈安全：《伊朗伊斯兰革命及其世界影响》，复旦大学出版社，2007。

郭宝华：《中东国家通史·也门卷》，商务印书馆，2004。

金宜久主编《当代伊斯兰教》，东方出版社，1995。

金宜久主编《伊斯兰教》，宗教文化出版社，1997。

金宜久主编《伊斯兰教史》，中国社会科学出版社，1990。

金泽：《宗教人类学导论》，宗教文化出版社，2001。

李福泉：《海湾阿拉伯什叶派政治发展研究》，生活·读书·新知三联书店，2017。

李铁伟编著《列国志·伊朗》，社会科学文献出版社，2005。

林庆春、杨鲁平编著《列国志·也门》，社会科学文献出版社，2009。

吕大吉：《宗教学通论新编》，中国社会科学出版社，1998。

唐晓峰摘编《马克思恩格斯列宁论宗教》，人民出版社，2010。

王怀德：《伊斯兰文化小丛书——伊斯兰教教派》，中国社会科学出版社，1994。

王家瑛：《伊斯兰宗教哲学史》（上、中、下），民族出版社，2003。

王宇洁：《伊朗伊斯兰教史》，宁夏人民出版社，2006。

王宇洁：《宗教与国家——当代伊斯兰教什叶派研究》，社会科学文献出版社，2012。

吴冰冰：《什叶派现代伊斯兰主义的兴起》，中国社会科学出版社，2004。

吴云贵：《伊斯兰教法概略》，中国社会科学出版社，1993.

吴云贵、周燮藩主编《近现代伊斯兰教思潮与运动》，社会科学文献出版社，2007。

中国社会科学院世界宗教研究所伊斯兰教研究室译编《伊斯兰教什叶派》，中国社会科学出版社，1983。

卓新平、唐晓峰主编《论马克思主义宗教观》，社会科学文献出版社，2009。

三　中文论文

哈宝玉：《近两年来我国伊斯兰教研究简述》，《世界宗教文化》2004年第4期。

李维建：《也门伊斯兰教宰德派历史研究》，西北大学，硕士学位论文，2001。

刘月琴：《伊斯兰教什叶派的形成》，《西亚非洲》1982年第5期。

王家瑛：《穆拉·萨德拉伊斯兰哲学思想》，《回族研究》2005年第2期。

王宇洁：《什叶派伊斯兰教两大教法学之争》，《世界宗教研究》2004年第4期。

赵增泉：《伊斯兰教什叶派思潮及其在西亚社会生活中的地位》，《西亚非洲》1982年第6期。

赵增泉：《伊斯兰教什叶派在伊朗历史上的作用》，《西亚非洲》1980年第5期。

周燮藩：《什叶派伊斯兰教在伊朗的历史演变》，《西北第二民族学院学报》（哲学社会科学版）2006年第3期。

后　记

　　这本书凝聚了我对伊斯兰教什叶派传统政治思想的深入认识，倾注了我对伊斯兰教这门宗教学科的钟爱。因此，在克服诸多困难即将出版之际，内心充满了喜悦，更有由衷的谢意和敬意。

　　这部书稿的雏形是我在中国社会科学院世界宗教研究所攻读博士期间撰写的学位论文，后经大力扩充，成为由我独立主持并完成的中国社会科学院重点课题"国际政治视野下伊斯兰教什叶派传统政治思想"成果。课题结项后，因身体欠佳，修订之事延误了下来。后经细心修订，才将这本书呈献给读者，并易名为《中东什叶派传统政治思想研究》。本书的出版，得到了中国社会科学院登峰战略优势学科"当代中东研究"项目的大力支持。与博士论文相比，本书整体结构有了较大调整，在十二伊玛目派传统政治思想研究之外，增加了对于伊斯玛仪派和宰德派这两个什叶派支派传统政治思想的研究内容。同时，扩充、完善了第一章，新增、提炼了结语部分内容。

　　值此出版之际，最想说的还是感谢。衷心感谢亲人、师长、学兄、朋友多年来的支持和帮助。这部书稿能够修订完毕，离不开我的先生黄东明、我的女儿黄佩琪的鼎力支持。在书稿修订阶段，他们承担了很多录入工作。他们一遍遍录入反复修订的内容，直到我完全满意为止。他们有时也会对个别字词提出修改意见，成为我的一字之师。

　　我要衷心感谢我的导师周燮藩先生、吴云贵先生和王俊荣女士，他们是我研究伊斯兰教的引路人。在我攻读博士期间，他们不仅给予我方法论的指导，其深厚的学术造诣和宗教学识始终影响着我，激励着我不断进行新的探索。他们还为这部书稿提出了极有价值的修改意见。周燮藩先生还不辞辛苦，在盛夏酷暑之时，为这部书稿撰写了宝贵的审读意见。

回忆读博期间，世界宗教研究所伊斯兰教研究室的几位学兄也给予了我很大帮助，比如李林、王希和马景。特别感谢王希学兄，他向我提供了许多无私帮助，并为书稿的修订和出版提供了重要支持。王宇洁女士的研究成果也对这部书稿具有借鉴意义。他们现已在伊斯兰教研究领域多有建树。

在写作、结项和修订阶段，这部书稿还得到了时任中国现代国际关系研究院副院长李绍先先生、北京大学安维华先生、北京大学吴冰冰先生的鼎力支持。作为国内著名的中东问题专家，他们工作非常繁忙，但还是抽出时间，对书稿进行审阅，并提出了宝贵的修改意见。

这里，更要衷心感谢中央民族大学杨桂萍教授和西北大学中东研究所副所长李福泉教授。他们不辞辛苦，腾出宝贵时间，提供了弥足珍贵的支持。

我要特别感谢中国社会科学院西亚非洲研究所副所长王林聪研究员。他自始至终对这部书稿的结项、修改和出版都提供了极大的帮助。他极为耐心、不断督促我完成对这部书稿的修订。在书稿修订完毕之后，又抽出宝贵时间再次审阅，提出了很有见地的修改意见。王林聪研究员还是中国社会科学院登峰战略优势学科"当代中东研究"项目的主持人。可以说，王林聪研究员既是我的同事，又是我的师长，更是坦诚相见的朋友。

最后，衷心感谢社会科学文献出版的各位领导和编辑老师，特别感谢国别区域分社总编辑高明秀老师、编辑李明伟老师以及他们团队所付出的所有努力。他们还细心修订了不少遗漏、错误之处。这份敬业精神和严谨作风令人由衷钦佩。

尽管存在不少纰漏和瑕疵，我还是衷心希望这部书稿能够得到大家的认可，也请各位专家和读者多多批评指正。

王　凤

2020 年 7 月 10 日清晨初稿

2022 年 10 月 1 日清晨修订

图书在版编目（CIP）数据

中东什叶派传统政治思想研究 / 王凤著 . --北京：
社会科学文献出版社，2022.11
（中国非洲研究院文库 . 学术著作）
ISBN 978 - 7 - 5228 - 0683 - 9

Ⅰ.①中⋯　Ⅱ.①王⋯　Ⅲ.①什叶派 - 政治思想 - 研
究 - 中东　Ⅳ.①D737.02 ②B966.2

中国版本图书馆 CIP 数据核字（2022）第 171897 号

中国非洲研究院文库·学术著作

中东什叶派传统政治思想研究

著　　者 / 王　凤

出 版 人 / 王利民
责任编辑 / 李明伟
责任印制 / 王京美

出　　版 / 社会科学文献出版社·国别区域分社（010）59367078
　　　　　　地址：北京市北三环中路甲 29 号院华龙大厦　邮编：100029
　　　　　　网址：www.ssap.com.cn
发　　行 / 社会科学文献出版社（010）59367028
印　　装 / 三河市龙林印务有限公司

规　　格 / 开　本：787mm × 1092mm　1/16
　　　　　　印　张：20.5　字　数：353 千字
版　　次 / 2022 年 11 月第 1 版　2022 年 11 月第 1 次印刷
书　　号 / ISBN 978 - 7 - 5228 - 0683 - 9
定　　价 / 128.00 元

读者服务电话：4008918866